[필기＋실기]

임상심리사

1급 기출이 답이다 한권으로 끝내기

시대에듀

2025 기출이 답이다 임상심리사 1급 필기 + 실기 한권으로 끝내기

Always **with you**

사람의 인연은 길에서 우연하게 만나거나 함께 살아가는 것만을 의미하지는 않습니다.
책을 펴내는 출판사와 그 책을 읽는 독자의 만남도 소중한 인연입니다.
시대에듀는 항상 독자의 마음을 헤아리기 위해 노력하고 있습니다. 늘 독자와 함께하겠습니다.

머리말

안녕하세요, 임상심리전문가 민지입니다.

처음 임상심리사 자격증을 준비할 때 시험 자료가 많지 않아 공부하기 힘들었던 경험이 계기가 되어 수험서를 만들게 되었는데, 어느덧 출간한 지 5년이라는 시간이 흘렀네요. 수험서가 출간된 이후부터 꾸준히 실기시험 합격률이 눈에 띄게 증가하여 매우 뿌듯하고 기쁩니다.

수험서에 작성된 답안은 제가 세브란스 병원에서 수련을 받는 막바지에 연세대학교 도서관에서 수많은 선배님들과 교수님들의 책을 보며 모범 답안을 선정하였고, 저의 임상 경력이 더해진 답안으로 작성되었습니다. 비교적 답안을 풍부하게 작성해 놓은 편으로, 수험서에 작성된 다양한 답안을 보시고 개별적으로 잘 익혀지는 문장을 암기하시길 권유 드립니다. 또한, 제가 공부할 당시 임상심리/평가와 상담 및 심리치료를 구분하여 학습했던 부분이 효과적이었기에, 수험서에서도 내용을 구분하여 작성해 두었습니다. 내용을 어느정도 숙지하셨다면, 구체적인 검사별로 혹은 이론별로 암기하시는 것이 효과적인 방법입니다. 예를 들어, MMPI 관련 문제들을 모두 모아 정리하시고, 충분히 숙지해 주세요. 시험장에 가시면 생각나지 않는 경우가 많으므로 최대한 문제와 답안을 암기하시면 좋은 결과가 있을 거라 생각됩니다.

2~3달 안에 합격하기

1. 책 전체 분량을 5~10회가량 가볍게 반복 학습하며 문제와 답안을 충분히 이해하기
2. 임상심리/평가와 상담 및 심리치료로 분류하여 숙지하기
3. MMPI/SCT/Rorschach 등 기출문제를 이론이나 검사별로 묶어서 암기하기
4. 매번 틀리는 문제를 오답노트에 모아 암기되지 않는 부분을 반복적으로 외우기

저 역시 수험생 당시 위 방법으로 2~3달 안에 실기 시험에 합격했답니다. 여러분도 모두 자격증을 취득하시어 흥미로운 임상 현장에서 다양한 내담자, 환자 치료 경험을 통해 전문성을 높여 한 개인에게 영향력 있는 전문가가 되시길 바랍니다!

마지막으로 감사 인사를 드립니다. 먼저 책 출간에 힘써주신 시대에듀 출판사 임직원분들께 감사 인사를 드립니다. 또한, 저를 이 자리까지 이끌어 주신 박경 교수님, 엄소용 교수님께 감사드리며, 제가 잘 성장할 수 있도록 든든한 기반이 되어준 연세의료원, 국립경찰병원에 감사드립니다. 마지막으로 늘 옆에서 사랑과 힘을 주시는 부모님과 남편, 딸 서인이에게 출간의 기쁨을 함께 나누고 싶습니다. 감사합니다.

편저자 민지

시험안내

자격정보

❶ 자격명 : 임상심리사 1급(Clinical Psychologist)

❷ 관련부처 : 보건복지부

❸ 시행기관 : 한국산업인력공단

❹ 수행직무

국민의 심리적 건강과 적응을 위해 임상심리학적 지식을 활용하여 심리평가, 심리검사, 심리치료상
담, 심리재활, 심리교육 및 심리자문 등의 업무를 수행

❺ 응시자격

임상심리와 관련하여 2년 이상 실습수련을 받은 자 또는 4년 이상 실무에 종사한 자로서 심리학 분
야에서 석사학위 이상의 학위를 취득한 자 및 취득 예정자, 임상심리사 2급 자격 취득 후 임상심리
와 관련하여 5년 이상 실무종사자 등

❺ 진로 및 전망 : 임상심리사, 심리치료사

❻ 검정현황

연 도	필 기			실 기		
	응시(명)	합격(명)	합격률(%)	응시(명)	합격(명)	합격률(%)
2023	1,373	1,204	87.7%	1,399	551	39.4%
2022	980	852	86.9%	999	489	48.9%
2021	841	707	84.1%	695	309	44.5%
2020	457	360	78.8%	478	319	66.7%
2019	388	252	64.9%	336	32	9.5%
2018	378	232	61.4%	298	75	25.2%
2017	314	149	47.5%	253	36	14.2%

시험정보

❶ 자격명 : 임상심리사 1급(Clinical Psychologist)

구 분	시험과목	문항수	시험시간	시험방법
필 기	1. 심리연구방법론 2. 고급이상심리학 3. 고급심리검사 4. 고급임상심리학 5. 고급심리치료	과목당 20문항	2시간 30분	객관식 4지 택일형
실 기	고급임상실무 1. 심리평가 2. 심리치료 3. 자문, 교육, 심리재활	19 ~ 20문항	3시간	필답형

❷ 합격기준
- 필기 : 매 과목 40점 이상, 전 과목 평균 60점 이상
- 실기 : 60점 이상

❸ 출제경향
임상심리학적 지식을 활용하여 심리평가, 심리검사, 심리치료 및 상담, 심리재활, 심리교육, 심리자문 등을 수행할 수 있는 능력 평가

❹ 시험 수수료 및 시험 일정
필기 : 19,400원 / 실기 : 20,800원

2025년 임상심리사 1급 시험 일정					
필기시험 원서접수(인터넷) (휴일 제외)	필기시험	필기합격 (예정자) 발표	실기원서접수 (휴일 제외)	실기시험	최종합격자 발표일
2025. 7. 21 ~ 2025. 7. 24	2025. 8. 9 ~ 2025. 9. 1	2025. 9. 10	2025. 9. 22 ~ 2025. 9. 25	2025. 11. 1 ~ 2025. 11. 21	2025. 12. 24

※ 본 시험일정은 2025년도 국가기술자격검정 시행일정 사전공고를 바탕으로 작성하였습니다.
※ 자세한 내용은 큐넷 홈페이지(www.q-net.or.kr)를 확인하십시오.

이 책의 구성과 특징

PART 1 필기 기출문제

CHAPTER 01 2021년 필기 기출문제

제1과목 심리연구방법론

01 연구가설이 갖추어야 할 기준과 가장 거리가 먼 것은?

① 검증 가능해야 한다.
② 단순성을 배제해야 한다.
③ 흔히 미래형으로 진술된다.
④ 두 개 이상의 변인 사이에 기대되는 관계로 진술된다.

해설
연구가설(Research Hypothesis)이란 어떤 가설된 현상에 대한 일반적인 예측을 하는 것이다. 사전에 예측한 두 변수 사이의 관계를 나타낸 것으로 검증이 가능해야 한다.

02 도덕적 추론의 발달을 연구하기 위해 한 시점에 50명의 4 상으로 연구를 진행하였다. 각각의 아이들에게 도덕적 문제 여 결과를 비교하였다. 이는 어떠한 연구에 해당하는가?

① 종단연구
② 질적연구
③ 동년배 집단 시계열 연구
④ 횡단연구

해설
횡단연구(Cross-sectional Study)란 현장연구 중 표본조사에서 도 적으로 수집하여 분석하고 추론하는 방식이다. 시간에 따른 변화를

정답 :1② :2④

4개년 기출문제 및 심화해설

▶ 2018부터 2021년까지의 필기시험 기출문제와 명쾌한 해설을 수록하였습니다.

※ 2022년 필기시험부터는 CBT시험으로 변경되어 기출문제복원이 되지 않습니다.

PART 2 실기 기출문제

CHAPTER 01 2024년 실기 기출문제

01 다음은 학습의욕이 없고 일상생활에 흥미가 저하된 11세 남자 아동의 검사 결과이다. 검사 결과를 바탕으로 진단명과 그 근거를 제시하시오.

- Rorschach : ZD < -3.5
- KPI-C : DEP = 66, HPR = 72, ERS = 32
- HABGT : 수행시간 약 1분 10초, 도형 A가 가운데 위치하고 5개 도형의 각도 변화 및 2번가량 도형을 재작성하였음

해설
(1) 진단명 : ADHD(주의력결핍 과잉행동장애)
(2) 근거
 ① Rorschach : ZD < -3.5으로 낮은 과소통합자의 특성으로 정보를 너무 적게 받아들이고 이로 인하여 자신의 경험에 대한 탐색도 적절한 수준보다 적을 수 있어 성급하고 부주의한 정보처리 스타일을 보일 수 있다.
 ② KPI-C : 우울 및 과잉행동척도의 상승과 더불어 자아탄력성의 저하를 보이고 있다.
 ③ HABGT
  ㉠ 수행시간 약 1분 10초 : 수행시간이 짧은 편으로 수행에 적절한 노력의 정도가 미흡하고 충동적이거나 집중력이 부족할 수 있다.
  ㉡ 도형 A의 위치 : 도형 A의 위치가 중앙에 위치하고 있어 자기중심적이고 주장적일 수 있다.
  ㉢ 5개 도형의 각도 변화 : 감정조절과 충동통제가 원활하지 않은 상태일 수 있다.
  ㉣ 도형 재작성 2회 : 현재 불안 수준이 상승되어 있을 가능성이 있다.

16개년 기출문제 및 심화해설

▶ 2009년부터 2024년까지의 실기시험 기출문제와 상세한 해설을 수록하였습니다.

▶ 16회분의 충분한 기출문제로 실력을 가늠하고, 실전에 철저히 대비하세요.

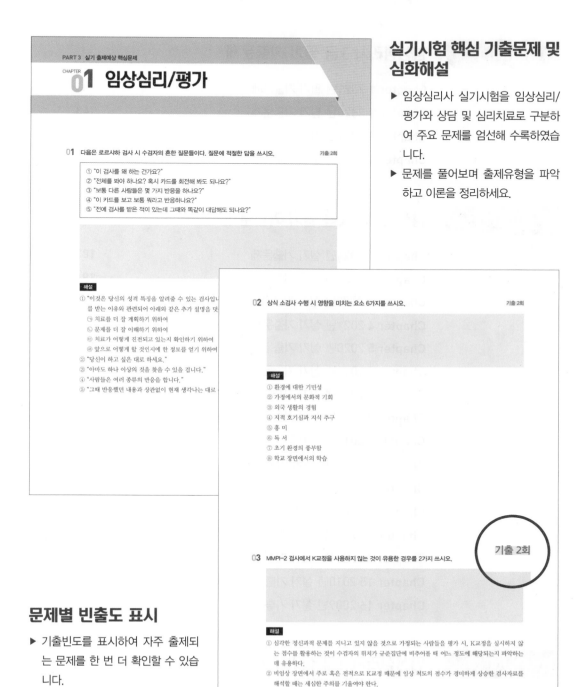

PART 3 실기 출제예상 핵심문제

CHAPTER 01 임상심리/평가

01 다음은 로르샤하 검사 시 수검자의 흔한 질문들이다. 질문에 적절한 답을 쓰시오. 기출 2회

① "이 검사를 왜 하는 건가요?"
② "전체를 봐야 하나요? 혹시 카드를 회전해 봐도 되나요?"
③ "보통 다른 사람들은 몇 가지 반응을 하나요?"
④ "이 카드를 보고 보통 뭐라고 반응하나요?"
⑤ "전에 검사를 받은 적이 있는데 그때와 똑같이 대답해도 되나요?"

해설

① "이것은 당신의 성격 특징을 알려줄 수 있는 검사입니...
를 받는 이유와 관련되어 아래와 같은 추가 설명을 덧...
  ㉠ 치료를 더 잘 계획하기 위하여
  ㉡ 문제를 더 잘 이해하기 위하여
  ㉢ 치료가 어떻게 진전되고 있는지 확인하기 위하여
  ㉣ 앞으로 어떻게 할 것인지에 대한 정보를 얻기 위하여
② "당신이 하고 싶은 대로 하세요."
③ "아마도 하나 이상의 것을 찾을 수 있을 겁니다."
④ "사람들은 여러 종류의 반응을 합니다."
⑤ "그때 반응했던 내용과 상관없이 현재 생각나는 대로 ...

02 상식 소검사 수행 시 영향을 미치는 요소 6가지를 쓰시오. 기출 2회

해설

① 환경에 대한 기민성
② 가정에서의 문화적 기회
③ 외국 생활의 경험
④ 지적 호기심과 지식 추구
⑤ 흥 미
⑥ 독 서
⑦ 초기 환경의 풍부함
⑧ 학교 장면에서의 학습

03 MMPI-2 검사에서 K교정을 사용하지 않는 것이 유용한 경우를 2가지 쓰시오.

기출 2회

해설

① 심각한 정신과적 문제를 지니고 있지 않을 것으로 가정되는 사람들을 평가 시, K교정을 실시하지 않는 점수를 활용하는 것이 수검자의 위치가 규준집단에 비추어볼 때 어느 정도에 해당되는지 파악하는 데 유용하다.
② 비임상 장면에서 주로 혹은 전적으로 K교정 때문에 임상 척도의 점수가 경미하게 상승한 검사자료를 해석할 때는 세심한 주의를 기울여야 한다.

실기시험 핵심 기출문제 및 심화해설

▶ 임상심리사 실기시험을 임상심리/평가와 상담 및 심리치료로 구분하여 주요 문제를 엄선해 수록하였습니다.

▶ 문제를 풀어보며 출제유형을 파악하고 이론을 정리하세요.

문제별 빈출도 표시

▶ 기출빈도를 표시하여 자주 출제되는 문제를 한 번 더 확인할 수 있습니다.

▶ 문제별 빈출도를 확인하며 효율적인 학습이 가능합니다.

이 책의 목차

기출이 답이다
임상심리사 1급(필기+실기)

PART

1

필기 기출문제

교육은 우리 자신의 무지를 점차 발견해 가는 과정이다.

– 윌 듀란트 –

CHAPTER 01 2021년 필기 기출문제

제1과목 심리연구방법론

01 연구가설이 갖추어야 할 기준과 가장 거리가 먼 것은?

① 검증 가능해야 한다.
② 단순성을 배제해야 한다.
③ 흔히 미래형으로 진술된다.
④ 두 개 이상의 변인 사이에 기대되는 관계로 진술된다.

> **해설**
> 연구가설(Research Hypothesis)이란 어떤 가설된 현상에 대한 일반적인 예측을 하는 것이다. 사전에 예측한 두 변수 사이의 관계를 나타낸 것으로 검증이 가능해야 한다.

02 도덕적 추론의 발달을 연구하기 위해 한 시점에 50명의 4세 아동, 50명의 6세 아동, 50명의 8세 아동을 대상으로 연구를 진행하였다. 각각의 아이들에게 도덕적 문제의 해결책을 제시하도록 하고 그 과정을 조사하여 결과를 비교하였다. 이는 어떠한 연구에 해당하는가?

① 종단연구
② 질적연구
③ 동년배 집단 시계열 연구
④ 횡단연구

> **해설**
> 횡단연구(Cross-sectional Study)란 현장연구 중 표본조사에서 모든 관련된 변수들에 대한 자료를 하나의 시점에서 동시적으로 수집하여 분석하고 추론하는 방식이다. 시간에 따른 변화를 추적하는 종단적 연구에 대비된다.

03 우울증을 측정하기 위해 새로 개발한 검사가 기존의 우울증 검사와 상관이 높은 것으로 나타났다면 이 검사는 어떤 종류의 타당도가 높은 것인가?

① 안면 타당도
② 수렴 타당도
③ 내용 타당도
④ 변별 타당도

> **해설**
>
> 수렴 타당도(Convergent Validity)란 검사 점수와 외적변수와의 관계를 분석함으로써 검사의 타당도를 검증하는 방법 중 하나이다. 동일한 특성을 상이한 방법에 의하여 측정한 검사 점수 간의 상관계수로 산출된다. 상관계수값이 높게 나타나면 이는 두 검사가 동일한 특성을 측정하고 있다는 것을 의미한다.

04 통계적 추론에서 추정에 대한 설명으로 틀린 것은?

① 통계적 추정이란 표본에서 얻은 통계량을 이용하여 모집단의 모수를 추정하는 것이다.
② 기술통계학도 엄밀히 말하면 추리통계적 요소를 가지고 있다고 할 수 있다.
③ 모수를 추정하기 위한 통계량을 추정치(Estimate)라고 하고, 표본조사의 결과로 얻은 추정치의 측정 값을 추정량(Estimator)이라고 한다.
④ 기술통계학은 그 자신이 모수가 되는 것이고, 추리통계학은 그 자신이 모수가 되기 어려운 표본에서 모수를 추정하는 것이다.

> **해설**
>
> 추정치란 모수(Para-meter)를 구체적으로 추정한 값을 말한다. 예를 들어, 모집단의 평균 μ를 알기 위해 표본의 평균을 이용하게 되는데 이때는 추정량이 되며, 표본평균의 구체적인 수치는 추정치가 된다.

05 심리학 과목의 기말고사 성적은 평균(Mean)이 40점, 중위값(Median)이 38점이었다. 점수가 너무 낮아서 담당 교수는 12점의 기본점수를 더해 주었다. 새로 산정한 점수의 중위값은?

① 40점   ② 42점
③ 50점   ④ 52점

> **해설**
> 중위값이란 어떤 표본의 중간에 해당하는 값이다. 모든 점수에 12점의 기본점수를 더해주었기 때문에 기존 중위값에서 12점이 더해진 50점이 새로운 중위값이 된다.

06 다음 중 비율척도에 해당하지 않는 것은?

① 길 이   ② 무 게
③ 시 간   ④ 학 번

> **해설**
> 비율척도(Ratio Scale)란 가장 고급수준의 척도로서 명명, 서열, 등간척도의 특성을 모두 포함하고 있으며, 또한 절대 영점을 갖고 있어, 모든 산술적 연산(가감승제)이 가능한 척도이다. 예를 들어 길이, 무게, 거리 등을 측정하는 척도들이 그것이다.

07 다음에서 설명하는 질적연구방법은?

> • 사람들의 경험에 대한 설명이나 묘사된 이야기(Story)가 중심이 된다.
> • 등장인물, 문제, 해결 등 문헌적 요소를 포함한 이야기로 재진술한다.

① 문화기술지 연구
② 현상학적 연구
③ 근거이론 연구
④ 내러티브 연구

> **해설**
> 내러티브 연구(Narrative Study)란 내러티브를 통해 인간의 경험을 이해하려는 하나의 탐구양식이다. 내러티브 연구에서는 내러티브가 인간경험에 초점을 두고 있을 뿐 아니라, 인간경험의 기본적인 구조를 이루고 있으므로 인간의 경험을 이해하고 그것에 의미를 부여하는 가장 좋은 방법이라고 전제한다.

08 상관연구에 관한 설명 중 틀린 것은?

① 변인들 간의 관련성의 정도를 측정하는 통계방법이다.
② 두 개 이상의 양적이며 동시에 연속적인 변인이 필요하다.
③ 독립변인을 조작한 실험연구의 자료를 이용한다.
④ 변인들 간의 상관의 강도가 클수록 산포도상에서 점수들은 서로 모여 있는 경향이 있다.

> **해설**
> 상관연구(Correlational Research)는 상관분석을 사용하여 변인들 간의 관계를 밝히는 모든 종류의 연구를 의미한다. 실험연구와는 달리 연구자가 주어진 상황을 조작, 통제하지 않고 자연조건 그대로에서 변인 간의 관계를 규명하는 것으로 변인 간의 인과관계를 직접적으로 내포하고 있지는 못하다.

09 피험자 내 설계(Within-subject Design)의 장점으로 가장 적합한 것은?

① 이중 은폐절차의 사용이 가능하다.
② 연습효과가 있어 정확한 데이터 수집이 가능하다.
③ 개인차로 인한 실험의 효과를 통제할 수 있다.
④ 이월효과(Carry-over Effect)를 통제할 수 있다.

> **해설**
> 피험자 내 설계란 독립변인의 모든 수준에 피험자들을 할당하는 실험설계방법이다. 이는 단일 피험자를 대상으로 하므로 피험자 간 설계에 비해 독립변인 이외의 변인을 통제하기가 용이하다. 따라서 독립변인의 각 수준에서의 차이가 단지 우연에 의한 것인지 아니면 실제 행동의 차이에서 기인한 것인지를 보다 신뢰롭게 측정할 수 있다.

10 요인들 간의 관계가 상호 독립적이라고 간주할 수 있는 경우 사용하는 요인회전방식은?

① Oblimin
② Obilique
③ Quartimin
④ Varimax

> **해설**
> 요인회전방식이란 최초의 요인행렬이 산출된 후 다시 요인을 단순구조로 만들고 순수한 요인들을 얻기 위해 요인축을 회전하는 과정이다. 직교회전은 추출된 요인들이 서로 독립적이라고 가정할 때(요인 간 상관=0) 사용되며, 사교회전은 요인들이 독립적이지 않다고 가정될 때(요인 간 상관≠0) 사용한다. 직교회전방법에는 Varimax, Quartimax, Equimax 방법이 있으며, 그중 Varimax 방법이 가장 일반적으로 사용된다.

11 구조방정식 모형에서의 적합도 지수 중 전반적 적합도를 평가하는 절대적합지수에 해당하는 것은?

① GFI(Goodness of Fit Index)
② NFI(Normed Fit Index)
③ NNFI(Non Normed Fit Index)
④ CFI(Comparative Fit Index)

> **해설**
> GFI(Goodness of Fit Index)란 구조방정식 모형에서 설정된 모형 전체를 평가하는 여러 가지 지표 가운데 하나로, 수집된 자료인 표본공분산행렬에 선행이론에 의해 생성되는 모형공분산행렬이 들어맞는 정도를 나타낸다.

12 다음 사례에 해당하는 표집방법은?

> 한 연구에서 ○○시 초등학교 6학년 학생들의 평균 지능을 알아보고자 일차 표집단위로 ○○시에 위치한 초등학교 20개를 무선 추출 후, 추출된 학교마다 한 학급씩을 무작위로 선택하여 학급 학생 전원을 대상으로 지능검사를 실시하였다.

① 단순무작위표집방법
② 층화표집방법
③ 군집표집방법
④ 할당표집방법

> **해설**
> 군집표집(Cluster Sampling)이란 확률적 표집방법의 하나로서 최종의 표집단위를 일차적으로 표집하는 것이 아니라, 이러한 단위를 포함하는 자연적 또는 인위적 구성의 상위집단을 먼저 표집하는 방법이다.

13 표본크기와 표집오차에 관한 설명으로 옳은 것은?

① 표본크기와 표집오차는 관련이 없다.
② 전수조사를 하면 표집오차가 커진다.
③ 표본크기가 1000 이상이면 표집오차는 0으로 간주한다.
④ 표집오차는 표본크기를 결정하는 요인 중 하나이다.

> **해설**
> 표본오차는 추출된 특정 표본으로부터 얻은 통계치를 기초로 모집단의 모수치를 추정할 때 발생하는 오차, 즉 모수치와 통계치 간의 차이를 말한다. 일반적으로 표본오차는 표본의 크기가 증가함에 따라 감소한다. 따라서 표본의 크기가 클수록 표본에서 얻은 통계치는 모집단의 모수치를 대표할 가능성이 커진다.

14 다음 중 확률변수에 관한 설명으로 틀린 것은?

① 확률변수 X에 대한 특성을 수치로 나타낸 것을 확률변수의 특정치라 하고, 그 특정치로는 기대치, 분산, 적률 등이 있다.

② 확률변수 X, Y가 독립일 때 $E(XY)=E(X) \cdot E(Y)$이다.

③ X와 Y가 독립확률변수일 때, $V(X+Y)=V(X)+V(Y)$이고 $V(X-Y)=V(X)-V(Y)$이다.

④ 각 자료와 평균의 차이를 평균한 것은 1이다.

> **해설**
> 편차란 자료의 각 변량−평균이다. 편차의 합은 항상 0이므로 편차의 평균은 0이다.

15 과학적인 인과관계를 추정하기 위한 기본조건과 가장 거리가 먼 것은?

① 일관성이 있는 특정 공변성(Covariation)

② 원인에서의 변화가 결과에 선행하는 시간적 순서

③ 원인에서의 변화와 결과에서의 변화를 제외한 다른 현상의 통제

④ 유사(Spurious) 관계의 존재

> **해설**
> 과학적인 인과관계를 추정하기 위한 기준에서는 요인 간의 관련 정도가 비교적 높아야 한다. 과학적인 인과관계를 위한 조건에서 유사성 관계는 거리가 멀다.

16 분산분석을 위한 모형에서 오차항에 대한 가정에 해당되지 않는 것은?

① 정규성

② 일치성

③ 독립성

④ 등분산성

> **해설**
> 분산분석의 오차항에 대한 가정을 살펴보면 정규분포를 가정(정규성)하고 오차의 크기가 다른 오차의 영향을 받지 않고 독립적으로 결정되며(독립성), 처치집단별 오차의 분산크기가 동일하다는 가정(등분산성)을 한다.

17 솔로몬 4집단설계에 관한 설명으로 옳지 않은 것은?

① 두 집단에는 사전검사를 실시하지 않는다.
② 통제집단 사전사후측정설계와 통제집단 사후측정설계를 통합한 형태이다.
③ 다소 복잡한 것이 문제이지만 내적 타당도를 확보한다는 측면에서 이상적이다.
④ 실험처리 기간이 단기일 때보다 장기일 때 더 적합하다.

> **해설**
> 솔로몬 4집단설계는 시간과 비용이 많이 들기는 하나 기간과는 관련 없다.

18 중심경향측정치 중 명목척도에서 구할 수 있는 유일한 중심경향 측정치로 표본오차에 크게 영향을 받는 것은?

① 최빈치
② 중앙치
③ 산술평균
④ 가중평균

> **해설**
> 최빈치란 집중경향치(集中傾向値)의 하나로서 점수분포상에서 가장 빈도가 많은 점수이다. 최빈치는 손쉽게 분포의 경향을 빨리 알아볼 수 있는 장점을 가지고 있는 반면에 표집에 따른 변화가 가장 크고 또한 어떻게 자료를 묶느냐에 따라 변화가 커서 다른 집중경향치 중에 가장 안정성이 적다는 단점을 가지고 있다.

19 다중회귀분석에서 나타나는 축소현상(Shrinkage)에 관한 설명으로 틀린 것은?

① 표본이 커지면 증가한다.
② 예언변인의 수가 많을수록 증가한다.
③ 동일연구를 반복할 때 예측타당도가 낮아지면서 나타나는 현상이다.
④ 한 표본에서 얻어진 β값을 다른 표본에 적용했을 때 다중상관계수 R이 처음보다 작아지는 것을 말한다.

> **해설**
> 다중회귀분석에서 나타나는 축소라고 한다면, 독립변수가 여러 개이기 때문에 독립변수들 간의 상관관계로 인해 각각의 독립변수에 대한 단순회귀분석 결과보다 예측력(β)이나 분산설명력($R2$)이 저하되는 것을 의미한다.
> 통계에서 표본이 커지면 모집단에 근접하기 때문에 모든 지수들이 긍정적인 방향으로 향상된다. 즉, 표본이 커지면 축소현상은 감소된다.

20 다음 분산분석 결과표에서 ㄱ, ㄴ, ㄷ에 들어갈 숫자는?

Source	SS	df	MS	F
집단 간	24	(ㄱ)	(ㄴ)	(ㄷ)
집단 내	24	6	4	
전 체	48	8		

① ㄱ : 3, ㄴ : 8, ㄷ : 2

② ㄱ : 2, ㄴ : 12, ㄷ : 3

③ ㄱ : 2, ㄴ : 8, ㄷ : 2

④ ㄱ : 3, ㄴ : 8, ㄷ : 3

해설

분산분석(ANOVA, Analysis Of Variance)이란 3개 이상의 다수의 집단 평균 차이를 검정하기 위한 통계적 방법이다.

One-Way Anova Table

Source	SS (Sum of Squares)	df (자유도)	MS (Mean Squares)	F
Treatment (집단 간)	SStrt	G-1	MStrt =SStrt/(G-1)	MStrt/MSE
Error (집단 내)	SSE	N-G	MSE =SSE/(N-G)	
Total	SST	N-1		

주) G : Treatment 수, N : Sample Size
- (ㄱ) : 8-6=2
- (ㄴ) : 24 ÷ 2=12
- (ㄷ) : 12 ÷ 4=3

21 변태성욕장애에 관한 설명으로 틀린 것은?

① 문화권마다 수용되는 성적 행위나 대상이 다르기 때문에 변태성욕장애는 사회문화적 요인을 고려해야 한다.

② 남녀의 발생비율이 20:1로 추정될 만큼 압도적으로 남자에게 많이 나타난다.

③ 노출장애는 낯선 사람에게 성기를 노출하지만, 성행위를 하려고 시도하는 경우는 드물다.

④ 소아성애장애는 특히 여아를 선호하는 개인의 경우 만성적이며, 남아를 선호하는 비율이 여아를 선호하는 비율의 2배로 추정된다.

> **해설**
> 소아성애장애 진단 시 성적으로 남아/여아/양성 모두 선호하는 명시를 해야 하지만 특정 성별을 선호하는 데에 따른 차이는 밝혀진 바 없다.

22 치매와 섬망을 감별할 때 가장 중요한 인지적 양상은?

① 기 억

② 사 고

③ 의 식

④ 주 의

> **해설**
> 섬망은 증상이 시작되는 속도와 의식 수준에서 치매와 결정적인 차이가 있다. 섬망은 급격하게 발병하며, 증상에 기복이 있다. 그러나 회복할 수 있다는 점에서 치매와 구별된다.

23 도박장애에 관한 설명으로 옳은 것은?

① 돈을 따는 과정에서 느끼는 강한 흥분이 도박 행동을 지속하게 만드는 것은 고전적 조건형성에 해당한다.
② 도박을 중단하면 안절부절못하고 우울해지거나 과민하고 집중력이 저하되는 금단 증상을 보인다.
③ 교감신경계를 활성화해 강박사고를 감소시킬 수 있다는 점에서 강박장애의 변형된 형태로 본다.
④ 규칙적이고 즉각적인 강화물이 주어질 경우 병적 도박을 유발시킬 가능성이 높다.

> **해설**
> 도박장애(Gambling Disorder)의 경우 도박을 줄이거나 중지하려고 시도할 때 안절부절못하거나 과민해지는 증상을 보인다.

24 노인우울증의 특징에 관한 설명으로 옳은 것은?

① 젊은 연령층과는 달리 남녀 유병율이 비슷하다.
② 신체증상, 건강염려증적 호소, 죄책감이 빈번하다.
③ 기억을 효율적으로 인출하는 능력의 저하가 흔하다.
④ 조발성(Early Onset)보다 만발성(Late Onset)에서 우울증 가족력이 높다.

> **해설**
> 노인우울증에서 주로 동반되는 인지기능 저하는 심할 경우 치매와 유사한 상태로 나타나기도 하는데, 이런 상태를 우울성 가성 치매라고 하며 극단적인 경우 치매로 오인되기도 한다. 그러나 이런 우울증으로 인한 인지장애는 치매에 비하여 기억력장애가 비교적 급성으로 발생하고 유병 기간이 짧으며 기억력 문제에 비하여 정서적 문제가 먼저 나타난다.

25 해리장애에 대한 설명으로 틀린 것은?

① 정신분석적 처치가 가장 널리 적용된다.
② 정체감, 기억, 의식상의 변화가 특징이다.
③ 가장 관계가 깊은 방어기제는 부인(Denial)이다.
④ 아동기 때 받은 신체적 성적 학대가 주요원인으로 간주되고 있다.

> **해설**
> 정신분석이론에서는 해리장애를 외상적 경험에 대한 방어기제로 해석한다. 바람직하지 않은 사건이나 자기의 일부가 전반적으로 억압된 결과다. 성격 전체를 의식으로부터 분리함으로써 극심한 외상경험을 억압하고, 그 결과 건망증이나 둔주가 나타날 수 있다.

26 조현병은 장애 자체가 만성화되는 것이 아니라 장애에 대한 취약성이 지속되는 장애이며, 조현병에 대한 취약성의 정도는 개인마다 다르고 유전적 요인과 출생 전후의 신체적─심리적 요인에 의해 결정된다는 모델은?

① 취약성─스트레스 모델
② 취약성─회전 모델
③ 취약성─유전 모델
④ 취약성─분열 모델

> **해설**
> 취약성─스트레스 모형에서는 질병 발생에 두 가지 요인이 필수적이라고 가정한다. 첫째, 특정한 질병에 비해 비교적 영구적으로 선천적 경향이 있어야 한다. 둘째, 특정 유형의 스트레스를 경험해야 한다. 질병 소인이 있는 사람은 부분의 사람이 처할 수 있는 스트레스에 병적으로 반응한다. 질병에 한 선천적 경향이 강한 사람은 경미한 환경적 스트레스도 질병을 유발할 수 있다.

27 이상행동에 관한 인지이론의 설명으로 맞는 것은?

① 개인 고유의 정서체계가 적응문제를 유발한다.
② 엘리스(A. Ellis)에 따르면 정서적 장애는 비합리적 신념을 초래한다.
③ 벡(A. Beck)은 우울장애에 널리 쓰이는 치료법을 개발했다.
④ 인지치료에 대한 효과는 실험연구로 검증하기 어렵다.

> **해설**
> 아론 벡(A. Beck)은 인지치료의 아버지로 현대 우울증 치료에서 가장 많이 활용되고 있다. 벡은 인지를 특정한 설명, 자기명령 혹은 자기비판 등에 관한 특정 사고라 정의했고, 이러한 인지를 평가하기 위한 '역기능적 사고 기록표'와 '벡의 우울 척도' 등 여러 평가도구도 개발하여 인지를 가시적으로 조작 가능하도록 만들었다.

28 DSM─5의 파괴적, 충동조절 및 품행장애에 포함되지 않는 것은?

① 병적 방화
② 털뽑기장애
③ 병적 도벽
④ 간헐적 폭발장애

> **해설**
> 파괴적, 충동통제 및 품행장애의 하위유형으로는 적대적 반항장애, 간헐적 폭발성장애, 품행장애, 방화증, 도벽증이 있다.

29 망상장애의 생물학적 원인에 해당하지 않는 것은?

① 좌반구 측두엽 손상　　　　　　② 우반구 두정엽 손상
③ 변연계와 기저핵 이상　　　　　　④ 시교차상핵 손상

> **해설**
>
> 망상장애의 생물학적 원인에 대하여 명확하게 밝혀진 것은 없으나, 뇌의 부위 중 변연계와 기저핵 부위, 뇌실 확대, 작은 전두엽, 혹은 전전두피리질의 뉴런 감소, 좌측두엽이나 우반구 두정엽 손상 등이 망상과 연관이 있을 것으로 알려져 있다. 시교차상핵은 좌우의 눈의 신경이 교차하는 곳의 조금 위쪽에 있는 신경핵으로 빛을 느끼고 반응하는 부분으로 망상과는 관련이 적다.

30 다음 중 알코올사용장애에 대한 설명과 가장 거리가 먼 것은?

① 알코올을 종종 의도했던 것보다 많은 양, 혹은 오랜 기간 사용한다.
② 매일 음주를 하며, 적은 양을 마신다면 가끔 중독을 보이는 것만으로 진단이 가능하다.
③ 알코올에 대한 갈망, 혹은 강한 바람, 혹은 욕구를 보인다.
④ 중독이나 원하는 효과를 얻기 위해 알코올 사용량의 뚜렷한 증가를 보인다.

> **해설**
>
> DSM-5에 따른 알코올사용장애의 진단기준은 아래와 같다.
>
> > 임상적으로 현저한 손상이나 고통을 일으키는 문제적 알코올 사용 양상이 지난 12개월 사이에 다음의 항목 중 최소한 2개 이상으로 나타난다.
> > • 알코올을 종종 의도했던 것보다 많은 양, 혹은 오랜 기간 사용함
> > • 알코올 사용을 줄이거나 조절하려는 지속적인 욕구가 있음. 혹은 사용을 줄이거나 조절하려고 노력했지만 실패한 경험들이 있음
> > • 알코올을 구하거나 사용하거나 그 효과에서 벗어나기 위한 활동에 많은 시간을 보냄
> > • 알코올에 한 갈망감 혹은 강한 바람, 혹은 욕구
> > • 반복적인 알코올 사용으로 인해 직장, 학교 혹은 가정에서의 주요한 역할 책임 수행에 실패함
> > • 알코올의 영향으로 지속적으로 혹은 반복적으로 사회적 혹은 인간관계 문제가 발생하거나 악화됨에도 불구하고 알코올 사용을 지속함
> > • 알코올 사용으로 인해 중요한 사회적, 직업적 혹은 여가 활동을 포기하거나 줄임
> > • 신체적으로 해가 되는 상황에서도 반복적으로 알코올을 사용함
> > • 알코올 사용으로 인해 지속적으로 혹은 반복적으로 신체적, 심리적 문제가 유발되거나 악화될 가능성이 높다는 것을 알면서도 계속 알코올을 사용함
> > • 내성, 다음 중 하나로 정의됨
> > 　- 중독이나 원하는 효과를 얻기 위해 알코올 사용량의 뚜렷한 증가가 필요
> > 　- 동일한 용량의 알코올을 계속 사용할 경우 효과가 현저히 감소
> > • 금단, 다음 중 하나로 나타남
> > 　- 알코올의 특징적인 금단 증후군
> > 　- 금단 증상을 완화하거나 피하기 위해 알코올을 사용

31 클라크(Clark)와 웰스(Wells)는 사회공포증이 있는 사람에게서 일어나는 세 가지 변화를 언급하였다. 여기에 해당하지 않는 것은?

① 목소리가 떨리고 주의집중이 안 되는 신체 및 인지의 변화가 일어난다.

② 수행을 하기 전에 자신의 수행이 부정적일 것이라는 반추사고가 나타난다.

③ 불안을 줄이고 부정적 평가를 받지 않기 위해 방어적 행동을 한다.

④ 주의가 자신에게 속하는 자기초점적 주의가 일어난다.

> **해설**
>
> 클라크와 웰스(Clark & Wells)는 사회 불안 장애를 가진 사람들에게서 나타나는 대표적인 역기능적 신념을 다음과 같이 제시하였다.
> • '모든 사람들로부터 인정과 칭찬을 받아야 한다'와 같은 사회적 수행에 대한 과도한 기준의 신념
> • '내가 실수할 경우 타인이 나를 무시할 것이다'라는 신념과 같은 사회적 평가에 대한 조건적 신념
> • '나는 다른 사람보다 열등하다'는 식의 자기와 관련된 부정적 신념
> 이러한 생각으로 인해 자신이 처한 사회적 상황을 부정적인 것으로 해석하게 되고 위험을 지각하게 되면서 신체/인지적 변화, 안전행동, 자기초점적 주의가 나타난다.

32 정신분석적 입장에서 설명하는 고착 현상과 이로 인해 나타나는 성격장애 간의 연결이 옳은 것을 모두 고른 것은?

> ㄱ. 구강기 – 의존성 성격장애
> ㄴ. 항문기 – 강박성 성격장애
> ㄷ. 남근기 – 자기애성 성격장애

① ㄱ

② ㄱ, ㄴ

③ ㄴ, ㄷ

④ ㄱ, ㄴ, ㄷ

> **해설**
>
> 프로이트로 대표되는 정신분석학 이론에 따르면 인격양상은 심리적으로 결정적인 어떤 시기에 있는 리비도(Libido)의 장애에 의해 결정된다고 한다. 예를 들면 공격성이나 의존성, 혹은 우울증은 구강기의 장애로서 리비도가 구강기로 퇴행하거나 고착된 상태이고, 강박성 인격장애나 강박장애는 항문기의 장애이고, 반사회적 행동은 남근기로 퇴행 또는 고착된 상태로 설명한다.

33 신경인지장애에 대한 설명으로 옳은 것을 모두 고른 것은?

> ㄱ. 알츠하이머형은 뇌 세포의 점진적 파괴로 인해 증상이 서서히 진행된다.
> ㄴ. 섬망은 기억력이 현저히 저하되고 언어 및 운동기능이 감퇴한다.
> ㄷ. 섬망은 비가역적이며 일반적으로 계속 진행되는 상태이다.
> ㄹ. 건망장애(Amnestic Disorder)는 의학적 상태나 물질의 효과로 인한 기억장애이다.

① ㄱ, ㄷ
② ㄱ, ㄹ
③ ㄴ, ㄷ
④ ㄷ, ㄹ

해설

섬망은 주의의 장애와 의식의 장애를 보이고 그 외에 부가적인 인지장애를 보인다. 장애는 단기간에 걸쳐 발생하고 기저 상태의 주의와 의식으로부터 변화를 보이며 하루 경과 중 심각도가 변동하는 경향을 보인다.

34 조증 삽화의 진단기준이 아닌 것은?

① 주의집중력의 증가
② 목표지향적 활동의 증가
③ 수면에 대한 욕구의 감소
④ 팽창된 자존감 또는 심하게 과장된 자신감

해설

DSM-5에 따른 제1형 양극성장애의 조증 삽화
- 비정상적으로 들뜨거나, 의기양양하거나, 과민한 기분 그리고 목표지향적 활동과 에너지의 증가가 적어도 일주일간(만약 입원이 필요한 정도라면 기간과 상관없이) 거의 매일, 하루 중 대부분 지속되는 분명한 기간이 있다.
- 기분 장애 및 증가된 에너지와 활동을 보이는 기간 중 다음 증상 가운데 3가지(또는 그 이상)를 보이며(기분이 단지 과민하기만 하다면 4가지) 평소 모습에 비해 변화가 뚜렷하고 심각한 정도로 나타낸다.
  - 자존감 증가 또는 과대감
  - 수면에 대한 욕구 감소
  - 평소보다 말이 많아지거나 끊기 어려울 정도로 계속 말을 함
  - 사고의 비약 또는 사고가 질주하듯 빠른 속도로 꼬리를 무는 듯한 주관적인 경험
  - 주관적으로 보고하거나 객관적으로 관찰되는 주의 산만
  - 목표지향적 활동의 증가 또는 정신운동 초조
  - 고통스러운 결과를 초래할 가능성이 높은 활동에의 지나친 몰두
- 기분장애가 사회적/직업적 기능의 현저한 손상을 초래할 정도로 충분히 심각하거나 자해나 타해를 예방하기 위해 입원이 필요, 또는 정신병적 양상이 동반된다.
- 삽화가 물질의 생리적 효과나 다른 의학적 상태로 인한 것이 아니다.

35 학습장애에 대한 설명으로 틀린 것은?

① 지능 수준은 평균범위에 속하는 경우가 많다.

② 운동협응능력에 이상이 있을 수 있다.

③ 주된 치료방법은 약물치료이다.

④ 독해장애아동은 학년이 높아질수록 전 과목의 성적이 저하될 수 있다.

> **해설**
>
> 학습장애의 주된 치료방법은 약물치료 외에 개별화된 교육 계획, 특수교육적 중재, 학습전략 훈련, 가족지원 및 심리상담 등이 있다.

36 범불안장애에 대한 설명으로 틀린 것은?

① 근육의 긴장이나 수면 장애가 함께 나타나기도 한다.

② 일종의 다중공포증으로 여겨진다.

③ 벤조디아제핀 계열의 약물은 불안을 증가시켜 이 장애의 원인과 관련 있는 것으로 여겨진다.

④ 이 장애에 취약한 사람들은 위협에 대한 인지도식이 발달되어 있다.

> **해설**
>
> 벤조디아제핀(Benzodiazepine) 계열 약물이 범불안장애에 자주 쓰인다. 이는 자극에 대한 과민성을 저하하고 진정효과를 지닌다.

37 DSM-5에서 조현병(정신분열병)의 진단기준에 포함된 증상에 해당하지 않는 것은?

① 사고의 장애

② 지각의 장애

③ 기억의 장애

④ 행동의 장애

> **해설**
>
> 조현병 환자에게 공통적으로 찾아볼 수 있는 증상이 망상, 환각, 비조직적 언어와 행동이며 기억과는 관련이 없다.

38 주의력 결핍 과잉행동장애(ADHD) 아동에 관한 설명으로 옳은 것은?

① 뇌의 도파민이 작용하는 영역, 즉 미상핵이나 전두엽 영역의 크기가 정상 아동보다 크다.
② 약물 없이도 흥분되기 때문에 물질 중독에 빠질 가능성이 낮다.
③ 성인기가 되면 증상이 거의 없어진다.
④ 신경학적이고 유전적인 요인이 있다.

> **해설**
> ADHD의 경우 생물학적 일차 친족에서 흔하며 유전성이 높은 편이다. 필수 불가결하고 충분한 인과 요인은 아니나 특정 유전자가 ADHD와 연관이 있는 것으로 밝혀졌다.

39 주요우울장애의 진단기준에 관한 설명으로 틀린 것은?

① 주요우울 삽화의 필수증상은 우울한 기분 또는 흥미나 즐거움의 상실이다.
② 반복적으로 죽음에 대해 생각하거나 자살사고를 나타낸다.
③ 무가치감 또는 과도하거나 부적절한 죄책감을 보인다.
④ 주요우울 삽화의 증상이 적어도 1주 이상 연속으로 지속되어야 한다.

> **해설**
> 주요우울 삽화의 증상 가운데 5가지(또는 그 이상) 증상이 2주 연속으로 지속되어야 한다.

40 인간행동의 습득과정을 설명하고 그것을 바탕으로 하여 변용을 시도하였으며 모델링 형성과정과 1차적 추동, 2차적 추동을 중시한 이론적 모델은?

① 정신분석적 모델
② 생리학적 모델
③ 행동주의 모델
④ 실존주의적 모델

> **해설**
> 행동주의는 자극의 역할과 행동의 객관화 혹은 측정을 강조하면서 외현적 행동과 자극의 관계를 과학적으로 연구한 심리학이다. 행동주의의 등장은 사람과 동물의 공통적인 행동의 성질과 기능을 연구하는 길을 열었고 주관주의/의인주의의 편견을 시정했으며, 조건부여에 의한 습득행동의 중시는 교육의 가능성에 관해서도 시사하는 바가 크다.

41 청소년 내담자의 우울 정도를 측정하기 위한 도구로 적합하지 않은 것은?

① MMPI-A
② PAI-A
③ 16PF
④ BDI-II

> **해설**
>
> BDI(Beck Depression Inventory), MMPI-A, PAI-A에서 우울과 관련된 평가가 가능하나 16PF는 성격특성 이론에 근거한 일반 성격심리검사이다.

42 다음 중 투사검사에 관한 설명으로 가장 적절한 것은?

① 수검자의 반응의 범위가 넓게 허용된다.
② 검사 실시가 비교적 간편하다.
③ 신뢰도 및 타당도가 양호하다.
④ 수검자가 방어나 반응의 조작이 쉽다.

> **해설**
>
> 객관적 검사 반응과는 다르게 투사검사의 경우 수검자 개인의 독특한 반응을 제시해주며 이러한 반응이 개인을 이해하는 데 매우 유용하다.

43 검사 결과에 작용하는 검사자 변인과 수검자 변인으로 옳지 않은 것은?

① 반응효과
② 기대효과
③ 강화효과
④ 코칭효과

> **해설**
>
> 평가 결과에 따라서 개인의 변화와 성장을 이끌어내고 행복한 삶을 영위하고 건강을 증진할 수 있도록 하며, 수검자의 성취에 미치는 긍정적인 효과를 주고 긍정적인 행동의 빈도 혹은 확률이 높아지도록 하는 등의 검사자 및 수검자 변인이 있으나 반응효과와는 관계가 없다.

44 지능검사 결과에 관한 설명으로 옳은 것은?

① 웩슬러 검사에서 소검사 환산점수 7과 지표점수 90의 백분위는 같다.

② 신뢰구간 95%의 범위는 모든 지표점수에서 같다.

③ 소검사 환산점수 10과 지표점수 100의 백분위는 같다.

④ 신뢰구간 95%의 범위는 신뢰구간 90%보다 더 짧다.

해설

백분위	환산점수	IQ
99.9	19	145
99.6	18	140
99	17	135
98	16	130
95	15	125
91	14	120
84	13	115
75	12	110
63	11	105
50	10	100
37	9	95
25	8	90
16	7	85
9	6	80
5	5	75
2	4	70
1	3	65
0.4	2	60
0.1	1	55

44 ③ 정답

45 심리검사의 제작 단계를 순서대로 바르게 나열한 것은?

> ㄱ. 문항 작성
> ㄴ. 신뢰도와 타당도 검토
> ㄷ. 검사 방법의 결정
> ㄹ. 규준과 검사 요강 작성
> ㅁ. 문항 분석과 수정

① ㄱ, ㄷ, ㄴ, ㅁ, ㄹ
② ㄷ, ㄱ, ㅁ, ㄴ, ㄹ
③ ㄷ, ㄹ, ㄴ, ㅁ, ㄱ
④ ㄹ, ㄱ, ㄴ, ㅁ, ㄷ

> **해설**
> 표준화된 검사의 제작 과정에는 우선 검사 목적에 대한 정의를 명확하게 세운 후 사전검사를 설계한다. 다음으로 검사 제작의 방법을 결정하고 문항을 준비 및 분석 · 수정하며 표준화 실시를 통하여 실시 및 채점에서의 일관성을 확인하고 마지막으로 규준 작성 및 최종 검사 준비와 출판을 한다.

46 MMPI 검사의 타당도 척도 중 무응답 척도가 상승할 수 있는 이유로 적절하지 않은 것은?

① 부주의
② 불충분한 읽기 수준
③ 채점이나 기록상 오류
④ 의미 있는 답변에 필요한 정보나 경험이 없을 때

> **해설**
> 수검자가 응답하지 않은 문항의 점수를 측정하는 척도로, 수검자의 부주의한 태도 또는 혼란, 자신을 드러내지 않고 회피하려는 의도적인 시도, 읽기능력이나 해석능력의 저하, '예/아니오' 중 선택하는 것에 어려움을 가지는 우유부단함, 문항에서 질문하는 상황에 대한 경험이 없거나 정보가 부족해서 응답하기 어려워 일부 문항에 응답하지 않는 경우 등이 있을 수 있다.

47 Afr<.50에 대한 해석으로 가장 적절한 것은?

① 자신의 감정을 과도하게 표현하는 편이다.
② 비합리적인 사고를 한다.
③ 환상과 공상의 세계로 도피하려는 특성이다.
④ 사회적으로 위축되어 있다.

> **해설**
> Afr값이 평균 범위 이하로 나타나는 경우 정서적인 자극에 대하여 흥미가 보다 적거나 정서적인 자극에 반응 또는 처리하지 않으려는 경향이 있다.

48 A는 학급 친구들로부터 따돌림을 받은 후 불안감과 고통을 호소하였다. A에게 PAI를 사용할 때 고려해야 할 사항으로 옳지 않은 것은?

① 누락된 응답이 17개 이상인지 확인한다.
② 4개의 타당도 척도에서 반응일관성과 부주의, 무관심, 왜곡 등의 문제가 있는지 살펴본다.
③ 결정문항에서 '그렇다'는 반응이 3개 이상일 때부터 즉각적인 개입이 필요하다.
④ 임상 척도에서 T점수 70 이상이면 정상집단으로부터 이탈되었다고 해석할 수 있다.

> **해설**
> • PAI 결정문항은 총 27개이며 이 문항들은 잠재적 위기상황의 지표에 관한 중요한 내용으로 구성되어 있고 임상적으로 중요한 부가적인 정보를 얻을 수 있다.
> • 결정문항은 규준표본에서 각 문항의 평균 시인율이 0.5 이하이고 1점 이상일 경우 즉각적인 관심을 둘 필요가 있는 행동이나 정신병리가 있다는 것을 지적하는 것이다.

49 A는 평균 20점, 표준편차 4점, 측정의 표준오차 3점인 자존감 검사에서 14점이 나왔다. 자존감 검사가 정규분포라고 가정할 때 A의 점수의 위치에 관한 설명으로 옳은 것은?

① T점수 40점에 해당한다.
② Z점수 −1.5에 해당한다.
③ 웩슬러(Wechsler) 지능검사의 전체 IQ 70점에 해당한다.
④ 웩슬러(Wechsler) 지능검사의 소검사 환산점수 7점에 해당한다.

> **해설**
> $$Z = \frac{X-m}{\sigma} = \frac{14-20}{4} = -1.5$$

50 객관적 성격검사에 관한 설명으로 옳은 것은?

① TCI의 인내력(P) 척도는 성격 척도이다.
② PAI의 공격성(AGG) 척도는 치료고려 척도이다.
③ 16PF는 융(C. Jung)의 성격이론을 기반으로 개발되었다.
④ K-CBCL의 학업수행 척도는 문제행동증후군 척도의 하위 척도이다.

> **해설**
>
> PAI의 치료고려 척도는 5개로, 공격성 척도(Aggression ; AGG), 자살 관념 척도(Suicide Ideation ; SUI), 스트레스 척도 (Stress ; STR), 비지지 척도(Nonsupport ; NON), 치료거부 척도(Treatment Rejection ; RXR)가 있다.

51 TAT에 관한 설명으로 틀린 것은?

① 통각은 객관적 자극과 주관적 경험의 상호작용으로 이루어진다.
② 모든 수검자에게 동일한 카드를 제공하지 않는다.
③ 검사는 두 번으로 나누어 시행할 수 있다.
④ Murray의 욕구-압력 분석법의 기본 가정은 욕구와 초자아가 상호작용한다는 것이다.

> **해설**
>
> 욕구-압력 분석법은 개인의 욕구(Need)와 환경 압력(Pressure) 사이의 상호작용 결과를 분석함으로써 개인의 심리적 상황을 평가하고자 하는 방식이다.

52 Cattell-Horn이 제안한 유동-결정지능 모형에 대한 설명으로 틀린 것은?

① 사고로 뇌 손상을 당한 경우 대개 유동지능보다 결정지능이 더 큰 영향을 받는다.
② 결정지능은 환경과 경험으로 결정될 가능성이 크다.
③ 결정지능은 유동지능이 경험을 통해 결정된 지능이기 때문에 두 지능은 서로 상관이 있다.
④ 유동지능은 선천적으로 타고나고 문화나 환경에 따라 변화되지 않는 일반적인 지적 능력이다.

> **해설**
>
> 유동성 지능(Fluid Intelligence)은 새롭고 친숙하지 않은 과제를 수행하는 데 더 중요하게 작용하며, 특히 신속한 의사결정이나 비언어적 내용과 관련이 있으며 주로 유전된 생물학적 요인의 결과로 결정성 지능(Crystallized Intelligence)에 비하여 뇌 손상에 민감하다.

53 심리검사를 위한 면담에서 유의할 사항과 가장 거리가 먼 것은?

① 내담자의 비언어적 행동뿐만 아니라 면담자 자신의 반응에 대해서도 의식하고 있어야 한다.

② 면담자는 눈 맞춤, 안면 표정, 언어적/비언어적 반응을 통해 내담자에 대한 관심을 표현해야 한다.

③ 내담자의 방어성은 '왜?'라는 이유를 묻는 질문을 통해 다루는 것이 권장된다.

④ 면담자는 면담이 끝나기 5~10분쯤 전에 남은 시간을 내담자에게 미리 알려줌으로써 시간을 준수하도록 도와주어야 한다.

> **해설**
> 검사자가 '왜'라는 단어를 내담자에게 사용하는 것은 내담자가 어떤 실수를 하였고, 그에 따른 죄의식을 느끼게 하는 언어이므로 피해야 한다.

54 신경심리검사의 면담 및 행동관찰에 대한 설명으로 틀린 것은?

① 개인력 조사에 시간을 투자하는 것보다는 여러 검사를 추가적으로 실시하는 것이 보다 좋은 평가를 할 수 있다.

② 퇴행성 질환과 같이 서서히 진행하는 질환의 경우 초기 신경심리검사가 조기 진단에 도움을 줄 수 있다.

③ 증상을 위장하는 환자의 경우 평가가 병전 기능을 가늠하는 자료가 될 수 있음을 명확하게 고지하여 과장하려는 의도를 포기하도록 해야 한다.

④ 두부 외상과 같이 급작스레 발병한 상태의 경우 급성기 이후에 검사를 하는 것이 바람직하다.

> **해설**
> 환자에게 적절한 검사를 실시하는 것만큼 개인력 조사 또한 중요하며 이를 종합적으로 통합하여 해석할 줄 알아야 한다.

55 면담에 관한 설명으로 옳은 것은?

① 구조화된 면담에서는 개방형 질문이 폐쇄형 질문보다 더 많이 사용된다.

② 구조화된 면담에서는 면담자의 개입이 최소화된다.

③ 비구조화된 면담에서는 면담자의 주관적 추론이 개입될 여지가 매우 적다.

④ 정신상태평가는 행동주의의 원리에 근거하여 개발된 면담법이다.

> **해설**
> 형식적이고 구조화된 면담은 사전에 정의된 일련의 질문으로 구성되어 비구조화 면담에 비하여 면담자의 개입이 최소화된다.

56 Korean Kaufman Assessment Battery for Children에서 검사자의 부주의로 어떤 하위검사를 실시하지 않았거나 검사 중에 예기치 못한 일이 발생하여 채점이 불가능하게 되었다. 또한 부득이한 이유로 특정 하위검사를 실시할 수 없는 상황이 벌어져 통상적인 방법으로 종합척도의 표준점수를 계산할 수 없을 때가 있다. 이때는 비례추정법을 사용하여 문제가 생긴 하위검사를 추정할 수 있는데, 비례추정법의 사용이 불가능한 종합척도는?

① 순차처리 척도
② 동시처리 척도
③ 비언어성 처리 척도
④ 습득도 척도

> **해설**
>
> 비례추정법이란 어느 한 하위검사를 실시하지 않았거나 실시하였지만 검사 결과를 채점할 수 없을 정도로 검사 과정에 문제가 생겼을 때 사용하고 있으나, 습득도 척도에서는 하위검사들의 성질이 다른 독립된 내용을 측정하고 있어 사용할 수 없다.

57 MMPI-2 척도 해석에 관한 설명으로 틀린 것은?

① L 척도가 의미 있게 상승할 경우 자신의 증상이나 문제를 부인할 가능성이 높다.
② 척도 6과 척도 8이 동반 상승할 경우 경계심과 의심이 많고 피해적 사고, 망상, 환각 등이 나타날 가능성이 있다.
③ 척도 6의 단독 상승은 척도 4의 단독 상승보다 사회 전반에 대한 불평, 불만 및 권위적 대상에 대한 분노와 적대감이 나타날 가능성이 더 높다.
④ 척도 9가 매우 낮을 경우 겉으로는 우울한 감정을 표현하지 않더라도 우울증상을 탐색해 볼 필요가 있다.

> **해설**
>
> | 척도 6이 높은 경우 | 척도 4가 높은 경우 |
> | --- | --- |
> | • 주위 환경에 경계심과 의심이 많다.
• 분노를 느끼기 쉽고 이런 분노는 특정인에게 집중되어 있다.
• 자주 다투거나 논쟁하기를 좋아한다.
• 대인관계에서 방어적이고 불신감이 많으며 경직되어 있어서 대인 접촉이 어렵다.
• 주위에서 일어나는 일이나 말들이 자신을 겨냥한 것이라 과해석하고 다른 사람들의 사소한 거부나 비판에도 민감하게 반응한다.
• 방어기제로 투사를 주로 사용하여 자신의 문제를 인정하기보다는 타인의 탓으로 돌린다. | • 사회적 가치를 내면화하는 데 어려움이 있으며 규칙이나 법규에 저항적이다.
• 화를 자주 내고 다른 사람과 다투기를 잘한다.
• 주로 권위적인 인물과의 관계에 어려움이 있으며 반항적인 태도를 보인다.
• 가족과의 갈등이 있으며 자신의 문제에 대해 가족에게 원인을 돌리며 적대감을 표현한다.
• 계획성이나 판단력이 부족하고 충동적이며 좌절인내력이 낮다.
• 모험적이며 경험을 통해 배울 줄 모르고 동일한 문제를 되풀이하는 경향이 있다.
• 자기중심적이고 미성숙하며 이기적이다. |

58 참여관찰법의 특징과 가장 거리가 먼 것은?

① 광범위한 문제행동에 적용될 수 있다.
② 출현 빈도가 낮은 행동의 평가에 유용하다.
③ 관찰자 선입견의 영향을 배제하기가 용이하다.
④ 관찰자와 피관찰자의 상호작용이 관찰에 영향을 줄 수 있다.

> **해설**
>
> 연구하려는 지역이나 집단의 한 구성원이 되어 직접 활동에 참여하면서 자료를 수집하여 분석하는 방법이다. 연구자는 눈에 보이는 것을 있는 그대로 볼 수 있도록 노력함으로써 자신이 보고 싶은 것만 보는 오류를 범하지 않을 수 있다.

59 심리평가 결과를 수검자에게 전달하는 방법으로 가장 바람직하지 않은 것은?

① 피검자의 정서적 반응까지 고려해서 결과를 전달한다.
② 정확한 수치만을 알려준다.
③ 전문용어의 사용을 피한다.
④ 문제점뿐만 아니라 강점에 대해 알려준다.

> **해설**
>
> 심리평가 결과에서 정확한 수치만 제공하기보다는 내담자의 개인 특성을 이해할 수 있도록 심리검사와 면접, 행동관찰 등에서 얻은 정보를 종합하여 포괄적이고 종합적인 해석을 제공한다.

60 심리검사 및 평가에 관한 윤리사항으로 옳은 내용을 모두 고른 것은?

> ㄱ. 수검자가 자해나 타해 위험이 있는 경우 비밀보장의 원칙을 지키지 않아도 된다.
> ㄴ. 평가서에 수검자가 이해하기 어려운 특수한 전문용어나 어려운 표현을 사용하지 않아야 한다.
> ㄷ. 가장 적은 시간과 노력을 들여 가장 타당하게 평가할 수 있는 검사를 선택해야 한다.
> ㄹ. 검사를 실시하는 목적과 검사 결과의 용도에 대해 충분히 이해시키는 것이 바람직하다.

① ㄱ, ㄴ, ㄹ   ② ㄱ, ㄷ, ㄹ
③ ㄴ, ㄷ, ㄹ   ④ ㄱ, ㄴ, ㄷ, ㄹ

> **해설**
>
> 내담자/환자, 심리학자 또는 그 밖의 사람들을 상해로부터 보호하기 위한 경우 개인의 동의 없이 비밀 정보를 최소한으로 노출할 수 있다. 아울러 평가 결과의 해석은 내담자/환자에게 내용적으로 이해가 가능하도록 하며 환자에게 가장 적합하고 효율적인 평가도구를 선택하여 시행해야 한다. 마지막으로 평가 및 진단을 하기 위해서는 내담자로부터 평가 동의를 받아야 하는데 평가 동의를 구할 때에는 평가의 본질과 목적, 비용, 비밀유지의 한계에 대해 알려야 한다.

61 면접기법에 대한 설명으로 옳지 않은 것은?

① 환자의 과거사를 알려주고 환자가 대인관계상황에 참여하고 관찰될 수 있는 기회를 제공해 준다.

② 의식으로부터 해리된 정보나 환자에 의해 언어화되기 어려운 정보를 얻기 위해서 필요하다.

③ 신뢰도를 높이기 위해서 구조화된 면접이 제안되기도 하며, 인성질문지는 구조화된 면접의 한 형태로 볼 수 있다.

④ Adler 학파의 심리학자는 개인의 출생순위와 가족 내 위치에 관한 정보를 추구할 것이다.

> **해설**
> 면접기법이란 특정한 상대에게 직접 언어적 자극을 주어 이것에 대한 피면접자의 언어적인 반응을 실마리로 하여 필요한 정보를 얻거나, 피면접자의 마음속에서 일어나는 효과를 이용하여 치료 또는 설득의 목적을 달성하려는 방법이다.

62 심리치료의 초기 과정에 대한 설명으로 틀린 것은?

① 내담자의 문제를 평가하며 사례 개념화를 한다.

② 치료자와 내담자가 함께 목표에 대해 논의하며 설정한다.

③ 상담 및 심리치료에 대한 구조화를 실시한다.

④ 내담자가 자신의 문제를 독립적으로 다룰 수 있는지를 판단하며 추수 회기를 계획한다.

> **해설**
> 추수 상담에 대한 계획은 심리치료 종결 시점에 논의하는 주제에 해당한다.

63 행동주의적 관점의 설명으로 틀린 것은?

① 행동주의적 관점에서 대표적인 이론가는 Skinner이다.

② 자극과 반응의 연합을 이해하는 것으로 인간행동을 설명할 수 있다.

③ 행동주의 관점에서 대표적인 이론은 잠재학습, 통찰학습, 유관성이다.

④ 개인이 경험했던 강화사가 한 개인의 성격을 형성한다.

> **해설**
> 행동주의(Behaviorism)의 대표적 이론은 파블로프(Pavlov)의 고전적 조건형성과 왓슨, 스키너(Skinner)의 조작적 조건형성이다.

64 어떤 환자가 오늘이 무슨 요일인지 말하지 못하고 자신이 어디 있는지를 알지 못한다면 가장 일차적으로 의심되는 신경학적 손상의 결과는 무엇인가?

① 손상된 지남력
② 손상된 기억력
③ 손상된 지적 기능
④ 손상된 판단력

> **해설**
> 지남력이란 현재 자신이 놓여 있는 상황을 올바르게 인식하는 능력을 말한다. 올바른 지남력을 갖기 위해서는 의식, 사고력, 판단력, 기억력, 주의력 등이 유지되어야 하는 것이 필요하다. 통상 사람, 장소, 시간의 지남력으로 구별되고 있다. 지남력이 장애를 받게 되는 것을 지남력 상실이라고 한다.

65 '자신의 행위가 나쁜지를 모르는 상태에서 불법적 행동을 했다는 것을 입증하면 정신이상에 의한 무죄평결을 받도록 한 기준'과 관계가 없는 것은?

① M'Naughten rule
② Durham Standard
③ ALI(Americal Law Institute) Standard
④ GBMI verdict

> **해설**
> GBMI verdict는 정신질환이 있음에도 불구하고 피고인이 저지른 행위에 대한 책임이 있다고 평결을 받도록 한다.

66 임상심리학자의 비윤리적 행동에 해당하지 않는 것은?

① 내담자와 심리치료 회기 이외에 다른 시간에 만나서 저녁을 먹는 등 친구 관계를 유지하는 것
② 내담자가 에이즈 환자임을 심리치료 도중 알게 되었을 때 이를 관계 보건 당국에 알리는 것
③ 치료 관계에서 얻은 내담자에 관한 정보와 사생활을 내담자에게 미리 알리지 않고 사례회의에서 발표하는 것
④ 임상심리학자가 유능한 사업가인 내담자와 정신건강서비스 사업에 공동 투자하여 새로운 사업을 시작하는 것

> **해설**
> 심리학자는 연구, 교육, 평가 및 치료과정에서 알게 된 비밀 정보를 보호하여야 할 일차적 의무가 있다. 그러나 예외의 경우들이 있는데 내담자/환자, 심리학자 또는 그 밖의 사람들을 상해로부터 보호하기 위한 경우, 개인의 동의 없이 비밀 정보를 최소한으로 노출할 수 있다.

67 임상심리학 역사에서 중요한 1차 대전과 2차 대전 사이에서 일어난 내용이 아닌 것은?

① Thurstone, Spearman 및 Thorndike가 지능영역에서 중요한 공헌을 하였다.
② David Wechsler가 Wechsler-Bellevue검사를 출판하였다.
③ Hermann Rorschach가 Psychodiagnostik을 출판하였다.
④ Cattel은 정신검사(Mental Test)라는 용어를 만들었다.

> **해설**
> 카텔(Cattel)은 1890년경 '정신검사(Mental Test)' 용어를 제안하였다. 시기상 1~2차 대전과는 관련 없다.

68 Type A 행동패턴을 가진 사람들의 특성과 가장 거리가 먼 것은?

① 시간이 빨리 간다고 지각한다.
② 지연된 반응을 요구하는 과제에서 수행이 향상된다.
③ 좌절하면 공격적이고 적대적이 된다.
④ 피로감과 신체적 증상을 덜 보고한다.

> **해설**
> A 유형 성격이란 적대적이고 경쟁적이며 다양한 상에 관심을 갖고 그것을 획득하려 하며 성급하다. 성격적 측면에서 관상동맥질환 발병과 관련하여 살펴보면 그들은 짧은 시간에 더 많은 것을 성취하려고 투쟁하며 쉽게 흥분하고 늘 시간에 쫓기는 느낌이 들고 경쟁적으로 큰일을 성취하려는 욕구가 강한 양상을 보인다.

69 행동치료 시행에 관한 설명으로 옳은 것은?

① 신체적 고통으로 우는 아동의 행동도 조작적 절차를 통해서 완화할 수 있다.
② 아동의 경우 주 치료자 이외의 주변 인물에 의한 조작적 절차는 치료효과가 거의 없다.
③ 혐오치료는 혐오자극이 보다 긍정적인 자극으로 변환되게 하는 조건형성 절차이다.
④ 혐오치료는 문제행동이 생명이나 건강에 위협적일 경우로 한정되어 적용되는 것이 좋다.

> **해설**
> • 혐오치료(Aversive Therapy)는 바람직하지 않은 행동에 대하여 전기나 화학약품과 같은 불쾌한 자극을 제시함으로써 바람직하지 않은 행동을 줄여 나가고자 하는 치료법이다.
> • 혐오치료의 과정은 혐오자극이 부적응 행동을 하는 동안에 주어지고 그 행동을 그만두면 혐오자극은 사라지도록 하는 것이다. 혐오치료는 약물중독과 성도착증(노출증이나 어린이에 대한 이상 성욕과 같은 상식 밖의 성적 행동)의 치료에 주로 사용된다.

70 Procaska와 동료들이 제시한 내담자의 변화단계 중 내담자가 자신에게 문제가 있다고 인식하고는 있지만 아직 변화의 과정에 참여하고 싶어 하지 않는 단계는?

① 숙고 전 단계
② 숙고 단계
③ 준비 단계
④ 유지 단계

> **해설**
> 변화모형의 단계에서는 '상담 과정에서 확인 가능한 다섯 단계를 통해 발전한다'고 가정한다. 우선 숙고 전 단계에서는 가까운 미래에 행동 양상을 변화시킬 의도가 없다. 그다음 단계인 숙고 단계에서는 문제를 인식해 이 문제를 극복하려는 생각은 있으나 변화를 야기할 행동은 하지 않는다. 행동 전 단계에서는 즉각 행동하려는 의도는 갖고 있으나 실제 행동 변화는 거의 보이지 않으며 행동 단계에서는 자신의 문제를 해결하기 위해 실제로 변화된 행동을 시작한다. 유지 단계에서는 변화된 행동을 공고히 하고 재발을 예방하기 위한 노력을 한다.

71 면접의 시행에 관한 설명으로 맞는 것은?

① 일반적으로 면접 중 임상가가 간단한 메모를 하는 것은 권장된다.
② 면접 중 그 대화의 녹음과 녹화를 절대 해서는 안 된다.
③ 평가 면접 시 의뢰 사유를 알게 될 경우 내담자에 대한 선입견을 갖게 되므로 사전 정보 없이 첫 면접이 진행되어야 한다.
④ 커플, 가족 등의 여러 명의 내담자를 면접하는 경우에는 그중 중요한 한 명과의 라포 형성만이 중요하다.

> **해설**
> 면접 시 간단한 메모를 하는 것은 중요한데, 특히 내담자의 주 호소 문제는 내담자의 말과 용어를 그대로 기록하는 것이 바람직하다. 그렇게 해야만 내담자의 심정, 상황적인 사정, 도움을 요하는 사정 등이 더욱 현실과 가깝게 기술될 수 있고 내담자의 고유한 상황이 반영될 수 있기 때문이다.

72 자신, 타인, 세상에 대한 '반드시 ~해야 한다(Shold or Must)'는 식의 불합리한 요구를 정서적 스트레스와 행동적 문제의 원인으로 보고 이를 치료하려는 접근법을 제안한 학자는?

① Beck

② Ellis

③ Wolpe

④ Eysenck

> **해설**
>
> 합리정서행동치료(Rational Emotive Behavior Therapy)는 미국의 임상심리학자인 앨버트 엘리스(Albert Ellis)가 1955년에 개발하였으며, 인간은 객관적 사실 때문에 혼란스러워하는 것이 아니라 그 사실에 대한 자신의 관점 때문에 혼란스러워한다는 것을 강조하고 이를 수정하는 데 도움을 주는 상담이론이다.

73 심리평가에서 수집된 정보를 해석하는 것과 관련한 설명으로 가장 적합한 것은?

① 심리평가를 통해 확인된 내용을 전달하는 것은 환자의 알 권리를 위해 모든 정보를 구체적으로 알려주어야 한다.

② 심리평가 내용을 전달할 때는 양적 수치를 중심으로 최대한 직접적으로 전달해야 한다.

③ 심리평가 결과는 환자가 의뢰한 목적에 한해 가정적 서술로 전달해야 한다.

④ 심리평가 결과를 전달하는 것은 치료적 활용보다 환자의 자신에 대한 직면에 중점을 둔다.

> **해설**
>
> 결과 해석에는 수집된 수검자의 현재 기능, 증상과 관련된 변인, 예후, 추천되는 치료 또는 개입 방법 등에 한 설명이 포함되어야 한다. 수집된 검사자료는 객관적이고 경험적일 수 있지만, 이러한 자료가 각각의 수검자에게 어떻게 적용될 수 있는지에 대해 가설을 세우고 그 가설에 지지자료를 얻고 통합해서 결론을 내리고 통합적인 추론으로 심리평가 결과에 한 상담이 이루어져야 한다.

74 임상심리학자의 교육적 기능과 가장 거리가 먼 것은?

① 6학년 교사를 대상으로 학급의 남학생과 여학생들 사이의 갈등을 중재하는 방법에 대해 조언한다.

② 간호사를 대상으로 심리치료에 관한 워크숍을 수행한다.

③ 회사 직원을 대상으로 스트레스 관리법에 관한 강의를 한다.

④ 5명의 임상심리 수련생을 대상으로 심리평가에 관한 사례지도를 한다.

> **해설**
>
> 임상심리학자는 심리치료와 심리평가를 비롯하여 인간의 심리적 고통(스트레스) 및 심리적 건강에 관한 연구, 교육, 자문, 예방, 재활 등에 관여한다.

75 다음의 정신건강 자문의 유형은?

> 이 자문의 목적은 미래에 운영자가 보다 잘 기능할 수 있도록 운영자의 기술을 증진하는 것이다. 예를 들어, 운영자의 의사소통 기술 증진을 위해 운영자 감수성 집단을 구성하고 감독한다.

① 내담자 중심 사례 자문
② 피자문자 중심 사례 자문
③ 프로그램 중심 운영 자문
④ 피자문자 중심 운영 자문

> **해설**
> 자문의 유형은 내담자 중심 사례 자문, 피자문자 중심 사례 자문, 프로그램 중심 행정(운영) 자문, 피자문자 중심 행정(운영) 자문으로 4가지가 있으며 기관 내의 행정적인 문제나 인사문제와 관련된 자문은 피자문자 중심 행정(운영) 자문에 해당한다.

76 Salter(1949)와 Wolpe(1958)에 의해 개발된 체계적 둔감법이 기초하고 있는 주요 행동원리는?

① 상호억제
② 소 거
③ 부적강화
④ 고전적 조건형성

> **해설**
> 체계적 둔감법은 상호제지 원리에 따라 주로 공포나 불안을 제거하기 위하여 제시한 행동치료법이다. 공포와 불안을 일으키는 자극에서 이완 상태를 끌어낸 다음 작성된 불안위계에 따라 불안이나 공포상태를 경험하게 하여 혐오자극에 의해 유발된 불안 혹은 공포자극의 영향을 감소 및 둔감시키는 방법을 말한다.

77 현실치료에서 우볼딩(R. Wubbolding)이 제안하는 행동계획의 특징으로 옳은 것은?

> ㄱ. 상담자의 관여와 통제하에 수행한다.
> ㄴ. 지속적인 행동의 변화가 요구된다.
> ㄷ. 계획의 성취가 가능해야 한다.
> ㄹ. 눈에 보이지 않는 내면적 성장을 추구한다.

① ㄱ, ㄴ
② ㄴ, ㄷ
③ ㄷ, ㄹ
④ ㄱ, ㄴ, ㄷ

해설

현실치료는 사람들이 자신의 삶을 보다 잘 통제하도록 돕는 방법이며, 사람들이 바라고 원하는 것을 확인하고 분명하게 하도록 한 뒤 이것을 현실적으로 성취할 수 있는지 평가하도록 하는 것이다. 현실치료는 사람들이 자신의 행동을 지속적으로 검토하고 분명한 기준을 세워 통제하는 것을 도와주기 위해 고안된 것이다. 그래서 사람들이 긍정적인 계획을 수립하고, 그 결과 자신감과 보다 나은 자기확인, 인간관계, 좀 더 효율적인 삶의 계획 등을 행할 수 있도록 한다.

78 지역사회심리학이 대두되게 된 정신건강에 대한 관점과 가장 거리가 먼 것은?

① 행동에 대한 사회환경의 중요성
② 정서장애에 대한 병리적 측면에 대한 강조
③ 정신건강 프로그램에 대한 지역사회의 참여
④ 사회체계에 대한 관심 및 비전문가의 활용 강조

해설

사회환경 속에서 직접 또는 간접적으로 타인과 관계를 가지고 사회의 문화, 규범, 제도 등의 규제를 통하여 생활하는 인간의 경험이나 행동을 그러한 사회적 여러 조건과 관련하여 이해하고 설명하려고 하는 학문으로, 정서장애에 대한 병리적 측면에 대한 강조는 거리가 있다.

79 내재화 장애와 외현화장애에 대한 설명으로 옳은 것은?

① 우울, 불안, 신체화 등은 외현화장애의 대표적인 증상이다.

② 내재화 장애를 지닌 청소년은 과소통제형에 속한다.

③ 품행장애를 지닌 청소년은 외현화장애에 속한다.

④ 외현화장애를 지닌 청소년은 적절한 수준의 통제보다 많은 통제를 스스로 자신에게 행한다.

> **해설**
>
> 품행장애(Conduct Disorder)는 타인의 기본 권리나 나이에 맞는 사회적 규칙을 반복적이고 지속적으로 위반하는 것과 관련된 장애로 외현화 행동문제(Externalizing Behavior Problem)에 해당한다. 사람과 동물에 대한 공격성, 파괴와 사기 혹은 절도, 심각한 규칙의 위반 등의 모습으로 나타난다. 사회적인 관점에서는 일탈행동이며 법률적으로는 비행에 해당하고, 특히 형법과 관련되어서는 범죄 행위로 평가될 수 있다.

80 MMPI-2의 타당도 척도에서 내용상 서로 반대되는 23개 문항쌍으로 구성되어 있고 이 점수가 높을 때는 무분별하게 '그렇다' 반응을 하는 경향을 시사하는 척도는?

① F

② TRIN

③ VRIN

④ Fb

> **해설**
>
> TRIN 척도는 문항 내용에 관계없이 '예'라고 긍정반응을 하거나 '아니오'에 부정편향되는, 고정적인 비일관적 반응을 보이는 수검자들을 판별하기 위해 개발되었다. T>80T인 경우에 내용과 상관없이 "Yes" 방향으로 응답하며, 반대로 T>80F인 경우에는 내용과 상관없이 "No" 방향으로 응답하여 타당성이 강하게 의심된다. 이처럼 TRIN 척도가 80T 이상인 프로파일의 경우 MMPI-2 프로파일의 무효를 결정할 수 있다.

81 학습장애가 있는 아동들의 특징으로 틀린 것은?

① 학습장애 아동들은 대개 평균 혹은 그 이하의 지능을 가진다.
② 학습장애 아동들의 약 1/3은 주의집중에 문제를 보인다.
③ 학습장애 아동들은 한 가지 이상의 학습문제를 복합적으로 나타낸다.
④ 학습장애 아동들은 누적된 학습실패로 인해 낮은 학습 자아개념을 가진다.

> **해설**
> 학습장애는 시각 및 청각 등의 감각 결손, 지능 자체가 저하된 지능 지체, 우울증과 같은 심한 정서 혼란으로 인해 생기는
> 것이 아니다.

82 최근에 변화되고 있는 심리치료 경향과는 거리가 먼 것은?

① 단기화
② 대중화
③ 심층화
④ 다양화

> **해설**
> 최근 우리나라의 상담심리학 연구 동향을 보면 상담 과정과 성격, 적응, 진로, 적성, 이론 개발 등과 같이 다양하고 대중적
> 인 주제로 한 연구가 많았다. 특히 대학생을 중심으로 성격 및 적응과 같은 단기적인 주제가 활발하다.

83 상담심리치료 이론 중 정신분석적 치료에서 상담자와 내담자의 관계에 관한 설명으로 틀린 것은?

① 전이는 내담자가 과거의 중요 타인에게서 느꼈던 감정이나 환상을 전이시켜 무의식적으로 상담자에게로 이동시킨 것이다.

② 치료가 진행됨에 따라 아동기의 감정이나 갈등이 깊은 무의식으로부터 표면으로 부상하기 시작하고, 내담자는 정서적으로 퇴행한다.

③ 심리적으로 독립하기 위해서는 내담자가 무의식으로 인식하고 부모로부터의 완전한 사랑이나 수용 같은 유아적 욕구에 의해 동기화된 행동으로부터 자유로워져야 된다고 가정한다.

④ 내담자가 상담자에게 느끼는 모든 감정은 전이의 표현이라고 가정해야 한다.

> **해설**
> 내담자가 과거의 중요한 대상과의 관계에서 경험했던 감정이나 환상을 상담자에게 치환하는 것을 전이(Transference)라고 한다.

84 사회기술훈련에 대한 설명으로 틀린 것은?

① 사회기술훈련은 약을 복용하지 않은 우울증 외래 환자의 우울 증상을 감소한다.

② 사회기술훈련은 정신과적 증상의 심한 정도 및 재발 가능성과 반비례한다.

③ 사회기술훈련은 가벼운 장애를 보이는 환자에게는 도움이 되지만 만성 정신질환자에게는 도움이 되지 않는다.

④ 사회기술훈련의 중요한 목표는 환자에게 대화기술을 가르치는 것이다.

> **해설**
> 사회기술훈련(Social Skill Training)은 행동주의학파의 사회학습이론에 근거를 두고 사회생활을 하는 데 기본적으로 요구되는 기술을 가르치는 훈련이다. 이는 알코올 남용, ADHD, 자폐스펙트럼장애, 불안/우울, 반사회적 장애 등과 같이 만성 정신질환자에게도 도움이 된다.

85 행동치료의 기본적 특성과 가장 거리가 먼 것은?

① 시행방법이 간단하지 않고 복합적이다.
② 쉬운 것에서 어려운 것으로 진행된다.
③ 전체 치료 소요시간이 짧다.
④ 자기 통제적 접근을 사용한다.

> **해설**
> 행동치료의 강점은 다양하면서도 구체적인 기법이 있어 타 치료에 비해 비교적 간단하다. 행동치료는 문제에 대해서 말이나 통찰만 하는 치료와는 달리 '행위'를 강조하기 때문에 상담심리사는 내담자의 행동변화를 위한 계획을 공식화함으로써 내담자에게 도움을 주는 여러 가지 행동적 전략을 사용한다.

86 인본주의 치료에 대한 설명으로 틀린 것은?

① 과거보다는 현재와 미래에 초점을 맞춘다.
② 숨어있는 원인을 밝히기보다는 자신의 감정과 행동에 즉각적인 책임을 진다.
③ 병을 치료하기보다는 성장을 촉진한다.
④ 치료자가 판단이나 해석을 바탕으로 내담자에게 특정 통찰력을 키워주는 것이다.

> **해설**
> 인본주의 심리학에서는 객관적으로 관찰되는 인간의 행동분석이나 해석보다 체험하고 있는 개인의 체험과정과 개인의 의미를 이해하는 데 관심을 둔다.

87 손상, 불능, 장애에 관한 설명으로 가장 적합한 것은?

① 손상이나 불능은 시간과 공간에 의해 제한된다.
② 장애는 영구적인 것으로 절대적인 개인차가 존재한다.
③ 시력에 문제가 있는 경우 상황에 따라 장애가 될 수도 있고 되지 않을 수도 있다.
④ 인간이 능력 있는 사람이 되느냐를 결정하는 것은 손상 또는 불능을 가지고 있는 여부에 의해 결정된다.

> **해설**
> 시각계의 손상에 의하여 시기능에 제한이 있는 상태를 장애라고 하는데 수술로 시력이 회복 가능한 경우, 현재의 시력을 유지할 수 있는 경우, 수술을 하더라도 시력은 회복할 수 없을 뿐만 아니라 실명에 이르게 되는 다양한 경우가 있다.

88 정신증 환자의 상담에 있어 망상에 대한 평가로서 가장 거리가 먼 것은?

① 망상을 통해 정신내적 갈등을 알 수 있다.
② 시대적, 문화적 배경의 영향을 받는다.
③ 논리적 방식으로 적절히 교정되지 않는다.
④ 과대망상이 가장 흔하다.

> **해설**
> 망상(Delusion)이란 모순된 증거를 고려하고도 쉽게 변경되지 않는 고정된 믿음이다. 망상 내용에는 다양한 주제가 포함되는데 그중에서 피해망상, 관계망상이 가장 흔하다.

89 자살상담에 관한 설명과 가장 거리가 먼 것은?

① 어떤 경우에도 내담자를 존중하는 지지적인 자세를 취한다.
② 상담자가 주도적으로 상담을 진행하는 것이 중요하다.
③ 자살에 관한 구체적 내용은 묻지 않는 것이 좋다.
④ 자살은 우울증 외에도 경계선 성격장애 등 다른 정신장애에서도 발생할 수 있음을 감안한다.

> **해설**
> 보다 적극적이고 직접적인 질문으로 내담자의 자살사고, 자살방법, 자살이유, 자살강도, 자살결심 등에 대한 탐색을 하여 자살을 객관적이고 현실적으로 인식하도록 만든다. 이 같은 질문을 통한 탐색은 상담에 자발적으로 참여하도록 한다. 자살의 이유나 동기를 탐색하는 일은 위기상담의 초점을 결정하는 데 중요한 요인이 된다.

90 성폭력 가해자 상담에 관한 설명으로 틀린 것은?

① 정서·인지적 특성에 대해 미리 학습하여 가해자를 이해하기 위한 준비를 한다.
② 상담 초기에 사건에 대해 합리화하는 가해자에게는 자신의 잘못을 알 수 있도록 훈육한다.
③ 자신이 한 행동에 대한 책임의식을 갖도록 상담한다.
④ 사건발생의 원인탐색, 성행동에 대한 태도나 패턴이 충동적이거나 공격적인지 탐색한다.

> **해설**
> 상담의 초기 단계에서 상담 관계는 내담자가 자신의 문제를 솔직하게 표현하고 상담자의 도움으로 내담자가 스스로 자신의 문제를 효과적으로 해결할 수 있도록 도와주어야 한다.

91 중독치료에서 집단상담을 선택하는 이유에 해당하지 않는 것은?

① 비슷한 문제를 경험한 타인과 상호작용할 기회를 제공한다.
② 집단을 통해 새로운 인간관계를 경험함으로써 소외감을 극복한다.
③ 집단을 통해 자신의 부정적인 행동패턴을 인식하게 된다.
④ 자신의 욕구와 감정을 표현하기보다 타인을 관찰할 기회를 제공한다.

> **해설**
> 집단 내에서 자신의 부적 감정을 표현하면서 정화하는 과정을 갖고 집단원을 통하여 공감하고 정서적 지지를 얻기도 한다.

92 트라우마 체계 치료에서 내담자의 정서 상태를 평가하는 4개 단계에 해당되지 않는 것은?

① 활성화하기(Reviving)
② 재구성하기(Reconstituting)
③ 재경험하기(Reexperiencing)
④ 재개념화하기(Reconceptualizing)

> **해설**
> 정서 상태를 평가하는 4단계는 조절하기(Regulating), 활성화하기, 재경험하기, 재구성하기이다.

93 심리치료에 있어서 최초면접 시에 다루어져야 할 사항이 아닌 것은?

① 내담자가 호소하는 심리적 문제나 증상에 대한 탐색
② 치료에 대한 내담자의 기대 탐색
③ 내담자가 사용하고 있는 방어기제의 탐색
④ 치료 목표 설정

> **해설**
> 방어기제를 파악하는 것은 중기(탐색) 단계에 해당한다. 심리치료의 초기 단계에서는 내담자의 이해와 문제를 파악하고 구체적이고 실현 가능한 치료 목표 및 계획을 수립하며 내담자의 바람이나 기대는 무엇인지 탐색하고 좋은 치료적 관계 형성 등이 이루어진다.

94 상담계획 수립 과정에서 치료자가 유의할 사항에 관한 설명으로 가장 적합한 것은?

① 내담자가 초기에 보이는 불만은 차차 해소되기 때문에 내담자의 불만보다는 긍정적 반응에 초점을 유지한다.

② 내담자의 의사전달방식은 언어적 작업인 심리치료에서는 부차적으로 취급되어야 한다.

③ 치료는 내담자가 호소하는 문제들을 위주로 진행되어야 한다.

④ 내담자의 문제 정의 및 해결방안은 치료의 진행 과정에서 작업가설의 형태로 검증되어야 한다.

> **해설**
>
> 상담계획 수립 과정에서 중기 단계에서는 제안, 정보, 해석, 미완성된 생각, 질문, 임시 분석과 임시 가설, 자기노출 등이 상담 기술로 사용된다. 상담 종결 시 결정은 이 단계에서 매우 중요한 문제인데 내담자의 문제해결과 결정 내리기, 직면, 즉각성, 격려 등이 주요 상담 기술로 사용된다.

95 노인 환자가 치료자와 효과적인 의사소통을 못 하게 되는 이유와 가장 거리가 먼 것은?

① 치료자를 대하는 신중함의 증가

② 치료자에 대한 비현실적인 높은 기대

③ 치료자를 자식같이 여기는 전이 발생

④ 비의도적인 실수와 보고 누락

> **해설**
>
> 노인상담에서 내담자와 상담자의 나이 차이는 치료 관계에서 전이와 역전이가 발생하며, 이는 상담과 치료에 중요한 영향을 미친다. 내담자에게서 나타나는 전이의 내용은 다양한데, 치료가 진행될수록 내용의 의미와 드러나는 양식이 달라질 수 있다. 내담자는 상담자를 부모상과 관련지으며 어린 시절의 문제를 해결하려고 하거나 발달과정을 거치면서 경험한 여러 관계에서 형성된 자신과 타인에 대한 개념을 가지고 치료 관계에 임한다. 그리고 현 발달 단계에서 겪고 있는 관계 경험, 즉 배우자와 사별한 내담자는 상담자를 배우자로 여기거나 자신을 보살펴 주는 자녀로 생각할 수도 있다. 이러한 상담장면에서 발생하는 전이를 충분히 이해하고 통찰하는 것이 성공적 상담을 이끌어낼 수 있다.

96 ADHD 아동의 부모를 훈련시키는 프로그램에서 부모가 반드시 알아야 할 아동 관리 훈련의 기본개념에 대한 설명으로 틀린 것은?

① 아동 행동에 대한 결과는 즉각적이고 특정적이고 일관적이어야 한다.

② 아동의 부적절한 행동에 대한 처벌을 내린 후에 보상체계를 확립한다.

③ 아동의 부적절한 행동을 예상하고 그것에 대해 미리 계획을 세운다.

④ 아동의 행동은 타고나는 것이며, 가족의 상호작용은 상호보완적임을 인식시킨다.

> **해설**
> 부모훈련에서 아동의 부적절한 행동에 대한 처벌을 내린 후 보상체계를 확립하는 것이 아닌, 구체적으로 아동의 적절한 행동을 긍정적으로 강화하기 위하여 보상을 하거나, 분명하고 효과적으로 아동에게 지시하고, 타임아웃과 같은 적절하게 처벌하기를 효과적으로 사용하는 것에 대해 배운다.

97 상담자 윤리 기준에 위배되지 않는 경우는?

① 동의를 구하지 않고 사례발표를 위해 상담내용을 녹음하였다.

② 상담을 전공한 A 교사는 반 학생에게 소정의 상담료를 받으며 주 1회 상담을 진행하였다.

③ 판사가 정보공개를 요청하여 내담자에게 그 사실을 알리고 필요한 최소한의 정보를 공개하였다.

④ 약물 남용 사실을 알고 부모에게 알리려고 하였으나 내담자가 약물을 중단하겠다고 하여 부모에게 알리지 않았다.

> **해설**
> 기본적으로 임상가는 치료 및 상담 과정에서 알게 된 비밀 정보를 보호하여야 할 일차적 의무가 있다. 다만, 예외적인 경우들이 있는데 일부를 설명하자면 법원이 내담자의 동의 없이 상담심리사에게 상담 관련 정보를 요구할 경우 상담심리사는 내담자의 권익이 침해되지 않도록 법원과 조율하여야 하며 내담자의 생명이나 타인 및 사회의 안전을 위협하는 경우, 내담자의 동의 없이도 내담자에 대한 정보를 관련 전문인이나 사회에 알릴 수 있다.

98 상담 수퍼비전에 관한 설명과 가장 거리가 먼 것은?

① 수퍼비전 계약 시 시간 요소, 교육구조, 수퍼비전 구조, 평가 방법 등 세부적인 내용을 명시한다.

② 신뢰적 관계 형성과 상호 책임감을 갖도록 수퍼비전 계약을 명문화한다.

③ 전이 형성을 위해 수퍼바이저의 학위와 경력은 가급적 노출하지 않는 것이 바람직하다.

④ 객관성 확보를 위해 수련 평가도구를 사전에 수련생들에게 고지한다.

> **해설**
>
> 수퍼비전을 진행하기 전에 수퍼비전의 목표와 목적에 의하여 분명히 밝히고 수퍼비전의 구체적인 내용을 수퍼바이지에게 알려야 한다. 그리고 수퍼비전에서 무엇이 기대되는지도 알려 주어야 하며 평가방식과 수퍼바이저와 수퍼바이지의 의무 및 책임에 대해서도 알려 주어야 한다. 계약 기간과 수퍼바이저의 자격 및 역량에 대하여 명시하고, 절차상의 문제가 생길 경우 어떻게 해결할지 그 방법에 대해서도 명시한다.

99 Beck의 인지치료에서 사용하는 인지적 왜곡에 해당하지 않는 것은?

① 근거 없는 추론

② 우상화

③ 확대와 축소

④ 이분법적 사고

> **해설**
>
> Beck의 인지치료에서 사용하는 인지적 왜곡에는 과잉일반화, 과장/축소, 개인화, 이분법적 사고, 감정적 추론, 당위진술 혹은 강박적 부담 등이 있으며 우상화와는 관련 없다.

100 알코올의 효과에 관한 설명으로 틀린 것은?

① 알코올은 10%는 위에서, 나머지는 소장에서 흡수된다.

② 혈중 알코올 농도가 0.05% 이상일 때 사고와 판단력에 영향을 줄 수 있다.

③ 알코올은 중추신경을 흥분시키고 우울 및 불안을 동반한다.

④ 장기간 심한 음주를 할 경우, 위궤양과 간경화를 동반할 수 있다.

> **해설**
>
> 알코올(Alcohol)은 주성분이 에틸알코올로 이루어져 있으며, 중추신경계를 억제하는 효과가 있는 액체이다.

CHAPTER 02 2020년 필기 기출문제

제1과목 심리연구방법론

01 상관에 관한 설명으로 옳지 않은 것은?

① 두 변인 간의 관계가 완벽하게 일치하는 경우 상관이 −1이 될 수 있다.

② 하나의 변인이 한 단위 증가할 때 다른 변인도 한 단위 증가하면 두 변인 간의 상관은 1이다.

③ Pearson 상관계수는 두 변인 사이의 곡선적인 관계의 방향과 강도를 측정한다.

④ 하나의 변인의 변화와는 무관하게 다른 변인이 변한다면 두 변인 간의 상관관계는 0에 가까워진다.

> **해설**
>
> 상관계수(Correlation Coefficient)란 두 연속변수 간의 선형 상관관계의 정도를 나타내주는 수치(계수)로 −1에서 1까지의 값을 갖는다. −1에 가까울수록 음(−)의 상관관계가 강하고, +1에 가까울수록 양(+)의 상관관계가 강하며, 0에 가까울수록 상관관계가 매우 약하다는 것을 의미한다.

02 공변량 분석의 기본 가정이 아닌 것은?

① 각 집단의 모집단 변량이 동일해야 한다.

② 매개변수와 종속변수 간에 선형적 상관관계가 있어야 한다.

③ 상호작용 효과가 유효해야 한다.

④ 각 집단의 회귀계수가 동일해야 한다.

> **해설**
>
> 공변량 분석(Analysis of Covariance, ANCOVA)이란 실험을 시작할 때 모든 집단이 동일조건에서 출발하도록 통제하지 않으면 집단자료들을 비교할 수 없는데, 이때 통제 못 한 변인의 효과를 실험적이 아니라 통계적으로 통제 조정하여 비교 분석을 가능하게 하는 통계방법이다.
>
> 공변량 분석 기본가정
> - 잔차의 정규성
> - 회귀경사의 동등성(회귀계수 동일)
> - 잔차의 독립성
> - 데이터, 잔차의 등분산성
> - 공변량과 종속변수 사이의 선형성

03 학습장애가 있는 고등학교 3학년 학생들의 대학 평점을 예측하기 위해 연구자가 대학생 500명의 대학 평점과 수능 점수, 고등학교 성적, 고등학교 모의고사 점수, 부모의 학력, 부모의 수입을 변수로 사용하였다. 이 자료에 적합한 분석 기법은?

① 메타분석
② 단순회귀분석
③ 변량분석
④ 다중회귀분석

> **해설**
>
> 다중회귀분석(Multiple Regression)이란 독립변수(예측변수)가 2개 이상인 회귀모형(중다회귀모형)에 의한 자료분석이다. 다중회귀모형에는 2개 이상의 독립변수가 포함되기 때문에 자료분석과 결과 해석에 있어서 독립변수들 사이의 다중공선성이 많은 영향을 미친다.
>
> > $y = \beta_0 + \beta_1 x_1 + \beta_2 x_2 + \beta_3 x_3 + \dots + \varepsilon_i$
> > y : 종속변수, β_i : 회귀계수, x_i : 독립변수, ε_i : 오차항
>
> • 종속변수(y) : 대학 평점
> • 독립변수(y) : 수능 점수, 고등학교 성적, 고등학교 모의고사 점수, 부모 학력, 부모 수입
>
> **참 고**
> 다중공선성(Multicollinearity)은 독립변수들 간의 상관관계가 존재하여 회귀계수의 분산을 크게 하기 때문에 데이터 분석 시 부정적인 영향을 미치는 현상이다.

04 다음은 어떤 오류에 관한 설명인가?

> 어떤 연구에서 "미국의 도시 중 동양인의 비율이 높은 도시가 동양인의 비율이 낮은 도시보다 정신질환 발병률이 높다"는 결과를 얻었을 때, 이러한 연구결과로부터 "백인 정신질환자보다 동양인 정신질환자가 더 많다"고 결론을 내리는 오류

① 조건화 오류
② 생태학적 오류
③ 개인주의적 오류
④ 편향된 표본선정 오류

> **해설**
>
> 생태학적 오류(↔ 개인주의적 오류)란 집단을 분석 단위로 하여 얻은 연구결과를 개인에게 적용함으로써 발생하는 오류이다.

05 모평균과 모분산이 알려지지 않은 정규모집단의 모분산에 대한 가설 검정에 사용되는 검정통계량으로 가장 적합한 것은?

① t−통계량

② Z−통계량

③ χ^2−통계량

④ F−통계량

> **해설**
> - t−통계량(t분포) : 모분산을 모르는 경우 모평균에 대한 가설 검정(단, n≧30)인 경우 t분포는 정규분포와 유사해지므로, t분포 대신 정규분포 사용
> - Z−통계량(정규분포) : 모분산을 아는 경우 모평균에 대한 가설 검정
> - χ^2−통계량(χ^2분포) : 모평균과 모분산이 알려지지 않은 모집단의 모분산에 대한 가설 검정에 사용
> - F−통계량(F분포) : 두 모집단의 분산의 차이가 있는가를 검정할 때 사용

06 거트만 척도에서 응답자의 응답이 이상적인 패턴에 얼마나 가까운가를 측정하는 것은?

① 단일차원계수

② 스캘로그램

③ 재생가능계수

④ 최소오차계수

> **해설**
> 거트만 척도(Guttman Scale)는 루이스 거트만(Louis Guttman)이 제창한 태도 측정 척도로서, 재생 가능한 계층에서 순서에 따라 정렬이 가능한 경우 항목의 집합에 따라 형성되는 누적 척도이다. 거트만 척도에서 재생가능계수란 전체 응답자와 전체 문항수를 곱하여 총 응답 가능수를 나타내는 계수로서 유효한 재생산가능계수 값인 0.9 이상을 얻기 위한 오류(에러) 허용오차는 0.1 미만에서 다루어지는 것으로 알려져 있다.

07 추정에 관한 설명으로 가장 거리가 먼 것은?

① 구간추정은 영가설하에서 모수치의 범위를 알려준다.

② 점추정은 영가설하에서 모집단 평균의 범위를 알려준다.

③ 점추정과 구간추정 모두 가설검정에 쓰인다.

④ Z-통계량에 의해 가설을 검정하는 방법은 점추정에 의한 방법이다.

> **해설**
>
> 모집단의 특성을 단일한 값으로 추정하는 방법이다. 모집단의 평균과 분산을 표본평균과 표본분산으로 각각 추정하는 것은 점추정의 예이며 구간추정과 대비된다.
> - 점추정(Point Estimation) : 모수를 특정한 수치로 추정
> - 구간추정(Interval Estimation) : 모수를 최소값과 최대값의 범위로 추정

08 $\bar{x}=100$이고 $s=9$인 35명의 점수가 있다고 하자. 이 자료에 5명의 점수가 추가로 더해졌는데 5명의 점수가 모두 100이다. 발생할 수 있는 변화는?

① 평균의 변화는 없고 표준편차는 감소한다.

② 평균은 증가하고 표준편차는 감소한다.

③ 평균은 증가하고 표준편차는 변화 없다.

④ 평균과 표준편차 모두 변화 없다.

> **해설**
>
> 5명의 점수(표본)가 모두 100점이므로 평균($\bar{x}$)의 변화는 없고, 5명의 편차(평균-표본값)도 각각 0이므로 분산의 변화도 없다. 다만, n수가 증가하므로 표준편차(s)는 감소한다.
>
> $$S=\sqrt{\frac{\sum\limits_{i=1}^{n}(y_i-\bar{y})^2}{n-1}}$$
>
> S는 표본 $\{y_1, y_2, \cdots, y_n\}$의 표본표준편차
>
> $$\bar{y}=\frac{1}{n}\sum\limits_{i=1}^{n}y_i$$

09 과학의 속성에 대한 설명으로 틀린 것은?

① 증거를 중요시한다.

② 증거를 찾고 제시하는 방법과 절차가 체계적이다.

③ 사용하는 관찰방법과 자료제시 방법에 객관성이 있다.

④ 신뢰성과 타당성을 추구하므로 오차를 인정하지 않는다.

> **해설**
>
> 오차(Error) 및 오차 가능성을 배제한 신뢰성 및 타당성은 고려하기 어렵다.

10 P(A or B)＝P(A)＋P(B)라면 A와 B는?

   ① 연속적이다.

   ② 상호배타적이다.

   ③ 종속적이다.

   ④ 중첩된다.

> **해설**
>
> - 상호배타적 사건이란 동시에 일어날 수 없는 두 사건 A, B에 대하여 사건 A 또는 사건 B가 일어날 확률은 사건 A가 일어날 확률과 사건 B가 일어날 확률을 더한 것과 같다. 이와 같이 사건 A와 B가 동시에 나타날 수 없는 경우[P(A and B)＝0]에 서로 배타적이라고 한다.
> - P(A or B)＝P(A)＋P(B)−P(A and B) 여기서 P(A and B)＝0이므로 P(A or B)＝P(A)＋P(B)가 된다.

11 분산(Variance)에 대한 설명으로 옳은 것은?

   ① 분산은 음수일 수도 있다.

   ② 극단값의 영향을 크게 받는다.

   ③ 변수값에 2를 일정하게 곱하면 분산은 2배가 된다.

   ④ 변수값에 10을 일정하게 더하면 분산은 10만큼 커진다.

> **해설**
>
> 분산(Variance)이란 변수의 흩어진 정도를 계산하는 지표이고, 극단값이란 변수의 분포에서 비정상적으로 분포를 벗어난 값이므로 분산은 극단값의 영향을 크게 받는다. 분산의 공식은 아래와 같다.
>
> $$\sigma^2 = \frac{1}{N}\sum_{i=1}^{N}(x_i - \mu)^2$$
>
> σ^2은 모집단 $\{x_1, x_2, \cdots, x_N\}$의 모분산
>
> $\mu = \frac{1}{n}\sum_{i=1}^{n}x_i$는 평균

12 다음 내용에 가장 적합한 분석방법은?

> • 종속변인이 이분변인이다.
> • 종속변인이 정규분포 가정을 충족하지 못한다.
> • 독립변인은 양적변인이다.

① 로지스틱 회귀분석
② 중다회귀분석
③ 구조방정식 모형
④ 확인적 요인분석

> **해설**
>
> 로지스틱 회귀분석(Logistic Regression)이란 예측 분석을 위한 회귀분석 중에서 특히 종속변수가 이분형일 때(이항분포를 따름) 수행할 수 있는 회귀분석 기법의 한 종류로서 하나의 종속 이진 변수와 하나 이상의 숫자형, 명목형, 순서형의 독립변수 간의 관계를 로지스틱 회귀함수를 이용하여 정량적으로 설명하는 데 사용된다.

13 가설에 대한 설명으로 가장 거리가 먼 것은?

① 가설이란 연구문제에 대한 잠정적인 해답으로 볼 수 있다.
② 가설은 독립변수와 종속변수와의 관계로 서술된다.
③ 가설은 현상의 관찰이 아닌 기존 이론으로부터 도출해야 한다.
④ 경험적 검증을 위한 가설은 명료해야 하고, 가치중립적이어야 한다.

> **해설**
>
> 가설이란 좀 더 일반적인 이론적 설명으로부터 도출된 관찰 가능한 현상에 대한 구체적인 예측을 말한다. 따라서 변수 간의 관계에 대한 예측이라고 볼 수 있다. 그것은 대체로 일어나는 현상에 대한 이론적 예측에 의거하고 있다.

14 다음과 같은 특징을 지닌 연구방법은?

> • 질적인 정보를 양적인 정보로 바꾼다.
> • 예를 들어, 최근에 유행하는 드라마에서 주로 다루었던 주제가 무엇인지를 알아낸다.
> • 메시지를 연구대상으로 할 수도 있다.

① 투사법
② 내용분석법
③ 질적연구법
④ 사회성측정법

해설

내용분석은 본래 의사소통 과정에서 발신자와 수신자 사이에 발생하는 문제를 확인하고 분석하기 위해 개발된 방법이다. 즉, 누가, 무엇을, 어떻게, 누구에게 전달했으며 그 효과나 결과는 무엇인지를 객관적이고 체계적으로 기술하던 것에서 시작된 방법이다. 대중매체의 의사소통 내용을 분석하는 기법으로 출발한 것이지만, 그 효용가치가 인식되면서부터 사회과학의 다른 분야에서도 점차 활용하게 되었다.

15 연구의 외적 타당도에 영향을 미치는 것으로, 통제집단에 있는 연구대상들이 실험집단에 있는 연구대상들보다 더 나은 결과가 나타나도록 노력하는 현상은?

① John Henry 효과
② Hawthorne 효과
③ 연구자 효과
④ 실험자 효과

해설

존 헨리 효과는 사회실험(Social Experiments)에서 통제집단이 일정한 의도를 가지고 반응을 하게 됨에 따라 나타나는 편향, 즉 통제집단의 오염 효과이다.

16 다음 ( ) 안에 알맞은 것은?

> 군집표집(Cluster Sampling)을 할 때 군집 간은 (ㄱ)이어야 하고, 군집 내의 연구대상들 간에는 (ㄴ)이어야 한다.

① ㄱ : 동질적, ㄴ : 이질적
② ㄱ : 동질적, ㄴ : 동질적
③ ㄱ : 이질적, ㄴ : 동질적
④ ㄱ : 이질적, ㄴ : 이질적

> **해설**
> 군집표집이란 표본추출 시 자연적 또는 인위적 집단을 각각 하나의 구성원으로 간주하고, 그중에서 필요한 만큼의 집단을 추출하여 그 구성원 모두를 표본으로 삼는 표본추출 방법으로 군집 간은 동질적, 군집 내에는 이질적이다. 예를 들어, 모든 초등학교를 모집단으로 하고 그중에서 무작위로 뽑힌 몇몇 학교의 학생 모두를 표본으로 하는 경우가 이에 해당된다.

17 다음 중 사례연구의 부정적 측면으로 옳지 않은 것은?

① 전반적인 법칙이나 행동 원리를 이끌어내기 어려운 연구법이다.
② 사례에 작용한 주요 변인들을 통제하기 어렵다.
③ 하나의 사례연구로는 인과적인 결론을 이끌어내기 어렵다.
④ 치료를 받은 환자의 변화에 영향을 주는 요인은 사례연구를 통해 밝히기 어렵다.

> **해설**
> 사례연구(Case Study)란 한 대상에 관한 여러 변인을 동시에 심층적으로 연구한다는 특징을 가진다. 흔히 기초를 이루는 원리를 발견하기 위한 인과관계를 탐색하는 데 사용하며, 상담과 심리치료 장면에서는 내담자의 심리적 장애의 발달사를 추적하거나 문제의 진단이나 치료방안을 세우는 자료를 수집하기 위해 주로 사용한다.

18 다음 중 표본의 크기를 결정하는 데 필요한 사항이 아닌 것은?

① 검정력
② 유의수준
③ 관심 대상이 되는 최소 효과
④ 모집단의 수

> **해설**
> 표본의 크기를 결정하는데 검정력, 유의수준, 관심 대상이 되는 최소 효과, 신뢰수준, 오차의 한계, 모집단의 표준편차 등이 고려된다.

19 실험연구에서 내적 타당도 제고의 가장 큰 목적은?

① 인과관계에 대한 확신
② 측정의 타당도 향상
③ 측정의 신뢰도 향상
④ 일반화 가능성의 증대

해설

내적 타당도란 다른 잡음 변인이나 이유 때문이 아니라 오직 실험 처치가 원인이 되어 그러한 실험결과가 나타났다고 자신 있게 말할 수 있는 정도를 말한다.

20 순위 상관분석으로 특히 같은 순위에 여러 개의 점수가 있고 표본수가 작을 때 쓰는 통계방법은?

① 켄달의 tau(τ) 계수
② 피어슨의 적률상관계수
③ Spearman 상관계수
④ 점－이연 상관계수

해설

- 등위상관계수란 등위로 주어진 두 변수들의 상관정도를 측정한 값이다. 두 변수가 연속적인 양적변수가 아니라 서열척도에 의한 비연속적인 양적변수일 때 사용한다. 가장 많이 사용되는 두 가지 지수는 Kendall의 타우(τ)와 Spearman의 로우(ρ)이다.
- 서열변인에 적용될 수 있는 켄달이 제안한 등위상관계수의 하나이며 스피어만(C.E. Spearman)의 등위상관계수보다 여러 가지 면에서 우수한 점을 갖고 있다. 즉, 기술통계치로서 그 해석상에 있어서, 전집치의 추정치로서 또는 가설검증의 타당성에 있어서 보다 많은 장점을 갖고 있다. 켄달의 등위상관계수는 τ(tau)로 나타내는데 τ는 S라는 통계치로부터 계산되며 S는 일련의 등위에 있어서 그 순서가 얼마나 일관성이 있는가를 나타낸다.

21 강박장애의 하위유형에 관한 설명으로 옳지 않은 것은?

① 순수한 강박 행동형은 내면적인 강박사고는 나타나지 않고 외현적인 강박행동만 있는 경우이다.

② 외현적 강박행동에는 청결행동, 확인행동, 반복행동, 정돈행동, 수집행동, 지연행동 등이 있다.

③ 내현적 강박 행동형은 강박사고와 더불어 겉은 관찰되지 않는 내면적인 강박행동만 있는 경우이다.

④ 외현적 강박 행동형은 강박사고와 더불어 겉으로 드러나는 강박행동이 있는 경우이다.

> **해설**
>
> 순수한 강박사고 유형은 겉으로 드러나는 강박행동은 없고 내면적인 강박사고만 나타나는 경우이다. 이 유형은 강박행동이 겉으로 드러나지 않지만 분명히 강박장애적인 요소를 지니고 있다.

22 주요우울장애에 동반되는 세부 유형(양상)에 해당되지 않는 것은?

① 급속 순환성 양상 동반

② 혼재성 양상 동반

③ 주산기 발병 양상 동반

④ 계절성 양상 동반

> **해설**
>
> 주요우울장애에 해당되는 세부 유형은 불안 양상 동반, 혼재성 양상 동반, 멜랑콜리아 양상 동반, 비전형적 양상 동반, 기분과 일치하는 정신증적 양상 동반, 기분과 일치하지 않는 정신증적 양상 동반, 긴장증 동반, 주산기 발병 동반, 계절성 양상 동반이 있다.

23 지적장애에 관한 설명으로 옳지 않은 것은?

① 지적장애는 신경발달장애의 하위 유형이다.

② 지적 기능의 결함뿐만 아니라 적응 기능의 결함도 진단기준이다.

③ 개념, 사회, 실행 영역에 해당되는 기능이 현저히 떨어진다.

④ 심각도에 따라 5등급으로 분류된다.

> **해설**
>
> 지적장애의 심각도 분류는 경도, 중등도, 중증도, 최중증도로 나뉜다.

24 DMS-5에서 우울장애에 관한 특성에 해당하지 않는 것은?

① 개인의 능력과 의욕을 저하시켜 현실적 적응을 어렵게 만드는 주요한 요인이다.

② 주요우울장애 진단을 내리려면 지속적인 우울한 기분, 흥미나 즐거움의 현저한 저하 중 하나는 반드시 포함되어야 한다.

③ 주요우울장애가 1년 이상 지속되면 지속성 우울장애로 진단명이 바뀌게 된다.

④ 일반적으론 남성보다 여성에게 더 흔하다.

> **해설**
> 지속성 우울장애(Persistent Depressive Disorder)의 경우 주요우울장애의 진단기준을 만족하는 증상이 2년간 지속적으로 나타날 수 있다.

25 이상행동의 생물심리사회적 모델은 체계이론을 토대로 하고 있다. 체계이론에 대한 설명으로 틀린 것은?

① 체계이론은 Bertalanffy에 의해 처음 주장된 것으로 생물학, 철학, 컴퓨터과학, 기술공학 등의 연구에 기원을 두고 있다.

② 체계이론은 어떤 현상에 대한 가장 미시적 수준의 설명이 원인의 가장 궁극적인 설명이라고 주장한다.

③ 체계이론은 이상행동을 유발하는 요인의 다양성과 그 인과적 경로의 다양성을 인정한다.

④ 동일한 원인적 요인이 다양한 결과를 유발할 수 있다고 보고 이를 다중결과성의 원리라고 제안하였다.

> **해설**
> 체계이론이란 모든 연구 분야에서 그 연구대상을 각각의 요소들이 상호작용하는 복합체로 인식하고, 그에 대한 어떤 원리나 원칙을 상술하기 위한 체계에 관한 학제 간 연구를 통칭하는 이론이다. 체계이론의 핵심은 인간의 신체와 정신, 심리 등을 하나의 유기적 관계 내에서 보는 관점과 전체를 각 요소 간 체계적 관계로 인식하는 태도라 할 수 있다.

26 다음에서 K 씨에게 가장 적합한 진단은?

> K 씨는 자신이 특출하게 우수한 존재라고 생각하며 사회적으로 성공해야 한다는 야심에 불타 있다. 출세를 하여 많은 사람의 경탄을 받는 상상에 혼자 즐거워하곤 한다. 사랑이나 우정은 사치스러운 것이라고 생각해온 K 씨는 결혼도 자신의 사회적 출세에 도움이 되도록 재력가 딸과 했다. 동료 사이에서 건방지고 기만한 사람이라는 평을 받고 있고, K 씨는 이러한 평에 몹시 화가 나긴 했지만 무능한 자들의 질투심에 나온 것이라고 생각하곤 한다.

① 연극성 성격장애
② 자기애성 성격장애
③ 반사회성 성격장애
④ 편집성 성격장애

> **해설**
> B군 성격장애는 반사회성, 경계선, 연극성, 자기애성 성격장애로 나뉘며 자기애성 성격장애의 주요 진단 특징으로는 자신에 대한 과대평가, 칭찬에 대한 욕구, 특권의식, 오만한 행동 등이 있다.

27 파괴적, 충동조절 및 품행장애에 대한 설명으로 틀린 것은?

① 간헐적 폭발성 장애는 언어적 공격과 신체적 공격이 동시에 발생해야 한다.
② 정서와 행동에 대한 자기통제의 문제를 나타낸다.
③ 다른 사람의 권리를 침해하거나 사회적 규범을 위반하기도 한다.
④ 적대적 반항장애, 간헐적 폭발성 장애, 품행장애, 병적 방화, 병적도벽 등이 포함된다.

> **해설**
> 간헐적 폭발성 장애의 경우 공격적인 충동을 통제하지 못하여 매주 평균 2회 3개월 동안 재산, 동물 및 다른 사람을 향한 언어적 공격이나 혹은 신체적 공격을 나타낸다.

28 다음 중 양극성장애의 치료에 대표적으로 사용되는 약물은?

① 프로작

② 리 튬

③ 할리페리돌

④ 리탈린

> **해설**
> 양극성장애의 치료에 있어서 가장 중요한 것은 향후 기분 삽화에 대한 예방을 관리하는 일이다. 약물치료는 기분안정제인 리튬(Lithium)과 같은 항조증제가 널리 사용되고 있다. 그러나 약물치료를 받은 환자들 중 50~70%가 재발한다는 사실을 볼 때 약물치료와 함께 심리치료가 반드시 병행되어야 효과적이다.

29 변태성욕장애에 해당하지 않는 것은?

① 성별 불쾌감

② 노출장애

③ 관음장애

④ 마찰도착장애

> **해설**
> 변태성욕장애(Paraphilic Disorders)는 관음장애, 노출장애, 마찰도착장애, 성적피학장애, 성적가학장애, 소아성애장애 등 이 있다.

30 일정 기간 동안 특정한 정신장애를 새롭게 지니게 된 사람의 비율을 나타내는 용어는?

① 발병률

② 기간유병률

③ 시점유병률

④ 기간발병률

> **해설**
> 발병률이란 어느 질환의 발생이 일정 지역이나 기간에 나타난 새로 생긴 질병 수의 비율을 의미한다.

31 다음 사례에서 A 씨의 진단명으로 가장 적합한 것은?

> A 씨는 최근 자신의 건강에 대한 걱정 때문에 집중을 하지 못하고 있다. 직장상사와 다투고 난 이후 집에 돌아와 보니 심장이 너무나 두근거리고 가슴이 뻐근하여 심장마비가 발생하는 것 같은 느낌이 들어서 응급실로 달려갔다. 그 이후 가슴이 뛰고 호흡이 가빠지는 등의 증상이 계속 발생하여 죽는 것이 아닌가 하는 생각이 들었고 어느 날 갑자기 쓰러져도 사람들이 자신을 도와주지 않을 것이라는 생각에 아내에게 항상 자신과 함께 다니기를 요구하였다.

① 명시되지 않는 신체증상 및 관련 장애
② 공황장애
③ 질병불안장애
④ 명시되지 않는 파괴적, 충동조절 및 품행장애

> **해설**
>
> 공황장애(Panic Disorder)는 공황발작을 반복적으로 경험하는 경우를 말한다. 즉, 공황발작을 경험한 이후 다음 2가지 중 1개 이상의 증상이 1개월 이상 지속적으로 나타나야 한다.
> - 공황발작이나 그 후유증에 대해서 지속적으로 염려하거나 걱정한다.
> - 공황발작과 관련하여 심각한 부적응적인 행동의 변화가 나타난다. 아울러 이로 인해 생활 전반에 걸쳐 심각한 고통을 겪거나 부적응적 증상들이 초래되는 경우 공황장애로 진단된다.

32 섭식장애에 대한 설명으로 옳은 것은?

① 신경성 폭식증 환자는 대인관계에서 위축되는 경향이 있다.
② 신경성 폭식증은 항우울제에 잘 반응하고, 우울증과의 공병률이 높다.
③ 신경성 식욕부진증은 시간이 지나도 신경성 폭식증으로 바뀌지 않는다.
④ 신경성 식욕부진증 환자는 초자아가 약하고 충동조절에 어려움을 보인다.

> **해설**
>
> 섭식장애(Eating Disorders)는 신경성 식욕부진증, 신경성 폭식증, 폭식장애로 나뉘는데 일면 신경성 폭식증의 주요 진단 특징은 짧은 시간 내에 많은 양의 음식을 먹는 폭식행동과 이로 인한 체중 증가를 막기 위해 보상행동을 반복적으로 나타내며 우울증과 공병률이 높게 나타나는 편이다. 이 장애의 치료방법은 영양상담, 심리상담, 항우울제 등의 약물치료를 통한 치료를 병행하면 결과가 가장 좋다고 알려져 있다.

33 다음 중 학습장애의 진단을 내릴 수 없는 사람을 모두 고른 것은?

> ㄱ. 지능이 50이고 성적이 그 지능 정도에 해당하는 A 군
> ㄴ. 학습의 기회가 제공되지 않아서 배운 만큼만 성취한 B 양
> ㄷ. 시력이 좋지 않아서 시각적 학습이 결여된 C 군
> ㄹ. 비슷한 증상을 보이는 친구들과 비슷한 성적이나 반에서는 꼴찌인 자폐스펙트럼장애 진단을 받은 D 양

① ㄱ, ㄴ
② ㄴ, ㄷ
③ ㄱ, ㄷ, ㄹ
④ ㄱ, ㄴ, ㄷ, ㄹ

> **해설**
>
> 학습장애란 읽기, 쓰기, 추론, 산수계산 등의 능력과 획득 및 사용상의 심각한 곤란을 주 증상으로 하는, 다양한 원인을 배경으로 하는 이질적인 장애군을 총칭한다. 진단기준을 살펴보면 이 장애에서 나타나는 학습의 어려움은 지적장애, 교정되지 않은 시력이나 청력 문제, 다른 정신적 또는 신경학적 장애, 정신사회적 불행, 학습 지도사가 해당 언어에 능숙하지 못한 경우, 불충분한 교육적 지도로 더 잘 설명되지 않는다.

34 다음 중 Cloninger의 알코올 의존의 두 가지 유형에 대한 설명으로 옳은 것은?

① 제1형 알코올 의존은 증상이 늦게 발달하는 편이다.
② 제1형 알코올 의존은 남자에게만 나타난다.
③ 제2형 알코올 의존은 유전적 요인과 환경적 요인이 복합적으로 관련된다.
④ 제2형 알코올 의존은 반사회적 문제를 비롯한 사회적 문제를 야기할 가능성이 낮은 편이다.

> **해설**
>
> Cloninger는 알코올 중독자들을 1형과 2형으로 분류했는데, 제1형은 일반적으로 25세를 기준으로 인생의 후반부에 음주를 시작하고, 제2형 알코올 중독자는 인생의 전반부부터 술을 마시기 시작한다고 보았다.

정답 33 ④ 34 ①

35 물질사용장애에 관한 설명으로 옳은 것은?

① 에틸알코올은 뉴런 수준에서 GABA의 억제작용을 돕는다.
② 알코올 남용이 심각하더라도 진전섬망은 나타나지 않는다.
③ 코카인은 대표적인 진정제이며 아편 유사제이다.
④ 자낙스, 바리움, 아티반 등은 대표적인 바비튜레이트계에 속한다.

> **해설**
> 에틸알코올은 GABA를 활성시킨다. GABA는 중추신경계에 존재하는 대표적인 억제성 신경전달물질이다.

36 의식이 혼미해지고 주의집중 및 전환능력이 현저하게 감소하게 될 뿐만 아니라 기억, 언어, 현실판단 등의 인지기능에 일시적인 장애가 나타나는 경우를 무엇이라 하는가?

① 섬 망
② 치 매
③ 경도 신경인지장애
④ 주요 신경인지장애

> **해설**
> 섬망(Delirium)이란 어떤 신체적 질병, 물질/약물중독이나 금단, 독소 노출, 또는 어떤 복합적 원인에 의해 일시적으로 주의기능과 인식기능에 붕괴 현상이 나타나는 경우를 말한다. 즉, 뇌에 영향을 주는 어떤 원인이 있고 이로 인해 단기간에 주의 장애와 인식장애가 초래되며 증상의 심각성이 하루 중에도 변동되고 이러한 증상이 물질/약물복용이나 신체적 질환 등의 직접적 결과로 발생한 것이라는 명백한 근거가 있을 때 섬망으로 진단된다.

37 조현병(정신분열병)의 양성증상에 해당되지 않는 것은?

① 와해된 언어
② 무논리증
③ 망 상
④ 환 각

> **해설**
> 정신분열 스펙트럼장애는 환자가 나타내는 증상에 따라 양성증상과 음성증상으로 구분한다. 양성증상(Positive Symptom)은 정상인들에게는 나타나지 않지만 환자에게서는 나타나는 증상을 말하며, 망상, 환각, 와해된 언어, 전반적으로 와해된 행동이나 긴장증적 행동이 이에 속한다. 음성증상(Negative Symptom)은 정상인들도 나타낼 수 있는 행동상의 결손, 즉 적응적 기능이 크게 결여된 상태를 말한다. 무의욕증, 무논리증 또는 무언어증, 무쾌감증, 비사회성, 정서적 둔마 등이 이에 속한다.

38 조현병 스펙트럼장애에 관한 설명으로 틀린 것은?

① 조현병은 잔류기를 거치면서 음성증상이 남기도 한다.
② 망상장애는 항정신병 약물개입이 쉽지 않다.
③ 생화학적 접근에 따르면 도파민과 세로토닌의 과잉 분비는 조현병을 유발한다.
④ 단기 정신병적 장애는 장애 삽화의 지속기간이 최소 1주일 이상 1개월 이내로 나타나야 한다.

> **해설**
> 단기정신증적 장애의 진단기준에서 장해의 삽화 기간이 최소 1일 이상 1개월 미만이며 궁극적으로는 병 전의 기능 수준으로 완전히 회복된다.

39 다음 중 나머지 장애와 다르게 분류되는 성격장애는?

① 조현형 성격장애
② 경계선 성격장애
③ 반사회성 성격장애
④ 자기애성 성격장애

> **해설**
> • A군 성격장애(Cluster A Personality Disorder) : 편집성 성격장애, 조현성 성격장애, 조현형 성격장애
> • B군 성격장애(Cluster B Personality Disorder) : 반사회성 성격장애, 경계선 성격장애, 연극성 성격장애, 자기애성 성격장애
> • C군 성격장애(Cluster C Personality Disorder) : 회피성 성격장애, 의존성 성격장애, 강박성 성격장애

40 다음에서 설명하고 있는 것은?

> 단일한 우세 유전자에 의해 전달되는 유전적 장애로 뇌조직세포가 진행성 퇴화를 보이는 것이 특징이며, CAG 염기서열의 반복 확장으로 인해 발생하는 질환이다.

① 피크 질환   ② 헌팅턴 질환
③ 파킨슨 질환   ④ 알츠하이머 질환

> **해설**
> 헌팅턴 질환은 뇌 특정 부위의 신경세포들이 선택적으로 파괴되어 가는 진행적 퇴행성 뇌 질환의 한 가지로 사람의 몸과 마음을 침범하여 증상을 나타내게 만든다. 증상은 망상과 환각, 기억력 저조, 안절부절못함 등과 함께 갑자기 사지, 몸통 및 머리 부위가 떨리며 마비된 것과 같이 뒤틀리기 때문에 헌팅톤 무도병이라고도 한다. 헌팅턴 질환은 진행됨에 따라 성격과 지적 능력이 점차 떨어지고 기억력, 언어능력, 판단력 등이 점차 저하되면서 결국 말기에 이르면 치매가 나타나기도 한다.

41 클로닌저(C. Cloninger)가 개발한 기질 및 성격검사(TCI)의 성격 척도를 모두 포함한 것은?

① 자극추구, 인내력, 자율성

② 위험회피, 자율성, 자기초월

③ 자율성, 연대감, 사회적 민감성

④ 자율성, 연대감, 자기초월

해설

Cloninger는 기질 및 성격검사에서 4가지의 기질 차원(자극추구, 위험회피, 사회적 민감성, 인내력)과 세 가지 성격 차원(자율성, 연대감, 자기초월)을 포함했다.

42 행동면담에 대한 설명으로 틀린 것은?

① 치료 전에 행동의 기저선을 측정하는 것은 중요하지 않다.

② 행동면담의 기술도 중요하지만 내담자의 환경적 맥락을 고려해야 한다.

③ 내적 특성에 대한 내담자의 신념을 구체적 행동으로 명확화할 필요가 있다.

④ 목표행동이나 부가적 행동평가에 있어 행동면담이 도움이 된다.

해설

행동면담은 행동의 선행사건, 행동 및 결과의 관련성에 초점을 맞춰 면담 형식으로 진행한다. 행동의 기저선 또는 치료 전 측정치로서 행동의 빈도와 강도, 행동이 지속되는 정도 등을 체계적으로 평가할 뿐만 아니라 특정 행동이 과도한지 또는 부족한지 등에 대해서도 평가한다. 이에 대한 측정은 관련 행동의 반복과 강도, 지속성의 체계적인 고려를 통해 이루어지고, 특정 행동이 과도하거나 부족한 것에 대해 기술하기도 한다.

43 Rorschach 검사 실시에 관한 설명과 가장 거리가 먼 것은?

① 좌석의 배치는 검사자가 피검자와 정면으로 얼굴을 대면하지 않는 것이 좋다.
② 잉크 반점이 무엇처럼 보이는지 정도로 질문하고 세부적인 설명은 하지 않는다.
③ 상황에 따라서 도판의 제시 순서를 변경하는 것이 권장된다.
④ 피검사자가 편안하게 느껴야 다양한 반응이 표현될 수 있다.

> **해설**
>
> 로르샤흐(Rorschach) 검사는 주로 정신과적 진단이나 심리평가를 위한 임상적 목적으로 활용된다. 검사에 대한 간단한 소개 후 10장의 카드를 순서대로 제시하면서 수검자에게 무엇이 보이는지 묻고 자유롭게 응답하는 방식으로 이루어진다. 이후 질문을 통하여 수검자가 자발적으로 추가적인 내용을 더 이야기할 수 있도록 한다.

44 TAT 검사에 대한 설명으로 틀린 것은?

① TAT 검사는 투사검사이다.
② TAT 검사는 다양한 대인관계상의 역동적 측면을 파악하는 데 유용하다.
③ TAT 검사는 우리가 외부 대상을 인지하는 과정에는 주관적인 해석이 포함되지 않는다는 가정에서 출발한다.
④ 아동용 검사는 등장하는 인물이 동물로 그려져 있다.

> **해설**
>
> TAT의 바탕이 되는 기본적인 가설은, 우리가 외부 대상을 인지하는 과정에는 대상의 자극 내용만을 단순히 있는 그대로 지각하는 데 그치는 것이 아니라 그것을 지각하는 사람 나름대로 이해하고 주관적인 해석을 하거나 그것에 대해서 어떤 상상을 하면서 받아들이게 된다는 것이다. 즉, 자극의 객관적인 내용이나 조건과는 어느 정도 이탈된 개인적이고 주관적인 과정이 개입되면서, '지각 → 이해 → 추측 → 상상'의 과정을 거쳐 대상에 대한 결론을 내리게 된다.

45 아동 심리검사에 대한 설명 중 옳은 것을 모두 고른 것은?

> ㄱ. HTP 검사의 집 그림에서는 자기상이 투사된다.
> ㄴ. 문장완성검사는 자기개념, 타인과의 관계 등을 알게 해주는 투사검사이다.
> ㄷ. 아동용 TAT 검사인 CAT는 다양한 상황에서 상호작용하는 사람 그림으로 구성되어 있다.

① ㄱ
② ㄴ
③ ㄱ, ㄷ
④ ㄴ, ㄷ

> **해설**
> ㄱ. HTP 해석과 관련해서 볼 때, 집 그림은 내담자가 지각한 가정환경을 나타내고, 나무 그림은 무의식적 자기상과 자신에 대한 감정을 나타내며, 사람 그림은 의식에 가까운 부분으로서 자기상과 환경의 관계를 나타낸 것이다.
> ㄴ. 문장완성검사는 자기개념, 대인관계, 가족, 성이라는 네 가지 영역에 대한 수검자의 태도 및 임상적 자료를 이끌어 낼 수 있는 문항으로 구성되어 있다.
> ㄷ. CAT는 아동의 성격발달에 포함되는 특질, 태도 및 정신역동성을 측정하는 3개의 구어적 반응 투사검사다. CAT-A는 인간사회를 배경으로 하여 10개의 동물 그림으로 구성되어 있고, CAT-H는 아동에게 관심이 되는 상황에서 10개의 인간 그림으로 구성되어 있다. CAT-S는 앞의 두 검사만큼 보편적이지는 않지만 공통적인 가족 상황에서 10개의 동물 그림을 나타내는 보충검사형태다.

46 MMPI-2에서 다음과 같은 문제행동을 잘 변별해 낼 수 있는 임상 척도는?

> • 다른 사람의 동기를 의심한다.
> • 분노감을 느끼고 적대적이다.
> • 투사적 방어기제를 주로 사용한다.
> • 자신이 충분한 대우를 받지 못하고 있다고 생각한다.

① Pd
② Pa
③ Sc
④ Ma

> **해설**
> Pa(Paranoia) 6번 척도의 상승은 의심 많고 사람들과 거리가 있고 약삭빠르고 경계적이며, 안달하고 지나치게 과민한 특징을 반영한다. 높은 점수의 피검자는 투사하고 남을 비난하며 원망한다. 이들은 일반적으로 적대적이거나 따지기를 좋아한다.

47 심리검사와 관련하여 임상심리학자의 행동이 윤리적으로 가장 적합한 것은?

① 심리검사의 보급을 위해 방송 출연을 하여 출연자들에게 모의로 심리검사를 실시하고 해석해 주었다.

② 심리검사를 제작한 후 구입 요건에 대한 특별한 명시 없이 출판사에 검사 판매와 관련한 모든 권한을 위임하였다.

③ 투사적 검사와 관련된 교재 속에 이해를 돕기 위해 Rorschach 카드의 그림을 몇 장 삽입하여 설명하였다.

④ 법률에 의한 강제 명령으로 검사가 실시되었기 때문에 어쩔 수 없이 수검자의 동의를 받지 못한 채 검사를 수행하였다.

> **해설**
> 임상심리학자의 윤리규정에는 평가 및 진단을 하기 위해서는 내담자로부터 평가 동의를 받아야 하며 평가 동의를 구할 때에는 평가의 본질과 목적, 비용, 비밀유지의 한계에 대해 알려야 한다고 되어 있다. 그러나 법률에 의해 검사가 위임된 경우 혹은 검사가 일상적인 교육적, 제도적 활동 또는 기관의 활동(예 취업 시 검사)으로 실시되는 경우에는 동의를 받지 않아도 된다.

48 다음 중 구성타당도를 검증하는 방법과 가장 거리가 먼 것은?

① 집단 간 차이를 비교하는 방법

② 검사의 내부구조나 점수의 변동을 확인하는 방법

③ 검사과정을 분석하는 방법

④ 기존에 타당성을 입증받은 검사와의 비교

> **해설**
> 구성타당도란 검사 도구가 측정하려고 하는 구성개념을 실제로 적정하게 측정했는지의 정도를 나타내는 타당도이다. 한편, 준거타당도란 검사 도구에 의해 측정된 점수와 어떤 준거 간의 상관 정도를 말하며 공인타당도와 예언타당도로 구분된다. 공인타당도의 경우 측정된 검사 점수와 타당성이 높은 기존의 검사 점수와의 상관관계로 추정된다.

49 성격검사에 관한 설명으로 옳은 것은?

① MBTI에서 사고(T)와 감정(F)은 외부세계에 대한 태도와 관련된다.
② PAI의 BOR 척도에서의 높은 점수는 불안정한 대인관계를 시사한다.
③ NEO−PI−R의 O에서 높은 점수를 보인 사람들은 목표지향적인 특성이 강하다.
④ 칼 융(C. Jung)의 단어연상검사는 객관적 성격검사이다.

> **해설**
> PAI는 성격평가질문지이며 하위 척도 가운데 BOR 척도는 경계선적 특징을 나타내고 정서적 불안정성(BOR−A), 정체감 문제(VOR−I), 부정적 관계(BOR−N), 자기손상(BOR−S)으로 구성되어 있는데 일면 높은 부정적 관계(BOR−N)가 나타난 경우, 가족이나 배우자 또는 주변의 다른 중요한 타인과의 애착관계나 대인관계 양상이 불안정함을 시사한다.

50 다음 중 적성검사에 관한 설명으로 가장 거리가 먼 것은?

① 특정 분야에 필요한 지적 능력 수준을 평가한다.
② 특정 학업과정이나 직업에 대한 과거의 수행능력을 추정한다.
③ 제한시간 내에 주어진 문제를 얼마나 잘 해결할 수 있는지를 평가한다.
④ 인지기능의 양상을 파악할 뿐 진단을 목적으로 사용되지는 않는다.

> **해설**
> 적성검사란 미래 특정한 영역의 성취를 측정하고 예측하는 검사이다.

51 단축형 지능검사를 실시할 수 있는 상황과 가장 거리가 먼 것은?

① 정신장애를 감별하고 성격의 일부분인 지능에 대한 대략적인 평가가 목적인 경우
② 과거 1년 이내에 Full Battery 검사를 받은 적이 있고 임상적으로 특이한 변화가 없는 경우
③ 임상 평가의 목적이 피검사자의 전반적인 지능 수준의 판단인 경우
④ 평가의 목적이 신경심리학적 특성을 파악하고자 하는 경우

> **해설**
> 단축형 검사가 실시될 수 있는 상황
> • 정신장애를 감별하고 성격의 일부분인 지능에 대한 대략적인 평가가 목적인 경우
> • 과거 1년 이내에 수검자에 한 신경심리평가를 포함한 완전한 심리평가가 완료되었고 임상적으로 특이한 변화가 없는 상태에서 현재의 심리적 상태나 지능에 대한 대략적인 평가가 요구되는 경우
> • 많은 수검자들을 대상으로 하여 철저한 임상적, 신경심리적 평가가 필요한지를 가리기 위해 스크린용 검사를 시행하는 경우
> • 현실적 조건에 따라 제한된 시간만이 허용될 수 있고 지능평가가 일차적인 목적이 아니고 다른 심리평가의 일부인 경우
> • 임상 평가의 목적이 수검자의 지능 수준의 판단이고 특정한 능력이나 인지적 손상에 대한 평가가 아닌 경우

52 MMPI-2를 수행하던 어떤 수검자가 '나는 머리가 자주 아프다'라는 문항을 가리키며 다음과 같이 질문하였다. 이런 질문을 받은 검사자의 응답으로 가장 적합한 것은?

> '자주'라는 말의 기준이 몇 회를 의미합니까? 저는 한 달에 한 번 정도는 그런 편인데, 그 정도면 '아니다'로 응답해야 할지 '그렇다'에 응답해야 하는지 모르겠습니다. 대략적인 기준을 말씀해 주시겠습니까?

① '자주'라는 말은 일반적으로 최근 일주일에 1회 정도를 의미합니다.
② 자신이 생각하는 기준으로 알아서 판단하여 응답해 주십시오.
③ 응답하기 애매하면 응답하지 않고 지나가도 됩니다.
④ 실제로 한 달에 한 번 머리가 아픈 것이므로 '예'라고 응답해야 합니다.

> **해설**
>
> 이러한 질문에 대하여 적절한 응답은 "수검자가 생각하는 기준에 기초하여 '자주'라고 느끼는 경우에 '그렇다' 또는 '아니다'로 작성하라."고 말해준다. 덧붙여 이외에도 수검자들이 가장 자주 하는 질문 중 하나는 "내가 요즘 느끼는 대로 대답해야 하나요? 아니면 과거의 일을 생각해서 대답해야 되나요?"에 관한 것인데 보통 검사자들은 "현재의 상태를 기준으로 하라."고 말해준다.

53 정신상태 평가(MSE)의 사고 영역에 해당하지 않는 것은?

① 지남력
② 장기기억 및 단기기억
③ 통찰과 판단
④ 지 각

> **해설**
>
> 사고 영역의 경우 사고의 흐름, 사고 내용, 강박적/추상적 사고 등이 해당하고 지각의 경우 환각과 착각, 이인화, 이현실화 등이 해당한다.

54 한국아동인성평정척도(KPRC)의 자아탄력성 척도에 관한 설명으로 틀린 것은?

① 심리적 문제에 대한 아동의 대처능력이나 적응 잠재력을 측정하기 위해 만들어졌다.

② 이 척도가 상승한 아동은 상황의 요구에 맞게 행동하고 환경변화에 적절히 대처한다.

③ 다른 모든 임상 척도들과 정적인 상관관계를 보인다.

④ 여러 가지 정신병리 발현 시 환경적 요인의 영향력을 반영하며 치료의 좋은 예후를 시사해 주는 지표이다.

> **해설**
> 자아탄력성(ERS) 척도는 심리적 문제에 대한 대처능력이나 적응잠재력을 측정하는 척도로 T점수가 상승할수록 높은 자아탄력성을 나타내는 반면, 임상 척도는 T점수가 높을수록 정신병리나 심리적인 장애가 나타날 가능성이 높으며 특히 70T 이상의 경우 유의하여 분석해야 할 필요가 있다. 자아탄력성 척도가 항상 모든 임상 척도들과 정적인 상관관계를 보이는 것은 아니다.

55 심리검사 제작과정에서 문항분석에 관한 설명으로 틀린 것은?

① 문항 변별도(Item Discrimination) 지수란 한 문항이 수검자를 얼마나 잘 변별하여 주는가를 나타낸다.

② 문항 난이도(Item Difficulty) 지수는 -1.0에서 $+1.0$의 범위를 갖는다.

③ 문항 난이도(Item Difficulty) 지수는 각 문항의 어렵고 쉬운 정도를 알려주므로 문항의 상대적인 효율성을 나타낸다.

④ 문항분석에서 요인분석(Factor Analysis)은 하나의 검사가 단일한 구성개념이나 속성을 평가하는지를 검토하는 데 사용된다.

> **해설**
> 문항 난이도란 문항의 쉽고 어려운 정도를 말하며 일반적으로 총 피험자 중에서 정답을 한 피험자의 비율로 산출된다. 문항 난이도의 이론적 범위는 $-\infty$에서 $+\infty$이나 실제로 많은 문항이 -2에서 $+2$의 값을 지닌다.

56 다음 중 자기보고식 성격검사 해석 시 반응경향성을 특히 염두에 두고 해석해야 하는 수검자는?

① IQ가 80 정도 되는 20대 청년
② 자살을 생각하고 있는 고등학생
③ 업무스트레스에 시달리는 40대 직장인
④ 가석방 심사를 앞두고 있는 10대 소년원생

해설

반응경향성이란 검사 내용에 대하여 자신이 생각한 것과는 관계없이 피험자가 어떤 특정한 방향으로 답하려고 하는 경향성이다. 검사 결과에 따른 보상이 주어지는 경우나 자신을 지나치게 호의적으로 나타내고자 혹은 자신의 문제를 과장하는 등의 태도를 취하고 이러한 목적으로 검사를 이용하고자 하는 경우 해석하는데 주의를 기울여야 한다.

57 외상성 뇌 손상 환자의 신경심리평가에 대한 설명으로 틀린 것은?

① 평가의 초점은 기질적인 뇌 손상 유무를 판별하는 데 있다.
② 결손의 증거를 발견하는 데 실패하더라도 이것이 결손이 없다는 것을 의미하지는 않는다.
③ 병 전 적응능력, 병 전 지능과 관련된 교육 및 직업 수준에 대한 정보 또한 중요하다.
④ 두부 손상의 정도는 Glasgow Coma Scale이나 외상 후 기억상실 기간으로 평가할 수 있다.

해설

신경심리평가는 교통사고, 추락 등의 사고로 인해 두부 손상을 입은 경우나 뇌출혈, 뇌경색, 알츠하이머, 파킨슨병 등의 질병이 있는 경우로, 신경학적 손상이나 이상이 1차적으로 고려의 대상이 되는 경우에 진행된다. 이런 경우 뇌 기능 손상의 여부 및 손상 정도에 대해 보다 세부적이며 다각적인 평가가 필요하게 된다.

58 다음은 웩슬러 지능검사의 소검사 점수 분산 분석에 대한 설명이다. (   )에 알맞은 것은?

> • (ㄱ) 소검사는 지능의 수준을 잘 대표하고 다른 소검사에 비해 부적응 상태에서 점수 저하가 잘 나타나지 않기 때문에 다른 소검사를 비교하는 기준치로 선정된다.
> • (ㄴ)은 언어성 소검사에서는 언어성 평균치와 동작성 소검사에서는 동작성 평균치와 비교하는 것이다.
> • 유의한 소검사 점수 분산은 평가치가 (ㄷ)점 이상 차이나는 것을 기준으로 한다.

① ㄱ : 기본지식, ㄴ : 평균치 분산,   ㄷ : 5
② ㄱ : 어휘,   ㄴ : 평균치 분산,   ㄷ : 3
③ ㄱ : 어휘,   ㄴ : 변형된 평균치 방식, ㄷ : 3
④ ㄱ : 기본지식, ㄴ : 변형된 평균치 방식, ㄷ : 5

해설

분산은 소검사 평가치들의 분포 형태를 말하며 소검사 간 점수들의 분산을 분석하는 것은, 각 소검사 점수가 다른 소검사의 경향으로부터 이탈한 정도를 비교해 봄으로써 피검자의 지적 기능의 세부적인 모습을 파악해 볼 수 있고 더 나아가서는 성격 구조의 특징도 추론해 볼 수 있는 근거를 제공해 준다. 방식은 아래와 같다.
• 어휘 분산(Vocabulary Scatter) : 어휘문제 점수를 기준으로 하여 다른 소검사 점수들이 이 기준에서 얼마나 이탈되어 있는가를 보는 것이다. 어휘문제 점수를 기준으로 사용하는 이유는 어휘문제가 지능의 수준을 가장 잘 대표할 뿐만 아니라 다른 소검사들에 비하여 부적응 상태에서도 비교적 퇴화되지 않는다는 것이 인정되어 왔기 때문이다.
• 평균치 분산(Mean Scatter) : 언어성 소검사들은 언어성 소검사들의 평균에서, 동작성 소검사들은 동작성 소검사들의 평균에서 얼마나 이탈되어 있는지를 보는 방식이다. 이 방식은 해당 기능 영역에서 세부 기능들에 유의미한 차이가 있는지를 보는 것이다.
• 변형된 평균치 분산(Modified Mean Scatter) : 이 방식은 너무 높거나 낮은 점수가 평균에 미치는 영향을 배제하기 위하여 개발된 방식으로, 지나치게 점수 차이가 나는 한두 개의 소검사는 제외하고 평균을 낸 뒤 그 수치를 기준으로 다른 소검사들의 이탈 정도를 보는 것이다.
이상의 소검사 분산분석에서 유의미성의 기준은 평가치가 3점 이상 차이가 나는 것(±3점 이상)으로 잡는 것이 가장 적절하다고 생각되고 있다.

59 다음 (   ) 안에 들어갈 내용으로 가장 알맞은 것은?

> 대다수의 피검사자가 검사를 너무 쉽다거나 너무 어렵다거나 혹은 부적절하거나 불필요하게 본다면, (   )가 검사 태도에 영향을 미쳐서 피검사자의 협조적이고 솔직한 응답 태도를 결정하는 데 부정적인 역할을 하게 된다.

① 내용타당도
② 준거타당도
③ 구성타당도
④ 안면타당도

> **해설**
> 안면타당도(Face Validity)란 검사가 실제 무엇을 측정하려는 것인지를 피험자의 입장에서 검토하는 타당도이다. 검사의 문항들이 검사 제작자나 피험자에게 얼마만큼 친숙해 보이는가와 관련이 있다. 일반적으로 검사문항을 전문가가 아닌 일반인들이 읽고 그 검사가 얼마나 타당해 보이는지를 평가한다. 그러므로 어떤 특성을 측정할 때 자주 접해 본 문항들이 있으면 안면타당도가 있다고 말한다.

60 Wechsler 아동지능검사의 소검사와 측정내용을 짝지은 것으로 가장 거리가 먼 것은?

① 불안-숫자 외우기, 산수 문제
② 추상적 사고-공통성 문제, 어휘 문제
③ 사회적 이해-이해 문제, 차례 맞추기
④ 정신운동속도-기호 쓰기, 모양 맞추기

> **해설**
> 소검사가 특정하게 측정하는 능력을 살펴보면, 공통성 소검사의 경우 논리적, 추상적 사고를 측정하는 반면 어휘 소검사의 경우 언어 발달 및 단어 지식을 측정한다.

61 치료계획 수립에 관한 설명으로 가장 적합한 것은?

① 치료계획 수립에서 참여, 협의는 환자에 대한 책임감을 가지고 있는 가족 및 전문가에 한해야 한다.

② 치료계획 수립은 잠정적 가설이며 불변의 계획이 되어서는 안 된다.

③ 치료계획 수립에서 환자의 병리를 고려하여 치료자가 가장 적절한 계획을 세워 안내해주는 것이 바람직하다.

④ 치료계획 수립 시 치료자가 가지고 있는 접근법에 대한 설명을 해주는 것은 환자로 하여금 방어를 일으킬 수 있는 것이기 때문에 치료자의 접근법을 개방해서는 안 된다.

> **해설**
> 상담 및 치료의 목표는 상담 초기과정에서 상담자와 내담자가 협의하여 설정하며, 상담의 전 과정에서 수정되고 보완될 수 있다.

62 심리검사 결과의 통합적 해석에 대한 설명으로 틀린 것은?

① 규준자료는 검사 점수를 해석할 때 일차적으로 참고해야 하는 자료이다.

② 반응의 내용과 주제에 대한 해석은 투사적 검사에만 해당된다.

③ 수검자 자신의 검사 반응에 대한 태도도 해석에 중요한 자료를 제공한다.

④ 검사자와 수검자 간의 대인관계도 중요한 정보의 출처가 될 수 있다.

> **해설**
> 일반적으로 심리평가를 통하여 검사 점수, 반응내용이나 주제, 언어 스타일, 검사자와 피검자 간의 대인관계 등과 같은 정보들을 통합함으로써 개인의 복잡한 성격 구조를 이해할 수 있다. 보통 투사검사에서 반응내용이나 주제에 대한 해석을 하고는 있으나 객관적 검사에서 또한 질적 분석, 즉 피검자가 한 반응의 구체적인 내용이나 반응 방식, 언어표현 방식 등을 분석하여 통합적인 정보를 얻을 수 있다.

63 K-WAIS-IV 검사에서 한 사람의 수행이 그 사람이 속한 연령 집단의 평균 수행보다 1 표준편차 높은 값을 보일 때 부여할 수 있는 지능지수는?

① 70

② 85

③ 115

④ 130

> **해설**
> K-WAIS-IV의 경우 결과값이 나오면 IQ 평균이 100, 표준편차가 15인 정규분포 안에서 자신의 위치를 점수로 나타내게 된다.

64 강박장애에 대한 노출 및 반응방지법(ERP)에 대한 설명으로 옳은 것은?

① 내담자가 강박사고를 유발하는 자극에 접하지 않도록 배려한다.

② 내담자가 강박사고로 인하여 불쾌감을 지닐 때 치료자는 강박행동을 할 수 있도록 안내한다.

③ 강박사고는 존재하나 강박행동은 존재하지 않는 강박장애를 치료하는 데 효과적이다.

④ 내담자가 강박사고를 유발하는 자극에 노출된 뒤, 강박행동을 하지 않도록 유도한다.

> **해설**
> 노출 및 반응방지법(ERP) 치료란, 행동치료로서 '지금 여기'에서 벌어지는 일들에 초점을 맞춘다. 이처럼 노출 및 반응방지법은 행동주의적 접근에서 강박적인 의례행위를 중단시키기 위해 체계적인 계획하에 의도적으로 불안 자극에 노출시키고, 불안감을 감소시키기 위해 수행되는 중화행동을 차단한다.

65 아동을 대상으로 심리치료를 할 때 고려해야 할 사항과 가장 거리가 먼 것은?

① 이상행동을 정상발달의 맥락에서 이해하는 발달정신병리학적 관점을 취해야 한다.

② 구체적 조작기의 후기까지도 언어적 요소에 중점을 둔 개입의 활용이 제한적이다.

③ 전조작기에 해당하는 아동에게는 놀이같은 비언어적인 요소를 활용한 개입이 효과적이다.

④ 일반적으로 치료 장면에 자발적으로 오는 것이 아니므로 동기를 활성화하고 유지하는 것이 중요하다.

> **해설**
> Piaget가 제시한 발달 단계 중의 하나인 구체적 조작기는 6~7세경부터 11~12세경의 시기이며, 초등학교 시절에 해당한다고 할 수 있다. 이 시기에는 여러 형태의 조작에 의해 과학적인 사고와 문제해결이 가능하게 된다. 즉, 논리적 특성이 나타나고 아동이 이상적인 상태에서 사고하고 추리가 가능하며, 구체적인 대상이나 상황에 사고의 근거를 두는 상태로 언어적 요소에 중점을 둔 개입의 활용이 가능한 시기이다.

66 성격평가도구에 관한 설명과 가장 거리가 먼 것은?

① MMPI : 경험적 준거 방식으로 구성된 검사로서 정신장애나 일반적 성격특성에 이르는 다양한 심리적 특성을 파악하려는 목적으로 사용하고 있다.

② TAT : 일련의 그림에 대한 반응에서 상상력의 산물을 해석함으로써 내적 갈등, 태도, 목표 등을 평가하는 것으로 상황적 요인이나 문화적 요인의 영향이 적은 도구이다.

③ Rorschach Test : 대표적인 투사법 검사로서 잉크 반점에 대한 반응을 기초로 하여 해석하는 접근으로 신뢰도와 타당도에 대한 논쟁이 있다.

④ NEO-PI-R : Goldberg의 5요인 모델에 기초하여 구성된 성격검사로서 합리적-경험적 검사구성 전략에 따라 개발되었다.

해설

TAT(Thematic Apperception Test, 주제통각검사)는 로르샤하 검사와 함께 전 세계적으로 널리 사용되고 있는 대표적인 투사적 검사이다. 이 검사는 로르샤하 검사와 마찬가지로, 모호한 대상을 지각하는 과정에는 개인 특유의 심리적인 과정이 포함되어 독특한 해석을 도출하게 된다는 이론적 입장에서 출발하고 있다. TAT 검사에서 피검자의 이야기는 욕구와 압력의 관계, 생활체와 환경과의 상호의존적 관계에 의해서 생긴다. TAT는 개인에게 인물의 주체적인 욕구와 환경이 갖는 객관적인 압력에 대한 공상적인 주제의 이야기를 만들도록 함으로써, 반응하는 개인의 역동적인 심리구조에 대한 분석이 가능하게 만든다.

67 법정에서 임상심리사가 재판에 출정하여 의뢰받는 내용과 가장 거리가 먼 것은?

① 범죄 당시 피고인의 정신상태에 대한 평가
② 재판상황을 견뎌낼 수 있는 능력에 대한 자문
③ 자신을 변호할 수 있는 능력에 대한 평가
④ 피의자의 성격특성을 감안한 감형 제안

해설

법정에서 임상심리사의 역할이란 심리평가 결과에 따른 감형을 제안하는 데 중점을 두는 것이 아닌 법정 증언을 포함한 추천서, 보고서, 진단서, 정신상태에 대한 평가서에 의견을 기술을 하는 데 기초를 두며 임상심리사는 자신의 의견을 입증할 만한 객관적 정보 또는 기법에 근거하여야 한다.

68 임상심리사 양성을 위한 교육과 수련에 관한 설명으로 가장 거리가 먼 것은?

① 정신건강전문가에 비해 임상심리사의 교육과 수련은 전문가 영역과 과학자 영역이 고루 강조되어 왔다고 할 수 있다.

② 수련 과정의 기본적 기능은 습득한 임상적 지식을 임상실제에 통합하는 것으로 실험적–객관적 태도를 발전시키고 다른 분야의 전문가와 협업하는 태도를 촉진하는 것이다.

③ 임상심리사와 관련된 학위 과정에서는 연구자적 자질을 강조하며 심층적이고 전문적, 학문적인 지식의 습득을 배양하도록 한다.

④ 임상심리사는 정신의학 장면에서의 역할이 가장 중요하기 때문에 학문적 교육보다 병원장면의 수련 과정이 중요하며 이를 반드시 이수하여야만 한다.

> **해설**
>
> 임상심리사는 교육뿐만 아니라 훈련, 수련, 지도감독을 받고, 연구 및 전문적인 경험 모두 중요하므로 특정한 영역에 대한 강조는 아니며 수련기관 또한 병원뿐만 아니라 보건복지부장관이 지정한 전문요원 수련기관이면 가능하다.

69 지역사회 정신건강운동에서 추구하는 활동과 가장 거리가 먼 것은?

① 정신병원 이외 사회의 여러 영역에서 정신건강 서비스 제공

② 정신질환 예방을 강조하는 방향으로 정책 변화

③ 지역사회에 기반을 둔 사회적응훈련 강조

④ 임상심리학자의 개업활동 강화

> **해설**
>
> 지역사회의 정신건강활동이란 병원에서의 의학적 치료로만 정신장애에 개입해 오던 것을 넓은 의미에서의 예방, 치료, 재활 및 사회복귀의 차원으로 확대시킨 것이다.

70 다음 A유형(Type A) 행동 중 관상동맥질환 발병과 관련이 가장 높은 것은?

① 분노–적개심

② 조급함

③ 경쟁지향성

④ 책임감

> **해설**
>
> A유형 성격이란 적대적이고 경쟁적이며 다양한 대상에 관심을 갖고 그것을 획득하려 하며 성급하다. 성격적 측면에서 관상동맥질환 발병과 관련하여 살펴보면 그들은 짧은 시간에 더 많은 것을 성취하려고 투쟁하며 쉽게 흥분하고 늘 시간에 쫓기는 느낌이 들고 경쟁적으로 큰일을 성취하려는 욕구가 강한 양상을 보인다.

71 다음의 역사적 사건 중 임상심리학의 효시에 해당되는 것은?

① 지능검사의 개발
② Pennsylvania 대학에서의 심리클리닉 설립
③ 미국심리학회의 설립
④ Chicago 청소년 정신병질자 연구소 설립

> **해설**
> 임상심리학이란 심리학에서 사용하는 관찰, 측정 및 검사 등의 방법을 이용하여 개인의 능력이나 특성을 밝혀내고 개인의
> 적응에 대한 것을 가르치고 권고하는 것을 목적으로 하는 학문이다. 임상심리학은 치료방법의 발달에 따라 급속하게 발전
> 하고 있다. 1896년 L.위트머가 펜실베이니아대학에 신체장애아동의 진료와 치료를 위한 클리닉을 창설하였고, 1909년
> W.힐리가 비행소년용의 진단시설을 개설하였을 때를 기점으로 한다.

72 임상적 개입과정의 단계별 주의사항에 대한 설명으로 가장 적합한 것은?

① 초기 면접과정 : 초기 면접과정에서는 치료 의뢰사유와 동기 등에 대해 탐색하되, 치료자의 정보나 치
료과정에 대하여는 언급하지 않는다.
② 평가 과정 : 평가 과정에서 환자의 특징이나 성향 등에 대하여 확정짓고 이를 치료 종결 시까지 일관
적으로 유지하여 간다.
③ 치료 목표 설정과 이행 : 치료 목표 설정과 치료 과정은 치료자가 정하는 것이며, 환자가 이에 동의하
도록 적극 설득하는 것이 중요하다.
④ 종결 및 추후 회기 : 치료 종결 시 내담자들은 다양한 반응들을 촉발하게 되며, 추후 회기를 잡는 것이
종결과 관련된 문제들을 예방·해결하는 데 도움이 된다.

> **해설**
> 종결은 내담자에게 그들 경험의 의미를 명백하게 할 수 있는 기회를 제공하고, 그들이 획득한 것을 견고하게 하며, 그들이
> 원하는 새로운 행동에 대해 결정을 내리게 한다. 치료 종결 과정에서 내담자들의 성향 및 환경에 따라서 다양한 반응들을
> 나타낼 수 있는데 이를 고려한 적절한 종결 계획이 필요하다. 치료가 종결된 이후에도 추후 회기를 통하여 내담자가 상담
> 종결 이후 일상생활에서 자신의 경험, 목표, 어떤 대상에 대한 작업 등에 대하여 내담자를 돕기 위한 활동을 제공하는 것
> 이 도움이 된다.

73 다음 중 심리학자의 윤리에 위반되지 않는 것은?

① 내담자의 사전 동의 없이 임상가가 회기에서 내담자와 다룬 내용을 배우자에게 알려줬다.
② 내담자의 사전 동의 없이 임상가가 내담자의 자살 위험성이 현저하게 높다는 점을 관련 기관에 알렸다.
③ 심리학 수업을 듣는 학생이 자발적으로 그 수업 교수의 사적 업무를 무급으로 수행하였고 그 교수는 그렇게 하도록 두었다.
④ 임상가가 현재 심리치료가 진행 중인 내담자와 상호 합의하에 성관계를 맺었다.

> **해설**
> 기본적으로 임상가는 치료 및 상담 과정에서 알게 된 비밀 정보를 보호하여야 할 일차적 의무가 있다. 다만, 예외적인 경우들이 있는데 일부를 설명하자면 내담자의 상담과 치료에 관여한 심리학자와 의사 및 이들의 업무를 도운 보조자들 간에서나, 또는 내담자가 비밀노출을 허락한 대상에 대해서는 예외로 하며 혹은 내담자 또는 그 밖의 사람들을 상해로부터 보호하기 위한 경우에서 또한 비밀 정보를 노출할 수도 있다.

74 면접의 종류와 목적이 바르게 짝지어진 것은?

> ㄱ. 초기면접 – 치료실 방문 이유, 비용
> ㄴ. 개인병력 면접 – 치료기관 서비스와 환자의 필요와 기대의 적절성 평가
> ㄷ. 위기면접 – 개인적 정보와 병력의 파악
> ㄹ. 진단적 면접 – 치료와 개입을 위한 구조화된 면담
> ㅁ. 정신상태검사 면접 – 내담자의 인지, 정서, 행동의 문제를 평가하는 구조화된 면담

① ㄱ, ㄴ, ㄷ
② ㄱ, ㄹ, ㅁ
③ ㄴ, ㄷ, ㄹ
④ ㄴ, ㄹ, ㅁ

> **해설**
> ㄱ. 내담자와 초기면담을 진행하는 경우 내담자의 주 호소 문제가 무엇인지, 이 시점에 내원하게 된 경위가 무엇인지, 내담자가 상담에서 기대하는 것은 무엇인지, 상담 시간 및 비용 등을 파악해야 한다.
> ㄹ. 진단적 면접의 경우 내담자의 과거부터 현재까지의 증상들을 면밀히 살피는 임상적·진단적 면접이 필요한데 목적은 내담자의 문제를 정확하게 파악하고 치료의 적응이나 예후를 예측하기 위하여 이루어진다.
> ㅁ. 정신상태검사 면접의 경우 내담자의 심리사회적, 인지적, 정서적 기능과 시간 및 장소에 대한 적응성 등을 파악하기 위한 체계적이고 구조화된 평가 기준이다.

75 다음 설명에 해당하는 개념은 무엇인가?

> • 이것은 무의식적 소재를 의식으로 가져오는 것을 방해하거나 통찰을 저해하는 내담자의 모든 행동이나 행위이다.
> • 내담자가 침묵하거나 같은 주제에 대해서 반복해서 이야기하는 것, 혹은 행동화, 주지화 역시 이에 해당될 수 있다.

① 저 항
② 역전이
③ 전 이
④ 해 석

> **해설**
> 저항이란 내담자의 무의식을 탐색해 들어가려는 상담자의 시도에 대한 내담자의 방해작용이다. 상담의 진행 과정을 방해하는 내담자 내부의 힘, 즉 내담자의 무의식이 의식화되는 것을 방해하고 현재의 병리적 상태를 유지하며 변화를 막는 내담자의 모든 태도, 생각, 감정, 행동을 뜻한다.

76 최근 비둘기 공포증으로 치료를 받던 L 군은 자신이 어렸을 때 비둘기에게 먹이를 주다가 낯선 남자에게 폭행을 당했던 경험이 있다는 것을 떠올리게 되었다. 이처럼 인간의 정서 반응이 고전적 조건형성으로 설명될 수 있음을 처음으로 실험적으로 제시한 사람은?

① Watson
② Jones
③ Pavlov
④ Thorndike

> **해설**
> J. Watson에 의해 창시된 행동주의는 인간은 자극에 따라 반응하는 존재로 보고, 학습이란 인간의 바람직한 행동의 변화를 일으키기 위해 적절한 자극과 그 반응을 강화하는 것이다.

77 신경심리학적 기능의 연구방법 중 비침입적 기법에 해당하는 것은?

① 국부 대뇌 혈류(rCBF)
② 양전자 방출 단층촬영(PET)
③ 뇌파(EEG)
④ WADA 기법

> **해설**
> 뇌파는 두피의 특정 지역에 위치시킨 표면전극들 사이의 전위 차이를 측정하는 뇌전도(Electroencephalogram, EEG) 검사를 통해서 측정할 수 있다. 뇌전도가 보여주는 뇌파는 표면전극 밑에 있는 무수히 많은 대뇌피질 신경세포들의 전기적 활성의 합으로 볼 수 있다.

78 임상심리학자의 역할 중 자문에 대한 설명으로 가장 거리가 먼 것은?

① 고등학교 교장에게 회의시간에 자신에게 공개적으로 도전하는 교사에 대처하는 가장 좋은 방법에 대한 지침을 제공하는 것
② 소아과 의료진들에게 청소년들이 병동에서 다른 환자들과 성적인 문제를 일으키는 것을 줄이기 위한 프로그램을 개발해 주는 것
③ 수많은 성격 갈등 때문에 비생산적이고 비효율적인 결과를 빚고 있는 어떤 회사의 팀 구성원들에게 서로 더 잘 지낼 수 있는 방법을 알려주는 것
④ 내향적인 성격과 대인관계에 대한 두려움으로 인해 교우관계에 어려움을 겪고 있는 학생을 대상으로 지속적인 개입을 제공하는 것

> **해설**
> 임상심리학자들은 임상심리학적 지식이나 서비스를 필요로 다양한 장면, 다양한 대상에게 자문 활동을 하고 있다. 기업체를 대상으로 인사 선발, 임원들의 리더십 강화 또는 직원들의 업무능력 향상 등에 대한 코칭, 법정 장면에서 피해자 진술 조력이나 범죄자의 정신병리 평가 등은 임상심리학자들이 관여하는 대표적인 자문 업무의 예이다. ④의 경우 사회기술훈련이나 적절한 개입 및 정보 제공이 도움이 되겠으나 지속적인 개입은 오히려 효과가 저하될 수 있다.

79 내담자 중심치료의 치료과정을 바르게 나열한 것은?

> ㄱ. 과거의 감정을 수용할 수 없다고 기술한다.
> ㄴ. 가끔 감정을 기술하지만 여전히 개인적인 경험에서는 멀어져 있다.
> ㄷ. 자신의 감정을 인식하지 못한다.
> ㄹ. 부정하려는 욕구 없이 감정을 수용한다.
> ㅁ. 자기를 경험하는 것에 대해 편안해한다.

① ㄱ → ㄴ → ㄷ → ㄹ → ㅁ
② ㄴ → ㄷ → ㄱ → ㅁ → ㄹ
③ ㄷ → ㄴ → ㄱ → ㄹ → ㅁ
④ ㄹ → ㄱ → ㄷ → ㄴ → ㅁ

> **해설**
> 내담자 중심치료에서 상담자는 내담자의 문제를 해결해 나가는 것이 상담의 목표임을 설명하고 수용적인 태도로 임한다. 상담 초기에 내담자는 자신의 정서를 인식하지 못하고 자기개념과 경험 사이의 불일치로 인한 심리적 문제를 개방적으로 표현하거나 수용하는 데 어려움이 있다. 상담자는 무조건적인 수용과 공감적인 이해를 통하여 내담자가 자신의 감정을 수용하고 자유롭게 이야기하도록 도우며 최종적으로 자신의 경험에 대하여 개방적인 태도를 가질 수 있도록 돕는다.

80 Freud의 심리성적 단계에 대한 설명으로 틀린 것은?

① 아동기를 개인의 성격을 형성한다는 점에서 가장 중요한 시기라고 보았다.
② 구강기는 약 1년 정도 지속되는데 만족에 도달하기 위한 주요 수단으로 입을 사용한다.
③ 남근기는 5~12세로 성적 기관이 만족의 주된 수단이 되는 시기이다.
④ 성기기는 자아가 성적 자극을 성공적으로 조절하는 성숙한 성의 표현이 최고조에 달한다.

> **해설**
> 남근기는 심리성적 발달 단계 중 세 번째 단계로, 약 3세부터 5세까지의 시기에 해당한다. 이때 정신 에너지인 리비도가 항문에서 성기로 이동하는데, 이 과정에서 성기는 사춘기에 분비되는 호르몬과는 상관없이 고조된 성적 민감성을 나타낸다.

81 다음은 인지치료 과정 중 생각기록지 작성의 예이다. 이 중 피상적이고 지엽적인 인지만으로 기록되어 감정과 행동의 이해가 가장 비효과적으로 이루어진 경우는?

① 상황 – 엄마가 아파서 병원에 입원하셨다.

  기분 – 걱정

  생각 – "엄마가 보고 싶다."

② 상황 – 수학시험에서 60점을 받았다.

  기분 – 슬픔

  생각 – "나는 바보야. 선생님이 나를 더 이상 좋아하지 않을 거야."

③ 상황 – 생일파티에 초대받지 못하였다.

  기분 – 슬픔

  생각 – "나를 좋아하는 아이가 없어. 나는 학교에서 제일 인기가 없나 봐."

④ 상황 – 선생님께 수업시간에 야단을 맞았다.

  기분 – 걱정

  생각 – "선생님께 문제아로 찍히면 어떡하지?"

해설

인지치료에서 인지도식이란 세상을 살아가는 과정에서 삶에 대한 이해의 틀을 형성한 마음속에 있는 인지구조로 정보처리와 행동의 수행을 안내하는 비교적 안정적인 인지적 틀로서 개인의 인지도식 내용이 부정적일 때 역기능적 인지도식이라고 하며, 이는 심리적 문제를 초래하는 근원적 역할을 한다. 역기능적 인지도식을 가진 사람이 생활 스트레스에 맞닥트리면 부정적 내용의 자동적 사고와 흑백논리 같은 인지적 오류를 떠올리게 되고, 그 결과로 심리적 문제가 초래되는데 이는 생각기록지를 통하여 점검할 수 있다. ①에서 상황에 따른 생각을 살펴보면 다른 보기에 비하여 상황에 따른 인지적 오류와 가장 거리가 먼 것을 알 수 있다.

82 다음 사례에서 A 양에게 읽기 이해력을 증진하기 위한 개입으로 가장 적합한 것은?

> A 양은 초등학교 4학년인데도 읽기 속도가 느리고 이해력도 부족하다. 어머니가 직접 가르치고 학원에도 보내봤지만 별로 소용이 없었다고 한다. 단, A 양은 평균의 지능 수준으로 평가되었다.

① 단어 하나하나에 집중하기보다는 덩어리나 군 단위로 읽도록 한다.
② 읽기의 목적이 무엇인지 파악하도록 한다.
③ 배경음악을 튼 상태에서 혼자서 읽도록 한다.
④ 기본 시선은 문서의 중앙에 두도록 한다.

> **해설**
>
> A 양의 경우 평균의 지능 수준을 보유하고 있으나 특정한 기능의 저하를 보이고 있다. 이러한 경우 자주 이용되어 왔던 기본훈련방식 중 한 가지는 학습목표 진술이다. 학습과제를 보다 세분화하여 아동이 수행할 수 있는 하위기술과 수행할 수 없는 하위기술을 결정하고, 아직 학습하지 않은 기능부터 지도하기 시작한다. 핵심은 학습과제에 대한 명확한 목적이 무엇인지를 인지하도록 하며 난이도는 쉬운 것부터 점차적으로 어려운 과제로 진행한다.

83 심리재활의 기본원리가 아닌 것은?

① 희망을 갖는 것에 대해 강조함
② 정신장애를 가진 사람만을 대상으로 함
③ 다양한 절충적 방법을 사용함
④ 내담자의 의존성을 신중하게 다루어야 함

> **해설**
>
> 심리재활이란 신체적, 정신적 장애를 가진 사람들의 사회심리적인 어려움을 치료하여 재활을 돕는 치료방법 가운데 하나이다.

84 위기 개입의 단계를 바르게 나열한 것은?

> ㄱ. 문제 정의하기
> ㄴ. 환경적 지지와 대안 찾기
> ㄷ. 작업 동맹 형성 및 내담자 안전 보장
> ㄹ. 내담자가 변화를 시도하도록 도와주기
> ㅁ. 추수 상담 의뢰

① ㄱ → ㄷ → ㄹ → ㄴ → ㅁ
② ㄱ → ㄴ → ㄷ → ㄹ → ㅁ
③ ㄷ → ㄱ → ㄹ → ㄴ → ㅁ
④ ㄷ → ㄱ → ㄴ → ㄹ → ㅁ

> **해설**
> 첫 번째 단계는 관계 형성하기, 신속히 라포를 형성하고 치료적 관계를 형성해야 한다. 그다음으로는 내담자가 호소하는 주요 이슈가 무엇인지, 위기 촉발 요인이 무엇인지를 개방형 질문을 통해 표현하도록 하여 정의하는 과정이 필요하며 안전을 확보해야 한다. 이후에 내담자의 환경적 지지의 활용 가능을 살피고 대안을 검토해야 한다. 마지막으로 내담자의 자원을 명확히 살피고 현실적인 단기 계획을 세우도록 하여 변화를 시도하도록 조력한다. 단, 위기가 해결되었을지라도 이후 위기가 또 나타나거나 내담자의 대처능력이 약화될 가능성을 고려하여 추수 상담을 통하여 사후관리를 한다.

85 Bandura의 자기효능감 증진을 위한 상담법과 가장 거리가 먼 것은?

① 과정적 성공과 결과적 성공 등 성공경험을 증진시켜야 한다.
② 내적인 자기수용 과정이 매우 필요하다.
③ Modeling을 적절히 활용할 필요가 있다.
④ 자신의 신체반응에 대한 적절한 지각과 해석이 중요하다.

> **해설**
> 반두라는 개인이 자기효능감에 대한 정보를, 첫째, 자신의 수행을 관찰함으로써, 둘째, 모델이 수행하는 것을 관찰함으로써, 셋째, 타인의 설득을 통해서, 넷째, 생리적 지표를 통해서 얻을 수 있다고 하면서 이러한 정보원을 통해서 효능기대를 향상할 수 있다고 했다. 한편, 자기수용과 관련해서는 대표적으로 수용전념치료를 꼽을 수 있겠는데 이는 자기수용과 마음챙김 과정, 전념과 행동변화과정을 통해 심리적 수용과 유연성을 증진하는 인지행동적인 치료라고 볼 수 있다.

86 심리치료에서 언어적, 비언어적 행동관찰에 관한 설명으로 틀린 것은?

① 치료자는 참여적 관찰자가 되어 내담자와의 상호작용에서 일어나는 행동의 불일치를 식별할 수 있어야 한다.

② 내담자의 문화적 배경에 따라 상담자의 행동이 다를 필요가 있다.

③ 관계왜곡이란 치료 장면에서 내담자−치료자 이외의 제3의 어떤 인물이 존재하는 것과 같은 지각적 왜곡 현상을 말한다.

④ 내담자가 언어적, 비언어적 행동 불일치인 혼합 메시지를 보일 때 내담자의 진심은 언어적 행동에서 파악될 수 있다.

> **해설**
> 비언어적 행동이란 언어를 사용하지 않고 수행하는 내적, 외적인 행동을 의미한다. 이는 심상, 표상, 상상, 시공간적 사고 등과 같은 사고행동, 불안, 자아존중감, 무력감, 귀인, 애착, 동기 등과 같은 정서적 행동 그리고 여러 가지 신체적 행동 등이 이에 포함되므로 심리치료 장면에서 언어적 메시지뿐만 아니라 비언어적 행동까지 통합하여 살펴보아야 한다.

87 상담 수퍼비전에 관한 설명으로 옳은 것은?

① 수련생의 교육을 위해 긍정적 피드백을 최소화한다.

② 수련생에게 수치심을 유발하지 않도록 '너 메시지'를 많이 사용한다.

③ 수련생의 자기평가는 자기효능감을 저해하므로 가능한 삼가도록 한다.

④ 수련생에게 수퍼바이저에 따라 서로 다른 피드백이 가능함을 알린다.

> **해설**
> 수련감독자는 사례지도를 시작하기 전에 진행 과정에 대해 충분히 설명하고 한계점에 대해서도 언급해야 한다.

88 정신분석적 심리치료의 주요 기법 중 자유연상에 관한 설명으로 틀린 것은?

① 자유연상 기법은 최면 사용에 대한 불만을 품고 개발된 것이다.

② 환자의 방어가 약화됨에 따라 환자의 연상은 점점 기괴해지고 진정한 의미를 찾기 어려워진다.

③ 자유연상에서 환자는 마음속에 떠오르는 어떤 것이든 모두 말하도록 격려된다.

④ 자유연상에서의 연상들을 따라가면 환자의 삶 속의 중요하거나 억압된 어떤 부분에 이르게 된다.

> **해설**
> 자유연상은 내담자가 방어기제를 사용하여 억압한 무의식에 숨겨진 진실을 찾기 위해 사용하는 기법이다. 자유연상은 방어나 의도가 없이 자연스럽게 자신의 생각이나 기억을 표현한다.

89 재활상담에 관한 설명과 가장 거리가 먼 것은?

① 재활상담자는 환자에게 지지적이고 적극적이어야 한다.
② 재활상담의 목적은 환자가 재활하려는 동기를 가지도록 하는데 있다.
③ 재활상담에서는 환자와 상담자의 관계가 특히 중요하다.
④ 재활상담은 모든 훈련과 교육, 환경적 지원이 제공된 이후에 실시하는 것이 좋다.

> **해설**
> 재활상담이란 우선 상담을 통하여 기초정보를 수집하고 각종 검사 및 평가 등을 통해 진단하며 재활 계획에 따라 훈련 및 관련 정보 제공, 사회적응 훈련 프로그램 등의 재활서비스를 제공한다.

90 현실치료 이론에 관한 설명으로 옳은 것은?

① 내담자의 현실문제에 초점을 두기 때문에 정신병에 대해서는 적용할 수 없다.
② 내담자의 문제는 환경적인 여건에 의존하므로 환경의 개선에 많은 노력을 기울인다.
③ 상담자의 지시적이고 적극적인 개입이 필요하기 때문에 유머는 중요하게 고려되지 않는다.
④ 문제를 겪고 있는 사람들은 자신의 기본적 욕구가 충족되지 않기 때문에 고통을 받는다고 가정한다.

> **해설**
> 현실치료는 내담자들이 정신 의학적 증상들을 겪는 이유는 내담자가 가지고 있는 기본적 욕구를 충족할 수 없기 때문이라고 본다.

91 인간 중심치료에서 내담자의 성장을 돕기 위해 치료자가 갖추어야 할 조건으로 가장 강조되는 것은?

① 명확한 저항 해석
② 비판적 태도
③ 공감적 이해
④ 마음챙김과 탈중심화

> **해설**
> 인간 중심치료에서 인간은 긍정적인 변화를 위한 내면적 동기와 잠재력을 가진 존재이므로 치료자가 내담자를 받아들여 공감하고 존중하고 이해하면 내담자 스스로 변화를 모색하며 문제를 해결한다고 본다.

92 내담자 평가를 위한 효과적인 면담의 일반적인 원칙과 가장 거리가 먼 것은?

① 환자의 신뢰를 얻기 위해 유능하다는 것을 보여주는 평범한 방법으로 전문인답게 옷을 입는 것도 방법이 된다.

② 내담자가 침묵할 때 치료자가 직면의 방식으로 내담자가 말하기를 계속 기다리는 것은 긍정적인 관계를 촉진한다.

③ 감정 이입적 진술이 도움이 되지만 너무 과용하면 부자연스럽고 성의 없이 들릴 수 있다.

④ 유혹적인 환자에게는 공식적인 치료 관계를 유지하는 것이 좋다.

> **해설**
>
> 상담에서 침묵은 상담자가 잠시 멈추고 내담자가 주제에 대하여 말하거나 상세하게 설명하게 하는 리드의 수동적 형태로서, 내담자가 말하거나 숙고하는 것을 촉진하는 것이다.

93 다음 중 우울증에 대한 인지치료 접근과 가장 거리가 먼 것은?

① 체계적 둔감법
② 역기능적인 신념 수정
③ 부정적인 자동적 사고 수정
④ 인지적 오류 수정

> **해설**
>
> 체계적 둔감법이란 Wolpe가 상호제지 원리에 따라 주로 공포나 불안을 제거하기 위하여 제시한 행동치료법이다. 공포와 불안을 일으키는 자극에서 이완 상태를 끌어낸 다음 작성된 불안위계에 따라 불안이나 공포상태를 경험하게 하여 혐오자극에 의해 유발된 불안 혹은 공포자극의 영향을 감소 및 둔감하는 방법을 말한다.

94 자기감찰(Self-monitoring)에 관한 설명과 가장 거리가 먼 것은?

① 행동평가 혹은 인지행동평가 및 치료에서 주로 사용하는 방법이다.
② 저항이 매우 적고 신뢰할 수 있는 자료 수집이 가능하다.
③ 역기능적 신념기록지 역시 자기감찰방법이다.
④ 계산기나 초시계 등 도구를 사용하기도 한다.

> **해설**
>
> 자기감찰은 내담자가 자신에 대하여 관찰 및 기록하는 정보인 만큼 과장이나 왜곡, 축소와 같은 편향이 발생할 가능성, 측정 목표가 되는 행동이나 정서 등에 대한 명확한 지시가 없을 경우 부정확한 자기관찰이 이루어질 수 있다는 점, 치료자에 대한 내담자의 믿음이나 치료자와 관계의 깊이에 따라 영향을 받을 수 있다는 점이 한계로 지적된다.

95 성피해 초기 상담 시 주의 사항으로 적절하지 않은 것은?

① 치료 과정과 절차에 관해서 자세히 안내해 준다.

② 내담자의 감정과 정서를 이해하고자 노력해야 한다.

③ 내담자가 성피해 사실을 부정하더라도 상담을 즉시 진행해야 한다.

④ 상담의 진행 속도와 방법에 대해서는 내담자에게 선택권을 주어야 한다.

> **해설**
>
> 성 피해자의 경우 현실을 부인하거나 타인이나 상황을 불신하고 인격에 혼란이 야기되는 등의 현상이 나타나고 죄책감, 지각 왜곡과 같은 부정적 정서를 많이 보이며, 손이나 몸을 계속 씻는 강박적 행위나 높은 불안을 보이는 등의 행동 및 정서적 변화를 보일 수 있다. 그러므로 내담자가 초반에 성피해 사실을 부정한다면 내담자가 충분히 이야기할 수 있는 기회를 제공하는 것이 중요하다.

96 윤리적 갈등상황에서 상담자가 취할 수 있는 행동으로 옳지 않은 것은?

① 관련된 윤리규정을 찾아 적용하기

② 상급자 혹은 기관의 책임자와 의논하기

③ 윤리적 결정을 내리게 된 근거, 과정에 대해 기록하기

④ 비밀보장 원칙에 따라 상담자가 독자적으로 판단하기

> **해설**
>
> 상담자는 기본적으로 상담 과정에서 내담자의 비밀보호 원칙에 따르되, 비밀보호의 예외 및 한계나 정보에 관한 타당성이 의심될 때에 상담심리사는 동료 전문가 및 학회의 자문을 구한다.

97 중독상담에서 활용하는 인지행동기법으로 옳은 것은?

① 양면은유

② 소크라테스 질문법

③ 인지적 탈융합

④ 빈 의자 기법

> **해설**
>
> 소크라테스식 화법은 인지치료에서 중요한 치료적 도구이며 새로운 학습을 증진하는 일련의 질문들을 주의 깊게 구상한다. 질문의 목적은 문제를 명료화하거나 정의를 내리기 위해 혹은 사고 및 심상 규명에 도움을 주기 위하여 혹은 유지되고 있는 부적응적 사고와 활동의 결과를 평가하기 위해 등이 있다.

98 상담자가 비행청소년 상담을 학교와 연계하여 실시하고자 할 때 수행해야 하는 사전 작업과 가장 거리가 먼 것은?

① 학교 내 물리적 공간의 확보
② 학교 행정책임자와 관계 형성
③ 비행청소년 집단의 파악
④ 공동작업의 활성화

> 해설
>
> 비행청소년의 비행을 하게 된 원인, 문제점에 대한 이해뿐만 아니라 사회 환경의 탐색이 필요한데 일면 학생이 소속하는 형식적, 비형식적인 집단을 파악하는 것이 중요하다. 더불어 비행청소년 상담 구축을 위한 기본적인 물리적 공간, 행정적 절차 및 관계형성이 필요하다.

99 다음 사례에서 가장 적절하지 못한 개입은?

> 인성이는 초등학교 4학년 남학생으로 요즘 인터넷 게임에 몰두하느라 잠을 안 자고 학교 성적이 떨어지고 부모님과의 갈등도 심하다. 치료자는 인성이와 부모님을 만나서 치료를 시작하기로 했다.

① 인터넷 사용에 대한 양자 간의 대화를 이끌었다.
② 인성이가 목표를 달성하면 인기 게임 CD를 사주기로 행동계약을 했다.
③ 주중에 인터넷 사용시간을 관찰한 후 행동수정 계획표를 작성했다.
④ 인성이 혼자 사용하던 컴퓨터를 거실로 옮겨 놓게 했다.

> 해설
>
> 행동수정은 바람직한 행동으로의 변화를 유도하기 위하여 사용되는 모든 방법이나 절차를 통칭하는데, ②의 경우 목표달성 이후 주어지는 보상이 문제행동과 밀접한 관련이 되어 있는 경우로 적절한 개입방법으로 보기에는 어렵다.

100 성격장애에 관한 Millon의 강화모형에 의하면 자기애성 성격은 어떤 유형에 해당하는가?

① 능동−독립적
② 수동−독립적
③ 능동−의존적
④ 수동−의존적

> 해설
>
> Millon의 자기애성 성격장애 치료방법
> • 첫째, 성격 차원의 극단적 성향을 균형적인 상태로 회복하면서 지나친 자기지향성을 약화한다.
> • 둘째, 환경과의 상호작용에서 나타나는 내담자의 과도한 수동성을 보다 능동적인 방식으로 촉진한다.
> • 셋째, 과대한 자기개념과 비공감적 대인행동으로부터 현실적인 자기 모습을 수용하고 공감적 이해와 협동적 상호작용이 증가되도록 한다.

CHAPTER 03 2019년 필기 기출문제

제1과목 심리연구방법론

01 다음 (   )에 알맞은 것은?

> 과학적인 연구를 함에 있어서 이론으로부터 시작할 수도 있고 관찰로부터 시작할 수도 있다. 연역적 연구방법은 이론으로부터 (ㄱ)를(을) 설정하고 이를 검증하기 위해 관찰을 하는 접근이고, 관찰로부터 시작하여 (ㄴ)를(을) 거쳐 이론을 수립하는 것은 귀납적 연구방법이다.

① ㄱ : 연구문제,   ㄴ : 가설
② ㄱ : 가설,   ㄴ : 자료분석
③ ㄱ : 연구문제,   ㄴ : 자료분석
④ ㄱ : 가설,   ㄴ : 경험적 일반화

해설

기존의 이론으로부터 가설을 설정하고 설정된 가설을 경험적 자료를 수집하여 검증하며, 검증된 이론은 다시 새로운 가설을 설정하고 검증하려는 다른 연구의 기초 이론으로 축적된다. 이와 같은 순환에서 가설을 설정하고 검증하는 과정을 연역적 접근이라 하고 자료 수집에서부터 이론을 도출하는 과정을 귀납적 접근이라 한다.

참고

연역적 연구방법은 이론 중심의 접근법으로, 일반적인 이론이나 원리에서 출발하여 구체적인 사례나 현상을 설명하거나 예측하는 방식의 연구 접근법이다. 연역적 연구방법의 주요 단계는 다음과 같다.
1. 이론 및 가설 설정 : 연구자가 관심 있는 주제에 대한 기존 이론을 설정하고, 설정된 이론에 기반하여 구체적인 가설을 설정한다.
2. 데이터 수집 : 가설을 검증하기 위해 필요한 데이터를 수집한다.
3. 가설 검증 : 수집된 데이터를 분석하여 가설이 지지되는지 여부를 판단한다.
4. 결론 도출 : 가설 검증 결과를 바탕으로 결론을 내리고 이론의 유효성을 평가한다.

이와 대조적으로 귀납적 연구방법은 특정한 사례나 관찰을 바탕으로 일반적인 결론이나 이론을 도출하는 접근 방식이다. 주로 질적 연구에서 많이 사용되며, 귀납적 연구의 주요 단계는 다음과 같다.
1. 관찰 : 연구자는 특정 현상이나 사례를 관찰한다.
2. 데이터 수집 : 관련된 데이터를 수집하고 기록한다.
3. 패턴 분석 : 수집된 데이터를 분석하여 공통된 패턴이나 주제를 찾아낸다.
4. 일반화 : 발견된 패턴을 바탕으로 일반적인 결론이나 이론을 도출한다.

02 확률에 대한 설명으로 틀린 것은?

① 상호배타적인 한 집합이 있을 때 한 사상이나 다른 사상이 일어날 확률은 두 확률 간의 차와 같다.

② 둘 이상의 독립적인 사상들이 같이 일어날 확률은 각 사상들의 확률을 곱한 것과 같다.

③ 결합확률이란 둘 혹은 그 이상의 사상이 같이 일어날 확률을 말한다.

④ 조건확률이란 다른 사상이 일어난 조건하에서 어떤 사상이 일어날 확률을 말한다.

> **해설**
> 상호배차적인 집합 예 : {1, 3, 5, 7, 9}
> • 한 사상(1)이 일어날 확률 : 1/5
> • 다른 사상(5)이 일어날 확률 : 1/5
> 두 확률 간의 차이는 0으로 ①이 옳지 않다.

03 유사실험설계와 구분되는 순수실험 설계의 가장 큰 특징은?

① 독립변수의 조작 가능성

② 외생변수의 통제 정도

③ 대상의 무작위화

④ 측정 시기 및 대상 통제

> **해설**
> 성별이나 지진 등의 사고와 같이 자연적으로 발생한 독립변인에 따른 차이를 비교한 경우 무선할당이 이루어지지 않았다는 점에서 순수한 실험과 구분해 유사 실험(Quasi-experiment)이라고 한다. 유사 실험은 독립변인에 대한 조작이 이루어지지 않았기 때문에 종속변인에 영향을 미치는 직접적인 원인을 밝히는 데 어려움이 있다.

04 삼원분산분석에 관한 설명으로 옳은 것을 모두 고른 것은?

> ㄱ. 독립변수는 3개, 종속변수는 1개이다.
> ㄴ. 주효과는 3개까지 나타날 수 있다.
> ㄷ. 상호작용 효과는 4개까지 나타날 수 있다.

① ㄱ, ㄴ

② ㄱ, ㄷ

③ ㄴ, ㄷ

④ ㄱ, ㄴ, ㄷ

분산분석(또는 변량분석)(ANOVA ; Analysis Of Variance)
· 다수(2개 이상) 집단 간의 평균이 유의미한 차이가 있는지를 비교하고자 할 때, 사용하는 통계기법이며, 종속변수에 영향을 미치는 독립변수의 개수에 따라 아래와 같이 구분할 수 있다.
· 독립변수가 1개일 경우, 일원변량분석(1-way ANOVA), 2개일 경우 이원변량분석(2-way ANOVA), 3개일 경우 삼원변량분석(3-way ANOVA)이라고 한다. 이러한 변량분석에서 각각의 독립변수만의 효과를 주효과라 하고, 두 독립변수의 동시적인 작용에 의한 효과를 상호작용효과(Interaction effect)라 부른다.
예 약의 종류(독립1)와 성별(독립2)과 BMI(독립3)에 따른 혈압(종속)에 미치는 영향
  - 주효과 : 3개(약, 성별, BMI)
  - 상호작용효과 : 총 4개
      - 2-way 상호작용효과 : 3개(약-성별, 약-BMI, 성별-BMI)
      - 3-way 상호작용효과 : 1개(약-성별-BMI)

05 통계적 검증력을 제고할 수 있는 방안과 가장 거리가 먼 것은?

① 사례 수를 늘린다.
② 측정도구의 신뢰도를 제고한다.
③ 측정도구의 타당도를 제고한다.
④ 단측검정보다는 양측검정을 활용한다.

통계적 검증력(Statistical Power)
· 대립가설이 사실일 때 귀무가설을 기각함으로써 올바른 결정을 내릴 수 있는 가능성의 정도를 말한다. 연구 또는 실험에서 통계적으로 유의미한 결과값이 나왔다고 결론을 내리기 위해서는 충분한 검증력을 가지고 있어야 한다.
· 검증력에 영향을 미치는 요인는 다음과 같다.
   - 표본크기 : 표본의 크기가 클수록 검정력은 좋아진다.
   - 신뢰도 : 신뢰도가 나빠질수록, 즉 유의수준(1종오류, Error)이 커질수록 검정력은 좋아진다.
   - 표준편차 : 표준편차가 커지면 검정력은 나빠진다.
   - 두 모집단 간의 차이 : 차이가 작을수록 검정력은 나빠진다.
· 단측검정인지 양측검정인지를 결정하는 것은 연구자의 실험 또는 연구의 가설에 따라 달라지는 것이지 통계적 검증력에 영향을 미치는 것은 아니다.

06 정규분포를 이루는 한 집단의 평균 점수가 80이고 표준편차가 20일 때 원점수 65의 Z점수는?

① -15 ② -0.75
③ $+0.05$ ④ $+4$

> **해설**
>
> 표준화점수(Z-score)
> 확률변수 X의 평균이 μ이고, 표준편차가 σ일 때 확률변수 X가 평균 μ에서 표준편차 몇 배 거리만큼 떨어져 있는가를 나타낸 통계적 값이다. 다른 분포로부터 나온 값들을 비교 가능하게 해주는 역할을 하여 각종 시험 등의 평가에서 개개인의 성적이 전체에서 어떤 위치를 차지하고 있는지를 보여주기 위해 쓰이기도 한다.
>
> 표준화 점수 $Z = \dfrac{X - \mu}{\sigma} = \dfrac{65 - 80}{20} = -0.75$
>
> X : 원점수, μ : 집단의 평균, σ : 집단의 표준편차

07 다음 사례의 결과는 어떤 효과가 나타났다는 것을 의미하는가?

> 기분과 지능이 창의성에 미치는 효과를 알아보기 위해 이원 변량분석을 실시하였다. 결과에 따르면 지능이 높았던 사람들은 부정적인 기분 조건에서 창의성이 높아지는 것으로 나타났지만, 지능이 낮았던 사람들은 긍정적인 기분 조건에서 창의성이 높아지는 것으로 나타났다.

① 기분의 주효과
② 지능의 주효과
③ 창의성의 주효과
④ 기분과 지능의 상호작용효과

> **해설**
>
> 분산분석(또는 변량분석)(ANOVA ; Analysis Of Variance)
> 다수(2개 이상) 집단 간의 평균이 유의미한 차이가 있는지를 비교하고자 할 때, 사용하는 통계기법이며, 2개의 독립변수에 의한 종속변수의 평균치 간의 차이검증 방법을 이원변량분석(2-way ANOVA)이라 한다. 이러한 변량분석에서 각각의 독립변수만의 효과를 주효과라 하고, 두 독립변수의 동시적인 작용에 의한 효과를 상호작용효과(Interaction Effect)라 부른다.
>
> **예** 기분 조건(독립 1)과 지능(독립 2)에 따른 창의성 정도(종속)
>
> | 구분 | | 창의성(종속) | |
> |---|---|---|---|
> | | | 지능(독립 2) | |
> | | | 높음 | 낮음 |
> | 기분(독립 1) | 긍정 | 2 | 10 |
> | | 부정 | 11 | 3 |
>
> • 주효과 : 지능, 기분
> • 상호작용효과 : 지능-기분

08 내용분석에 관한 설명으로 가장 적합한 것은?

① 조사 대상에게 영향을 미칠 수 있다.
② 시간, 비용에 대한 부담이 크다는 단점이 있다.
③ 타당성 확보가 용이하다.
④ 현지 조사로 불가능한 자료를 수집할 수 있으며 장기간의 시간적 변화흐름을 파악할 수 있다.

> **해설**
> • 내용분석은 본래 의사소통 과정에서 발신자와 수신자 사이에 발생하는 문제를 확인하고 분석하기 위해 개발된 방법이다. 즉, 누가, 무엇을, 어떻게, 누구에게 전달했으며 그 효과나 결과는 무엇인지를 객관적이고 체계적으로 기술하던 것에서 시작된 방법이다. 대중매체의 의사소통 내용을 분석하는 기법으로 출발한 것이지만, 그 효용가치가 인식되면서부터 사회과학의 다른 분야에서도 점차 활용하게 되었다. 내용분석은 일종의 문헌연구법이므로, 문헌연구 중에서도 특히 문헌자료의 양적 분석을 하는 데 많이 사용되고 있다. 질문지나 검사 혹은 관찰과 같은 다른 방법을 통해서는 필요한 정보를 얻기 어려운 상황에서 유용하게 쓰인다.
> • 상담 분야에서는 상담주제를 파악하기 위해 상담자와 내담자의 상담회기를 분석한다거나, 상담 프로그램의 내용을 분석하는 경우가 많다. 내용분석의 대상이 될 자료를 어떻게 표집하고, 선정한 자료를 어떻게 분석하는가에 따라 내용분석의 타당도와 신뢰도가 좌우될 수 있기 때문에 내용분석의 방법을 사용하여 연구하고자 하는 사람은 분석대상의 표본추출과 분석방법에 특별히 유의해야 한다.

09 척도 제작 시 요인분석이 활용되는 경우로 틀린 것은?

① 척도의 구성요인 확인
② 문항들 간의 관련성 분석
③ 척도의 신뢰도 계수 산출
④ 척도의 단일 차원성에 대한 검증

> **해설**
> 신뢰도 계수란 조사나 측정을 같은 대상에 대해 2회 반복 실시하여 얻은 두 계수 간의 상관계수로 나타낸 것을 말한다. 신뢰도 계수를 구하는 방법에는 반복검사법과 절반법이 있다.

10 Likert 척도, 의미분화 척도, Stapel 척도와 같은 척도를 구성할 때 고려해야 하는 사항과 가장 거리가 먼 것은?

① 연구대상의 수준
② 자료수집 방법
③ 표본의 크기
④ 자료분석 방법

> **해설**
> 척도 구성 시 연구목적, 연구대상 수준, 수집 및 분석 방법 등에 의하여 고려되어야 하며 표본의 크기와는 관련이 없다.

11 두 변수 X와 Y의 상관계수 r_{xy}에 대한 설명으로 틀린 것은?

① r_{xy}는 두 변수 X와 Y의 산포의 정도를 나타낸다.
② $-1 \leq r_{xy} \leq +1$
③ $r_{xy}=0$이면 두 변수는 선형이 아니거나 무상관이다.
④ $r_{xy}=-1$이면 두 변수는 완전한 음의 상관관계에 있다.

> **해설**
> 상관계수(Correlation Coefficient)란 두 연속변수 간의 상관관계의 정도를 나타내주는 수치(계수)로 −1에서 1까지의 값을 갖는다. −1에 가까울수록 음(−)의 상관관계가 강하고, +1에 가까울수록 양(+)의 상관관계가 강하며, 0에 가까울수록 상관관계가 매우 약하다는 것을 의미한다. 상관계수는 측정단위와 상관없이 서로 관련 여부를 파악하기 위함이며, 변수 간의 인과관계를 설명하는 것은 아니다.

12 집합단위의 자료를 바탕으로 개인의 특성을 추리할 때 저지를 수 있는 오류는?

① 의도적 오류(Intentional Fallacy)
② 생태학적 오류(Ecological Fallacy)
③ 일반화 오류(Generalization Fallacy)
④ 개인주의적 오류(Individualistic Fallacy)

> **해설**
> 생태학적 오류란 집단을 분석 단위로 하여 얻은 연구결과를 개인에게 적용함으로써 발생하는 오류이다.

13 연구자가 단기심리치료 초기 작업동맹과 최종 성과 간의 관계를 치료자 내(Within Therapist)와 치료자 간(Between Therapists)으로 나누어 살펴보려고 한다. 이때 활용할 수 있는 통계적 분석방법은?

① 요인분석(Factor Analysis)
② 단순상관분석(Simple Correlation)
③ 단순회귀분석(Simple Regression)
④ 위계적 선형 모형 분석(Hierarchical Linear Modelling)

> **해설**
> • 위계적 선형 모형은 개인 수준의 변량을 더 높은 차원의 수준에서 회귀하는 경우 혹은 시간의 흐름에 따른 개인 변화의 추이를 살펴보는 데 유용하게 쓰인다.
> • 초기 작업동맹과 최종 성과 간의 관계는 개인별로, 즉 치료자별로 차이가 있을 수 있고 개인 간, 즉 치료자 개인의 심리적 상태, 치료방법, 치료시기 등에 따라서도 차이가 있을 수 있다. 초기 작업동맹과 최종 성과 측정은 이 두 가지가 동시에 이루어진다. 따라서 이 두 가지를 동시에 분석하기 위해서는 위계적 선형 모형 분석을 해야 한다.

14 단순회귀모형 $Y_i = \alpha + \beta x_i + \epsilon_i \ (i=1, 2, \cdots, n)$에서 잔차 $e_i = y_i - \hat{y}_i$의 성질을 모두 고른 것은?

> ㄱ. $\sum_{i=1}^{n} e_i = 0$
>
> ㄴ. $\sum_{i=1}^{n} x_i e_i = 0$
>
> ㄷ. $\sum_{i=1}^{n} y_i e_i = 0$

① ㄱ, ㄴ
② ㄱ, ㄷ
③ ㄴ, ㄷ
④ ㄱ, ㄴ, ㄷ

> **해설**
> 회귀분석에서 종속변수 y_i와 회귀모형의 적합값 $\hat{y}_i$의 차이를 잔차(Residual)라고 한다.
> $e_i = y_i - \hat{y}_i$로 정의된다. 잔차분석은 회귀모형의 적합성을 진단하는 방법이다.
> 잔차의 성질은 다음과 같다.
> ㄱ. $\sum_{i=1}^{n} e_i = 0$ (잔차의 합은 0이다)
> ㄴ. $\sum_{i=1}^{n} x_i e_i = 0$ (관측치 x_i를 가중치로 한 잔차의 가중치 평균은 0이다)
> ㄷ. $\sum_{i=1}^{n} \hat{y}_i e_i = 0$ (예측치 $\hat{y}_i$를 가중치로 한 잔차의 가중치 평균은 0이다)

15 대도시 학생의 ADHD 가능성을 알아보기 위한 연구가 시작되었다. 표집방법은 군집표집법(Cluster Sampling)을 사용하였다. 다음 중 무선표집 순서로 가장 적합한 것은?

① 대도시 → 학군 → 학교 → 학급 → 학생
② 학생 → 학급 → 학교 → 학군 → 대도시
③ 대도시 → 학생 → 학급 → 학교 → 학군
④ 학교 → 학급 → 학생 → 대도시 → 학군

> **해설**
> 군집표집법이란 확률적 표집방법의 하나로서 최종의 표집단위를 일차적으로 표집하는 것이 아니라 이러한 단위를 포함하는 자연적 또는 인위적 구성의 상위집단을 먼저 표집하는 방법이다.

16 모분산이 알려져 있는 정규모집단의 모평균에 대한 구간 추정을 하는 경우 표본의 수를 4배로 늘리면 신뢰구간의 길이는 어떻게 되는가?

① 신뢰구간의 길이는 표본의 수와 관계없다.
② 2배로 늘어난다.
③ 1/2로 줄어든다.
④ 모집단과 표본의 성격에 따라 달라진다.

> **해설**
> **신뢰구간 공식**
>
> $$\overline{X} - Z_{\frac{a}{2}} \times \frac{\sigma}{\sqrt{n}} \leq \mu \leq \overline{X} + Z_{\frac{a}{2}} \times \frac{\sigma}{\sqrt{n}}$$
>
> 위 공식에서 n이 표본 수이다. n이 4배로 증가하면 $\sqrt{4n} = 2\sqrt{n}$ 이므로 신뢰구간은 1/2로 줄어든다.

17 명목척도에 사용할 수 있는 집중 경향값으로 가장 적합한 것은?

① 중앙값
② 최빈값
③ 평균값
④ 기댓값

> **해설**
> 명목척도란 자료(Data)의 측정 수준(Level)에 따라 통계에 이용해야 할 요약 통계량이나 통계 검정법 중에서 분류자료(질적자료)를 위한 명명의 방법으로 사용되는 척도이며 명목척도에서 가장 빈도가 높은 관찰값인 최빈치(Mode)가 있다.

18 측정오차(Error of Measurement)에 관한 설명으로 옳은 것은?

① 체계적 오차(Systematic Error)의 값은 상호 상쇄되는 경향이 있다.
② 비체계적 오차(Random Error)는 인위적이지 않아 오차의 값이 다양하게 분산되어 있다.
③ 신뢰성은 체계적 오차(Systematic Error)와 관련된 개념이다.
④ 타당성은 비체계적 오차(Random Error)와 관련된 개념이다.

> **해설**
> 비체계적 오차란 무작위적 오류라고 하며 측정 과정에서 우연히 또는 일시적인 사정에 의해 나타나는 오류이다.

19 조사연구를 양적연구와 질적연구로 구분할 때 질적연구의 특징에 해당하는 것은?

① 통계적 접근
② 높은 신뢰도
③ 해석학적 접근
④ 부분적 접근(Local Approach)

> **해설**
> 질적연구(Qualitative Research)란 주관적 · 해석적 인식론에 근거를 두고, 되도록이면 인위적으로 조작되지 않은 자연스러운 삶의 세계에서 연구대상 스스로의 말이나 글, 행동, 그들이 남긴 흔적 등을 집중적으로 연구하여 해석하고 의미를 찾으려는 연구방법이다.

20 표본의 크기 결정을 위한 고려사항과 가장 거리가 먼 것은?

① 타당도
② 신뢰 수준
③ 오차의 한계
④ 모집단의 표준편차

> **해설**
> 타당도란 측정하고자 하는 변인을 검사가 제대로 측정하였는지에 대한 정도로 표본의 크기 결정과는 관계가 없다.

21 만 3세경의 아동이 언어발달의 지연을 주 호소로 의뢰된 경우, 우선적으로 감별진단해야 할 장애가 아닌 것은?

① 지적장애

② 특정학습장애

③ 의사소통장애

④ 자폐스펙트럼장애

> **해설**
> 만 3세경의 아동이 언어발달의 지연을 보이는 경우 우선적으로 지적장애, 자폐스펙트럼장애, 의사소통장애를 감별진단해야 한다.

22 경계선 성격장애의 치료에 관한 설명과 가장 거리가 먼 것은?

① 정신역동치료에서는 내담자의 아동기 경험을 강조하고, 전이가 충분히 발달되도록 허용한다.

② 행동치료에서는 내담자의 행동 레퍼토리의 결함에 주목하여 보다 좋은 사회기술을 가르치도록 한다.

③ 인지행동치료의 초기에는 내담자의 기본적인 믿음을 변화시키려 하기보다 치료적 관계형성에 중점을 둔다.

④ 변증법적 행동치료에는 숙제, 심리교육, 사회기술 교육, 치료자 모델링, 목표설정, 내담자와 치료자가 함께 내담자의 사고방식을 점검하는 것이 포함된다.

> **해설**
> 경계선 성격장애 정신역동치료의 핵심적인 기법 중에 하나로 전이 안에서 재구성되는 것들을 무시하고 그보다는 우선으로 전이 왜곡(Transference Distortion)을 사용하여 치료자와 환자 사이를 다른 시각으로 바라볼 수 있도록 한다. 전이에 대해서는 환자의 불안의 수준을 고려하면서 가능하면 천천히 그리고 점진적으로 접근한다.

23 다음에 해당하는 정신장애는?

> • 시상하부에 기능장애
> • 성적 욕구에 대한 방어적 행동
> • 완벽주의
> • 신체에 대한 왜곡된 지각

① 폭식장애
② 신체이형장애
③ 신경성 식욕부진증
④ 강박장애

> **해설**
> • 신경성 식욕부진증(Anorexia Nervosa)은 체중 증가와 비만에 대한 극심한 두려움 때문에 음식섭취를 현저하게 줄이거나 거부함으로써 체중이 비정상적으로 저하되어 있고 기본적으로 자신의 체중과 체형을 왜곡하여 인식하는 경향이 있다.
> • 신경성 식욕부진증의 생물학적 원인 중에 하나로 시상하부의 기능손상 때문에 장애가 초래된다는 주장이 있는데 일면 섭식행동을 주관하는 시상하부에 기능 이상이 생기면 적절한 체중 수준에 대한 설정점(Set Point)이 저하되고 그 결과 식욕을 느끼지 못하고 절식함으로써 저체중 상태가 지속된다는 것이다.
> • 심리적 원인으로는 정신분석이론 관점에서 성적인 욕구에 대한 방어적 행동이라고 한다. 즉, 먹는 행동은 성적인 표현의 대체 행위이기 때문에 성적인 욕구를 부인하기 위해 음식 먹기를 거부한다는 것이다.

24 투렛장애와 주로 동반되는 장애를 모두 고른 것은?

> ㄱ. ADHD
> ㄴ. 섭식장애
> ㄷ. 강박장애
> ㄹ. 신체화장애

① ㄱ, ㄴ
② ㄱ, ㄷ
③ ㄴ, ㄹ
④ ㄷ, ㄹ

> **해설**
> 투렛장애는 흔히 다른 질병이 동반되는데 주의력결핍 과잉행동장애, 강박장애, 학습장애 등이 동반될 수 있다.

25 다음 증상은 어떤 성격장애의 핵심적인 내용인가?

> 감정이입곤란 양심결여

① 편집성 성격장애
② 강박성 성격장애
③ 반사회성 성격장애
④ 경계선 성격장애

해설
반사회성 성격장애의 주요 증상을 살펴보면, 다른 사람의 권리를 무시하는 무책임한 행동 양식을 반복적, 지속적으로 보인다. 많은 이들이 반복적인 범법행위에 참여하거나 연루되곤 한다. 다른 사람의 감정에 대한 관심이나 걱정이 전혀 없으며, 사기를 일삼고, 다른 사람에게 피해를 입히고도 양심의 가책을 느끼지 못한다. 사회적, 가정적으로 맡은 역할을 수행하지 못하기 때문에 성실, 정직, 신뢰와는 거리가 멀다. 반사회적인 사람들 중 일부는 달변의 매력을 갖추어 다른 사람을 매혹하고 착취하기도 한다. 대개의 경우 다른 사람이 느끼는 감정에 관심이 없지만, 타인의 고통에서 즐거움을 얻는 가학적인 사람들도 있다. 반사회적 인격장애는 마약 등 물질남용과 연관성이 높다.

26 DSM-5의 진단기준에서 제시하고 있는 경계선 성격장애의 증상을 모두 고른 것은?

> ㄱ. 극단적인 이상화와 평가 절차가 반복되는 불안정하고 강렬한 대인관계
> ㄴ. 스트레스로 인한 일시적인 망상이나 해리 증상
> ㄷ. 상황에 어울리지 않게 성적으로 유혹적이거나 도발적인 행동
> ㄹ. 친밀한 관계가 끝난 후 재빨리 새로운 사람을 찾음

① ㄱ, ㄴ
② ㄴ, ㄹ
③ ㄱ, ㄴ, ㄷ
④ ㄱ, ㄴ, ㄷ, ㄹ

미국 정신의학회(American Psychiatric Association)의 정신장애 진단통계 편람(DSM-V)에 따른 진단 기준대인관계, 자아상 및 정동의 불안정성과 현저한 충동성의 광범위한 형태로 성인기 초기에 시작되며 여러 상황에서 나타나고, 다음 중 다섯 가지(또는 그 이상) 항목을 충족한다.

㉠ 실제적 혹은 상상 속에서 버림받지 않기 위해 미친 듯이 노력(주의점 : ㉤ 기준에 있는 자살이나 자해행위는 포함하지 않음)

㉡ 과대이상화와 과소평가의 극단 사이를 반복하는 것을 특징으로 하는 불안정하고 격렬한 대인관계의 양상

㉢ 주체성 장애 : 자기 이미지 또는 자신에 대한 느낌의 현저하고 지속적인 불안정성

㉣ 자신을 손상할 가능성이 있는 최소한 두 가지 이상의 경우에서의 충동성(예 소비, 물질남용, 좀도둑질, 부주의한 운전, 과식 등)(주의점 : ㉤ 기준에 있는 자살이나 자해행위는 포함하지 않음)

㉤ 반복적 자살행동, 제스처, 위협 혹은 자해행동

㉥ 현저한 기분의 반응성으로 인한 정동의 불안정(예 일반적으로 수 시간 동안 지속되며 단지 드물게 수일간 지속되기도 하는 격렬한 삽화적 불쾌감, 과민성 불안)

㉦ 만성적인 공허감

㉧ 부적절하게 심하게 화를 내거나 화를 조절하지 못함(예 자주 울화통을 터뜨리거나 늘 화를 내거나, 자주 신체적 싸움을 함)

㉨ 일시적이고 스트레스와 연관된 피해적 사고 혹은 심한 해리 증상

27 지적장애를 일으키는 가장 일반적인 대사장애로 신경세포 축색(Axon)의 수초화 과정에 문제가 생겨 정신지체가 오는 장애는?

① 다운증후군(Down's Syndrome)
② 페닐케톤뇨증(Phenylketonuria)
③ 레트증후군(Rett's Syndrome)
④ 자페스펙트럼장애(Autism Spectrum Disorder)

신진대사장애로 지적장애가 유발되는 대표적인 것이 페닐케톤뇨증이 있다. 페닐케톤뇨증은 단백질 속에 약 2~5% 함유되어 있는 페닐알라닌을 분해하는 효소의 결핍으로 페닐알라닌이 체내에 축적되어 경련 및 발달장애를 일으키는 상염색체성 유전 대사 질환이다. 페닐알라닌을 타이로신으로 변화시키는 페닐알라닌 수산화 효소의 활성이 일반인에 비하여 선천적으로 저하되어 있어, 결국 지적장애, 연한 담갈색 피부와 모발, 경련 등이 발생하게 된다.

28 의식이 혼미해지고 주의집중 및 전환능력이 현저하게 감소할 뿐만 아니라 기억, 언어, 현실 판단 등의 인지 기능에 일시적인 장애가 나타나는 장애는 무엇인가?

① 혼 수
② 의식의 혼탁
③ 섬 망
④ 발 작

> **해설**
> 섬망(Delirium)은 신체 질환이나, 약물, 술 등으로 인해 뇌의 전반적인 기능장애가 발생하는 증후군이다. 주의력 저하와 의식 수준, 인지기능 저하를 특징으로 하며, 그 외 환시와 같은 지각의 장애, 비정상적인 정신운동 활성, 수면 주기의 문제가 동반되기도 한다.

29 단극성 우울증의 발병에 대한 설명으로 틀린 것은?

① 가족력이 있으면 발병률이 높다.
② 유병률은 성별과 관련 없다.
③ 코르티솔 수준이 높아지면 발병 가능성이 높아진다.
④ 세로토닌의 활동이 감소하면 발병 가능성이 높아진다.

> **해설**
> 단극성 우울증(Unipolar Depression)은 조증이 없는 우울증으로 남성에 비해 여성에게 2~3배 정도 빈번히 나타난다.

30 DSM-5에서 분류한 신경인지장애에 관한 설명으로 틀린 것은?

① 신경인지장애는 주요 신경인지장애와 섬망으로 구분된다.
② 주요 신경인지장애는 알츠하이머 질환, 뇌혈관질환, 충격에 의한 손상, HIV감염, 파킨슨 질환 등과 같은 다양한 질환에 의해서 유발될 수 있다.
③ 주요 신경인지장애와 경도 신경인지장애는 DSM-IV(4)에서 치매로 지칭되었던 장애이다.
④ 신경인지장애는 노년기에 나타나는 가장 대표적인 정신장애이다.

> **해설**
> 신경인지장애(Neurocognitive Disorders)에서는 주요 및 경도 신경인지장애(Major and Mild Neurocognitive Disorders)와 섬망(Delirium)으로 구분된다.

31 일반적으로 여성에게서 더 많이 발견되는 것으로 알려진 성격장애를 모두 고른 것은?

> ㄱ. 자기애성 성격장애
> ㄴ. 의존성 성격장애
> ㄷ. 조현성 성격장애
> ㄹ. 경계선 성격장애

① ㄱ, ㄴ
② ㄱ, ㄷ
③ ㄴ, ㄹ
④ ㄷ, ㄹ

> **해설**
> 대표적으로 경계선 성격장애, 연극성 성격장애, 의존성 성격장애는 여성에게 더 흔히 진단된다.

32 이상행동이나 정신장애의 판별기준에 대한 설명으로 틀린 것은?

① 적응적 기능 차원 : 개인의 적응을 저해하는 심리적 기능의 손상을 반영한다.
② 주관적 불편감 차원 : 개인으로 하여금 현저한 고통과 불편함을 느끼게 하는 행동으로 판별한다.
③ 문화적 규범 차원 : 개인이 속한 사회의 문화적 규범을 과하게 고수하는 것을 반영한다.
④ 통계적 규준 차원 : 한 개인의 행동이 다른 많은 사람들의 평균적인 행동에서 일탈되어 있는 정도에 의해 판단한다.

> **해설**
> 이상행동 및 정신장애의 판별기준에서 사회문화적 기준(Socialcultural Norm)은 모든 사회의 문화는 사람들이 따라야 하는 규범이 있는데 어떤 행동이 개인이 속한 사회문화적 규범을 어기고 일탈된 행동을 하는 경우 이상행동이라고 규정한다.

33 신경성 식욕부진증에 대한 설명으로 틀린 것은?

① 정상 체중보다 현저한 저체중을 나타낸다.

② 6회 연속 무월경을 보여야만 진단할 수 있다.

③ 하위유형으로 제한형과 폭식/제거형이 있다.

④ 양극성장애나 우울증 등을 동반할 때가 많다.

> **해설**
>
> - 신경성 식욕부진증에는 3가지 핵심적인 증상이 있는데 지속적인 음식물 섭취의 제한, 체중의 증가 혹은 비만이 되는 것에 대한 극심한 두려움, 혹은 체중 증가를 방해하는 행동의 지속, 그리고 체중과 체형에 대한 자기인식의 장애이다.
> - 신경성 식욕부진으로 진단한 후 다음과 같이 제한형과 폭식 및 제거형으로 유형을 세분화한다.
>   - 제한형 : 지난 3개월 동안 폭식 혹은 제거 행동(즉, 자발적 구토, 하제 남용, 이뇨제, 혹은 관장 등)이 정기적이지 않았던 경우
>   - 폭식/제거형 : 지난 3개월 동안 폭식 혹은 제거 행동이 반복적으로 있었던 경우
> - 동반이환(comorbidity)으로는 양극성장애, 우울장애 그리고 불안장애의 경우 일반적으로 신경성 식욕부진증과 동시에 나타난다.
>
> DSM-5 진단기준
> - 연령, 성별, 발달적 궤도에 비추어, 신체적 건강을 위한 최소한의 정상 수준에 미치지 못하는 저체중을 유지한다.
> - 이 장애를 지닌 개인들은 전형적으로 체중 증가에 대한 극심한 두려움을 보인다.
> - 개인에게서 체중과 체형에 대한 경험과 의미가 손상되어 있다.

34 조현병(정신분열증)의 역사에 대한 설명으로 틀린 것은?

① Kraepelin(1899)에 의해 조발성 치매라는 진단명으로 처음 확인되었다.

② Bleuler(1923)에 의해 처음으로 정신분열증이라는 명칭이 사용되었다.

③ Bleuler(1923)는 1차 증상을 망상과 환각으로 나누었고, 2차 증상에는 연상, 정동, 양가성, 자폐증의 4가지 증상이 있다고 하였다.

④ Schneider(1959)는 11가지의 일급증상을 제시하였으며 일급증상은 정신분열증에만 나타나는 특유의 증상으로 이러한 증상이 나타나면 정신분열증으로 진단할 수 있다고 주장하였다.

> **해설**
>
> 1911년 브로일러(E. Bleuler)에 의하여 명명된 내인성 정신병으로, 이를 크레페린은 조기 치매라고 불렀다. 청년기에 발병하는 일이 많고, 때때로 진행성, 추진성의 경과를 밟아 후에 인격의 결함, 또는 황폐화가 초래된다. 증상은 환청(幻聽), 관계/피해망상, 의욕장애 기타 다양하나 브로일러는 연상의 해이, 감정장애, 양가성(兩價性), 자폐성을 주요 4증상으로 하였다. 하위군으로는 단순형, 파과형, 긴장형, 망상형 등이 있다.
> - Kraepelin(크레펠린)
> - Schneider(슈나이더)

35 다음 주 성격이 다른 하나는?

① 성별 불쾌감(Gender Dysphoria)
② 성정체감 장애
③ 성전환증
④ 동성애

> **해설**
> 성별 불쾌감(Gender Dysphoria)은 자신이 가지고 태어난 생물학적 성과 자신이 경험하고 표현하는 성역할 간의 불일치로 인해 지속적으로 불편함이 초래되는 경우를 말한다. 성 불편증은 DSM-Ⅳ(4)에서 성 정체성 장애(Gender Identity Disorder)로 명명되었고 성전환증이 포함되어 있다.

36 다음 사례에서 Y 군에게 가장 적합한 진단명은?

> 초등학교 2학년인 Y 군은 6세경부터 사소한 일에 짜증을 자주 부렸으며, 자신의 요구를 들어주지 않으면 물건을 집어 던지고 욕을 하고 분노를 폭발했다. 부모가 Y 군을 달래거나 야단을 쳐도 이러한 행동은 쉽게 사라지지 않고 현재까지 반복되었다. 어머니에게 심한 욕설과 저주를 퍼붓기도 하고, 분노를 참지 못해 땅바닥에 드러누워 발버둥을 치는 등의 행동이 지속되어 상담을 받으러 왔다.

① 간헐적 폭발성 장애
② 적대적 반항장애
③ 파괴적 기분조절부전장애
④ 품행장애

> **해설**
> 파괴적 기분조절부전장애(Disruptive Mood Dysregulation Disorder)의 주요 특징은 만성적인 고도의 지속적 과민성이다. 이러한 고도의 지속적 과민한 기분은 2가지 두드러진 임상적 징후를 보이는데 첫째는 빈번한 분노발작이다. 이는 전형적으로 좌절에 대한 반응으로 나타나며 언어적일 수 있고 행동적일 수 있다. 이 증상들은 반드시 빈번하게 발생하여야 하며, 가정 및 학교와 같이 2가지 이상의 환경에서 최소한 1년 이상 발생하고 발달적으로 부적절해야 한다. 고도의 과민한 기분의 두 번째 징후는 분노발작 사이에 만성적이고 지속적으로 과민한, 또는 화가 난 기분이 존재하는 것이다. 과민하거나 화가 난 기분이 이 장애를 가진 아동에서 특징적으로 거의 매일 하루의 대부분 시간 동안 나타나며 객관적으로 관찰할 수 있어야 한다.

37 다음 중 성기능부전 장애에 해당하지 않는 것은?

① 남성성욕감퇴장애

② 발기장애

③ 성기-골반통증 삽입장애

④ 관음장애

> **해설**
> 성기능부전은 사정 지연, 발기장애, 여성극치감장애, 여성 성적 관심/흥분 장애, 성기-골반통증 삽입장애, 남성성욕감퇴
> 장애, 조기사정 등이 있다.

38 DSM-5의 강박 및 관련 장애에 속하지 않는 것은?

① 신체이형장애

② 수집광

③ 피부뜯기장애

④ 건강염려증

> **해설**
> 강박 및 관련 장애(Obsessive-compulsive and Related Disorder)에는 강박장애, 신체이형장애, 수집광, 발모광, 피부뜯
> 기장애 등이 있다.

39 다음 중 나머지 세 가지 성격장애와 같은 군에 속하지 않는 것은?

① 연극성 성격장애

② 강박성 성격장애

③ 의존성 성격장애

④ 회피성 성격장애

> **해설**
> - A군 성격장애(Cluster A Personality Disorder) : 편집성 성격장애, 조현성 성격장애, 조현형 성격장애
> - B군 성격장애(Cluster B Personality Disorder) : 반사회성 성격장애, 경계선 성격장애, 연극성 성격장애, 자기애성 성격장애
> - C군 성격장애(Cluster C Personality Disorder) : 회피성 성격장애, 의존성 성격장애, 강박성 성격장애

40 DSM-5의 분류체계에서 신경발달장애에 속하지 않는 것은?

① 지적장애

② 의사소통장애

③ 운동장애

④ 치 매

> **해설**
> 신경발달장애(Neurodevelopmental Disorders)는 발달기에 시작되는 장애들의 집합이며 전형적으로 초기발달 단계인 학령전기에 발현되기 시작하여 개인적, 사회적, 학업적 또는 직업적 기능에 손상을 야기하는 발달 결함이 특징적이다. 신경발달장애에는 지적장애, 의사소통장애, 자폐스펙트럼장애, ADHD, 신경발달적 운동장애 등이 있다.

41 40대 주부 A씨는 숙제를 하지 않고 컴퓨터 게임을 하고 있는 아이에게 소리를 지르고 심하게 야단을 쳤다. A씨는 평소 화가 나면 이를 참지 못하고 직접 표출하는 패턴을 보인다. 이러한 분노 표현 방식을 고려할 때, A씨가 나타낼 가능성이 가장 높은 MMPI 결과는?

① 2-4-8 코드 유형

② 3-1-2 코드 유형

③ 4-6 코드 유형

④ 5-8 코드 유형

> **해설**
>
> 4-6, 6-4 코드 유형의 사람들은 화를 잘 내고 원망하며 말다툼을 잘하며 일반적으로 사귀기 힘든 유형이다. 미성숙하고 자기도취적이며 자기중심적이고 보통 때는 적개심을 어느 정도 통제하다가 가끔 요란하게 터뜨린다. 그들은 근본적으로 수동-의존적인 사람으로 타인에게 지나치게 주의와 동정을 요구하나 다른 사람이 그들에게 어떤 극히 사소한 요구라도 하게 되면 금방 화를 낸다. 그들은 분노의 원인을 항상 외부에 전가하며 타인의 동기를 의심하고 깊은 정서적 관계 형성을 회피한다. 억압된 분노가 이들에게 특징적이며 특히 권위적 대상에 대하여 그러하고 권위에 손상을 입히려 한다. 가끔 모호한 정서적 및 신체적 불편을 호소하고 우울하다거나 불안하다고 한다. 자신의 심각한 심리적 문제를 부인하고 자기행동을 합리화하며 타인을 비난한다. 다소 비현실적이며 자기평가에 있어서 과대망상적인 때가 있으며 편집증적인 경우가 있고 심리학적 치료에는 잘 반응하지 않는다.

42 심리평가 보고서 작성에 대한 설명으로 틀린 것은?

① 모호하고 빈번하게 사용되는 일반적인 진술을 피한다.

② 평가 결과의 해석 내용은 수검자와 의뢰자 모두가 이해할 수 있어야 한다.

③ 보고서에 자신의 의견을 기술할 때, 이를 입증할만한 객관적 정보 또는 기법에 근거해야 한다.

④ 해석의 분명한 근거를 제시하기 위해 반드시 원자료의 반응을 그대로 언급해야 한다.

> **해설**
>
> 평가 결과에 대한 해석 시 원자료의 반응을 그대로 언급하기보다는 내담자나 환자에게 내용적으로 이해가 가능할 수 있도록 기술해야 한다.

43 MMPI-2의 실시와 채점에 대한 설명으로 틀린 것은?

① 환자에게 최대한의 협력을 얻어내기 위해 왜 MMPI-2를 실시하는지를 알려주어야 한다.

② 때로 환자가 검사자의 조언을 구하거나 문항의 의미를 명료화해 줄 것을 요구할 때 검사자는 환자에게 직접적인 도움을 주어야 한다.

③ 검사자는 응답하지 않은 문항들을 최소한으로 줄이려고 노력해야 한다.

④ MMPI-2에서는 65T 이상의 점수를 높은 점수로 간주한다.

> **해설**
>
> 검사 시 때로 환자가 검사자의 조언을 구하거나 문항의 의미를 명료화해 줄 것을 요구할 때 검사자는 환자 혹은 다른 수검자에게 직접적인 도움을 주지 않도록 해야 한다. 개인차를 평가하는 도구로서의 성공은 환자가 진술을 해석하고 응답하는 방식에서의 차이에 근거하기 때문이다. 예로 "나는 자주 머리가 아프다"라는 문항에 대해 환자들은 '자주'라는 말이 도대체 몇 번을 의미하는지 의문을 가질 수 있다. 검사자는 '자주'에 대한 환자 나름의 해석에 기초하여 이 문항에 응답할 것을 강조해야 한다.

44 MMPI-2의 보충 척도에 대한 설명으로 옳은 것은?

① 과잉통제 – 적대감 척도 : 극단적인 신체적 공격을 할 가능성이 있는 환자를 감지하기 위해 개발되었다.

② Welsh 억압 척도 : 충족되지 못한 의존 욕구를 경험하는 경우 상승된다.

③ Es 척도 : 높은 점수를 받는 환자들은 확립된 방어 패턴이 부족하고 심각한 정신병리를 겪는다.

④ MacAndrew 알코올 척도 : 특별히 알코올 남용에 대한 측정치로 사용되며, 낮은 점수를 받은 사람은 비동조적이고 억제적이다.

> **해설**
>
> 적대감 과잉통제(Overcontroled Hostility ; O–H) 척도는 화난 감정을 적절하게 표현하지 않고 분노감이나 적대감 부인, 억제적, 부정적 정서가 자극되는 상황에서 지나치게 공격적인 반응을 보일 수 있다.

45 HTP 검사의 해석으로 틀린 것은?

① 그림 속의 어떤 부분을 계속 지우며 고쳐 그리는 경우는 그 부분이나 그 부분이 상징하는 것에 대한 갈등을 나타내는 것이라고 할 수 있다.

② 자기 성과 다른 성을 먼저 그리는 것이 통상적이다. 같은 성을 먼저 그리는 경우, 성 역할 동일시에 갈등이 있거나 현재 생활에서 특정 이성의 비중이 큰 상태임을 시사한다.

③ 그림을 그려나가는 일반적인 순서에서 이탈하는 것은 중요한 단서가 된다.

④ 지우개를 과도하게 사용하는 경우에는 불안정이나 초조감이 있을 수 있고, 자신에 대한 불만, 불안, 도움을 받고 싶은 욕구를 보여주는 것일 수 있다.

> **해설**
> 자기 성과 같은 성을 먼저 그리는 것이 일반적이다. 다른 성을 먼저 그리는 경우, 성 역할 동일시에 갈등이 있거나 현재 생활에서 특정 이성에 대한 비중이(긍정적이든, 부정적이든) 큰 상태임을 시사한다.

46 다음 설명에 해당하는 검사는?

> 언어 기억범위, 시각 기억범위, 단어습득, 단어회상, 단어지연회상, 문장즉각회상, 문장지연회상, 얼굴즉각기억, 얼굴지연기억, 시각재생, 시각즉각재연, 시각지연재연의 12개 하위검사를 바탕으로 단기기억과 언어기억, 시각기억, 전체기억점수를 산출하도록 구성되어 있다.

① Rey-Kim 기억검사
② 한국판 기억평가검사
③ Kims 전두엽-관리기능 신경심리검사
④ 한국판 치매 평가검사

> **해설**
> 한국판 기억평가검사의 장점 중에 하나로 언어기억과 시각기억 모두 평가가 가능하며 얼굴 기억과 같은 실생활적 기억평가도 가능하다.

47 행동관찰 시 사용되는 코딩방법과 가장 거리가 먼 것은?

① 행동 간격별 기록
② 이야기식 기록
③ 사건 기록
④ 평정 기록

> **해설**
> 면담이 진행되는 동안 내담자의 문제행동을 측정하기 위해 어떤 기법을 선택할지 결정하고 그 행동을 관찰한다. 행동의 특정 영역을 측정하는 구체적 전략으로서 이야기식 기록(Narrative Recording), 시간 간격별 기록(Interval Recording), 사건 기록(Event Recording), 평정 기록(Rating Recording)의 방법이 있다.
> ② 이야기식 기록은 관찰하고자 하는 행동을 써 두는 방식으로 이후에 더 구체적인 영역에서 양적 방법을 통해 측정될 수 있다. 관찰한 내용을 수량화하기 어렵고 타당도가 낮다는 단점이 있다.
> ③ 시간 간격별 기록은 정해진 시간 간격 내에 우선적으로 일어나는 행동을 기록하는 것으로서 발생 빈도가 중간 정도인 행동을 측정할 때 또는 행동의 시작과 끝이 모호할 때 유용하다. 사건 기록은 일어난 행동 자체 및 행동에 대한 세부 사항에 대해 기록하는 것으로서 발생 빈도가 낮고 지속 시간이 긴 행동의 기록에 유용하다.
> ④ 평정 기록은 관찰한 행동을 1~5점, 혹은 1~7점 척도상에 평정하는 것이다. 적용할 수 있는 경우가 많으며 자료를 통계적으로 분석할 수 있다. 시간과 비용 대비 경제적이다.

48 다음은 어떤 환자의 Rorschach 검사 결과의 특징을 설명한 것이다. 이 환자에게 가장 가능성이 높은 임상적 진단은?

> • 조직화가 잘되지 않은 W(전체) 반응
> • 다수의 M(인간운동) 반응
> • 다수의 작화반응과 음영반응이 C, CF, Dd 반응과 함께 나타남

① 조현병
② 반사회적 성격장애
③ 일반화된 불안장애
④ 기분장애, 조증 삽화

> **해설**
> 조증적인 특징으로는 사고의 팽창 및 사고의 비약을 반영하는 짧은 반응시간, 유채색 카드에서의 반응 수 증가, 색채투사 반응, 조직화되지 않은 반응, 지나치게 유희적인 수검 태도 등이 포함되며 INCOM, DR, FABCOM 등의 사고 장애 징후를 나타낸다.

49 사회성숙도 검사에서는 아동 및 청소년의 발달적 성숙이나 기능을 6가지 영역으로 구분하여 측정한다. 다음 중 6가지 영역에 해당하지 않는 것은?

① 자조(SH)

② 이동(L)

③ 의사소통(C)

④ 욕구(N)

> **해설**
>
> 사회성숙도검사는 자조(Self Help ; SH), 이동(Locomotion ; L), 작업(Occupation ; O), 의사소통(Communication ; C), 자기관리(Self-direction ; SD), 사회화(Socialization ; S)의 적응행동의 표본이 된다고 할 수 있는 117문항으로 구성되어 있다.

50 Wechsler 지능검사의 소검사들을 Cattell-Horn의 방식으로 '유동적-결정적 지능'으로 분류할 때, 다음 중 유동적 지능의 범주에 해당하는 것은?

① 기본지식

② 어 휘

③ 공통성

④ 이 해

> **해설**
>
> • 유동적 지능은 유전적이며 선천적으로 주어지는 능력으로 뇌와 중추신경계의 성숙에 비례하여 발달하고 쇠퇴하는 특성을 가지고 있다. 이에 해당하는 소검사는 빠진 곳 찾기, 차례 맞추기(모양 맞추기), 토막 짜기, 공통성이다.
> • 반면 결정적 지능은 환경이나 경험, 문화적 영향에 의해서 발달되는 지능으로 유동적 지능을 기초로 하여 후천적으로 계속 발달하며 언어이해능력, 문제해결능력, 논리적 추리력, 상식 등이 포함된다. 이에 해당하는 소검사는 기본지식, 어휘, 이해이다.

51 다음 중 올바른 심리검사 윤리 지침을 모두 고른 것은?

> ㄱ. 검사자는 요강에서 밝히고 있는 실시 및 채점에 대한 표준화된 절차를 따라야 한다.
> ㄴ. 검사채점을 의뢰받았을 경우 채점 서류와 사용한 절차는 문서로 남겨야 한다.
> ㄷ. 입학 허가나 면허와 같이 수행결과에 따라 중요한 결정을 내리는 경우 채점 과정을 공개해서는 안 된다.
> ㄹ. 검사 사용자는 검사자료의 보안을 유지해야 한다.

① ㄴ, ㄷ
② ㄱ, ㄴ, ㄹ
③ ㄱ, ㄷ, ㄹ
④ ㄱ, ㄴ, ㄷ, ㄹ

해설

ㄷ. 한국심리학회 회칙 및 제 규정의 제6장 평가 관련 윤리에서 제57조(평가 결과 설명)를 살펴보면, 검사의 채점 및 해석과 관련하여 심리학자는 검사를 받은 개인이나 검사집단의 대표자에게 결과를 설명해 주어야 한다. 그러나 관계의 특성에 따라서는 결과를 설명해 주지 않아도 되는 경우도 있다(⑩ 조직에 대한 자문, 사전고용, 보안심사, 법정에서의 평가 등). 이러한 사실은 평가받을 개인에게 사전에 분명하게 알려주어야 한다.

52 다음 중 능력검사에 해당하지 않는 것은?

① 지능검사
② 성격검사
③ 적성검사
④ 장애진단검사

해설

능력검사란 특정 분야에서의 개인의 현재 상태를 평가하는 검사이다. 일정한 시간 내에 주어진 모든 문항을 완성하도록 하는 검사이며, 문항은 주로 쉬운 문항부터 가장 어려운 문항의 순서로 제시된다. 능력검사는 인지적 검사의 한 종류이며, 추후 특정 과제를 수행할 수 있는 능력을 추정하는 자료로 활용한다. 지능검사(일반 능력검사), 성취도 검사, 적성검사, 장애진단검사 등이 그 예이다. 반면 성격검사란 기질적, 정서적 특성을 측정하는 검사이다.

53 내적합치도를 확인할 수 있는 신뢰도 지수들로 짝지어진 것은?

① 동형검사신뢰도와 KR-20
② KR-20과 phi 계수
③ KR-21과 Cronbach α 계수
④ 반분신뢰도와 phi 계수

> **해설**
>
> 내적합치도란 검사 점수의 양호도 정보인 신뢰도 중에서 한 검사를 구성하는 문항들을 각각 독립된 검사로 간주하여 그 문항들이 동일 측정대상을 어느 정도 일관성 있게 측정하는지를 반영하는 신뢰도이다. 내적합치도 계수를 추정하는 방법은 반분신뢰도, KR-20, KR-21, Cronbach-α(크론바흐-알파) 등이 있으며, 단일검사 시행으로 신뢰도를 추정하는 장점이 있다.

54 인지행동적 면담에 관한 설명으로 틀린 것은?

① 문제행동을 유인하는 환경적 자극과 그에 대한 반응을 중요시한다.
② 개인의 핵심적 신념 규명이 우선적 과제이다.
③ 목표증상이나 문제행동을 조작적으로 정의한다.
④ 심리장애에 선행하거나 동반되는 사고 내용을 탐색한다.

> **해설**
>
> 인지행동적 면담 시 내담자의 생각이 어떻게 반응에 영향을 미치게 되었는지를 탐색하고 가능하면 내담자의 예를 사용하여 가르친다. 또한 내담자가 염려하는 특정 문제를 정의하고 구체적으로 문제에 선행 혹은 함께 나타나는 사고 등을 다루어주면서 문제를 바라보는 대안적인 방식을 개발하고 내담자가 문제 해결에 착수하는 것을 공고히 하도록 돕는다.

55 MMPI-A에 대한 설명으로 옳은 것은?

① MMPI-2와 달리 F(P) 척도가 없다.
② 반사회적 특성, A유형 행동 등 청소년에 적합한 내용척도가 개발되었다.
③ MMPI-2와 마찬가지로 임상 척도에 대해 K 교정을 한다.
④ MMPI-A에는 성격병리 척도가 없다.

> **해설**
>
> 비전형－정신병리(Infrequency Psychopathology ; Fp) 척도는 MMPI-2에 해당하는 타당도 척도이며, F 척도에서 반영되는 실제적인 심각한 정신병리의 가능성을 보다 명확하게 확인하기 위해 보완된 척도. F(P) 척도는 정상집단뿐만 아니라 정신과 환자들조차 거의 반응하지 않는 비전형적인 내용의 문항으로 구성되어 있다. 따라서 F 척도와 함께 F(P) 척도가 상승하였다면 수검자의 부정왜곡이나 꾀병을 반영한 결과일 가능성이 높다.

56 다음은 아동을 위한 발달검사 실시와 관련된 글이다. 어떤 검사에 관한 설명인가?

> Beery와 Buknetica가 개발한 이 검사는 일반 학교에서 아동의 학습 및 행동 장애를 예방하거나 초기에 발견하기 위한 선별용 도구이다.
> 검사자는 수검자들이 모사할 24개의 기하학적 도형을 제시한다. 기하도형은 굵은 검은색으로 인쇄되어 있고 한 페이지에 3개씩 배열되어 있으며 각 도형 아래에 모사를 위한 공간이 있다. 수검자는 그린 도형을 지우거나 회전시킬 수 없다. 시간 제한은 없으며 3번 연속적으로 오류를 범할 때까지 계속 수행한다. 원점수는 상한 수준에 도달하기 전에 완전하게 모사한 도형의 전체 수이며 이는 검사요강에 있는 표를 사용하여 연령점수, 표준점수, 백분위로 환산된다. 실시에는 10∼15분, 채점과 해석에는 10분 정도 소요된다.
> 검사 장소는 조용한 방에 표면이 매끄러운 책상이 필요하다. 검사지는 두 가지 형태로 되어 있는데 완전형(Long Form)은 24개의 기하학적 도형이 모두 포함되고 만 2세∼15세까지의 연령 집단이 사용한다. 간편형(Short Form)은 첫 번째 15개 기하학적 도형만을 포함하고 만 2세∼8세까지의 아동들에게만 사용한다.

① 벤더 게슈탈트 검사(The Bender Visual-Motor Gestalt Test ; BGT)
② 시각－운동 통합발달검사(The development test of Visual-Motor Integration ; VMI)
③ 시지각 발달검사(Developmental Test of Visual Perception ; DTVP)
④ 지각－운동 진단검사(Perceptual-Motor Diagnostic Test ; PMDT)

> **해설**
>
> VMI검사는 시지각과 운동협응을 평가하기 위해 시각 운동 문제를 선별하는 데 사용하는 표준화된 검사 도구이다. 이 검사의 일차적인 목적은 초기 선별을 통해 학습과 행동문제를 예방하는 데 도움을 준다. 간편형은 3∼8세의 아동의 시각 운동 통합을 평가하기 위해 기하학적 도형을 사용하며, 비간편형(완전형)은 3∼18세 아동의 기능을 평가하기 위해 27개의 기하학적 도형을 사용한다. 소요 시간은 10∼15분 정도이며, 연령은 3∼18세(유아∼고등부)까지 가능하다.

57 Wechsler 지능검사의 소검사 중 다음 요인들과 가장 관련이 있는 것은?

- 결정적 지능
- 언어적 개념화
- 사회적 판단력
- 실제적, 실용적 지식
- 과거 경험의 평가와 사용
---

① 기본지식
② 어 휘
③ 공통성
④ 이 해

> **해설**
> 이해 소검사는 그밖에 실제적인 지식의 표현, 행동의 보편적 기준에 대한 지식, 과거 경험을 평가하는 능력, 추상적 사고와 일반화, 사회적 성숙 및 판단, 상식 혹은 실제적인 사회적 상황에서의 판단, 사회적 환경에 대한 파악, 현실 자각, 이해 및 일상생활의 기민성 등을 측정한다.

58 대졸 학력이며 은퇴 전 은행장까지 지냈던 65세 남자가 메모를 하지 않으면 약속을 잊어버린다고 호소하여 전반적인 신경심리검사를 실시하였다. 다음에 제시된 결과에 가장 적합한 진단적 해석은?

- 과거 의학적 병력 : 없음
- 신체적 증상 및 징후 : 없음
- 지남력 : 날짜 제외하고 양호
- 숫자 외우기 : 바로 따라 외우기=7자리, 거꾸로 따라 외우기=5자리
- 글자(ㄱ, ㅇ, ㅅ) 및 범주 유창성 : 경미한 감소
- 속담 및 공통성 문제 : 양호
- 기억력 : 손상됨(지연 회상 저하, 최근 일화적 기억 감소, 최근 뉴스에 대한 회상 감소)
- 언어 : 경계선 수준(이름 대기 7/10점)
- 계산능력 : 양호
- 우반구 기능 : Rey Complex Figure test를 제외하고 양호
- 간이 정신상태검사(Mini Mental Status Exam ; MMSE) : 29/30점
- 노인 우울검사(Geriatric Depression Scale ; GPS) : 5/30점
---

① 정상적인 노화 과정
② 초기 알츠하이머형 치매
③ 초기 피질하성 치매
④ 가성 치매(Pseudodementia)

59 다음 중 적성검사에 대한 설명으로 틀린 것은?

① 적성검사는 지능과 유사하게 개인이 가지고 있는 일반적인 능력이나 그 능력의 발현 가능성을 평가한다.
② 적성검사는 개인이 특정 직무를 얼마나 성공적으로 수행할 수 있을지를 예측하게 해준다.
③ 일반적으로 적성을 타고난 능력이나 소질과 같이 유전적 성향이 강하다.
④ 적성검사는 어떤 과제나 임무를 수행하는 데 있어서 개인에게 요구되는 특수한 능력을 평가하는 것이다.

60 Rotter가 제시한 주제통각검사(TAT) 해석 시 검토해야 할 사항과 가장 거리가 먼 것은?

① 우세한 정서는 무엇인가?
② 반복되는 주제는 무엇인가?
③ 성별을 다루는 양식은 어떠한가?
④ 통상적으로 사용되는 표현법은 무엇인가?

61 범행 당시 피고인의 정신상태를 평가하는 척도로 가장 적합한 것은?

① Q-sort법

② MOS기법

③ Miranda Rights

④ Rogers의 형사책임평가척도

> **해설**
> Rogers의 형사책임평가척도는 정신장애 항변을 하는 피고인에 대한 형사책임능력을 판단하는 검사이다. 범행 당시와 관계있는 심리학적 변인들을 수량화하여 체계적이고 타당한 방식으로 정신장애 항변을 위한 결정 모형을 제안하는 것을 목적으로 개발되었다.

62 MMPI-2에는 존재하지 않으나 MMPI-A에는 존재하는 척도는?

① A-sch

② VRIN

③ TRIN

④ K

> **해설**
> 청소년에게 특유한 내용 척도로 A-aln, A-con, A-las, A-sch가 있다.

63 임상심리학의 영역 중 심리치료의 중요성이 주목받게 된 역사적 사건은?

① Shakow Report
② 2차 세계 대전의 영향
③ 미국 임상심리학회 설립
④ Kennedy 대통령의 정신보건법 서명

> **해설**
>
> 임상심리학은 심리학에서 사용하는 관찰/측정·검사 등의 방법을 이용하여 개인의 능력이나 특성을 밝혀내고 개인의 적응에 대한 것을 가르치고 권고하는 것을 목적으로 하는 학문이다. 1896년 L. 위트머가 펜실베이니아대학에 신체장애아동의 진료와 치료를 위한 클리닉을 창설하였고, 1909년 W. 힐리가 비행소년용의 진단시설을 개설하였을 때를 기점으로 한다. 그 후 1930년대에 정신분석학의 사상이 미국에 뿌리를 내린 것과 컬럼비아대학에 처음으로 임상심리학자의 양성코스가 개설된 것 등도 발전의 계기가 되었다. 그러나 이 학문의 성립이 보다 더 확실해진 것은 제2차 세계대전이 발발하고 군대에서 정신적 부상자의 진단과 치료의 필요성이 생겨난 이후부터이다. 이것이 계기가 되어 임상심리학의 활동범위는 점차 확대되어 갔다.

64 치료 효과에 관한 연구를 수행할 때 고려해야 하는 사항과 가장 거리가 먼 것은?

① 연구 참여자인 환자의 참여 동기와 연구에 대한 이해 여부가 중요한 변인이다.
② 실제로 환자 변인 모두를 통제하기는 어렵기 때문에 이에 대한 제한점을 분명히 인지하고 있어야 한다.
③ 치료 성과의 측정은 사전에 정의되어 환자 집단과 통제 집단 모두에게 동등하게 적용되는 것이 적절하다.
④ 임상 사례에 관한 깊이 있는 관찰과 평가는 증상에 대한 세부 정보나 다양한 가설을 획득하기 위해 탄력적으로 시행되어야 한다.

> **해설**
>
> 치료 효과를 검증하는 연구로 때에 따라 상황에 맞춰 처치를 하기보다는 통제된 조건하에 수행되어야 한다.

65 심리치료의 단계에 대한 설명이 바르게 짝지어진 것은?

> ㄱ. 초기면접 : 받을 수 있는 도움의 종류는 어떤 것이 있는지를 설명한다.
> ㄴ. 치료 목표 설정 : 문제에 대해 내담자와 치료자가 계약을 맺는 단계로 가능한 한 수정 없이 지킬 수 있는 포괄적인 목표를 정한다.
> ㄷ. 치료의 이행 : 문제에 대한 적절한 치료법을 시행하는 단계로 내담자에게 치료법에 대해 개관하고 동의를 구하는 것이 중요하다.
> ㄹ. 평가 : 심리적, 환경적, 의학적 자료를 바탕으로 진단을 내리는 작업으로 한 번 실시하게 된다.
> ㅁ. 종결 : 치료를 통해 향상된 바를 내담자와 평가하며, 종결에 대한 내담자의 감정과 태도를 다루는 것이 중요하다.

① ㄱ, ㄴ, ㄷ
② ㄱ, ㄴ, ㅁ
③ ㄱ, ㄷ, ㄹ
④ ㄱ, ㄷ, ㅁ

> **해설**
> 치료 목표는 현실 가능하고 구체적이어야 하며 심리평가의 경우 심리장애에 대한 치료적 개입과 전략을 계획하고 수행하기 위한 기초과정으로 사용될 뿐 아니라 치료와 개인의 건강보호를 촉진하는 수단으로 역할이 확대되면서 다양한 이유로 유연하게 사용된다.

66 다음 설명에 해당하는 건강심리학의 모델은?

> 적대적인 소인과 건강 간의 관계가 스트레스의 생리학적 측면보다 건강행동의 수행에 의해서 매개된다고 주장하는 이론적 모델이다.

① 건강행동 모델
② 스트레스 거래 모델
③ 심리사회적 취약성 모델
④ 정신생리학적 반응 모델

> **해설**
> 건강행동 모델(Health Behavior Model)은 스트레스 거래 모델이나 심리사회적 취약성 모델 등과 같이 스트레스의 생리학적 측면들이 적개심과 건강을 연결하는 중요한 연결고리라고 가정하지 않는다. 오히려 적대적인 사람들이 나쁜 건강 습관(예 흡연, 과음, 운동 부족)을 가지는 경향이 있고 따라서 관상동맥 심장병에 더 걸리기 쉽다고 제안한다.

67 상담자를 소진하는 원인과 가장 거리가 먼 것은?

① 매우 저항적이고 비자발적인 내담자
② 상담자의 개인적인 갈등
③ 변화가 적은 같은 일을 계속해서 하는 것
④ 상담에 대한 전문 지식 부족

> **해설**
>
> 상담자의 소진이란 내담자와 상담 과정에서 신체적·정서적·지적·영적으로 고갈된 상태를 의미한다. 소진되는 내용을 살펴보면, 상담자가 내담자와의 관계에서 경계가 없음, 비자발적인 내담자와의 지속적인 상담, 자신의 능력으로 치료할 수 없는 내담자를 상담하는 것과 같은 비효율적 대처능력, 상담 효과가 미미한 상태에서 상담을 지속, 정서적 혼돈 등의 현상을 보인다면 이는 소진상태라 할 수 있다.

68 내담자는 자각하지 못하지만, 타인과의 의사소통 과정에서 문제행동이 쉽게 판별될 때 가장 적합한 평가 방법은?

① 질문지법   ② 관찰법
③ 자기감찰법   ④ 과제수행법

> **해설**
>
> 관찰법이란 피험자의 행동을 관찰하여 자료를 수집하는 연구와 평가의 기본 수단이다. 관찰법이 자료 수집의 방법으로 유용한 경우는 반응자 스스로 자료수집을 위한 활동을 하거나 보고할 능력이 부족한 경우와 다른 측정 방법을 사용하면 연구대상의 사회적 상호작용 과정을 방해할 염려가 있는 경우다.

69 치료자를 참여/관찰자 겸 대인관계 전문가로 보고, 치료자가 지나치게 객관적으로 관찰하는 입장을 견지해서는 안 된다고 주장한 정신역동 이론가는?

① Freud   ② Adler
③ Sullivan   ④ Fairbairn

> **해설**
>
> • Sullivan에게 있어서 Freud는 너무 비관적이며 융통성 없고 뒷받침되는 자료가 없이 성급하게 이론화되었으며 관계의 중요성을 지나치게 간과하는 경향이 있다고 보았다. 이러한 단점들을 검토하고 자신의 사상을 전달하기 위해서 대인관계적(Interpersonal Relationships) 정신분석이라 불리는 정신분석 학파를 발전시켰다.
> • Sullivan에 따르면 친밀감은 성적 욕구만큼 강력한 대인관계 욕구라고 보았고 행동과 태도의 상호성이 관계의 방향을 결정하는 상보적 감정의 원리(The Principle of Reciprocal Emotion)에 의해 관계가 진행된다고 믿었다. 치료자는 내담자에게 강한 관심을 가질 뿐만 아니라 내담자를 도우려는 진실한 소망과 깊은 공감 및 존중을 가져야 한다고 하였다.

70 임상심리학 분야에서 시행되는 일반적인 자문 모델과 가장 거리가 먼 것은?

① 조직 모델
② 조직옹호 모델
③ 과정 모델
④ 인지 모델

> **해설**
> 임상심리학 분야에서 인지 모델이란 정신병리의 주요 원인 모델 가운데 하나로 자문 모델과는 거리가 멀다.

71 다음은 어떤 예방에 대한 설명인가?

> 이 예방은 정신건강 문제를 조기에 확인하고, 정신장애로 발전하지 않도록 초기 단계에서 문제를 치료하는 것을 의미한다. 선별검사를 대규모의 사람들에게 실시하여 장애를 조기에 선별하는 것이 이 예방에 해당된다.

① 1차 예방
② 2차 예방
③ 3차 예방
④ 대안적 예방

> **해설**
> 2차 예방이란 질병에 걸려있는 것의 조기발견과 적절한 시기의 치료에 의하여 질병의 악화를 방지하는 것을 말한다.

72 내담자의 인지적 왜곡과 그에 대한 예시가 바르게 연결된 것은?

① 과일반화 – 모든 사람이 나를 실패자라고 생각한다.
② 파국화 – 그 프로젝트가 성공하지 못한 것은 나 때문이다.
③ 비현실적 기대 – 나는 이 수업에서는 A를 받았지만 영어에서 C를 받았기 때문에 멍청하다.
④ 개인화 – 나는 성공하거나 비참하게 실패하거나 둘 중 하나이다.

> **해설**
> 어떤 개념이나 단어의 뜻을 너무 넓은 범위에 대하여 일반화를 하는 현상이다. 예를 들면, 어린아이가 움직이는 모든 동물을 보고 '개'라고 하는 것은 과잉일반화의 예이다.

73 Ellis가 개발한 합리적 정서적 행동치료를 실시할 때 치료자들이 흔하게 범하는 오류와 가장 거리가 먼 것은?

① 표면을 훑어보고 신념 논박으로 너무 빨리 이동하기
② 내담자가 지닌 신념에만 초점을 두기
③ 내담자의 감정에 대해 충분한 정보를 얻지 않기
④ 중요한 정보를 제공한 단서에 주의를 기울이지 않기

> **해설**
>
> REBT에서 인간의 불안이나 우울, 열등감, 시기, 질투 등의 정서적 반응(Consequence ; C)은 주로 개인의 신념체계 (Belief System ; B)에 따라 발생한다. 이는 바람직하지 못한 정서적 반응의 원인이 어떤 사건의 발생(Activating Events ; A) 때문이 아니라 그 사건에 대해 가지는 자신의 비합리적 신념(Irrational Belief ; B) 때문이며, 그 혼란된 정서는 합리적 신념에 의해 효과적으로 논박(Dispute ; D)될 때 사라진다. 이러한 논박의 결과로 새로운 철학이나 새로운 인지체계를 가져오는 효과(Effects ; E)와 그에 따른 감정(Feeling ; F)을 갖게 된다. 즉, 내담자가 지닌 신념에 초점을 두고 구체적으로 탐색해야 한다.

74 미국심리학회가 제시하고 있는 임상심리학자의 윤리강령의 일반적 원칙에 해당하지 않는 것은?

① 유능성(전문능력)
② 사회적 책임
③ 헌신성
④ 타인의 복지에 대한 관심

> **해설**
>
> 미국심리학회(APA)에서의 윤리강령은 전문능력, 전문적 및 과학적 책임, 타인 복지에 대한 관심, 사회적 책임 등과 같은 일반원칙과 더불어 사생활 및 비밀보호, 법정 관련 행위 등과 같은 윤리기준이 설정되어 있다.

75 신경심리검사와 평가 영역이 잘못 짝지어진 것은?

① Rey-Osterrieth Complex Figure Test – 시공간적 기억의 평가, 즉각 회상과 지연 회상 등 포함
② Wisconsin Card Sorting Test – 언어적 능력
③ Purdue Pegboard Test – 정교한 시각 및 운동협응능력
④ Controlled Oral Word Association – 단어 유창성을 통한 전두엽 및 측두엽 기능 평가

> **해설**
>
> 위스콘신 카드 분류 검사(WCST)는 주로 실행 기능 및 전두엽 기능을 측정한다.

76 다음 중 인지치료의 원리와 가장 거리가 먼 것은?

① 치료는 견고하고 협력적인 치료 동맹을 필요로 한다.
② 평가, 진단, 치료 계획은 필수적이다.
③ 과제는 치료 결과를 긍정적으로 이끄는데 중요한 요소이다.
④ 과거에는 관심을 두지 않고 현재에만 초점을 둔다.

> **해설**
> 인지치료의 경우 현재에 초점을 맞추기는 하나 필요시 과거에 관심을 두기도 한다.

77 당뇨병 치료에 흔히 적용하는 행동의학적 접근법과 가장 거리가 먼 것은?

① 인지적 재구조화
② 스트레스 관리 훈련
③ 바이오피드백과 이완훈련
④ 체중감소를 위한 운동

> **해설**
> 인지적 재구조화는 부적응 행동을 수정하기 위한 것이다. 즉, 자신의 부적응적 사고를 바꿀 수 있다는 믿음을 전제로, 관찰할 수 있는 행동을 일차적으로 강조하는 대신 주로 변화의 도구로 언어에 의존하는 행동수정이론으로 볼 수 있다.

78 다음 중 MMPI-A를 실시하기에 가장 적합한 수검자는?

① Wee 센터를 방문한 15세 중학생
② 정신건강의학과를 부모와 함께 방문한 25세 남성
③ 개인 상담소에 의뢰된 35세 가정주부
④ 정신건강상담센터를 방문한 70세 노인

> **해설**
> 미네소타 다면적 인성검사(Minnesota Multiphasic Personality Inventory ; MMPI)는 성인의 성격과 정신병리의 표준화된 심리측정 도구이며 MMPI는 연령에 따라 14~18세(한국의 경우 13~18세) 청소년에게는 MMPI-A를, 19세 이상 성인은 MMPI-2를 사용하고 있다.

79 Rorschach 검사에 대한 수검자의 반응 순서를 바르게 나열한 것은?

> ㄱ. 검사자극을 전체 혹은 부분으로 분류하기
> ㄴ. 검사자극을 입력하고 부호화하기
> ㄷ. 검사의 선입견 등을 검열하는 과정에서 잠재적인 반응을 선택하기
> ㄹ. 경제성의 원칙과 우선순위에 따라 잠재적인 반응을 버리기
> ㅁ. 수검자의 심리상태에 따라 반응 선택하기
> ㅂ. 개인의 특성에 따라 반응 선택하기

① ㄱ → ㄴ → ㄷ → ㄹ → ㅁ → ㅂ
② ㄴ → ㄱ → ㄷ → ㄹ → ㅂ → ㅁ
③ ㄱ → ㄷ → ㄹ → ㄴ → ㅁ → ㅂ
④ ㄴ → ㄱ → ㄹ → ㄷ → ㅂ → ㅁ

해설

Exner는 로르샤하 검사의 반응과정에 대해서 일종의 문제해결과정이라고 해석하였고 문제해결과정 동안 일어나는 심리적 작용은 아래 순서와 같다.
① 검사자극이 입력되는 단계
② 검사자극의 전체나 일부를 분류하는 단계
③ 순위에 따라 잠재적 반응을 취사 선택하는 단계
④ 검사에 대한 선입견에 따라 잠재적 반응을 버리는 단계
⑤ 개인의 특성과 반응 스타일에 따라 반응을 선택하는 단계
⑥ 개인의 현재 심리상태에 따라 반응을 선택하는 단계

80 변증법적 행동치료(DBT)에 대한 설명으로 틀린 것은?

① 타당화한 환경(Validating Environment)을 경계선 성격장애의 원인으로 간주한다.
② 마음챙김(Mindfulness) 기법을 포함한다.
③ 경계선 성격장애의 치료를 위해 개발되었다.
④ Linehan에 의해 개발되었다.

해설

변증법적 행동치료는 정신질환의 생물사회학적 이론(Biosocial Theory)에 기반하고 있으며, 경계선 성격장애 치료에 효과가 있는 것으로 처음 검증된 치료법이다.

81 치매 노인 환자에 대한 일반적인 치료방법과 가장 거리가 먼 것은?

① 가족들에게 치매의 본질, 진단, 예후 등에 대한 교육을 제공하고, 신체적 부담이나 정신적 고통을 토론하며 지지해 주는 가족치료가 도움이 된다.

② 일단 치매가 시작되면 기억을 도울 수 있는 여러 가지 환경적 조치를 취한다 해도 효과적인 도움이 되지 못한다.

③ 여러 가지 인지 과제를 통한 인지기능 훈련은 초기 치매 환자의 증상 개선에 도움이 된다.

④ 치매 환자의 보호자에 대한 지역 사회의 정서적, 물리적 지원은 매우 중요하다.

> **해설**
> 치매는 조기에 발견해 치료하면 치매 증상의 진행을 일부 막을 수 있어 가능한 초기에 치료 및 기억을 도울 수 있는 환경적 조치를 취하는 과정이 중요하다.

82 학습문제의 치료에 대한 설명으로 틀린 것은?

① 치료와 평가는 증상의 근원이 되는 지각, 인지와 같은 기본적인 과정을 매우 강조한다.

② 치료에서 외견상 동일한 학습문제를 보이는 아동은 동일한 치료 방식을 적용하는 것이 원칙이다.

③ 학습문제에 가장 많은 영향을 미치는 인지과정은 작업기억력(또는 관리기능)으로 알려져 있다.

④ 학습문제를 가진 아동 중 상당수는 주의력 문제 혹은 우울이나 불안과 같은 정서 문제를 동반하고 있다.

> **해설**
> 학습문제를 가진 아동의 경우 다양한 원인이 있을 수 있고 특성 또한 다르기 때문에 개인차를 존중하고 아동이 가지고 있는 강점 및 약점을 이해하고 개별화된 개입이 많은 도움이 된다. 동일한 학습문제를 보이더라도 각 아동의 개인적인 요구와 약점을 보완할 수 있는 교육적 계획과 치료계획을 수립하는 것이 중요하다.

83 조현병 환자의 직업재활에 대한 설명으로 틀린 것은?

① 조현병 환자의 직업재활은 실제 작업 현장에서 환자의 다양한 적응 문제를 코칭하는 과정이 포함된다.

② 조현병 환자의 직업재활에 인지재활은 유의미한 영향을 주어 보다 성공적인 직업재활이 잘 유지되게 한다.

③ 조현병 환자의 성공적인 직업재활은 독립적인 생활을 할 수 있다는 것을 의미하기 때문에 직업재활은 정신사회재활의 가장 궁극적인 목표라고 할 수 있다.

④ 직업재활은 일반 사회로의 적응을 목표로 하기 때문에 병원이나 정신보건관련 기관이 아닌 외부 사회 환경에서 이루어져야만 한다.

> **해설**
> 일반적으로 직업재활은 심리·발달·인지·감정적 손상 또는 기능장애를 갖고 있는 사람을 대상으로 본래의 직업을 유지하거나 복귀하는 데 방해하는 요소를 극복하여 직업생활에 복귀하는 것을 돕는 모든 과정이다. 정신질환이 있는 환자는 정신보건 관련 기관뿐만 아니라 병원 등에서 사회 복귀를 준비한다.

84 배우자의 갑작스런 이혼 요구로 혼란을 겪고 있는 내담자와의 위기상담에서 치료자의 반응으로 가장 바람 직하지 못한 것은?

① "이런 상황에서 혼란을 느끼는 것이 당연합니다."

② "많이 힘들어 보이네요. 그래도 다 잘될 거예요."

③ "이런 상황에서 지금까지 시도한 일은 어떤 것들이 있습니까?"

④ "이 모든 고통이 해결될 때까지는 다소 힘든 시간이 될 거예요."

> **해설**
> 위기상담에서 치료자가 주의해야 할 행동 중 하나는 필요 이상의 안심을 시키려고 성급하게 내담자에게 "힘내세요." 혹은 "다 잘될 거예요."와 같은 말을 하거나 내담자가 제기한 문제가 그렇게 심각한 것이 아니라는 듯이 말해서는 안 된다.

85 음주 문제를 평가하기 위해 고안된 CAGE 질문과 가장 거리가 먼 것은?

① C : 당신은 음주 행동에 필요를 느낀 적이 있습니까?
② A : 당신의 음주 행동에 대해 누군가가 비난해서 괴로웠던 적이 있습니까?
③ G : 당신은 음주 행동을 축소하거나 숨기기 위한 거짓말을 한 적이 있습니까?
④ E : 당신은 해장술의 필요성을 느낀 적이 있습니까?

> **해설**
> CAGE 질문은 네 가지 질문의 약어로 음주 문제 및 잠재적 알코올 문제에 대한 선별 검사이다. 내용은 아래와 같다.
> ① C : Have you ever felt you needed to Cut down on your drinking?
> ② A : Have people Annoyed you by criticizing your drinking?
> ③ G : Have you ever felt Guilty about drinking?
> ④ E : Have you ever felt you needed a drink first thing in the morning (Eye-opener) to steady your nerves or to get rid of a hangover?
> G의 내용은 음주에 대해 <u>스스로 죄책감을 느낀 적이 있는지</u>와 관련된 질문이다.

86 정신상태검사에서 환자가 자신의 사고를 조절할 수 있다고 생각하는지를 평가할 수 있는 질문은?

① 실제가 아니라고 의심이 가는 어떤 것을 듣거나 본 적이 있습니까?
② 당신의 집 마당에 외계인이 산다고 생각한 이유는 무엇입니까?
③ 당신의 느낌이 현실적이라고 생각됩니까?
④ 당신이 겉으로 표현하지 않았는데도 사람들이 당신의 생각을 알 수 있습니까?

> **해설**
> 정신상태검사(Mental Status Exam)는 면접을 통하여 환자의 심리사회적, 인지적, 정서적 기능과 시간과 장소에 대한 적응성을 결정하기 위하여 일차적으로 만든 체계적인 평가 기준이다. 면접을 통하여 정서, 사고 내용, 지각기능, 인지기능, 치료를 위한 요구와 동기 등을 관찰한다. 위 문항에서는 사고내용(Thought Content)과 관련이 있으며 종류에는 영향망상, 피해망상, 피동망상, 관계망상, 사고전파 등이 해당한다.

87 다음 사례에서 A 씨의 인지적 오류는?

> 비행기 추락사고가 일어날 확률은 10% 혹은 그 이상이라고 대답한 비행공포증을 가진 A 씨에게 실제 추락사고가 일어날 가능성은 무시할 수 있을 정도로 매우 낮다는 것을 이해시키려고 애썼으나 잘되지 않았다.

① 흑백논리적 사고
② 개인화
③ 임의적 추론
④ 자기 비하

> **해설**
>
> **임의적 추론(Arbitrary Inference)**
> 특정 결론을 내릴 만한 증거가 없거나 심지어 반대되는 증거가 있는데도 그러한 결론을 내린다.

88 다음 ( )에 알맞은 것은?

> 내담자가 평소와 달리, 치료 회기에 지각하고 잡담하려는 모습을 보였다. 정신역동적 접근을 하는 치료자는 이러한 행동을 (ㄱ)(이)라고 평가하고, (ㄴ)기법을 통해 내담자가 자신의 행동을 이해하도록 하였다.

① ㄱ : 저항, ㄴ : 해석
② ㄱ : 저항, ㄴ : 자유연상
③ ㄱ : 전이, ㄴ : 훈습
④ ㄱ : 전이, ㄴ : 통찰

> **해설**
>
> • 저항 : 정신분석치료에서 일련의 과정에 대한 온갖 방해를 가리키는 말로, 라캉은 이것을 환자의 의지가 아니라 자기 자신에 대해 말하는 행위와 욕망의 불일치가 일어나는 분석 과정 자체의 구조적 문제로 보았다.
> • 해석 : 치료에서 꿈, 자유연상, 저항, 치료 관계 자체에서 나타나는 행동의 의미를 내담자에게 지적하고 설명하고 가르치는 과정이다. 해석의 기능은 자아가 새로운 자료를 흡수하고 더 많은 무의식적 자료를 드러내도록 가속화하는 것이다.

89 수퍼바이저가 수퍼비전 초기에 평가할 필요가 있는 상담자 특성과 가장 거리가 먼 것은?

① 상담자가 효율적으로 사용하고 있는 기술
② 상담자의 성격적 문제가 상담에 미치는 영향
③ 상담자의 이론적 지식을 실제에 적용하는 능력
④ 상담자 성장을 위한 상담자의 심리적인 외상경험

> **해설**
> 수퍼비전 초기에 상담자 성장과 관련된 부분을 다루는 것은 거리가 있으며 주로 상담자의 이론적 지식의 활용능력, 개념적 기술, 대인관계적 · 성격적 어려움, 기법적 기술, 대인관계적 기술 등을 다룬다.

90 Rogers의 자기 실현화 과정에 대한 설명과 가장 거리가 먼 것은?

① 인간이 자신의 기능을 유지, 개발, 향상하기 위한 기본 욕구이다.
② 개인이 처한 상황에서 최선을 다하도록 이끈다.
③ 긍정적인 가치와 연관되어 있다.
④ 실현경향성은 멈추지 않는다.

> **해설**
> Rogers의 이론은 실존적 관점의 많은 개념이나 가치를 공유하고 인본주의 심리학에 뿌리를 두고 있으며 기본적인 가정은 사람은 본질적으로 신뢰할 수 있고 상담자의 직접적인 개입 없이 자신을 이해하고 자신의 문제를 해결할 수 있는 충분한 능력을 가지고 있다는 것이다.

91 스트레스 단계에 관한 Selye의 이론에 대한 설명으로 틀린 것은?

① 신체가 자신을 보호하려는 반응은 일반적응증후군(General Adaptation Syndrome)이다.
② Selye는 처음에는 스트레스를 자극으로 간주했다.
③ Selye는 신경계의 변화는 적응의 질병(Disease of Adaptation)을 가져온다고 했다.
④ Selye는 일반적응증후군 단계는 저항－경고－소진의 단계를 거친다.

> **해설**
> Selye는 생체의 스트레스 상태를 부신피질 호르몬의 반응으로 증명했는데, 일반적으로는 더욱 넓은 의미에서 스트레스라는 말이 사용되고 있다. 그는 스트레스를 '불쾌하거나 쾌적한 환경조건에서 요구하는 신체적 특이 현상의 응답'으로 정의하였다. 그리고는 신체가 유해한 상황으로부터 자신을 방해하려는 일반화된 시도를 일반 적응 증후군이라 하면서 경고(Alarm), 저항(Resistance), 탈진(Exhaustion)의 3단계로 구분하여 설명하였다.

92 품행장애 치료에 적용되는 부모훈련에 관한 설명으로 틀린 것은?

① 부모훈련은 서로 감정을 덜 다치게 하며 일반적으로 하루 2~3회 정도 발생하는 문제행동부터 시작한다.

② 지시에 거부적인 부모들에게는 훈련과정에서 치료자와 부모의 역할을 바꿔보는 것이 효과적일 수 있다.

③ 숙제를 해오지 못했다고 하는 부모에게는 전화를 해서 도와주어야 한다.

④ 부모훈련의 요소들은 간단한 원리에 근거하기 때문에 대부분 쉽게 효과적인 수행이 가능하다.

> **해설**
> 부모훈련이란 부모의 자녀에 대한 이해와 지식을 증진해 사고, 감정, 행동에서 습관적인 방법을 검토해 보도록 함과 동시에 자녀를 양육하는 새로운 방법을 습득하도록 도와주는 다양한 교육적 경험이라 할 수 있다.

93 치료적 면접에 관한 설명으로 가장 적합한 것은?

① 일상 기능이 심하게 손상된 환자의 경우, 고통스러운 사건이나 감정과 관련된 주제에 집중한다.

② 치료적 관계 유지를 위해서는 주기적으로 계획된 시간을 초과하여 면접을 시행한다.

③ 치료자는 자신의 불안을 처리하기 위해서 주기적으로 자기노출을 한다.

④ 내담자가 거절로 받아들이지 않도록 하면서 내담자와의 경계를 분명하게 설정한다.

> **해설**
> 치료 장면에서 내담자가 스스로 수용되고 있으면서도 내담자와의 관계에서 경계를 분명하게 설정하고 적절히 체계를 유지해야 한다.

94 중독환자의 집단상담에 대한 일반적인 규칙과 가장 거리가 먼 것은?

① 갈등과 혼란을 야기하지 않기 위해 다양한 상담 목표를 가진 사람들로 집단을 구성한다.

② 환자가 음주 상태에서 참석하면 그 회기에는 참석시키지 않을 수 있다.

③ 환자 집단에 대해서는 직면보다는 공감을 강조하는 것이 더 좋다.

④ 집단에서 역할극을 할 때는 치료자가 먼저 시범을 보이는 것이 좋다.

> **해설**
> 집단상담의 발달 과정은 두 사람 혹은 그 이상의 사람들이 서로 영향을 미치면서 공동 목표를 향해 함께 움직여 나가는 변화 혹은 발달 양상을 말한다.

95 다음은 집단치료의 어떤 요인과 관련 있는가?

> 한 환자가 나만 이렇다고 느끼는 감정은 종종 사회적 고립감에 의해 고조된다. 치료집단에서 특히 모임의 초기 단계에서 나만 이렇다는 환자의 느낌에 대해 그렇지 않음을 보여주는 것은 상당한 위안의 원천이 된다. 다른 집단원들이 자신과 유사한 관심사를 털어놓는 것을 듣고 난 후, 환자는 훨씬 이 세상과 접촉한 것 같은 느낌을 갖는다고 한다.

① 희망의 고취
② 모방학습
③ 집단응집력
④ 보편성

해설

보편성
환자들은 자신이 느끼는 사회적 고립감 때문에 나만 힘들다는 느낌이 고조되어 있다. 모임의 초기 단계에서 자신만 그렇다는 느낌이 사실이 아니라는 것을 보여주는 것은 환자에게 위안이 된다.

---

96 성폭력 피해자의 치료에서 분노감정에 대한 접근과 가장 거리가 먼 것은?

① 자신이 경험한 분노를 이야기하게 한다.
② 일상생활에서 분노를 촉발하는 원인과 대상에 대해 탐색해 본다.
③ 과거 상처와 아픔이 현재 삶의 원인과 분노인 것에 대한 탐색은 가능한 피한다.
④ 자기주장적 훈련을 하게 한다.

해설

성폭력 피해자의 치료 과정에서 라포가 형성된 후 과거의 상처나 아픈 경험을 어떻게 이해했고 다른 사람에게 어떻게 설명했는지, 그때의 느낌이 어땠는지 등의 탐색 과정이 있다.

---

97 정신분석에 대한 설명으로 틀린 것은?

① 심리적 문제는 아동기에 억압된 충동과 갈등의 잔해에 의해서 촉발된다고 가정한다.
② Freud는 최면을 신뢰하여 한층 더 진보된 자유연상 기법을 발전시켰다.
③ 자유연상의 흐름이 차단되는 것이 저항으로 나타난다고 본다.
④ 저항은 환자의 민감한 내용으로부터 자신을 방어하는 것이다.

> **해설**
> 자유연상 기법은 정신분석학에 기반으로 심리치료에 사용되는 기술로서 Freud에 의해 창시되었다. 프로이트는 최면술이 틀리기 쉽고 의식이 있는 동안에 중대한 기억에 대하여 환자들이 회복할 수 있고 이해할 수 있다는 것을 발견했기 때문에 최면술을 그만두었다. 이후 자유연상 기법을 통하여 명백하게 중요하지 않거나 잠재적으로 환자를 압박할 수 있는 혼란스러운 기억이 될지라도 그런 것에 관계없이 환자들에게 떠오르는 것은 무엇이든 말하도록 했다.

98 다음과 같은 신념을 갖고 있는 내담자에게 가장 효과가 큰 것으로 알려진 행동치료 기법은?

> "공공장소에 가면 뭔가 끔찍한 일이 일어날 것이고, 나는 그것에 대처하지 못할 것이다."

① 실제 노출
② 자극 통제
③ 이완훈련
④ 모델링

> **해설**
> • 실제 노출은 객관적으로는 안전하지만 환자에게는 트라우마나 위험을 느끼게 하는 상황, 장소, 사물을 서서히 직면하는 것이다. 고통을 유발하지만 자체로는 위험하지 않은 상황과 대상을 반복해서 직면한다.
> • 실제 노출은 치료사는 내담자와 함께 공포와 회피 위계(Fear and Avoidance Hierarchy)를 수립해보고, 노출을 목록 아이템에 과제로 꾸준히 할당한다. 치료사는 회기를 기록하고 기록을 참조하여 틈이 날 때마다 실제적 노출법을 계속 완수할 것을 요구한다.

99 임상적 진단을 통해 상담 계획을 수립하고자 할 때 임상가의 업무와 가장 거리가 먼 것은?

① 수집된 여러 가지 정보는 수렴적으로 종합하고 검토해야 한다.

② 발병 전의 기능 수준이 치료 목표가 될 수 있으므로 발병 전의 발달 수준 및 가장 좋지 못했던 기능 수준을 평가하는 것이 바람직하다.

③ 내담자의 취약성과 역기능뿐 아니라 정신적 자산과 강점도 기술하여 제시할 필요가 있다.

④ 가족의 심리장애에 대한 태도가 치료예후에 영향을 미치므로 임상가가 이해한 바를 가족과 적절하게 공유해야 한다.

> **해설**
> 발병 전의 기능 수준이 치료 목표가 되기보다는 현재 기능 수준과 병전 기능을 함께 고려해야 한다.

100 인지재활훈련의 이론에 대한 설명으로 틀린 것은?

① 뇌 가소성은 뇌 손상 후 뇌에서 일어나는 재구성과 리모델링능력을 말한다.

② 뇌 손상 이후 운동기능의 회복은 대뇌피질 신경의 리모델링에 의해 일어나게 된다.

③ 뇌 가소성은 성인 전의 뇌에서만 일어난다.

④ '사용과 훈련의 의존적인 운동 회복'이 뇌졸중 재활의 새로운 패러다임을 이끌고 있다.

> **해설**
> 연령과 관계없이 뇌 세포가 죽은 경우 재생이 잘 안되지만 부분적으로 손상이 있는 경우 일부 기능이 회복될 수 있다. 뇌 세포의 일부가 죽더라도 치료를 통하여 그 기능을 다른 뇌 세포에서 일부 대신할 수 있게 되는데 이를 '뇌 가소성'이라고 한다.

CHAPTER 04 2018년 필기 기출문제

01 과학적 방법에 관한 설명으로 옳은 것은?

① 선별적 관찰에 근거한다.
② 윤리적 실천을 수행할 수 있게 한다.
③ 모든 지식은 잠정적이라는 태도에 기반한다.
④ 연역법적 논리의 상대적 우월성을 지지한다.

해설

과학적 방법(Scientific Method)이란 Peirce에 의하면 경험에 근거해서 신념을 확증하는 방법이다. 지식이나 원리를 발견하기 위해 자료를 수집하고 가설을 설정하며, 나아가 그 가설을 경험적인 활동을 통해 검증해 가는 객관적이고 정밀하며 체계적인 접근 방법이다. 이와 같은 과학적 방법을 적용하는 연구 활동을 지칭하여 과학적 연구라 한다.

02 다음에서 설명하는 분석은?

기존의 이론이나 선행연구의 결과를 바탕으로 측정변수와 잠재변수 간의 관계를 사전에 규정한 후, 실제 자료를 통해 사전에 가정한 요인구조가 적합한지 검정하는 분석방법이다.

① 확인적 요인분석
② 탐색적 요인분석
③ 혼합 요인분석
④ 다층 요인분석

해설

확인적 요인분석(Confirmatory Factor Analysis)이란 설계되고 가설화된 또는 가정된 요인구조를 자료에 적용해서 그 구조의 타당성을 확인하는 요인분석이다. 요인분석의 모형으로 보면 주성분 모형보다는 공통요인모형이다. 탐색적 요인분석과 대조되는 방식이다.

03 상관계수에 대한 설명으로 틀린 것은?

① 두 변수 사이의 선형관계의 정도를 측정한다.

② 상관계수가 음이면 대부분의 관찰값들이 평균점을 중심으로 2분면 및 4분면에 위치한다.

③ 상관계수 값은 측정단위의 영향을 받지 않는다.

④ 상관계수가 0에 가까우면 두 변수 사이에는 아무런 관계도 없다.

> **해설**
>
> 상관계수(Correlation Coefficient)란 두 연속변수 간의 상관관계의 정도를 나타내주는 수치(계수)로 −1에서 1까지의 값을 갖는다. −1에 가까울수록 음(−)의 상관관계가 강하고, +1에 가까울수록 양(+)의 상관관계가 강하며, 0에 가까울수록 상관관계가 매우 약하다는 것을 의미한다. 상관계수는 측정단위와 상관없이 서로 관련 여부를 파악하기 위함이며, 변수 간의 인과관계를 설명하는 것은 아니다.

04 예언변인 P가 준거 C에 미치는 영향을 매개변인 M이 부분매개한다고 할 때, 변인 P, C, M의 관계에 대한 설명으로 틀린 것은?

① P와 C의 단순상관은 유의하다.

② P와 M의 단순상관은 유의하다.

③ C를 준거로 P와 M을 동시에 투입한 회귀방정식의 회귀계수는 모두 유의하다.

④ P와 C의 단순상관계수와 P와 M을 동시에 투입한 회귀방정식의 P의 회귀계수 간 차이는 0에 가깝다.

> **해설**
>
> ④ 부분매개일 경우 P와 C의 상관계수는 P와 M을 동시에 투입한 회귀방정식의 P의 회귀계수와 같으므로 옳지 않다.
>
> ①, ② 독립변수가 종속변수에 유의한 영향을 미치기 위해서는 P와 C의 단순상관(계수)이 유의해야 하며 독립변수가 매개변수에 유의한 영향을 미치기 위해서는 P와 M의 단순상관(계수) 또한 유의해야 하므로 옳다.
>
> ③ 부분매개일 경우 P와 C를 동시에 투입했을 때 M의 회귀계수는 반드시 유의해야 하고, P의 회귀계수는 유의하면서 그 크기가 감소하면 되므로 이 또한 옳다.

05 다음 조사결과에 대한 설명으로 틀린 것은?

> 임상심리 전문가에 대한 선호도를 조사한 결과, Likert 5점 척도에서 여자 대학생 응답자 50명의 평균은 4.5인 반면에 남자 대학생 응답자 50명의 평균은 3.0으로 나타났다. 이때 남녀 평균 간 차이의 표준오차는 1.0이었다.

① 이러한 분석을 독립표본 간 평균의 차이검정이라고 부른다.
② 남녀 두 집단 간에 임상심리 전문가에 대한 선호도 평균 차이는 양방검증으로 a＝0.05 수준에서 유의하지 않다.
③ 이 분석에 있어서 검정의 자유도는 99이다.
④ 이러한 검정에는 t분포가 사용된다.

> **해설**
> • 자유도(Degree of Freedom ; df)란 통계량 추정 시, 사용되는 데이터의 정보량을 의미한다. 주어진 조건하에서 자유롭게 변할 수 있는 점수나 변인의 수 또는 한 변인의 범주의 수를 말하며, 통계적 분석에서는 제한조건의 수와 표본의 수의 영향을 받는다.
> • 표본의 수 n개의 모든 점수와 그 평균이 주어졌다면, 그중 1개의 점수를 제외한 모든 점수(n−1)는 전체의 평균값을 변화시키지 않은 채 자유롭게 임의로 변화할 수 있다. 이러한 경우에 자유도는 n−1이 된다. 또한 두 집단의 사례 수가 각기 n1과 n2라고 하면 각 집단에서 하나씩의 점수를 제외하고는 모든 점수가 평균에 변화를 일으키지 않은 채 변화할 수 있기 때문에 이러한 경우에 자유도는 (n1−1)+(n2−1), 즉 n1+n2−2가 된다. 따라서 자유도는 항상 표본집단의 크기에 따라 달라진다.

06 가설에 관한 설명으로 틀린 것은?

① 가설이란 둘 이상의 변수들 간의 관계를 예측하는 진술이다.
② 연구가설은 이론으로부터 도출된다.
③ 가설은 경험적으로 검증할 수 있어야 한다.
④ 동일 분야의 다른 이론과 연관성이 없어야 한다.

> **해설**
> 가설(Hypothesis)이란 관찰된 자료를 근거로 평가될 수 있는 아주 구체적 검증이 가능한 서술문이며 특히 이론에 근거한 가설을 검증하는 것이 효율적이다.

07 평균이 800점, 표준편차가 200점으로 알려진 모집단에서 10,000명의 표집을 무한 번 선정하여 얻은 표본 평균들에 대한 기대분포는?

① 평균 800, 표준편차 200인 정규분포

② 평균 800, 표준편차 200이면서 모집단과 동일한 분포

③ 평균 800, 표준편차 2인 정규분포

④ 평균 800, 표준편차 2이면서 모집단과 동일한 분포

> **해설**
>
> • 우선 중심극한정리를 살펴보면 모집단의 분포에 상관없이 표본 수가 커질수록 모집단에서 취한 표본 평균값의 분포는 평균값을 중심으로 하는 정규분포에 가까워진다.
>
> • 임의의 모집단이 평균이 μ, 표준편차가 σ인 임의의 분포를 이룬다고 할 때, 이 모집단으로부터 추출된 표본의 크기 n이 충분히 크다면, 표본평균($\overline{x_1}, \overline{x_2}, \cdots, \overline{x_n}$)들이 이루는 분포는 평균이 μ, 표준편차가 $\dfrac{\sigma}{\sqrt{n}}$인 정규분포로 수렴한다는 것이다.
>
> > 표본평균의 평균 : $E(\overline{x}) = \mu$
> >
> > 표본평균의 분산 : $Var(\overline{x}) = \dfrac{\sigma^2}{n}$
> >
> > 표본평균의 표준편차 : $\sqrt{Var} = \sqrt{\dfrac{\sigma^2}{n}} = \dfrac{\sigma}{\sqrt{n}}$
>
> • 중심극한정리는 표본평균들이 이루는 표본의 분포와 모집단 간의 관계를 증명함으로써, 모집단으로부터 추출한 표본의 통계량(Statisrtics)을 이용해 모집단의 모수(Parameters)를 추정할 수 있는 수학적 근거를 마련해 준다.

08 실험설계의 내적 타당도에 관한 설명으로 틀린 것은?

① 실험요인 이외의 대안적 설명을 배제하고자 한다.

② 인과관계에 대한 확신의 정도와 관련 있다.

③ 통계적 회귀효과를 배제하는 것이 필요하다.

④ 일반화 가능성에 관한 것이다.

> **해설**
>
> 내적 타당도(Internal Validity)란 연구자가 가능한 한 가외변수를 통제하여서, 관찰된 결과를 순수하게 처치효과로 귀인할 수 있는 정도이다. 한편, 외적 타당도(External Validity)는 한 연구의 결과를 그 연구에서 사용된 장면 및 피험자 이외에 다른 장면 및 피험자에게 일반화시킬 수 있는 정도이다.

09 다음과 같은 특징을 가지고 있는 것은?

> 수집된 자료 가운데서 단지 2개의 점수만을 사용하기 때문에 전체 자료의 분포를 잘 기술하지 못한다. 또한 표본이 커지면 극단의 점수 간 더 나타날 수 있기 때문에 이것은 표본의 크기에 따라 변하는 경향이 있다. 따라서 이것은 산포에 대한 안정성이 높은 통계량이라고 볼 수 없다.

① 표준편차
② 사분위편차
③ 범 위
④ 분 산

해설

범위란 관찰된 자료가 흩어져 있는 정도를 측정하는 방법의 하나이며, 최곳값에서 최솟값을 뺀 값이다. 범위를 R이라고 표현하면 R＝최곳값－최솟값+1로 나타낼 수 있다. '1'을 더하는 이유는 최곳값 상한계에서 최솟값 하한계까지의 거리가 범위가 되기 때문이다. 예를 들어, 2, 6, 8, 9의 네 점수가 있는 경우 범위는 R＝9－2+1=8이 된다. 범위의 장점은 계산하기에 간편하고 쉽게 이해할 수 있다는 것이며, 단점은 최곳값과 최솟값에 의해서만 범위가 결정되므로 그 사이에 존재하는 값들이 어느 정도 퍼져 있는지를 알 수 없다는 것이다.

10 통계적 가설 검정에 관한 설명으로 틀린 것은?

① 유의수준이란 제1종 오류를 범할 확률의 최대허용한계를 말한다.
② 제1종 오류가 증가하면 제2종 오류가 감소한다.
③ t 검정은 모집단의 평균과 분산을 아는 경우에 사용하며, 종속변인이 연속 변인이어야 한다.
④ 변량분석은 집단 간 변량과 집단 내 변량의 비율인 F값을 통하여 집단 간 차이나 처치의 효과를 검증한다.

해설

t 검정(t-test)은 단일집단 내 또는 독립된 두 모집단의 모평균 비교를 위해 사용하는 검정 방법이다. 모집단의 분산이나 표준편차를 알지 못할 때 모집단을 대표하는 표본으로부터 추정된 분산이나 표준편차를 가지고 검정하는 방법이다. t 검정에서 주의해야 할 점은 측정된 종속변수는 반드시 연속형 변수여야 하며, 정규분포를 따라야 한다. 그리고 관측치 간에는 서로 독립성이 있어야 한다.

11 일원분산분석(ANOVA)에서 사후검정의 목적은 무엇인가?

① 일원분산분석의 사용을 정당화하기 위해서이다.

② 1종 오류를 범했는지 판단하기 위해서이다.

③ 다음에 필요한 분석 방법을 결정하기 위해서이다.

④ 어느 집단에서 차이가 발생하였는지 판단하기 위해서이다.

> **해설**
> • 일원분산분석(One-way ANOVA) : R. A. Fisher가 1923년에 보고한 분산의 근원을 밝히고 분할하고 통계적 유의도 검정을 하는 방법으로, 변량분석이라고도 한다. 보통 독립된 셋 이상의 집단 간의 모평균에 차이가 있는가를 검정하고자 할 경우 이용한다. 분산분석에서 사용되는 변수의 형태는 종속변수는 연속형 변수이고 독립변수는 범주형(명목형) 변수이다. 또한 종속변수는 정규분포를 따라야 하고, 관찰치 간에는 독립성이 보장되어야 한다.
> • 사후분석(다중비교, Multiple Comparison) : 분산분석 결과, k개의 모집단의 모평균이 다르다고 나타날 경우, 어느 집단들 간에 평균의 차이가 있는지 확인하기 위해 사후검정을 시행하게 된다. 대표적인 사후검정에는 Tukey 검정, Scheffe 검정 등이 있다.

12 실험설계를 사전실험설계, 순수실험설계, 유사실험설계, 사후실험설계로 구분할 때 유사실험설계에 해당하는 것은 무엇인가?

① 집단비교설계(Static-group Comparison)

② 단일집단 사후측정설계(One Group Posttest-only Design)

③ 비동질 통제집단설계(Nonequivalent Control Group Design)

④ 솔로몬 4집단설계(Solomon Four-group Design)

> **해설**
> 유사실험(Quasi-experiment)이란 전형적인 실험실의 실험에서처럼 실험자가 직접적으로 변인들을 조작하지 못하는 실험적 상황을 가리킨다. 즉, 독립변인이 실험자의 직접 통제하에 있지 않고 자연적인 상황에서 이루어지는 실험이다. 유사실험에는 관찰－처치－관찰의 일반적 형태를 띠며 준실험설계에서 기본적으로 집단을 두 개로 나누어 한 집단에는 실험처치를 가하고 다른 한 집단에는 실험처치를 가하지 않고 사전검사와 사후검사를 하는 연구방법으로 비동질 통제집단설계(Nonequivalent Control Group Design)가 있다.

13 한 연구자는 10세에서 20세까지 연령별로 500명의 연구대상을 무작위로 표집하여 30문항의 리커트 5점 척도로 구성된 대인관계 검사를 실시하였다. 이 결과를 통해 분석할 수 있는 것을 모두 고른 것은?

> ㄱ. 대인관계의 연령별 평균을 비교할 수 있다.
> ㄴ. 대인관계의 개인별 변화를 분석할 수 있다.
> ㄷ. 대인관계와 연령 간의 상관을 분석할 수 있다.

① ㄱ, ㄴ
② ㄱ, ㄷ
③ ㄴ, ㄷ
④ ㄱ, ㄴ, ㄷ

해설
위 문항은 횡단연구(Cross-sectional Study) 설계로 대인관계의 연령별 평균이나 상관을 비교 및 분석이 가능하나 종단연구(Longitudinal Study) 설계와 같이, 같은 주제에 대하여 시간 경과에 따른 변화 추이를 알기에는 무리가 있다.

14 다음 중 측정 과정에서 발생하는 체계적 오류의 주요 발생 원인에 해당하는 것은?

① 응답자의 기분
② 설문지 문항 수
③ 복잡한 응답절차
④ 사회적 바람직성

해설
체계적 오류의 주요 발생 원인에 해당하는 사회적 바람직성이란 사람들이 사회적으로 인정받을 수 있는 방향으로 대답하는 경향을 말한다.

15 500점이 만점인 시험에서 평균이 300점이며, 표준편차가 50점일 때, A 씨가 400점을 얻었다면 A 씨의 T 점수는?

① 65점

② 70점

③ 75점

④ 80점

> **해설**
>
> T 점수란 원점수 분포를 평균 50, 표준편차 10으로 하는 점수분포로 변환한 환산점수이다. Z 점수, 구분점수와 함께 표준편차를 단위로 하므로 동간성이 확보되어 표준점수상의 차이가 원점수상의 차이에 비례하므로 성취의 상대적 수준을 정교하게 비교할 수 있다.
>
> **T 점수의 계산방법**
> ① 원점수의 평균과 표준편차를 계산한다.
> ② 점수의 편차를 계산한다.
> ③ 얻어진 편차를 표준편차로 나누어서 Z 점수를 산출한다.
> ④ T 점수를 얻기 위하여 Z 점수를 10으로 곱하고 다음에 50을 더한다.
>
> ---
>
> X : 원점수 / μ : 집단의 평균 / σ : 집단의 표준편차
>
> Z점수 : $Z = \dfrac{X - \mu}{\sigma}$
>
> A 씨의 점수 : 400 / 집단 평균 : 300 / 집단의 표준편차 : 50
>
> Z점수 : $Z = \dfrac{X - \mu}{\sigma} = \dfrac{400 - 300}{50} = 2$
>
> T점수 $= 10Z + 50 = 10 \times 2 + 50 = 70$

16 다음 중 탐색적 조사(Exploratory Research)에 관한 설명으로 가장 적합한 것은?

① 시간의 흐름에 따라 일반적인 대상집단의 변화를 관찰하는 조사이다.

② 어떤 현상을 정확하게 기술하는 것을 주목적으로 하는 연구이다.

③ 연구문제의 발견, 변수의 규명, 가설의 도출을 위해서 실시하는 조사로서 예비적 조사로 실시한다.

④ 동일한 표본을 대상으로 일정한 시간 간격을 두고 반복적으로 측정하는 조사이다.

> **해설**
>
> 탐색적 조사란 알고자 하는 현상에 대하여 사전에 특별한 지식이 없거나 선행연구가 없을 때 사용되는 조사방법이다. 새로운 분야를 개척하고자 할 때 반드시 필요한 것이고, 일반적으로 조사하고자 하는 주제에 대해 많은 시사점을 준다. 철저한 탐색을 하면 합리적인 연구 계획을 고안해 내는 것뿐만 아니라 어떤 종류의 재료와 도구가 필요할지를 알아내는 데 도움이 된다.

17 심리학 과목의 기말고사 성적은 평균(Mean)이 40점, 중위값(Median)이 38점이었다. 점수가 너무 낮아서 담당 교수는 12점의 기본점수를 더해 주었다. 새로 산정한 점수의 중위값은?

① 40점

② 42점

③ 50점

④ 52점

> **해설**
>
> 자료를 크기 순서대로 배열했을 때, 중앙에 위치하게 되는 값이다. 중앙값을 기준으로 자료의 반은 중앙값보다 큰 값을 갖고, 나머지 반은 중앙값보다 작은 값을 갖는다. 중앙값은 자료에 특수한 값이 포함되어 평균 등의 다른 대푯값의 의미가 퇴색될 때 유용하게 쓰일 수 있다.
>
> 예를 들어, 측정값 [1, 3, 5, 7, 9]의 평균은 (1+3+5+7+9)/5=25/5=5, 중위값은 5이다.
>
> 측정값에 모두 12를 더한 경우 [13, 15, 17, 19, 21]의 평균=85/5=17, 중위값은 17이다. 결론적으로 평균과 중위값 모두 12가 증가한다. 즉, 모든 측정값이 일괄적으로 특정한 값을 추가하면 평균과 중위값은 그 추가한 만큼 증가하게 된다.

18 확률표집(Probability Sampling)에 관한 설명으로 옳은 것은?

① 표본의 추출 확률을 알 수 있다.

② 모집단 전체에 대한 구체적 자료가 없는 경우 사용된다.

③ 표본이 모집단에 대해 갖는 대표성을 추정하기 어렵다.

④ 모집단이 무한하게 클 경우에 적용할 수 있는 표집방법이다.

> **해설**
>
> 표집방법은 크게 확률적 표집(Probability Sampling)과 비확률적 표집(Nonprobability Sampling) 두 가지로 구분된다. 확률적 표집방법은 모집단을 구성하고 있는 각 요소가 표본으로 추출된 확률이 알려져 있는 표집방법으로 단순무선표집(Simple Random Sampling), 유층표집(Stratified Sampling), 군집표집(Cluster Sampling), 체계적 표집(Systematic Sampling) 등이 있다.

19 다중공선성(Multicollinearity)을 진단하는 측도가 아닌 것은?

① 분산팽창계수(VIF)

② Durbin-Watson 통계량

③ 조건지수(Condition Indices)

④ 분산분해비율(Variance Decomposition Proportion)

해설

• 다중공선성이란 회귀분석에서 사용된 모형의 일부 예측변수가 다른 예측변수와 상관 정도가 높아, 데이터 분석 시 부정적인 영향을 미치는 현상을 말한다.

• 다중공선성을 측정하기 위해서는 변수의 상관구조를 조사할 수 있는데, 분산 팽창 인수(Variance Inflation Factor), 공차 한계(Tolerance), 분산분해비율, 상태/조건지수를 조사하는 방법 등이 있다. 또한 다중공선성 문제를 해결하기 위해서는 문제를 일으키는 설명변수를 제거하거나 주성분 분석(PCA) 혹은 능형회귀분석(Ridge Regression)과 같은 다른 추정 방법을 이용할 수 있다.

20 척도에 관한 설명으로 틀린 것은?

① 명명척도는 숫자를 부여함으로써 대상을 구별할 수 있게 한다.
② 등간척도의 예로, "A군의 IQ 90은 B양의 IQ 30에 비해 세배가 더 높다."를 들 수 있다.
③ 비율척도에서 절대 0점의 의미는 실제 양적으로 존재하지 않음을 의미한다.
④ 서열척도는 단지 점수들의 순위에만 초점을 둔다.

해설

등간척도(Interval Scale)란 동일한 측정 단위 간격마다 동일한 차이를 부여하는 척도이다. 등간이란 의미는 척도상의 모든 단위 사이의 간격이 일정하다는 뜻인데, 이런 면에서 등간척도는 서열척도와 마찬가지로 수치 사이에 대소 서열이 유지될 뿐만 아니라 수치들 사이의 간격이 같다. 등간척도의 특징은 상대적인 의미만 지니는 임의 영점은 존재하지만 절대 영점은 존재하지 않는다는 것이다. 그래서 등간척도에서는 더하기와 빼기의 계산만 가능할 뿐, 곱하기와 나누기는 적용되지 않는다. 임의 영점이란 예를 들어, 온도를 측정하는 단위에서 0°C는 온도가 전혀 없음을 뜻하는 것이 아니라 물이 어는 순간이다. 따라서 학력고사에서 80점을 받은 학생은 40점을 받은 학생보다 2배의 능력을 가졌다고 할 수 없으며, 0점을 받은 학생이라고 해서 학습능력이 전혀 없다고 할 수 없다.

척도 종류

명명척도 (Nominal Scale)	측정 대상을 분류하기 위해 이름 대신 임의로 숫자를 부여한 것이다. 예를 들어 사람을 성별로 분류하여 한 집단을 '남성', 다른 집단은 '여성'이라고 할 때 남성 집단에는 '1'을, 여성 집단에는 '2'라는 수치를 부여하는 것이다. 이때 숫자는 분류 종목에 대한 명명 수단에 불과하다.
서열척도 (Ordinal Scale)	측정 대상들의 특성을 서열로 나타낸 것이다. 이것은 측정 대상이나 분류에 관한 정보를 주는 명명척도의 특성을 가지면서 동시에 측정 대상의 상대적 서열을 표시해 준다. 이러한 예로는 아동들의 성적 등위, 키 순서, 인기 순서 등이 있다.
등간척도 (Interval Scale)	측정 대상의 분류와 서열에 관한 정보를 주며 동간성을 갖는 척도이다. 따라서 숫자 자체로는 절대적 의미를 갖지 못하지만 숫자 간의 차이는 절대적 의미를 갖는다. 이 척도는 임의 영점과 가상 단위를 지니고 있다. 온도와 연도가 그 예이다.
비율척도 (Ratio Scale)	분류, 서열, 동간성의 속성을 지닌 등간척도의 특성을 지니면서 절대 영점과 가상 단위를 갖는 척도이다. 무게와 길이가 비율척도의 예이다.
절대척도 (Absolute Scale)	분류, 서열, 동간성의 속성을 지닌 등간척도의 특성을 지니면서 동시에 절대 영점과 절대 단위를 갖는 척도이다. 이 척도의 예로는 사람 수, 자동차 수, 책상 수 등이 있다. 교육이나 심리측정에서는 서열척도와 등간척도를 흔히 사용한다.

21 범불안장애에 대한 설명으로 틀린 것은?

① 근육의 긴장이나 수면 장애가 함께 나타나기도 한다.
② 일종의 다중공포증으로 여겨진다.
③ 벤조디아제핀 계열의 약물은 불안을 증가시켜 이 장애의 원인과 관련 있는 것으로 여겨진다.
④ 이 장애에 취약한 사람들은 위협에 대한 인지도식이 발달되어 있다.

> **해설**
> 벤조디아제핀(Benzodiazepine)이란 불안과 불면증 치료에 흔히 처방되는 중추신경 억제 계열의 약물로 불안치료에 효과적이다.

22 정신상태검사(Mental Status Examination)에서 평가하는 내용과 가장 거리가 먼 것은?

① 의식의 수준
② 주의지속의 폭
③ 장기기억
④ 기 분

> **해설**
> 정신상태검사를 통하여 환자의 정서, 사고 내용, 지각기능, 인지기능, 치료를 위한 요구와 동기 등을 평가하나 장기기억 영역은 거리가 멀다.

23 간헐적 폭발장애에 대한 옳은 설명을 모두 고른 것은?

> ㄱ. 공격적 충동이 조절되지 않는다.
> ㄴ. 언어적 공격행위나 신체적 공격행위가 반복해서 폭발적으로 나타난다.
> ㄷ. 장애로 인하여 직업을 잃고, 학교에 적응하지 못하고 심할 경우 투옥되기도 한다.
> ㄹ. 자극적인 사건이나 심리사회적 스트레스에 비해 공격성의 정도가 지나치게 높다.

① ㄱ, ㄴ, ㄷ
② ㄱ, ㄷ, ㄹ
③ ㄴ, ㄹ
④ ㄱ, ㄴ, ㄷ, ㄹ

간헐적 폭발장애(Intermittent Explosive Disorder)의 경우 공격적인 충동을 통제하지 못해 보이는 반복적인 폭력 및 파괴적인 행동을 보이는 장애로, 청소년기부터 시작되어 만성화되기 쉬운 정신질환을 말한다. 분노, 발작 및 논쟁 등의 언어적 공격성 또는 신체적 공격성을 특징으로 보이는 장애이다. 또한 표현되는 공격성의 정도가 심리사회적 스트레스의 정도를 크게 벗어나 있다. 이러한 병의 발작으로 인해 당사자의 당혹감 및 심리적 고통을 유발하고 직업적 영역 및 대인관계 영역에 심각한 손상을 입힌다.

24 행동주의 관점에서 구분하는 행동장애의 분류와 해당 장애가 틀리게 연결된 것은?

① 행동의 과잉 – 강박행동
② 행동의 결손 – 대인공포증
③ 부적절한 강화체계 – 물질사용장애
④ 자극과 반응체계의 붕괴 – 성도착증

성도착장애의 치료 목표는 환자가 정상적인 성행동으로 복귀하고 재발하지 않도록 해주는 것에 있다. 자극과 반응체계를 붕괴하기보다는 성도착 행위의 파멸적 결과를 상상하게 만드는 심상혐오치료, 성적 흥분이 부적절한 대상에 잘못 조건형성된 것을 바꾸어 주는 행동적 재조건화가 효과적이다.

25 디설피람(Disulfiram)이라는 항남용제(Antabuse)는 어떤 물질과 관련된 장애를 치료할 때 사용되는가?

① 헤로인
② 암페타민
③ 코카인
④ 알코올

디설피람(Disulfiram)은 에탄올(음주 알코올)에 대한 급성 민감성을 생성하여 만성 알코올 중독 치료를 지원하는 데 사용되는 약물이다. 디설피람은 아세트알데히드 탈수소효소(Acetaldehyde Dehydrogenase)를 억제하여 알코올 소비 직후 숙취에 많은 영향을 느끼게 한다.

26 DSM-5에서 범주와 하위장애가 틀리게 짝지어진 것은?

① 신경발달장애 - 경도 신경인지장애
② 불안장애 - 선택적 함구증
③ 강박 및 관련 장애 - 신체이형장애
④ 파괴적, 충동통제 및 품행장애 - 병적 방화

> **해설**
> DSM-5에서 신경발달장애(Neurodevelopmental Disorders)에는 지적장애, 의사소통장애, 자폐 스펙트럼장애, 주의력 결
> 핍/과잉행동장애 등이 있다. 경도 신경인지장애는 뇌의 손상이나 뇌의 일시적인 기능장애로 인하여 정신장애가 유발되는
> 장애인 신경인지장애(Neurocognitive Disorders)에 해당한다.

27 다음 중 이상심리학의 역사에 관한 설명으로 틀린 것은?

① 고대의 원시사회에서는 정신장애를 초자연적인 현상으로 이해하여 초자연적인 치특방법을 사용하였다.
② 그리스 시대의 Hippocrates는 정신장애를 심리적 요인의 불균형에 의해 생긴 것으로 보고 조증, 우울증, 광증으로 분류하였다.
③ 서양 중세 시대의 정신병자는 죄를 지어 하나님으로부터 벌을 받는 것이거나 마귀의 수족 역할을 하는 자로 규정되었다.
④ 내과 의사였던 Pinel은 정신병자에게 인도주의적인 대우를 해주어야 한다고 주장한 최초의 사람이다.

> **해설**
> 서양 의학의 아버지라 불리는 히포크라테스(Hippocrates)는 체액의 불균형에 따라 정신장애가 나타난다고 설명하며 조
> 증, 우울증, 광증(정신증)으로 이상 행동을 구분했다.

28 취약성-스트레스 모형에 대한 설명으로 틀린 것은?

① 이상행동이 유발되는 과정에 심리사회적 스트레스와 개인의 특성을 고려해야 한다는 입장이다.
② 취약성은 특정 정신장애에 걸리기 쉬운 개인의 특성으로 유전적 소인만 포함된다.
③ 심리사회적 스트레스는 환경으로부터 주어지는 부정적인 생활사건이다.
④ 취약성과 스트레스가 정신장애의 발생에 영향을 미치는 비중은 경우마다 다르다.

> **해설**
> 취약성 스트레스 모형에서는 질병 발생에 두 가지 요인이 필수적이라고 가정한다. 첫째, 특정한 질병에 대해 비교적 영구
> 적으로 선천적 경향이 있어야 한다. 둘째, 특정한 유형의 스트레스를 경험해야 한다. 질병 소인이 있는 사람은 대부분의 사
> 람이 대처할 수 있는 스트레스에 병적으로 반응한다. 질병에 대한 선천적 경향이 강한 사람은 경미한 환경적 스트레스도
> 질병을 유발할 수 있다.

29 발달과정에서 나타나는 레트 증후군(Rett Syndrome)에 대한 설명으로 옳지 않은 것은?

① 유병률은 남녀 비슷하다.
② 생후 6개월까지는 정상적으로 발달한다.
③ 손을 움직이는 능력을 상실한다.
④ 상동적인 운동을 한다.

> **해설**
> 레트 증후군은 X염색체 연관성 우성 질환으로 거의 여자 어린이에게 발병하는 질환으로 드물게 남아에게도 나타나는 신경계 발달 질환이며 민족과 인종 차이 없이 여아 10,000~15,000명당 1명의 빈도로 발생한다.

30 사건수면(Parasomnia)의 유형에 포함되는 것은?

① 불면장애(Insomnia Disorder)
② NREM수면 각성장애(Non-REM Sleep Arousal Disorders)
③ 과다수면장애(Hypersomnia Disorder)
④ 기면증(Narcolepsy)

> **해설**
> 사건수면(Parasomnias)이란 수면 중 또는 수면과 관련하여 나타나는 이상행동 또는 생리현상이다. 예를 들어, 수면보행증(몽유병)은 NREM수면 각성장애 중 하나로 수면 중에 보행을 비롯하여 복잡한 신체활동을 하며, 때때로 알아들을 수 없거나 의미 없는 말을 하기도 한다. 대개 눈을 뜨고 있지만, 시선이 고정(자극에 의해 시선이 변하지 않음)되어있다.

31 다음은 무엇에 관한 설명인가?

> 사고의 흐름이 빨라져서 두 개의 연속적인 사고가 논리적인 연결로 이어지기는 하지만 사고의 목표가 오랫동안 지속적으로 유지되지 못하고 이야기의 주제가 쉽게 바뀌는 현상을 보이나 연상은 아직 정상적으로 이루어지는 현상

① 사고의 비약(Flight of Idea)
② 우원적 사고(Circumstantial Thinking)
③ 신어조작증(Neologism)
④ 보속증(Perseveration)

> **해설**
> 사고비약(Flight of Ideas)은 여러 가지 생각이 아주 빠르게 잇따라 떠오르거나 연상작용이 매우 빨라서 생각이 일정한 방향을 잡지 못하는 사고장애 상태이다.

32 DSM-5에 근거하여 볼 때 다음 사례에서 J 양의 진단으로 우선적으로 고려할 것은?

> 대학생인 L 군은 여자친구인 J 양 때문에 고민이 많다. J 양은 매우 순종적이고 착하며 헌신적이지만 한 번 만나면 헤어지는 것을 싫어한다. 밤이 깊어 시계를 보면 얼굴이 어두워지고 자주 12시를 넘기다 보니 다음 날 일에 지장이 생기곤 했다. 수시로 만나자고 하며, 옷을 사야 하는데 골라 달라거나, 영어학원을 선택해 달라는 등의 부탁을 자주 하였고 L 군은 시간을 내어 같이하는 시간이 점차 부담스러워지게 되었다. J 양의 선택을 도와주느라 L 군이 혼자서 해야 할 일을 할 시간을 빼앗기기 때문이었다. 이에 대해 언급하자, J 양은 자신이 싫어진 것이냐면서 눈물을 글썽거리고 힘들어하였다.

① 지속성 우울장애
② 경계선 성격장애
③ 연극성 성격장애
④ 의존성 성격장애

> **해설**
> - 의존성 성격장애(Dependent Personality Disorder)란 자신의 정신적 신체적인 욕구를 충족하기 위해 다른 사람에게 지나치게 의존하는 만성적인 상태이다.
> - DSM-5(2013)에서는 의존성 성격장애에 관한 8가지 특성으로 구성된 1개의 기준을 마련하고 있다. 아래의 요소 중에 5가지 이상에 해당하면 의존성 성격장애에 해당한다.
>
> > - 타인으로부터 과도한 충고와 위안 없이는 일상에서 결정을 내리기 힘들다.
> > - 자기 삶의 대부분을 타인이 책임져 주기를 바란다.
> > - 지지나 인정을 잃을 것을 두려워하여 타인에게 반대 의견을 표현하기 힘들다.
> > - 스스로 무언가를 시작하기가 힘들다. 이는 동기나 에너지가 부족해서가 아니라 판단이나 능력에 대한 자신감이 부족하기 때문이다.
> > - 타인으로부터 양육과 지지를 과도하게 받고자 하고, 언짢은 일을 타인에게 해달라고까지 한다.
> > - 스스로를 돌볼 수 없다는 두려움이 지나쳐서 혼자 있을 때 불편하거나 무기력함을 느낀다.
> > - 친밀한 관계가 끝나면 돌봄과 지지의 근원으로 다른 관계를 급히 찾아 나선다.
> > - 스스로를 돌봐야 하는 상황에 처하는 것에 대하여 비현실적일 정도로 두려워한다.

33 성격장애 환자들 중 자기파괴성으로 인해 환자들을 도우려 하는 사람들을 가장 불쾌하게 만드는 유형은?

① 반사회성 성격장애
② 경계선 성격장애
③ 연극성 성격장애
④ 자기애성 성격장애

> **해설**
> 경계선 성격장애란 상대방을 과대이상화 혹은 폄하하는 불안정하고 격렬한 인간관계를 보인다. 감정의 기복이 매우 심하고 과소비, 난폭 운전, 과식 등 충동적인 성향을 드러내며, 반복적으로 자살행위나 위협, 자해행위를 보이는 등 자기파괴성으로 인하여 B군 성격장애 가운데 치료 장면에서 가장 어려움이 많다.

34 DSM-5의 파괴적, 충동조절 및 품행장애에 포함되지 않는 것은?

① 병적방화
② 털뽑기장애
③ 병적도벽
④ 간헐적 폭발장애

> **해설**
> 파괴적, 충동통제 및 품행장애의 하위유형으로는 적대적 반항장애, 간헐적 폭발성장애, 품행장애, 방화증, 도벽증이 있다.

35 해리장애에 대한 설명으로 틀린 것은?

① 정신분석적 처치가 가장 널리 적용된다.
② 정체감, 기억, 의식상의 변화가 특징이다.
③ 가장 관계가 깊은 방어기제는 부인(Denial)이다.
④ 아동기 때 겪은 신체적 성적 학대가 주요원인으로 간주되고 있다.

> **해설**
> 정신분석이론에서는 해리장애를 외상적 경험에 대한 방어기제로 해석한다. 바람직하지 않은 사건이나 자기의 일부가 전반적으로 억압된 결과다. 성격 전체를 의식으로부터 분리시킴으로써 극심한 외상경험을 억압하고, 그 결과 건망증이나 둔주가 나타날 수 있다.

36 다음 사례에서 A 씨에게 의심되는 질환으로 가장 적합한 것은?

> A 씨는 치매를 앓은 적이 없으나 며칠 전부터 의식이 혼탁해지는 증상이 생겼다. 주의를 집중하고, 유지하고 이동하는 것이 어려워졌고 주의력이 산만해지고 주의를 적절하게 이동하지 못하여 지나간 질문의 답에 계속 집착하는 모습을 보인다. 최근의 일들에 대한 기억력이 뚜렷하게 저하되었고 시간, 장소에 대한 지남력 장애가 나타나고 있다.

① 기억상실장애(Amnestic Disorder)
② 혼수(Coma)
③ Ganser 증후군
④ 섬망(Delirium)

> **해설**
> • 섬망(Delirium)이란 심한 과다행동과 생생한 환각, 초조함과 떨림 등이 자주 나타나는 상태이다.
> • 진단기준은 아래와 같다.
>   • 주의력장애와 인식장해를 보인다.
>   • 장해가 단기간 동안 발전되고, 기준 시점의 주의력과 의식으로부터 변화가 있으며, 하루 중에도 증상의 심한 정도가 변화하는 경향이 있다.
>   • 추가적인 인지장애가 존재한다.
>   • 진단기준 A와 C의 장해가 다른 이전의, 확정되거나 발생된 신경인지 장애로 더 잘 설명되지 않으며 각성 수준의 심각한 감퇴 상태에서 발생되지 않아야 한다.
>   • 장해가 다른 의학적 상태, 물질 중독, 금단, 독성의 노출 또는 여러 원인들에 의한 직접적 생리적 결과라는 병력, 신체검사, 검사실 검사 소견과 같은 증거가 있다.

37 다음 중 조현병 진단을 내리기 위해 다른 증상 확인이 추가로 필요한 경우는?

① A 씨 : 모든 음식에서 쓴맛이 난다며 아내가 음식에 건강을 해치는 약을 탔다는 피해망상을 보임
② B 씨 : 보이지 않는 전파가 자신의 생각을 다 빼내어 세상에 전파시킨다는 피해망상을 보임
③ C 씨 : 자신이 하려는 행동을 금지하거나 다른 행동을 지시하는 환청이 지속적으로 들림
④ D 씨 : 두 사람의 남녀가 서로 싸우며 대화하는 환청이 지속적으로 들림

> **해설**
> 망상장애의 피해형(Persecutory Type)은 누군가가 악의적으로 자신 또는 가까운 사람을 조정하고 있어 피해를 받고 있다는 망상이다. 자신이 모함을 당해 감시나 미행을 당하고 있다거나 음식에 독이 들어 있다고 생각하기도 한다. 망상장애의 경우 조현병의 특징인 망상이나 뚜렷한 환청이나 환시, 와해된 언어, 극도로 와해된 또는 긴장성 행동, 음성 증상이 없다는 점에서 조현병과 구별될 수 있다.

38 어떤 사람이 3년 동안 우울증 증상을 겪어오다가 최근 경조증 상태를 경험하였다면 이 사람에게 가장 적절한 진단은?

① 제1형 양극성장애
② 제2형 양극성장애
③ 지속성 우울장애
④ 순환성장애

해설

제2형 양극성장애는 경한 조증과 심한 우울증이 나타나는 유형으로, 조증으로 진단할 만큼의 심한 조증 증상은 나타나지 않는다. DSM-5에 따른 제2형 양극성장애의 진단기준은 아래와 같다.

- 적어도 1회의 경조증 삽화와 적어도 1회의 주요우울 삽화의 진단기준을 만족시킨다.
- 조증 삽화는 1회도 없어야 한다.
- 경조증 삽화와 주요우울 삽화의 발생이 조현정동장애, 조현병, 조현양상장애, 망상장애, 달리 명시된 또는 명시되지 않는 조현병 스펙트럼 및 기타 정신병적 장애로 더 잘 설명되지 않는다.
- 우울증 증상 또는 우울증과 경조증의 잦은 순환으로 인한 예측 불가능성이 사회적, 직업적 또는 다른 중요한 기능 영역에서 임상적으로 현저한 고통이나 손상을 초래한다.

39 급식 및 섭식장애에 대한 설명으로 틀린 것은?

① 이식증은 적어도 3개월 동안 비영양성, 비음식 물질을 계속 먹는 경우 진단 내린다.
② 되새김장애의 발병은 영유아기, 아동기, 청소년기, 성인기에 있을 수 있다.
③ 신경성 식욕부진증은 체중 증가 혹은 비만이 되는 것에 대해 극심한 두려움을 보인다.
④ 신경성 폭식증은 폭식과 부적절한 보상행동이 반드시 있어야 한다.

해설

DSM-5에 따른 이식증의 진단기준은 아래와 같다.

- 적어도 1개월 동안 비영양성, 비음식 물질을 계속 먹는다.
- 비영양성, 비음식 물질을 먹는 것이 발달 수준에 비추어 볼 때 부적절하다.
- 먹는 행동이 사회적 관습 혹은 문화적 지지를 받지 못한다.
- 만약 먹는 행동이 다른 정신질환이나 의학적 상태 기간에만 나타난다면 이 행동이 별도의 임상적 관심을 받아야 할 만큼 심각한 것이어야 한다.

40 다음 중 알코올사용장애에 대한 설명과 가장 거리가 먼 것은?

① 알코올을 종종 의도했던 것보다 많은 양, 혹은 오랜 기간 동안 사용한다.

② 매일 음주를 하며, 적은 양을 마시더라도 가끔 중독을 보이는 것만으로 진단이 가능하다.

③ 알코올에 대한 갈망, 혹은 강한 바람, 혹은 욕구를 보인다.

④ 중독이나 원하는 효과를 얻기 위해 알코올 사용량의 뚜렷한 증가를 보인다.

해설

DSM-5에 따른 알코올 사용장애의 진단기준은 아래와 같다.

임상적으로 현저한 손상이나 고통을 일으키는 문제적 알코올 사용 양상이 지난 12개월 사이에 다음의 항목 중 최소한 2개 이상으로 나타난다.
- 알코올을 종종 의도했던 것보다 많은 양, 혹은 오랜 기간 동안 사용함
- 알코올 사용을 줄이거나 조절하려는 지속적인 욕구가 있음. 혹은 사용을 줄이거나 조절하려고 노력했지만 실패한 경험들이 있음
- 알코올을 구하거나 사용하거나 그 효과에서 벗어나기 위한 활동에 많은 시간을 보냄
- 알코올에 대한 갈망감 혹은 강한 바람, 혹은 욕구
- 반복적인 알코올 사용으로 인해 직장, 학교 혹은 가정에서의 주요한 역할 책임 수행에 실패함
- 알코올의 영향으로 지속적으로 혹은 반복적으로 사회적 혹은 대인관계 문제가 발생하거나 악화됨에도 불구하고 알코올 사용을 지속함
- 알코올 사용으로 인해 중요한 사회적, 직업적 혹은 여가 활동을 포기하거나 줄임
- 신체적으로 해가 되는 상황에서도 반복적으로 알코올을 사용함
- 알코올 사용으로 인해 지속적으로 혹은 반복적으로 신체적, 심리적 문제가 유발되거나 악화될 가능성이 높다는 것을 알면서도 계속 알코올을 사용함
- 내성, 다음 중 하나로 정의됨
  - 중독이나 원하는 효과를 얻기 위해 알코올 사용량의 뚜렷한 증가가 필요
  - 동일한 용량의 알코올을 계속 사용할 경우 효과가 현저히 감소
- 금단, 다음 중 하나로 나타남
  - 알코올의 특징적인 금단 증후군
  - 금단 증상을 완화하거나 피하기 위해 알코올을 사용

41 적성검사에 관한 설명으로 가장 적합한 것은?

① 정서적 성숙도를 측정한다.
② 직업에 대한 흥미를 측정한다.
③ 새로운 상황에서의 적응능력을 측정한다.
④ 특정 직업군에서의 성공 가능성을 예언한다.

> **해설**
> 적성검사(Aptitude Test)란 미래에 주어질 구체적 과제나 특정 상황 혹은 분야에서 능숙하게 수행할 수 있을지를 평가 혹은 예측하기 위해 사용되는 표준화된 측정도구다.

42 Controlled Oral Word Association Test와 Go-No-Go Test의 수행이 저조하다면 어떤 인지기능의 손상이 시사되는가?

① 언어 관련기능
② 주의 기능
③ 전두엽/실행 기능
④ 시각-운동 기능

> **해설**
> COWAT(Controlled Oral Word Association Test)와 Go-No-Go Test는 전두엽 및 실행기능을 측정하는 평가이다.

43 다음 중 검사 실시 방식으로 구분할 때, 객관식 검사로 규준이 잘 마련되어 있고 채점과 해석이 용이하며 환자의 진단에 대한 정보를 제공하는 검사는?

① MMPI(Minrresota Multiphasic Personality Inventory)
② Rorschach 검사
③ BGT(Bender−Gestalt Test)
④ Stroop Test

> **해설**
>
> 미네소타 다면적 인성검사(Minnesota Multiphasic Personality Inventory)란 개인의 성격, 성격, 정서, 적응 수준 등을 다차원적으로 평가하기 위해 개발된 자기보고형 성향 검사이다. 진단 평가도구로서의 목적뿐만 아니라 정상인들의 성격특성, 정서적 적응 수준, 검사에 임하는 태도 등 다양한 심리 내적 영역을 양적으로 측정할 목적에서 원판 MMPI의 개정판인 성인용 MMPI−2와 청소년용 MMPI−A가 사용되고 있다. 또한 검사의 시행과 채점 및 해석의 간편성이 장점이다.

44 임상심리검사의 해석과 관련된 윤리적 지침에 관한 설명으로 옳은 것은?

① 임상가는 특정한 해석을 뒷받침할 만한 증거가 없는 경우 임상적 경험을 바탕으로 해석한다.
② 임상가는 환자에게 도움이 된다고 판단될 경우 환자에게 검사 결과에 대한 해석뿐만 아니라 해석 오류의 가능성에 대한 정보도 알려주어야 한다.
③ 컴퓨터를 이용한 검사에서는 자극조건이 동일하기 때문에 특별히 검사 환경을 고려할 필요가 없다.
④ 장애를 가진 수검자와 일반 수검자의 기능을 비교하는 것이 검사의 주목적일 때 일반규준보다 특수규준을 사용한다.

> **해설**
>
> 임상가는 검사의 채점 및 해석과 관련하여 결과를 설명해 주어야 한다. 평가 결과를 해석할 때, 심리학자는 해석의 정확성을 감소시킬 수 있는 다양한 검사 요인들이나 한계점에 대한 정보를 함께 제공해야 한다.

45 비구조화된 면담과 비교해 볼 때 구조화된 면담의 특징으로 볼 수 없는 것은?

① 만담자 변인이 개입되기가 어렵다.
② 다량의 자료를 모으기가 용이하다.
③ 실시 절차상 융통성을 발휘하기가 어렵다.
④ 선택적인 정보수집이 용이하다.

> **해설**
>
> 구조화된 면접이란 일련의 표준화된 질문들이 모든 지원자들에게 동일한 순서로 적용되는 면접 방식이다. 질문의 방법과 내용이 사전에 정해져 있기 때문에 면접 과정에서의 유연성이 저하되어 선택적인 정보수집이 어렵다.

46 MMPI 검사 결과 프로파일에 대한 설명과 가장 거리가 먼 것은?

① 척도 3과 척도 4는 충동 통제와 관련된 정보를 줄 수 있다.

② 척도 5는 불안에 관한 정보를 제공해준다.

③ 척도 4와 척도 6의 평균수준 이상의 상승은 적개심 통제에 문제가 있음을 시사한다.

④ 척도 7과 척도 8의 상승은 증상의 만성화와 사고장애에 관한 정보를 제공해 준다.

> **해설**
> 5번 척도의 주요한 내용영역으로는 직업 및 취미에 대한 관심, 심미적 및 종교적 취향, 능동적-수동성 그리고 대인감수성 등이 있다. 본래 남성성과 여성성의 이탈 정도를 알아보기 위해 제작된 것이긴 하나, 점수의 상승이 반드시 그 사람의 동성애적인 성향을 반영한다고 볼 수는 없다. 이에 5번 척도는 불안과 관련된 정보 제공은 거리가 멀다.

47 심리평가 결과를 수검자에게 전달하는 방법으로 가장 바람직하지 않은 것은?

① 피검자의 정서적 반응까지 고려해서 결과를 전달한다.

② 정확한 수치만을 알려준다.

③ 전문용어 사용을 피한다.

④ 문제점뿐 아니라 강점에 대해 알려준다.

> **해설**
> 심리평가 결과에서 정확한 수치만 제공하기보다는 내담자의 개인 특성을 이해할 수 있도록 심리검사와 면접, 행동관찰 등에서 얻은 정보를 종합하여 포괄적이고 종합적인 해석을 제공한다.

48 MMPI-2의 실시와 채점에 관한 설명으로 옳은 것은?

① 문항의 의미를 명료화해 줄 것을 요청하는 환자에게는 적극적으로 조언해준다.

② MMPI-2는 일정한 학력을 가진 16세 이상의 환자들에게만 실시할 수 있다.

③ 검사에서 빠뜨린 문항이 있으면 환자에게 다시 한번 생각해 보고 답변하도록 한다.

④ 빠뜨린 문항이나 이중으로 표시된 문항 수의 합은 Mf 척도의 원점수로 한다.

> **해설**
> 수검자가 문항을 누락한 경우 덧붙여서 "'그렇다', '아니다'로 대답하기 어려운 경우 가장 비슷하다고 느껴지는 방향으로 응답하라." 등과 같이 답변할 수 있도록 얘기해준다.

49 다음 설명에 해당하는 검사는?

> - 1959년 Dunn 부부에 의해 개발되었다.
> - 동일한 L과 M 양식으로 구성되어 있고 문제 및 채점 양식이 동일하며 그 기준표도 동일한 검사이다.
> - 피검사자에게 문제마다 그림을 보여주며 시행한다.
> - 검사자는 한 단어를 말해주고 피검사자는 그에 적당한 답을 지적하거나 선택을 표시한다.
> - 지시에 따라 한 가지 그림을 지적하면 되기 때문에 말과 특별한 기술이 요구되지 않는 언어발달을 평가하는 아동용 검사이다.

① 피바디 그림 어휘검사(Peabody Picture Vocabulary Test-R ; PPVT-R)
② 수용-표현언어 척도(Receptive-Expressive Emergents Language Scale ; REEL)
③ 초기언어 지표검사(Early Language Milestone Scale ; ELMS)
④ 언어학습능력 진단검사(Illinois Test of Psycholinguistics Abilities ; ITPA)

해설

- 아동의 어휘능력을 측정하기 위해 1995년에 개발한 검사로, 2세 0개월부터 8세 11개월 아동을 대상으로 한다. 미국의 Peabody Picture Vocabulary Test-Revised(PPVT-R)와 우리나라 문헌을 기초로 개발한 이 검사는 정상 아동은 물론 지적장애, 청각장애, 뇌 손상, 자폐증, 행동 결함, 뇌성마비 등으로 언어에 문제가 있는 아동의 수용어휘능력을 평가하는 데 활용할 수 있다.
- 일반 지능을 측정하기 위한 간편 검사 도구로 사용되는 개인용 어휘검사이며, 정기적으로 개정되고, 4개의 그림이 그려져 있는 175장의 도판으로 구성되어 있다. 피험자는 검사자가 제시하는 자극에 가장 유사한 그림을 지목해야 한다.

50 Afr<.50에 대한 해석으로 가장 적절한 것은?

① 자신의 감정을 과도하게 표현하는 편이다.
② 비합리적인 사고를 한다.
③ 환상과 공상의 세계로 도피하려는 특성이 강하다.
④ 사회적으로 위축되어 있다.

해설

Afr값이 평균 범위 이하로 나타나는 경우 정서적인 자극에 대하여 흥미가 보다 적거나 정서적인 자극에 반응 또는 처리하지 않으려는 경향이 있다.

51 구성능력을 평가하는 검사로 적합하지 않은 것은?

① Copying Test
② Rey Complex Figure Test
③ Wechsler 지능검사의 토막 짜기
④ Category Test

> **해설**
> Category Test는 전두엽 손상, 전두엽 기능장애에 민감한 평가이다.

52 검사 점수에 관한 설명으로 옳지 않은 것은?

① MMPI-2와 웩슬러 지능검사의 점수는 표준점수로 등간척도이다.
② 검사 점수는 표준점수로 변환되더라도 측정의 오차를 포함한 확률적 추정치이다.
③ 백분위는 어떤 집단에서 특정한 점수 미만인 점수들의 백분율이다.
④ 스테나인은 점수간격을 일정하게 고정시킴으로써 비선형 변환된 점수를 산출한다.

> **해설**
> 백분위(Percentile Rank)란 특정 점수분포에서 최하점부터 최고점 순으로 나열했을 때, 그 점수보다 낮은 점수를 얻은 사례 수를 전체 사례 수에 대한 백분율로 나타낸 것이다.

53 HTP의 나무 그림에서 뿌리에 대한 해석으로 옳은 것은?

① 자아통합과 사회적 적응 체계이다.
② 자아 강도나 기본적인 심리적 힘이다.
③ 타인과 접촉하며 성취를 향해 뻗어가는 자원이다.
④ 성격적 안정성, 현실과의 접촉 정도를 알려준다.

> **해설**
> HTP의 나무 그림에서 뿌리는 수검자의 성격적 안정성, 안전에 대한 욕구, 현실과의 접촉 정도를 알려준다. 뿌리의 형태에 따라서 해석이 달라질 수 있는데, 예를 들면 뿌리와 지면을 생략한 경우에는 불안정감이나 부적절감을 느끼고 뿌리를 과도하게 강조한 경우에는 현실접촉을 과도하게 강조하거나 염려하는 상태를 나타낸다.

54 TAT에서 다음과 같은 반응특징을 나타내는 진단명은?

> • 이야기 길이가 길고 수정을 많이 한다.
> • 어떤 경우에는 객관적으로 나타난 세부적인 것만 기술하고, 이야기를 만들 수 없다고 하기도 한다.

① 우울증
② 경조증
③ 강박장애
④ 편집증

> **해설**
> TAT에서 나타나는 강박장애의 경우 이야기가 길고 수정을 많이 하며 내용이 주로 인물들의 주저와 망설임을 표현하는 경우가 많고, 주제도 부지런함과 복종, 완벽함이 강조된다. 또한 검사자극에 대한 불확신감으로 인해서 지루하고 반추적이고 현학적인 이야기를 만들어 내며 어떤 경우에는 객관적으로 나타난 세부적인 것만 기술하고 이야기를 만들 수 없다고 하기도 한다.

55 청소년 내담자의 우울 정도를 측정하기 위한 도구로 적합하지 않은 것은?

① MMPI-A
② PAI-A
③ 16PF
④ BDI

> **해설**
> BDI(Beck Depression Inventory), MMPI-A, PAI-A에서 우울과 관련된 평가가 가능하나 16PF는 성격특성 이론에 근거한 일반 성격심리검사이다.

56 KABC-II에 관한 설명으로 옳지 않은 것은?

① 3~18세용 개인용 지능검사이다.

② CHC 이론 및 Luria의 이론에 근거한 해석을 시도한다.

③ 검사의 개발과정에서는 반이론적 경험적 입장을 견지하여 구성되었다.

④ 순차처리, 동시처리, 계획력, 학습력, 지식의 요인으로 구성되었다.

> **해설**
> • 한국 카우프만 아동 지능검사는 만 3~18세에 이르는 아동과 청소년의 정보처리와 인지능력을 측정하기 위해 개발된 개인지능검사(Individual Intelligence Test)로 사고력과 전반적 인지능력을 모두 측정할 수 있는 평가도구이다.
> • 검사의 특징으로는 광범위한 인지능력을 측정하고 이원적 이원구조로 해석하여 CHC의 심리측정 모델과 Luria 모델에 근거하여 개발되어 두 가지의 보완적인 이론적 관점에서 진단하고 해석이 가능하다. 하위척도의 명칭은 순차처리(Gsm), 동시처리(Gv), 학습력(Glr), 계획력(Gf), 지식(Gc)으로 구성되었다.

57 다면적 인성검사 중, 성인용(MMPI-2)과 청소년용(MMPI-A)에서 차이가 나는 것은?

① 임상 척도의 구성내용

② K척도의 포함 유무

③ 문항제작 과정 및 방식

④ 타당도 척도의 구성내용

> **해설**
> MMPI-A와 MMPI-2의 타당도 척도의 구성내용은 아래와 같이 일부 차이가 있다.
> • MMPI-A의 타당도 척도 : VRIN, TRIN, F1, F2, F, L, K
> • MMPI-2의 타당도 척도 : VRIN, TRIN, F, FBS, S 등

58 WAIS-R에 관한 요인분석에서 확인된 3가지 요인구조는?

① 언어적 이해능력, 지각적 조직화능력, 주의 지속능력

② 언어적 개념화능력, 공간적 능력, 획득된 지식

③ 결정적 지능, 유동적 지능, 시각-운동통합능력

④ 기억능력, 개념형성능력, 시각-통합운동능력

> **해설**
> WAIS-R에 관한 요인분석에서 제1요인(언어이해능력)은 어휘력, 이해력, 표현력을 반영하는 요인이고, 제2요인(지각조직화능력)은 공간적, 연속적 관계를 지각하고 관련 요소들을 복합적인 전체로 조직화하는 능력과 관련이 있으며 제3요인(주의력, 집중력 혹은 단기기억)은 기억/분산으로부터 자유와 관련된 요인이다.

59 심리평가에서 행동평가에 대한 설명으로 옳은 것은?

① 면담과 행동 과정에서 보이는 행동은 실제행동과 다르므로 주의하여 해석한다.
② 면접자에게 보이는 태도는 특수한 대인관계를 반영한다.
③ 외모의 부자연스러움은 대처능력의 약화나 행동의 유연성을 반영한다.
④ 행동은 일종의 비언어적 의사소통에 속한다.

> **해설**
> 심리평가 과정에서 면담과 같은 언어적 의사소통과 행동관찰의 비언어적 의사소통이 더해져 가치 있는 정보를 제공한다. 일면 검사 장면에서 보이는 수검자의 특징적인 행동을 통하여 일상생활 속에서의 대인관계 상황, 압력과 긴장 상황 그리고 문제해결 과제 상황에서의 행동을 추측해 볼 수 있다.

60 검사 결과에 작용하는 검사자 변인과 수검자 변인으로 옳지 않은 것은?

① 반응효과
② 기대효과
③ 강화효과
④ 코칭효과

> **해설**
> 평가 결과에 따라서 개인의 변화와 성장을 이끌어내고 행복한 삶을 영위하고 건강을 증진할 수 있도록 하며, 수검자의 성취에 미치는 긍정적인 효과를 주고 긍정적인 행동의 빈도 혹은 확률이 높아지도록 하는 등의 검사자 및 수검자 변인이 있으나 반응효과와는 관계가 없다.

61 가까운 미래의 행동 판단 및 임상가가 이미 확보한 개인사 자료와 동일한 상황의 판단 등이 긴밀하게 관계를 갖는 법심리학자의 주요활동 영역은?

① 전문가 증인
② 위험성 예측
③ 법정참여능력
④ 양육권 결정

> **해설**
> 법심리학이란 법과 법 체계에 심리학이 적용될 수 있는 모든 영역을 총칭하며 법 안에서의 심리학, 법과 심리학, 그리고 법에 대한 심리학을 말한다. 법심리학자는 전통적으로 피고인의 형사책임 판단, 형사와 민사에서의 특정 행위에 대한 능력 평가, 차별 여부 판단, 범죄자들의 위험성 평가 등의 내용을 다룬다.

62 K-ABC 지능검사에 대한 설명으로 틀린 것은?

① K-ABC 지능검사는 인지처리 척도와 습득도 척도로 구성되어 있다.
② 좌뇌는 통합적 정보처리를 담당하고 우뇌는 분석적 정보처리를 주로 담당한다.
③ 환경적 자극을 통해 획득한 사실적 지식의 정도는 습득도 처리를 통해 알 수 있다.
④ 비언어적 체계를 사용할 수 있도록 개발되었기 때문에 구어와 문법에 곤란이 있는 아동과 2개 국어를 사용하는 아동에게도 적용할 수 있다.

> **해설**
> 좌뇌는 분석적 정보처리를 주로 담당하며 우뇌는 종합적 · 통합적인 정보처리를 담당한다.

63 임상심리학의 훈련 모델에 대한 설명으로 옳지 않은 것은?

① Boulder 모델을 과학자 훈련 모델이라고 한다.

② Boulder 모델의 비전은 임상적 기술과 과학의 논리적 경험주의의 체계적 결합이었다.

③ 임상가들 연구에 대한 훈련을 단념해서는 안 되듯이 연구자들 역시 임상적 토대를 무시해서는 안 될 것이다.

④ 과학자-임상가 모델은 개업 임상가뿐 아니라 임상심리학 연구자들에게도 적용된다.

> **해설**
> 볼더 모델(Boulder Model)이라고도 불리는 과학자-전문가 모형(Scientist-practitioner Model)은 응용심리학자에게 통계학적 유의성에 기반하는 심리학적 임상 연구결과를 사용하는 입장뿐만 아니라 이러한 심리학적 연구결과를 생산하는 입장의 순환적인 균형을 제시함으로써 치료를 위한 전문가의 입장뿐만 아니라 과학적 실무의 기초를 제공하려는 심리학자의 수련 모델 프로그램이라고 할 수 있다.

64 행동주의 원리 중 프리맥 원리에 적용된 것은?

① 소거의 원리

② 강화의 원리

③ 변별의 원리

④ 연합의 원리

> **해설**
> 프리맥 원리(Premack Principle)란 높은 확률로 일어나는 행동을 강화물로 사용하여 일어날 확률이 적은 행동을 하도록 촉진하는 기법을 의미한다.

65 Procaska와 동료들이 제시한 내담자의 변화단계 중 내담자가 자신에게 문제가 있다고 인식하고는 있지만 아직 변화의 과정에 참여하고 싶어 하지 않는 단계는?

① 숙고 전 단계

② 숙고 단계

③ 준비 단계

④ 유지 단계

> **해설**
>
> 변화모형의 단계에서는 '상담 과정에서 확인 가능한 다섯 단계를 통해 발전한다'고 가정한다. 우선 숙고 전 단계에서는 가까운 미래에 행동 양상을 변화시킬 의도가 없다. 그다음 단계인 숙고 단계에서는 문제를 인식해 이 문제를 극복하려는 생각은 있으나 변화를 야기할 행동은 하지 않는다. 행동 전 단계에서는 즉각 행동하려는 의도는 갖고 있으나 실제 행동 변화는 거의 보이지 않으며 행동 단계에서는 자신의 문제를 해결하기 위해 실제로 변화된 행동을 시작한다. 유지 단계에서는 변화된 행동을 공고히 하고 재발을 예방하기 위한 노력을 한다.

66 어떤 전문가가 다른 전문가의 비윤리적 행위를 의심하게 될 경우 가장 먼저 취하여야 할 행동은?

① 당사자에게 주의를 환기하고 비공식적 해결을 위한 시도를 한다.

② 피해자의 진술 및 사실관계 등의 증거를 확보한다.

③ 당사자에게 인지한 사실을 통보하고 해당 윤리위원회에 신고한다.

④ 사태 해결을 위해 법률적 적법절차를 개시한다.

> **해설**
>
> 전문가가 다른 전문가의 윤리규정 위반을 인지하게 되면 일차적으로 그 전문가로 하여금 윤리규정에 주목하게 함으로써 문제를 해결하도록 노력한다. 그러나 문제가 해결되지 않거나 명백한 윤리규정 위반으로 비공식적 방식이 적절하지 않은 경우 상벌 및 윤리위원회에 보고하는 등의 조처를 한다.

67 A유형 성격 사람들의 행동 양식 중 관상성 심장질환에 영향을 미치는 가장 중요한 심리적 위험 요소는?

① 적개심과 대인관계 지배성
② 긴장감과 반사회적 경향
③ 우울과 사회기술 부족
④ 불안과 대인 예민성

> **해설**
> A유형 성격(Type A Personality)이란 적대적이고 경쟁적이며 다양한 대상에 관심을 가지고 그것을 획득하려 하며 성급한 성격이다. 관상성 심장질환에 영향을 미치는 가장 중요한 심리적 위험 요소는 적개심과 대인관계 스트레스와 관련되어 있는데, 높은 적개심을 가지고 있는 사람은 낮은 적개심을 가지고 있는 사람에 비해 스트레스 사건에 대한 심혈계 반응성이 더 높게 나타나는 특징이 있다. 또한 만성적인 적개심을 보이는 사람은 대인관계 스트레스에 대해 높은 생리적 반응성을 보일 뿐만 아니라 대인관계의 갈등 정도도 더 높고 사회적 지지도 적게 받는다.

68 아동 면담의 요령으로 적절하지 않은 것은?

① 기술적인 진술을 사용한다.
② 비판적인 진술은 피한다.
③ 언어적 의사소통의 양을 늘리기 위해 반영적 진술을 사용한다.
④ 자신의 연령보다 약간 어린 연령의 단어와 문장을 사용한다.

> **해설**
> 아동과 면담 시 자신의 감정과 사고를 언어화하는 데 어려움이 있거나 원활하지 않은 경우가 많다. 그렇다고 하여 치료자가 아동에게 맞추어 약간 어린 연령의 언어표현을 하는 것은 도움이 되지 않는다. 오히려 라포(Rapport) 형성을 위하여 취학 전 아동이라면 면접 전 간단한 그림 그리기나 장난감 놀이를 이용할 수 있으며 학령기 아동이라면 아동이 그 상황에서 편안한 상태가 될 수 있도록 치료자는 상냥해야 하며 격려해 주어야 하며 중립적일 필요가 있다. 덧붙여 적절한 시기에 나타내는 눈 맞춤과 얼굴 표정, 칭찬적 언어 등이 도움 될 수 있다.

69 면접의 질문 유형에 관한 설명으로 틀린 것은?

① 개방형 : 환자에게 반응에 대한 책임감을 감소시킨다.
② 촉진형 : 환자의 대화를 독려한다.
③ 명료형 : 명확성과 확실성을 독려한다.
④ 직면형 : 불일치와 반대를 반문한다.

> **해설**
> 개방형 질문(Open-ended Question)이란 비구조화된 상황에서 내담자가 자유롭게 자신의 의견을 표현하게 하고 다양한 반응을 얻어내기 위한 목적에서 사용하는 것으로 환자의 반응에 중점을 두는 질문 형태이다.

70 대상관계이론 및 치료에 관한 설명으로 틀린 것은?

① 아동에 대한 최초의 정신분석적 치료를 적용한 후 대상관계이론의 길을 연 사람은 Fairbairn이다.

② 유아를 보는 관점은 쾌락−추구적 관점이 아니라 대상−추구(인간−추구)라는 관점이다.

③ 대상관계이론 학자들로는 Winnicott, Balint, Bowlby, Kernberg, Kohut 등이 있다.

④ 대상관계 관점에서 정신병리는 자신과 타인을 항상 전적으로 '악'하거나 '선'한 것 중의 하나로 경직되게 보는 아동의 경향성이 반영된다.

> **해설**
>
> 대상관계이론의 발달을 살펴보면 대상관계라는 개념은 프로이트가 제안했는데 이후 멜라니 클라인(Melanie Klein), 윌리엄 페어베언(William Fairbairn), 도널드 위니코트(Donald Winnicott), 마가렛 말러(Margaret Mahler), 하인츠 코후트(Heinz Kohut) 등에 의해 구체화되었다. 특히 클라인은 주로 아동을 대상으로서 외적 대상의 의미를 획득하게 된 대상의 내적인 표상을, 즉 내적 대상(Internal Object)을 철저하게 추구하였다.

71 Rogers의 인간중심이론에서 제시하는 치료의 3가지 조건 중에서 내담자의 내적 참조 체계(Internal Frame of Reference)를 이해하는 출발점으로 볼 수 있는 것은?

① 일치성과 진솔성

② 무조건적 긍정적 존중

③ 정서적 교정 경험

④ 공감적 이해

> **해설**
>
> 공감은 '마치 ∼인 것처럼'의 특성을 지닌 '내적 준거틀(Internal Frame of Reference)'이다. 즉, 공감은 '상담자가 마치 내담자인 것처럼'이란 가정을 유지한 채 내담자의 내적 준거틀에 근거하여 파악한 그의 내면세계를 그에게 되돌려 주는 것이다.

72 심리평가에서 수집된 정보를 해석하는 것과 관련한 설명으로 가장 적합한 것은?

① 심리평가를 통해 확인된 내용을 전달하는 것은 환자의 알 권리를 위해 모든 정보를 구체적으로 알려주어야 한다.

② 심리평가 내용을 전달할 때는 양적 수치를 중심으로 최대한 직접적으로 전달해야 한다.

③ 심리평가 결과는 환자가 의뢰한 목적에 한해 가정적 서술로 전달해야 한다.

④ 심리평가 결과를 전달하는 것은 치료적 활용보다 환자의 자신에 대한 직면에 중점을 둔다.

> 해설
>
> 결과 해석에는 수집된 수검자의 현재 기능, 증상과 관련된 변인, 예후, 추천되는 치료 또는 개입 방법 등에 대한 설명이 포함되어야 한다. 수집된 검사자료는 객관적이고 경험적일 수 있지만, 이러한 자료가 각각의 수검자에게 어떻게 적용될 수 있는지에 대해 가설을 세우고 그 가설에 지지 자료를 얻고 통합해서 결론을 내리고 통합적인 추론으로 심리평가 결과에 대한 상담이 이루어져야 한다.

73 임상심리학의 관점에서 보는 이상성(Abnormality)의 사례와 가장 거리가 먼 것은?

① A 씨는 매일 아침 일어났을 때 하루를 도대체 어떻게 살아가야 할지에 대하여 걱정하며 심하게 우울감을 경험하고 있어 이번 달만 해도 2번이나 회사를 결근하였다.

② B 씨는 교통사고로 인하여 뇌를 크게 다친 상태로, 최근 실시한 Wechsler식 지능검사에서 65점 정도의 지능지수를 보였다.

③ 컴퓨터프로그래머인 C 씨는 친구들이 별로 없으며 대인관계에 관심이 적은 편으로서 거의 일주일에 1회 정도 외출하여 생필품을 사는 것 이외에는 내내 자신의 작업실에서 일에 몰두하는 편이다.

④ 모 회사의 부장인 D 씨는 회사에서 주목받는 인재이나, 대인관계상 갈등이 많은 편으로 최근 "D 씨 때문에 힘들어서 회사를 더 이상 못 다니겠다."고 구체적인 문제 사례를 말하며 회사를 사직한 부하직원이 3명이나 되며 D 씨 부하직원들의 스트레스 평가 결과 사내 최고수준일 뿐 아니라 상사에 대한 강한 불만을 표현하고 있다.

> 해설
>
> 이상행동의 판별기준을 살펴보면 통계적 기준(Statistical Norm)에서의 일탈 정도, 사회문화적(Sociocultural Norm) 기준, 주관적 불편감(Subjective Discomfort)이나 개인적 고통(Personal Distress), 부적응성(Maladaptation)의 기준이다. 특히 이상행동과 정신장애의 정의에 있어 가장 중요한 개념이 적응이다.
> ①, ②, ④는 이상행동의 판별기준에 해당하나 ③은 해당하지 않는다.

74 A 씨는 최근 다음과 같은 행동특징을 보이고 있다. A 씨가 주로 사용한 방어기제를 가장 적합하게 짝지은 것은?

> A 씨는 애인과 헤어진 후 양극성장애가 발병하였다. 평소 자신이 초라하다고 느꼈으나 이제는 무엇이든 할 수 있다는 생각이 들어 갑자기 회사에 사표를 내고, 박사학위를 취득하기 위해 대학원에 진학할 계획을 세웠다. 애인은 죽은 것임으로 더 이상 슬퍼할 이유가 없다고 생각하고 있으며 오히려 마음이 홀가분하고 행복한 상태라고 말하였다.

① 부인, 반동형성
② 치환, 투사
③ 억압, 행동화
④ 투사, 부인, 주지화

해설
억압된 감정이나 욕구가 행동으로 나타나지 않도록 그것과 정반대의 행동으로 바꾸어 놓는 반동형성의 방어기제와 조증에서 주로 사용되고 있는 부인의 방어기제가 발휘되고 있다.

75 자문가로서의 역할에 해당되지 않는 것은?

① 협조자
② 훈련 및 교육자
③ 옹호자
④ 경영자

해설
상담이나 치료 과정에서 수퍼바이지를 협조하고 보호하며 훈련 및 교육 과정이 이루어지나 경영활동과 관련된 개입과는 거리가 멀다.

76 심리치료이론과 치료자 역할에 관한 연결이 올바른 것은?

① 정신분석치료 : 분석가들은 전이감정을 유발하기 위해 자신의 경험을 이야기하는 것을 강조한다.

② 인본주의 치료 : 치료자는 내담자의 행동을 바꾸기보다 내담자의 관점을 확장하는 데 더 초점을 둔다.

③ 게슈탈트 치료 : 치료자는 중요한 사람에 대한 감정을 명료화하고 분출하는 것을 강조하기 때문에 치료 과정에서 내담자를 좀처럼 좌절시키지 않는다.

④ 인지 치료 : 치료자는 내담자의 인지적 왜곡이 정신병리의 근원이기 때문에 현재 삶에서의 목적과 의미를 발견하도록 돕는다.

> **해설**
> 인본주의 심리학의 입장에서 본 인간관은, 첫째, 인간을 독자적인 개성을 가진 통일적 존재로 다룬다. 둘째, 각 개인에게는 자신의 잠재능력과 가능성을 높이려는 자아실현의 욕구가 있다고 본다. 셋째, 객관적으로 관찰되는 인간의 행동분석보다 체험하고 있는 개인의 체험과정과 개인의 의미를 이해하는 데 관심을 둔다. 넷째, 인간과 그 상황과의 연결을 중시하고 문화, 사회, 역사적 조건에 관심을 쏟는다.

77 심리치료 요인의 특징에 대한 설명으로 틀린 것은?

① 일반적으로 심리치료에는 적당한 수준의 지적 능력이 요구된다.

② 치료자가 가지고 있는 특정 이론적 지향은 그의 성격이나 따뜻함보다 더 상위에서 영향을 미친다.

③ 다른 조건이 동일할 경우 더 어린 환자들이 치료에 적합한 것으로 여겨져 왔다.

④ 치료자와 더 나은 관계를 맺고 있는 내담자의 치료 결과가 일반적으로 더 좋다.

> **해설**
> 심리치료(Psychotherapy)란 심리적 고통이나 해결하고 싶은 문제를 가진 사람에게 심리학적 전문 지식을 활용하고 동시에 치료자의 성격이나 공감능력 등과 같은 개인의 요인이 더해져 내담자의 문제를 해결하거나 삶의 질을 향상하도록 돕는 전문적인 활동이다.

78 지역사회심리학이 대두되게 된 정신건강에 대한 관점과 가장 거리가 먼 것은?

① 행동에 대한 사회환경의 중요성

② 정서장애에 대한 병리적 측면에 대한 강조

③ 정신건강 프로그램에 대한 지역사회의 참여

④ 사회체계에 대한 관심 및 비전문가의 활용 강조

> **해설**
> 사회환경 속에서 직접 또는 간접적으로 타인과 관계를 가지고 사회의 문화, 규범, 제도 등의 규제를 통하여 생활하는 인간의 경험이나 행동을 그러한 사회적 여러 조건과 관련하여 이해하고 설명하려고 하는 학문으로 정서장애에 대한 병리적 측면에 대한 강조는 거리가 있다.

79 다음 성격평가 검사 중 평가하려는 성격 및 목적이 나머지 셋과 다른 것은?

① CPI(California Psychological Inventory)
② 16PF(16 Personality Factor Questionnaire)
③ PAI(Personality Assessment Inventory)
④ NEO-PI(NEO Personality Inventory)

> **해설**
>
> ③ PAI(Personality Assessment Inventory) : 성인의 다양한 정신병리를 측정하기 위해 모레이가 개발한 성격검사
> ① CPI(California Psychological Inventory) : 정상인을 대상으로 성격적 특징을 측정
> ② 16PF(16 Personality Factor Questionnaire) : 커텔(Cattell)의 성격특성 이론에 근거한 일반 성격심리검사
> ④ NEO-PI(NEO Personality Inventory) : 정신건강, 학업성취, 학습방법, 심리적 장애 등을 예언하는 성격검사

80 신경학적 손상의 결과와 증상이 틀리게 짝지어진 것은?

① 손상된 지남력 – 사람이 누구인지, 오늘이 무슨 요일인지 말하지 못하고 자신의 주변에 관하여 알지 못한다.
② 손상된 판단력 – 결정을 하지 못한다.
③ 얇고 불안정한 정서 – 사소한 자극에도 너무 쉽게 웃거나 운다.
④ 후두엽 증후군 – 충동통제의 장애, 사회적 판단능력과 계획능력이 감소된다.

> **해설**
>
> 후두엽 증후군(Occipital Lobe Syndrome)의 경우 후두엽 기능의 장애에 의해서 생기는 소증상(巢症狀)이고 주로 시각영역의 증상이 나타난다. 환시, 시각성실인, 시공간실인, 반맹, 정신맹 등이 나타난다.

81 자살상담에 관한 설명과 가장 거리가 먼 것은?

① 어떤 경우에도 내담자를 존중하는 지지적인 자세를 취한다.
② 상담자가 주도적으로 상담을 진행하는 것이 중요하다.
③ 자살에 관한 구체적 내용은 안 묻는 것이 좋다.
④ 자살은 우울증 외에도 경계선 성격장애 등 다른 정신장애에서도 발생할 수 있음을 감안한다.

> **해설**
> 보다 적극적이고 직접적인 질문으로 내담자의 자살사고, 자살방법, 자살이유, 자살강도, 자살결심 등에 대한 탐색을 하여 자살을 객관적이고 현실적으로 인식하도록 만든다. 이 같은 질문을 통한 탐색은 상담에 자발적으로 참여하도록 한다. 자살의 이유나 동기를 탐색하는 일은 위기상담의 초점을 결정하는 데 중요한 요인이 된다.

82 치료적 면접에 관한 설명으로 틀린 것은?

① 치료자는 치료에서 자신과 내담자의 역할에 대한 기대를 명확하게 전달한다.
② 치료자는 내담자에게 시간의 제약에 대해 이야기를 하고 치료 속도를 조절한다.
③ 내담자가 일상생활을 영위할 수 없을 때 원인이 되는 과거의 사건을 먼저 다룬다.
④ 내담자의 건강과 안전을 위협하는 문제를 가장 먼저 다룬다.

> **해설**
> 치료적 면접에서 내담자가 치료를 받게 된 시점에 대해 "왜 지금인가?"와 같이 최근에 바뀐 점이 무엇인지에 우선 집중해야 한다.

83 Jung의 분석심리학에서 중년기 이후 인격의 발전 상태를 의미하고 자기를 향해서 성숙해 나가는 것은?

① 개성화
② 그림자
③ 원 형
④ 페르소나

> **해설**
> 개성화(Individuation)는 융의 중심적 개념으로서 자기 속에서 전체화가 어떻게 이루어지는지를 설명하기 위해 사용한 개념이다. 하나의 전일성을 지닌 본래의 자기가 되는 것으로 설명하였다. 개성화가 목표로 하는 자기는 페르소나와 관련된 모든 거짓을 벗고 원형으로부터 오는 에너지를 자유롭고 창조적으로 활용할 수 있는 자기이다.

84 다음 중 건강심리학 및 행동의학에 관한 설명으로 틀린 것은?

① 병의 치료보다는 예방에 힘쓴다.
② 반응적/조작적 방법, 바이오피드백과 인지행동치료가 주로 쓰인다.
③ 심리적이고 사회적인 요소가 질병과 건강에 영향을 미친다고 본다.
④ 생물학적 요인은 만성질환의 원인으로 고려하지 않는다.

> **해설**
> 건강심리학은 건강에 영향을 주는 조건들을 분류하고 만성질환을 진단하고 생리적, 심리적 재활에 포함되는 행동 요인을
> 수정할 수 있도록 돕는다. 건강심리학은 건강과 질병과 관련된 결과를 산출하기 위해 생물학, 사회학과도 협동한다.

85 심리평가 과정에 관한 설명으로 옳은 것은?

① 객관적인 평가를 위해 평가의 본질과 목적은 말하지 않는다.
② 내담자에게 도움을 제공하기 위한 과정임을 설명한다.
③ 선입견을 배제하기 위해 평가 절차에 대한 설명은 생략한다.
④ 내담자 문제의 평가는 반드시 상담자가 직접 한다.

> **해설**
> 심리평가의 목적(치료 계획과 관련한 적절한 치료 유형 및 치료 전략 탐색, 내담자의 자기인식 증진, 자아강도 및 대처능력
> 증진 등)에 대하여 알려야 한다.

86 다음은 어떤 치료방법에 해당하는가?

> 환자에게 이완하는 방법을 가르치고, 환자가 이완 상태에 있는 동안 불안−유발 자극을 위계적으로 제시한다.

① 점진적 이완법
② 반응방지법
③ 체계적 둔감법
④ 내현적 민감화

해설

체계적 둔감법이란 공포를 불러일으키는 자극과 긍정적인 반응을 유발하는 자극을 함께 제시함으로써 불안이나 공포를 제거하는 행동수정 기법을 말한다. 약한 자극부터 강한 자극까지 단계적으로 수위를 조절하는 것이 특징이다.
첫 번째 단계는 긴장 이완 단계로, 근육의 이완이나 깊은 심호흡, 명상 등을 통해 이완 상태에 들어가는 것이다. 이는 긴장과 양립할 수 없는 이완을 통해 긴장을 억제한다는 측면에서 중요하다.
두 번째는, 불안을 유발하는 자극을 약한 것에서부터 강한 것까지 위계적 목록으로 작성하는 것이다. 이는 추후 체계적 둔감법을 활용한 치료에서 유용하게 활용된다. 마지막 단계는, 작성한 목록에서 가장 낮은 단계부터 높은 단계까지 불안을 유발하는 자극에 노출하면서 불안을 극복해나가는 것이다.

87 성폭력 피해자에게 표준적인 지속노출치료를 적용할 때 옳은 것은?

① 치료자는 심상노출을 하는 내담자에게 일정 시간(예 5분) 간격으로 주관적 고통을 수치로써 평가하도록 한다.
② 내담자는 눈을 감은 상태에서 성폭행 사건에 대해 과거 시제로 자세하게 이야기한다.
③ 치료자는 내담자가 두려워하는 상황에 가능한 짧게(예 10분 미만) 머물러 있도록 과제를 부여한다.
④ 치료자는 심상노출 회기를 녹음하고 이를 치료 회기 중에 내담자와 함께 반복하여 청취한다.

해설

• 지속노출치료(Prolonged Exposure Therapy ; PE)는 외상후스트레스장애(PTSD)를 치료하기 위해 고안된 행동치료(Behavior Therapy)와 인지행동치료(Cognitive Behavioral Therapy ; CBT)의 한 형태이다. 주요 치료 절차로는 심상적 노출법(Imaginal Exposure)과 실제적 노출법(In Vivo Exposure)이 있다. 심상적 노출법은 트라우마 기억을 의도적으로 끄집어내어 반복적으로 말하는 것이다. 실제적 노출법은 객관적으로는 안전하지만 환자에게는 트라우마나 위험을 느끼게 하는 상황, 장소, 사물을 서서히 직면하는 것이다.
• 심상적 노출법(Imaginal Exposure)은 트라우마적 기억을 다시 떠올려 보고 이것을 큰 목소리로 말해보며 다시 떠오르는 경험을 처리한다.

88 AA(Alcoholics Anonymous)의 12단계 모델에 관한 설명으로 틀린 것은?

① AA는 근본적으로 영적인 프로그램이며 따라서 치료가 아니라 삶과 존재의 방법으로 12단계 모델의 근간을 이룬다.

② AA의 12단계 실천은 정직, 겸손, 인내 등의 성장으로 특징지어지는 영적인 성장을 가져오고, 이것이 알코올 중독자의 회복 수단이 된다.

③ AA의 12단계 중 알코올에 대해서는 첫 단계에서만 언급되어 있을 뿐 다른 것은 영적 과정과 관련되어 있다.

④ 알코올 중독자의 음주는 영적인 삶과 성장에 대한 잘못된 인간 욕구의 반영이기 때문에, 단주만이 알코올 중독자의 삶을 변화시킬 수 있는 유일한 대안은 아니라고 하였다.

> **해설**
>
> 알코올 중독자들의 단주를 돕기 위한 모임인 AA 모임은 AA의 12단계를 잘 지키도록 서로 격려하는 것을 원칙으로 삼고 있다. AA는 알코올중독의 치료를 위해 가장 중요한 것은 자기 스스로 중독의 상태에 있음을 인식하는 일이라고 강조하고 있으며, 12단계도 그러한 AA의 원칙에 따라 알코올 중독자 스스로 자신의 상태에 대한 정확한 인식을 하고 이를 받아들이며, 자신의 음주와 관련된 행동에 대한 도덕적인 책임감을 함양할 수 있는 단계로 구성되어 있다.

89 학습 상담의 각 단계에서 다루어야 할 내용에 대한 설명으로 틀린 것은?

① 초기 단계 : 지능검사, 학습방법검사, 학습태도검사, 기초학력검사 등을 실시하였다.

② 중기 단계 : 학습부진의 원인이 되는 자기패배적 악순환을 자각하도록 하였다.

③ 중기 단계 : 복습과 예습계획 및 수업 전략을 수립하였다.

④ 종결 단계 : 내담자에게 스스로 학습할 수 있는 능력에 대한 자신감을 심어주었다.

> **해설**
>
> 초기 단계에서는 내담자가 느끼는 학업상의 주 호소내용이 무엇인지, 상담에서 얻고자 하는 바가 무엇인지 등을 파악하고, 다양한 검사를 통하여 문제를 진단하고 내담자를 평가한다.
> 중기 단계에서는 학업성취를 잠재력 수준으로 높이기 위한 선행조건들이 갖춰져 있는지, 학습 전략은 어떠한지를 점검하고 올바른 학습방법이나 효율성을 향상하는 데 중점을 둔다.
> 마지막으로 종결 단계에서는 학습목표를 도달하는 과정을 스스로 점검하게 하고 자신에게 맞도록 목표를 수정하거나 자신을 조절해 나가도록 도와주며 긍정적인 결과를 공고히 하도록 한다.

90 인지치료에서 불안, 우울과 같은 부정적 감정과 관련하여 인지적 요인의 중요성을 강조하는 이유가 아닌 것은?

① 비합리적 신념은 정서 및 행동 문제에 영향을 주는 핵심적 요인이기 때문이다.
② 비합리적 신념은 대개 쉽게 의식할 수 있기 때문이다.
③ 비합리적 신념의 변화는 감정과 행동에도 변화를 발생시키기 때문이다.
④ 인지적 변화는 정서나 행동 변화보다 천천히 일어나기 때문이다.

> **해설**
> 아론 벡은 역기능적인 인지 변화 후 그에 따른 행동을 변화시키기 위해 인지적 접근을 통한 치료를 주장하였다.

91 다음 사례에서 A 씨와 치료를 종결할 때의 요령으로 가장 적합하지 않은 것은?

> A 씨는 최근 남자친구와 헤어진 후 심한 우울증을 경험하고 인지치료를 받게 되었다. 치료자는 접수 면접에서 A 씨가 남자친구뿐만 아니라 다른 사람에게도 매우 의존적임을 알게 되었다.

① 치료 종결과 재발 방지를 위한 준비는 치료가 일정 기간 진행된 이후에 준비하도록 이야기한다.
② 치료 과정 중 진척이 있을 때마다 공을 내담자에게 돌리고 칭찬해준다.
③ 치료 종결 시점을 내담자가 가능한 일찍 알 수 있도록 이야기한다.
④ 점차로 회기수를 줄이면서 치료자의 지지가 없이도 잘해낼 수 있음을 깨닫도록 한다.

> **해설**
> 치료 종결은 심리치료 초기 단계에서 중심적으로 다뤄야 하는 부분이며, 종결 시에는 상담자에 대한 의존성 정도를 다루고 이별 및 분리와 관련된 정서 등에 대해 충분히 다뤄야 한다.

92 가출 충동을 느끼는 청소년을 상담할 때 적절하지 않은 것은?

① 청소년의 가출 동기와 목적을 평가한다.
② 청소년의 가출 행동을 적극적으로 수용한다.
③ 가출 후 겪게 되는 어려움에 대해 알려준다.
④ 당면 문제에 대한 새로운 대안 탐색을 돕는다.

> **해설**
> 청소년의 가출 행동에 대하여 적극적으로 수용하기보다는 가출 행동에 대한 구체적인 계획이 있는지, 가출의 구체적인 동기와 이유 및 목적을 탐색하고 이에 따르는 부적 정서들을 덜 느낄 수 있도록 긍정적 행동에 대한 대안을 함께 찾는다.

93 노인 환자가 치료자와 효과적인 의사소통을 못 하게 되는 이유와 가장 거리가 먼 것은?

① 치료자를 대하는 신중함의 증가
② 치료자에 대한 비현실적인 높은 기대
③ 치료자를 자식같이 여기는 전이 발생
④ 비의도적인 실수와 보고 누락

해설

노인상담에서 내담자와 상담자의 나이 차이는 치료 관계에서 전이와 역전이가 발생하며, 이는 상담과 치료에 중요한 영향을 미친다. 내담자에게서 나타나는 전이의 내용은 다양한데, 치료가 진행될수록 내용의 의미와 드러나는 양식이 달라질 수 있다. 내담자는 상담자를 부모상과 관련지으며 어린 시절의 문제를 해결하려고 하거나 발달과정을 거치면서 경험한 여러 관계에서 형성된 자신과 타인에 대한 개념을 가지고 치료 관계에 임한다. 그리고 현 발달 단계에서 겪고 있는 관계 경험, 즉 배우자와 사별한 내담자는 상담자를 배우자로 여기거나 자신을 보살펴 주는 자녀로 생각할 수도 있다. 이러한 상담장면에서 발생하는 전이를 충분히 이해하고 통찰하는 것이 성공적 상담을 이끌어 낼 수 있다.

94 다음 설명에 해당하는 재활모형의 기본이 되는 개념은?

인간으로서 정상이라고 생각되는 방식이나 범위 내에서 할 수 있는 활동을 수행하는 능력이 제한된 상태를 일컬으며, 그 예로 직무적응기술, 사회기술, 일상적인 생활 활동 기술의 부족이 있다.

① 손 상
② 장 애
③ 핸디캡
④ 역기능

해설

장애(Disability)란 손상/결함의 결과로 정상적인 기능이나 일상생활활동을 수행할 수 있는 능력의 제한이나 결핍이 초래된 상태이다. 일면 사회기술이나 자조능력의 저하 등이 나타날 수 있다.

95 Rogers가 제시한 인간중심치료에 대한 설명으로 틀린 것은?

① 자신의 이론을 정신분석이나 행동주의와 대비되는 치료과정에 관한 과학적 사실로서 제시하였다.

② 내담자가 현실을 더욱 완벽하게 직면하는 방법들을 발견할 수 있는 능력을 가진다고 가정한다.

③ 일관성, 수용성, 공감적인 치료 관계는 지금-여기의 경험에 관심을 갖도록 이끈다고 가정한다.

④ 모든 내담자에게 치료자는 실수할 수 있음을 전제한다.

> **해설**
> • 1940년대 초 칼 로저스(Carl Rogers)가 발전시킨 심리치료방법으로, 인간은 긍정적인 변화를 위한 내면적 동기와 잠재력을 가진 존재이므로 치료자가 내담자를 받아들여 공감하고 존중하고 이해하면 내담자 스스로 변화를 모색하며 문제를 해결한다고 본다.
> • 이에 반하여 행동주의에서 왓슨(John Broadus Watson, 1878~1958)은 심리학이 과학으로서의 자율성과 엄밀성을 확립하기 위해서는 의식을 배제하여 객관적으로 관찰 가능한 행동만을 문제로 삼아야 한다는 것을 주장하면서 자극(S)과 반응(R)의 연쇄에 의해 행동을 설명하는 이른바 S-R 심리학의 입장을 표명했다.

96 치료 및 진단을 위한 사례 개념화의 단계가 바르게 나열된 것은?

> ㄱ. 증후군을 파악하기
> ㄴ. 감별진단 구성하기
> ㄷ. 동반이환 파악하기
> ㄹ. 데이터베이스 구축하기
> ㅁ. 사례 개념화

① ㄱ - ㄴ - ㄷ - ㄹ - ㅁ

② ㄹ - ㄱ - ㄴ - ㄷ - ㅁ

③ ㄷ - ㄴ - ㄹ - ㄱ - ㅁ

④ ㄴ - ㄹ - ㄱ - ㄷ - ㅁ

> **해설**
> ㄹ. 데이터베이스 구축하기 : 현 병력, 과거 정신과 병력, 가족력, 성장과정 등의 정보를 구축한다.
> ㄱ. 증후군 파악 : 몇 가지 증후가 나타나지만 그 원인이 명확하지 않거나 단일하지 않은 증상들을 통틀어 파악하는데 일면 증상과 징후가 얼마나 발달 과정상 갈등이나 발달 단계와 관련 있는지, 다른 의학적 상태와 관련 있는지 등을 파악한다.
> ㄴ. 감별진단 구성 : 주어진 정보를 이용하여 환자가 어떤 질병이나 의학적 상태에 놓여있는지 판단함과 동시에 비슷한 증상을 보이는 다른 질병과 구분하는 의사결정 과정이다.
> ㄷ. 동반이환 파악 : 관련이 없는 병리학적 혹은 질병 과정이 공존하는 상태로서, 역학에서 2개 이상의 질병 과정이 공존하는 것을 파악한다.
> ㅁ. 사례 개념화 : 위 과정을 마치면 환자의 특징적 행동, 정서, 사고에 이론적인 지식을 적용하여 문제의 성격과 원인에 대해 치료자가 잠정적인 가설적 설명과 이에 기초한 치료 목표 및 전략을 수립한다.

97 물질 사용장애와 정신질환이 함께 있는 이중진단 장애의 진단 및 치료 원칙과 가장 거리가 먼 것은?

① 정신과적 진단 및 장기치료 계획을 세우기 전에 술이나 약물을 끊게 하고 관찰 기간을 반드시 가진다.

② 급성 정신증상과 급성 물질남용증상을 우선적으로 안정시킨다.

③ 두 질환에 대하여 표적 증상은 구분하여 치료하는 것이 바람직하다.

④ 단주를 위해서 이중진단 환자에게 중독 상담이나 AA 참석만으로 충분하지 않으므로 심리치료를 병행해야 한다.

> **해설**
> 이중진단장애(Dual Diagnosis Disorder)의 경우 두 질환 모두 만성질환이고, 재발의 위험성이 많으며, 치료하지 않으면 계속해서 증세가 악화되는 병으로, 동시에 발병할 경우 치료가 매우 어렵다. 이 두 가지 병은 서로 복잡한 상호관계를 가지는데, 정신질환이 있으면 물질중독을 유발할 가능성이 높거나 물질사용장애를 악화시켜 중독에 이르도록 하기도 한다. 이중진단 환자들은 일반적으로 심각하고 만성적인 신체적·사회적·정서적 문제를 겸하고 있으며, 두 가지 질병을 함께 가지고 있기 때문에 정신증상에 따르는 약물의 문제가 쉽게 재발하고, 이러한 약물문제의 재발은 정신증상을 더욱 악화시킨다. 따라서 치료가 장기화되고, 치료의 진전도 느리며, 일상적인 스트레스에 더욱 취약한 특징을 보이므로 복합적인 치료적 개입이 바람직하다.

98 상담 수퍼비전에 관한 설명과 가장 거리가 먼 것은?

① 수퍼비전 계약 시 시간요소, 교육구조, 수퍼비전 구조, 평가 방법 등 세부적인 내용을 명시한다.

② 신뢰적 관계형성과 상호 책임감을 갖도록 수퍼비전 계약을 명문화한다.

③ 전이 형성을 위해 수퍼바이저의 학위와 경력은 가급적 노출하지 않는 것이 바람직하다.

④ 객관성 확보를 위해 수련 평가도구를 사전에 수련생들에게 고지한다.

> **해설**
> 수퍼비전을 진행하기 전에 수퍼비전의 목표와 목적에 대하여 분명히 밝히고 수퍼비전의 구체적인 내용을 수퍼바이지에게 알려야 한다. 그리고 수퍼비전에서 무엇이 기대되는지도 알려 주어야 하며 평가방식과 수퍼바이저와 수퍼바이지의 의무 및 책임에 대해서도 알려 주어야 한다. 계약기간과 수퍼바이저의 자격 및 역량에 대하여 명시하고, 절차상의 문제가 생길 경우 어떻게 해결할지 그 방법에 대해서도 명시한다.

99 내담자의 말이나 행동 간 또는 내담자의 진술 간 어떤 불일치가 발견되나 내담자가 이에 대해 깨닫지 못하고 있을 때 이에 대해 주의를 기울이도록 지적해 주기 위해 사용하는 상담 기법에 해당하는 것은?

① 해 석
② 직 면
③ 반 영
④ 재진술

> **해설**
> 직면(Confrontation)이란 내담자의 행동, 사고, 감정에 있는 불일치나 모순을 깨닫도록 하는 것이다.

100 다음 중 현실치료의 기본 입장이 아닌 것은?

① 내담자에게 필요한 사람들과 관계를 맺는 법을 가르쳐 주는 것을 강조한다.
② 내담자가 보이는 증상의 원인이 자신에 의해 비롯되었다는 현실을 거부한다.
③ 전이는 치료자나 내담자가 현재에 대한 책임을 드러내는 중요한 현상으로 간주된다.
④ 내담자에게 의미 있는 관계가 향상되지 않는 한 증상의 호전은 기대되지 않는다.

> **해설**
> 현실치료자는 전이를 잘못되고 오도될 수 있는 개념으로 보기 때문에 전이의 아이디어를 거부한다.

얼마나 많은 사람들이
책 한 권을 읽음으로써
인생에 새로운 전기를 맞이했던가.

−헨리 데이비드 소로−

합격의 공식
시대에듀

훌륭한 가정만한 학교가 없고,
덕이 있는 부모만한 스승은 없다.

−마하트마 간디−

기출이 답이다
임상심리사 1급(필기+실기)
PART

2

실기 기출문제

지식에 대한 투자가 가장 이윤이 많이 남는 법이다.

– 벤자민 프랭클린 –

2024년 실기 기출문제

01 다음은 학습의욕이 없고 일상생활에 흥미가 저하된 11세 남자 아동의 검사 결과이다. 검사 결과를 바탕으로 진단명과 그 근거를 제시하시오.

> • Rorschach : ZD< −3.5
> • KPI−C : DEP=66, HPR=72, ERS=32
> • HABGT : 수행시간 약 1분 10초, 도형 A가 가운데 위치하고 5개 도형의 각도 변화 및 2번가량 도형을 재작성하였음

해설

(1) 진단명 : ADHD(주의력결핍 과잉행동장애)

(2) 근 거

① Rorschach : ZD< −3.5으로 낮은 과소통합자의 특성으로 정보를 너무 적게 받아들이고 이로 인하여 자신의 경험에 대한 탐색도 적절한 수준보다 적을 수 있어 성급하고 부주의한 정보처리 스타일을 보일 수 있다.

② KPI−C : 우울 및 과잉행동척도의 상승과 더불어 자아탄력성의 저하를 보이고 있다.

③ HABGT

㉠ 수행시간 약 1분 10초 : 수행시간이 짧은 편으로 수행에 적절한 노력의 정도가 미흡하고 충동적이거나 집중력이 부족할 수 있다.

㉡ 도형 A의 위치 : 도형 A의 위치가 중앙에 위치하고 있어 자기중심적이고 주장적일 수 있다.

㉢ 5개 도형의 각도 변화 : 감정조절과 충동통제가 원활하지 않은 상태일 수 있다.

㉣ 도형 재작성 2회 : 현재 불안 수준이 상승되어 있을 가능성이 있다.

02 문장완성검사를 실시할 때 수검자에게 설명해야 할 핵심적인 내용을 5가지 쓰시오.

해설

① 답에는 정답, 오답이 없으며 생각나는 것을 쓰시오.

② 글씨나 글짓기 시험이 아니므로, 글씨나 문장의 좋고 나쁨을 걱정하지 말고 작성하시오.

③ 주어진 어구를 보고 머릿속에 처음 떠오른 생각나는 것을 쓰시오.

④ 시간에 제한은 없으나 너무 오래 생각지 말고 빨리 쓰시오.

⑤ 펜이나 연필로 쓰되 지울 때는 두 줄로 긋고 옆에 빈 공간에 쓰시오.

03 신경심리평가에서 배터리법과 개별검사법이 있는데 배터리법의 장단점을 각 2가지로 설명하시오.

해설

(1) 장 점

① 뇌 기능의 다양한 영역을 평가할 수 있도록 포괄적으로 구성되어 있기 때문에 수검자의 약점뿐만 아니라 인지기능상의 강점도 함께 살펴볼 수 있다.

② 규준이 마련되어 있고 관련 선행연구가 축적되어 있기 때문에 연구를 위한 목적으로 사용할 수 있다.

③ 숙련되지 않은 전문가도 일정 기간의 훈련을 통해 비교적 쉽게 시행할 수 있다.

(2) 단 점

① 여러 하위 검사를 모두 수행하다 보니 소모되는 시간이 많고 수검자나 평가자가 검사에 투여하는 에너지 소모가 많다.

② 손상의 정도가 심각한 경우에는 여러 영역의 검사를 수행하기 어렵다.

③ 동일한 장애라고 하더라도 뇌의 어느 반구에 손상을 입었는지에 따라 크게 영향을 받지 않는 인지 영역이 있고 실제 손상되어 있는 영역이 있다. 이러한 경우 배터리법의 경우 실제 손상되어 있는 인지 영역의 평가를 우선으로 하여 검사를 선정하고 실시하는 과정이 비효율적일 수 있다.

04 규준참조검사와 준거참조검사의 기본적 차이점을 설명하시오.

해설

① **규준참조검사** : 한 피험자가 받은 점수가 다른 피험자들이 받은 점수에 의해 상대적으로 결정되는 평가방식이다.

　예 웩슬러 아동용 지능검사, 미네소타 다면적 인성검사

② **준거참조검사** : 사전에 결정된 수행준거 또는 목표를 얼마나 성취했는지에 초점을 두는 평가방법이다. 즉, 준거참조평가는 다른 사람들과 비교하는 것이 아니라 한 개인이 무엇을 할 수 있고 무엇을 알고 있는가를 확인하기 위해 사용한다.

　예 학업성취도평가, 자격증시험

05 지능검사에서 숫자 외우기 소검사 점수에 영향을 미치는 요인 5가지를 기술하시오.

해설

① 주의력 범위

② 불 안

③ 주의 산만

④ 유연성

⑤ 학습장애

⑥ ADHD

⑦ 지시에 따르는 능력

⑧ 청력 문제

06 행동평가 유형 중 자연관찰법의 오차변인 4가지를 쓰시오.

해설

① 관찰자 효과
② 관찰자 편향
③ 표본 편향
④ 기록의 오류
⑤ 해석의 오류
⑥ 관찰의 일관성 부족

07 신뢰도 검사방법 중 검사–재검사법의 단점 3가지를 기술하시오.

해설

① 검사–재검사 신뢰도의 기본 가정은 검사에서 측정하고 있는 특성이 시간적 안정성을 갖는다. 따라서 검사–재검사법은 상태불안이나 뇌 손상 정도를 측정하려는 도구에는 적절하지 않다.
② 안정된 특성이라 할지라도 검사에서 측정하려는 특성 이외에 다른 많은 요인이 검사 점수에 영향을 미치기 때문에 완벽한 검사–재검사 신뢰도를 갖는 검사는 없다. 이와 같은 가외변인으로는 피로, 환경 조건, 검사자의 검사 실시 방법 등이 있다.
③ 1차 검사 실시의 경험이 2차 검사 실시에 영향을 미칠 수 있는데 시간 간격이 짧을 때는 기억, 연습, 혹은 기분이 영향을 미치며 시간 간격이 길 때에는 새로운 정보를 획득할 가능성과 기분 변화로 인한 효과가 영향을 미칠 가능성 배제하기 어려우므로 해석할 때 일부 제한점이 있다.

참고

검사–재검사 신뢰도 : 동일한 검사를 동일한 대상에게 일정한 시간 간격을 두고 2번 실시했을 때 그 점수가 일치되는 정도를 의미하며, 흔히 안정성 계수(Coefficient of Stability)라고 부르기도 한다.

08 행동평가의 장점 3가지를 쓰시오.

① 객관적이고 구체적인 정보를 제공한다.
② 다양한 분야에 적용 및 활용 가능하다.
③ 즉각적 피드백 제공을 통해 개인의 강점/약점을 파악 가능하다.

09 K-WAIS 단축형 검사가 실시될 수 있는 상황 3가지를 쓰시오.

① 정신장애를 감별하고 성격의 일부분인 지능에 대한 대략적인 평가가 목적인 경우
② 과거 1년 이내에 수검자에 대한 신경심리평가를 포함한 완전한 심리평가가 완료되었고 임상적으로 특이한 변화가 없는 상태에서 현재의 심리적 상태나 지능에 대한 대략적인 평가가 요구되는 경우
③ 많은 수검자들을 대상으로 하여 철저한 임상적, 신경심리적 평가가 필요한지를 가리기 위해 스크린용 검사를 시행하는 경우
④ 현실적 조건에 따라 제한된 시간만이 허용될 수 있고 지능평가가 일차적인 목적이 아니고 다른 심리평가의 일부인 경우
⑤ 임상 평가의 목적이 수검자의 지능 수준의 판단이고 특정한 능력이나 인지적 손상에 대한 평가가 아닌 경우

10 로르샤하 검사에서 '두 마리의 닭이 농구공을 들고 있다'라는 반응의 특수 점수 채점은 어떻게 하는가?

해설

FABCOM

11 MMPI 검사에서 척도 0이 낮은 경우의 특징을 5가지 기술하시오.

해설

① 기본적으로 사교적이고 외향적인 성향으로 주위에 사람들이 있기를 바라며 잘 어울리는 편이다.

② 활발하고 유쾌하고 친절하고 말이 많은 편이다.

③ 지적이고 표현이 풍부하고 언어적 표현이 유창한 편이다.

④ 능동적이고 에너지가 넘치고 활기가 있는 편이다.

⑤ 권력과 지위와 사회적 인정에 관심이 많으며 경쟁적인 상황을 갖는다.

⑥ 때로 미성숙하고 자기 탐욕적인 경향이 있다.

⑦ 대인관계가 피상적인 경향이 있고 때로 타인을 조정하려 하고 기회주의적이다.

⑧ 충동 조절에 어려움이 있어서 행동의 결과를 생각해보지 않고 행동하는 경향이 있다.

12 임상심리사는 심리평가를 통하여 심리평가 결과를 해석해주는 과정에서 내담자가 자신의 문제를 해결할 수 있도록 유용한 정보를 제공한다. 이때 심리평가의 결과 해석이 내담자에게 주는 긍정적인 효과 4가지를 기술하시오.

해설

① 내담자가 나타내는 증상과 문제에 대한 심각성을 구체적으로 알 수 있다.

② 내담자가 지니고 있는 자아 강도와 문제 영역을 자각하고 인식할 수 있다.

③ 내담자의 주의력, 기억력, 실행 기능을 비롯한 인지능력 및 기능 수준, 지적 능력을 알 수 있다.

④ 내담자의 성격 구조 및 패턴, 대인관계 양상에 대해 알 수 있다.

⑤ 내담자가 보이는 심리적 증상과 문제에 대한 적절한 치료적 개입의 유형이나 방향성을 알 수 있다.

⑥ 내담자의 삶이라는 맥락을 반영하고 고유한 문제를 깊이 있고 넓은 조망으로 이해할 수 있다.

13 우볼딩이 제시한 내담자의 자살위협평가를 할 때 치료자가 중점적으로 살펴보아야 할 징후를 5가지 쓰시오.

해설

① 자살계획을 구체적으로 세우고 토의한다.

② 값비싼 물건을 처분한다.

③ 이전에 자살 시도한 이력이 있다.

④ 우울 및 무력감이나 희망 상실을 보인다.

⑤ 자신이나 타인 및 세상에 대한 분노를 보인다.

⑥ 우울감을 보인 후 갑작스럽게 긍정적인 정서 및 행동 양상을 보인다.

14 에릭 번의 교류분석적 상담과 REBT의 유사점 3가지를 쓰시오.

해설

① 증상제거를 목표로 하기보다는 사고능력이나 가치를 검토하고 변화를 지향하며 지시적이고 교육하는 것과 같이 분명한 방안을 제시한다.

② Berne의 '어버이 자아상태(Parent Ego State)'는 부모나 부모 표상으로부터 과거에 무비판적으로 받아들인 행동, 사고, 감정의 방식을 사용하는 것이며 Ellis의 경우 이와 유사한 개념으로는 내담자의 비합리적 신념의 근간인 '당위적 사고(Should Thinking)'가 있는데 일면 지속적인 당위적 조건이 없음에도 불구하고 그것을 기대하는 사고 또는 요구이다. 이 두 개념은 증가될수록 심리적 장애를 더 많이 경험할 수 있으며 치료를 통하여 경감시켜야 한다.

③ 상담 과정에서 과거에 대해 초점을 두기보다는 지금-여기, 최근 사건에 대한 분석에 중점을 둔다.

15 합리적정서행동치료(REBT)를 적용하기 어려운 임상군 4가지를 쓰시오.

해설

① 현실 접촉감이 없는 경우

② 심한 조증 상태, 심한 자폐 혹은 뇌 손상상태 및 심한 정신지체의 상태의 경우

③ 단일한 문제라기보다는 복합적인 문제를 지니고 있는 경우

④ 정서적 혼란감이 극심하거나 극적으로 고통을 받는 경우

⑤ 만성 회피자 혹은 기피자로서 마술적 해결을 추구하는 경우

16 알코올중독 부모의 자녀들을 대상으로 집단상담을 할 경우 포함되어야 할 사항 6가지를 쓰시오.

해설

① 부모의 음주가 자신 때문이라고 생각하는 잘못된 인식 교정하기

② 가정 내 긴장이나 분노가 반복적으로 지속되었을 가능성이 높으므로 집단 내에서 자신의 부적 감정을 표현하면서 정화하는 과정 갖기

③ 집단상담을 통하여 자신에 대한 이해의 폭을 넓히며 자신으로서 수용받기

④ 동일한 문제에 대하여 공감하고 정서적 지지 얻기

⑤ 집단치료를 통하여 희망을 고취하며 타인으로부터 자신의 가치를 인정받기

⑥ 자신의 정서적, 정신적 건강을 돌볼 수 있는 방법을 배울 수 있도록 하며, 스트레스 관리, 문제 해결 능력 등을 향상시키기 위한 훈련하기

17 상담의 구조화 과정 중 '고지된 동의'의 주요 내용 6가지를 쓰시오.

해설

① 제공되는 상담의 목적과 과정에서 경험하게 될 활동

② 비밀보장의 한계

③ 상담자의 자격과 관련된 정보의 공개

④ 상담자와 내담자 간 역할과 책임

⑤ 치료비용 및 기간/시간에 대한 안내

⑥ 상담 과정에서 내담자가 기대할 수 있는 서비스

18 심리전문가의 전문적인 책임 및 윤리적 고려사항 5가지를 기술하시오.

① **전문가로서의 태도(전문적 능력)** : 심리전문가는 자신의 능력의 한계를 인정하고 교육과 수련, 경험 등에 의해 준비된 역량의 범위 안에서 전문적인 서비스와 교육을 제공해야 한다. 아울러 문화, 신념, 종교, 인종, 성적 지향, 성별 정체성, 신체적 또는 정신적 특성에 대한 자신의 편견을 자각하고, 이를 극복하기 위해 노력해야 한다.

② **전문가로서의 태도(성실성)** : 자신의 신념체계, 가치, 제한점 등이 미칠 영향력을 자각해야 하며 자신이 지도감독 내지 평가하거나 기타의 권위를 행사하는 대상, 즉 내담자, 학생, 수련생, 연구 참여자 및 피고용인을 물질적, 신체적, 업무상으로 착취하지 않아야 한다.

③ **사회적 책임(사회와의 관계)** : 심리전문가는 사회의 윤리와 도덕기준을 존중하고, 사회공익과 상담분야의 발전을 위해 최선을 다해야 하며 상담자 양성에 도움이 되는 다양한 전문적 활동에 참여한다.

④ **내담자의 복지와 권리에 대한 존중(내담자 복지)** : 내담자의 복지를 증진하고 존엄성을 존중하는 것이며 내담자의 잠재력을 개발하여 건강한 삶을 영위하도록 도움을 주며, 어떤 방식으로도 해를 끼치지 않는다.

⑤ **상담관계(다중관계)** : 객관성과 전문적인 판단에 영향을 미칠 수 있는 다중관계는 피해야 한다. 가까운 친구나 친인척, 지인 등 사적인 관계가 있는 사람을 내담자로 받아들이면 다중관계가 되므로, 다른 전문가에게 의뢰하여 도움을 준다. 의도하지 않게 다중관계가 시작된 경우에도 적절한 조치를 취해야 한다.

⑥ **상담관계(성적 관계)** : 내담자 및 내담자의 보호자, 친척 또는 중요한 타인에게 자신의 지위를 이용하여 성희롱 또는 성추행을 포함한 성적 접촉을 해서는 안 된다.

19 약물중독자들에게 집단상담이 필요한 경우 6가지를 설명하시오.

해설

① 의사소통능력의 기술이나 사회기술훈련이 필요한 경우

② 상담 과정뿐만 아니라 상담 종결 이후에도 타인의 지지가 도움 된다고 여겨지는 경우

③ 이완훈련이나 자기주장훈련이 필요한 경우

④ 재발예방이나 거절기술훈련과 같은 열린 집단이 효과적인 경우

⑤ 타인과의 소속감이나 유대감 향상이 필요한 경우

⑥ 안전한 환경에서 자신의 감정을 표현하고 이를 통해 감정적 치유가 필요한 경우

20 다중양식이론은 행동치료나 합리적–정서적 행동치료 및 인지치료 등에서 나왔지만 다른 모든 접근들과는 별개의 독특한 특성을 갖고 있다. MMT의 특징을 5가지 쓰시오.

해설

① 맞춤치료와 같이 개인의 개성에 맞추는 측면이 있어 치료의 형태, 스타일 및 보조는 가능하면 언제나 각 내담자의 지각된 요구 사항에 맞추어진다.

② 중다양식치료는 BASIC–ID 전체에 독특하고 포괄적인 주의를 두며, 이차적인 BASIC–ID 평가를 사용한다.

③ BASIC–ID으로 개인이 가지고 있는 일곱 가지 기본적 특성 중 가장 우선적인 문제가 무엇인가를 파악하여 최상의 치료방법을 찾아낸다.

④ 양식 프로파일과 구조적 프로파일을 사용한다.

⑤ 의도적인 다리 놓기 절차와 양식의 점화 순서를 추적한다.

CHAPTER
02 **2023년 실기 기출문제**

01 스스로 분노 조절 어려움이 있어 심리적인 문제를 경험하는 경우 적용할 수 있는 인지행동적 접근의 분노 조절 기법 5가지를 기술하시오.

해설

① **사회기술훈련** : 내담자들로 하여금 대인 관계의 갈등과 대인 기술 부족으로 인한 어려움을 해소하게 하여 분노 문제를 대처하는 데 유용하게 사용된다.

② **행동적 예행연습** : 내담자가 실제 행동을 하기 전에 상담회기에서 혹은 과제를 통해 미리 연습을 해 보는 방법으로 치료자와 역할연기를 할 수 있다. 치료자는 내담자가 보다 분노를 적절히 조절하고 반응할 수 있도록 피드백을 해 주고 코칭을 한다.

③ **노출치료** : 노출치료 가운데 심상을 통한 상상노출을 통하여 실제 노출을 하기 어려운 경우 단계적인 접근을 전략적으로 고려하여 자신이 정서 조절로 인하여 두려워하는 상황이나 장소에 대한 심상을 떠올리도록 하여 심상 속에 머물면서 정서조절에 대처하는 상상을 하도록 한다.

④ **호흡 및 이완훈련** : 내담자의 부적 정서에 대한 통제감을 회복할 수 있도록 분노가 유발되는 상황에서 복식호흡을 통해 신체가 이완되면서 자연스럽게 부적 정서가 감소될 수 있도록 한다.

⑤ **분노유발모형 파악하기** : 불쾌한 사건이 부정적인 정서를 일으키고 이와 연합되어 있는 분노 관련 정서, 사고, 기억, 신체 반응들이 자동적으로 활성화된다고 가정하고 있다. 이때 불쾌한 사건이라는 지각이 있기 위해서는 분노를 유발하는 상황이 당사자에게 이로운 것인지 해가 되는 것인지에 대한 평가가 필요하다.

⑥ **자동적 사고 찾기 및 수정하기** : 자동적 사고 기록지를 활용하여 자신의 부적인 정서가 나타났을 때의 구체적인 감정, 인지, 행동 등에 관한 자기 모니터링을 하고 부적 정서가 적절하게 조절될 수 있도록 한다.

⑦ **비합리적인 신념 찾기** : 비합리적인 신념의 수치가 높을수록 분노의 수치도 높아지는 경향이 있으며 비합리적 신념 중에서 분노와 특히 관련이 많은 것은 파국화, 완벽주의, 남 탓하기, 높은 인정 욕구, 좌절에 대한 낮은 인내력, 무력감, 과도한 걱정 등이 있으므로 비합리적 신념을 찾고 논박을 통하여 합리적 사고를 형성하도록 돕는다.

02 17세의 우울증 환자에게 MMPI-A를 실시하였다. 타당도 척도와 임상척도가 모두 상승하였다면 가능한 임상적 해석 5가지를 쓰시오.

해설

① 우선 타당도 척도를 살펴 무효 프로파일 여부를 확인해야 함
② 자신의 정서적 곤란을 인정하고 이와 같은 문제에 대한 도움을 요청하는 경우로 문제를 해결할 수 있는 자신의 능력에 대하여 자신이 없는 상태일 가능성
③ 검사 혹은 검사자에 대해 저항할 가능성
④ 빨리 도움을 얻고자 증상을 과장할 가능성
⑤ 일부러 정신적 장애가 있는 것처럼 위장할 가능성
⑥ 심각한 정신병리 혹은 기능 손상의 가능성

03 아래 설명에서 MMPI의 어떤 2 Code Type에 해당하는지 쓰고, 임상적 특징을 작성하시오.

> 미성숙하고 자기도취적이며 제멋대로 행동하는 방종한 모습을 보인다. 다른 사람들에게 인정이나 관심을 갈망하면서도 타인을 냉소적이고 의심하는 경향이 있다. 또한 거절에 취약하여 비난을 받는 경우 적대감을 드러내거나 수동-공격적인 태도를 보인다. 타인의 동기를 의심하고 깊은 정서적 관계를 맺지 않으려고 한다. 자주 비아냥거리고 쉽게 화를 내며 논쟁적이고 권위자에 대한 반감이 있다.

해설

4-6, 6-4 Code Type

사람들은 화를 잘 내고 원망하며 말다툼을 잘하며 일반적으로 사귀기 힘든 유형이다. 미성숙하고 자기도취적이며 자기중심적이고 보통 때는 적개심을 어느 정도 통제하다가 가끔 요란하게 터뜨린다. 그들은 근본적으로 수동-의존적인 사람으로 타인에게 지나치게 주의와 동정을 요구하나 다른 사람이 그들에게 어떤 극히 사소한 요구라도 하게 되면 금방 화를 낸다. 그들은 분노의 원인을 항상 외부에 전가하며 타인의 동기를 의심하고 깊은 정서적 관계 형성을 회피한다. 억압된 분노가 이들에게 특징적이며 특히 권위적 대상에 대하여 그러하고 권위에 손상을 입히려 한다. 가끔 모호한 정서적 및 신체적 불편을 호소하고 우울하다거나 불안하다고 한다. 자신의 심각한 심리적 문제를 부인하고 자기행동을 합리화하며 타인을 비난한다. 다소 비현실적이며 자기평가에 있어서 과대망상적인 때가 있으며 편집증적인 경우가 있고 심리학적 치료에는 잘 반응하지 않는다.

04 로르샤하 검사에서 채점된 점수가 다음과 같을 때, 자아중심성 지표를 계산하시오.

Fr=2, rF=3, (2)=5, R=20

해설

자아중심성 지표(Egocentricity Index, 3r+(2)/R)
=[3×(Fr+rF)+Sum(2)] / R=[3×(2+3)+5] / 20=1

05 로르샤하 검사의 자살 관련 지표 7가지를 쓰시오.

해설

① FV+VF+V+FD>2
② Col−Shd Blends>0
③ 3r+(2)/R<.31이거나 3r+(2)/R>.44
④ MOR>3
⑤ CF+C>FC
⑥ es>EA
⑦ R<17
⑧ S>3
⑨ X+%<.70
⑩ P<3이거나 P>8

06 이해 소검사에 영향을 미치는 요인 4가지를 쓰시오.

① 가정에서의 문화적 기회
② 양심과 도덕성의 발달
③ 유연성(예 사회적 추론에서 속담 관련 문항으로 전환하여 반응하는 능력, 하나의 반응만이 아니라 또 다른 이유를 제시할 수 있는 능력)
④ 거부적인 태도(예 "세금은 내지 말아야 해요!")
⑤ 지나치게 구체적인 사고

07 저항을 다루는 지침 6가지를 설명하시오.

① 저항에 대한 해석을 하여 저항의 이유를 인식할 수 있도록 한다.
② 내담자는 두려움을 표현하고 저항에 정면으로 맞서서 갈등을 해결할 수 있도록 한다.
③ 저항은 불안에 대한 방어로서 치료 및 상담 과정에서 도움 되지 않음을 인식할 수 있도록 한다.
④ 내담자가 해석을 거부할 가능성을 최소화하기 위해 매우 분명한 저항에 대하여 지적하고 해석한다.
⑤ 내담자가 다루고 싶어 하지 않는 문제를 다른 방향에서 접근할 수 있도록 한다.
⑥ 환자를 압박하지 않고 저항을 최소화할 수 있는 방향으로 진행되어야 한다.

08 자살위기 고위험군 내담자를 대상으로 상담자가 할 수 있는 대처방법 5가지를 기술하시오.

해설

① 우선적으로 내담자를 보호하기 위하여 의료적인 원조를 받도록 한다.

② 외래 혹은 입원 치료 등 적절한 치료적 개입을 구축해야 하는데 내담자가 통제력을 잃거나 자신을 안전하게 지키거나 외래 진료를 받을 수 없다고 판단되는 경우 최선의 선택으로서 입원을 고려해볼 수 있다.

③ 위기 상황에 처한 내담자를 의뢰하기 위하여 야간에도 이들을 보호할 수 있는 안전한 장소를 확보해야 하며 구체적이고 즉각적인 개입 구조를 가질 수 있도록 한다.

④ 자살 행동은 생물학적, 심리적, 사회적 요인 등이 복잡하게 상호작용하여 발생하는 자살 행동을 탐색하고 자살 충동이 나타나는 위기의 순간에 충동 지연하도록 한다.

⑤ 지지체계의 더욱 직접적인 관여와 더불어 접촉빈도를 높인다.

09 Beck의 인지치료에서 인지적 왜곡 5가지를 설명하시오.

① **과잉일반화(Overgeneralization)** : 한 가지 상황이나 증거를 가지고 모든 상황에 적용되는 일반적인 결론을 내린다.

② **과장/축소(Magnification/Minimization)** : 어떤 속성, 사건 또는 느낌 등의 의미가 부정적인 측면은 과장되고 긍정적인 측면은 축소한다.

③ **개인화(Personalization)** : 관련이 없는 외부 사건이나 상황을 자신과 관련시킨다. 부정적인 사건에 대해 스스로 과도한 책임을 지거나 자기비난을 한다.

④ **이분법적 사고(Dichotomous Thinking)** : 자신 혹은 타인에 대한 판단이 양극단의 두 가지 범주 중 하나로만 이루어져 연속선상에서 생각하지 못한다.

⑤ **감정적 추론(Emotional Reasoning)** : 너무나 사실처럼 느껴지기 때문에 그렇지 않다는 증거는 무시한 채 사실이라고 받아들인다.

⑥ **당위진술 혹은 강박적 부담(Should Statement)** : '~해야 한다.'라는 진술 형태를 띠며 자신과 다른 사람들이 어떻게 행동하고 살아야 하는지 매우 확고하고 경직된 생각이다.

10 행동관찰법의 종류 3가지를 쓰고 설명하시오.

① **자연관찰법(Naturalistic Observation)** : 정상적으로 환경 내 참여자가 아닌 관찰자가 환경 내에서 일어나는 내담자의 행동을 체계적으로 관찰하고 기록하는 방식이다.

② **유사관찰법(Analogue Observation)** : 관찰의 효율성을 높이기 위하여 제한이 가해진 체계적인 환경에서 관찰하는 방법이다. 즉, 면담실이나 놀이실에서 일어나는 가족관계, 아동의 행동, 부부간 행동을 평가한다.

③ **자기관찰법(Self-monitoring)** : 스스로 미리 계획된 시간표에 따라 관찰 행동의 발생이나 기타 특징에 대해 기록한다. 즉, 관찰자가 자기 자신의 행동을 스스로 관찰하고 기록하는 방법이다.

④ **참여관찰법(Participant Observation)** : 관찰하고자 하는 개인의 자연스런 환경에 관여하고 있는 관찰자로 하여금 관찰하도록 하는 방식이다. 즉, 개인의 주변 인물 가운데 관찰자를 선정하여 이 관찰자가 참여하여 행동평가를 하는 것이다.

11 수퍼비전 과정을 방해하는 수퍼바이저와 수퍼바이지의 특성을 설명하시오.

(1) 수퍼바이저 특성

   ① 전문성이나 임상적 기술 및 경험이 저하된 경우

   ② 대인관계 기술이 부족한 경우

   ③ 수퍼비전을 하기 전 충분한 탐색이 부족한 경우

   ④ 수정 및 방향 제시를 하지 못하는 경우

   ⑤ 과도하게 비판하거나 자기중심적인 경우

(2) 수퍼바이지 특성

   ① 학습의욕의 저하를 보이는 경우

   ② 개방적이지 않고 방어적인 경우

   ③ 정서적으로 미성숙한 경우

   ④ 수퍼비전에 대한 전반적인 준비가 부족한 경우

   ⑤ 공감 능력이나 의사소통 능력이 부족한 경우

12 Sacks는 문장완성검사가 적응에 있어 중요한 4가지 대표영역으로 이루어져 있다고 하였다. 성인용 문장완성검사의 4가지 영역과 문항의 예를 1개씩 쓰시오.

해설

① **가족 영역** : 어머니, 아버지 및 가족에 대한 태도를 측정한다.
  예 "어머니와 나는", "내가 바라기에 아버지는", "우리 가족이 나에 대해서"

② **성적 영역** : 이성관계에 대한 태도를 포함하고 있다. 이 영역의 문항들은 사회적인 개인으로서의 여성과 남성, 결혼, 성적 관계에 대하여 자신을 나타내도록 한다.
  예 "내 생각에 여자들은", "내가 성교를 했다면"

③ **대인관계 영역** : 친구와 지인, 권위자에 대한 태도를 포함한다. 이 영역의 문항들은 가족 외의 사람들에 대한 감정이나 자신에 대해 타인이 어떻게 느끼는지에 관한 수검자의 생각들을 표현하게 한다.
  예 "내가 없을 때 친구들은", "윗사람이 오는 것을 보면 나는"

④ **자기개념 영역** : 자신의 능력, 과거, 미래, 두려움, 죄책감, 목표 등에 대한 태도를 포함한다.
  예 "무슨 일을 해서라도 잊고 싶은 것은", "내가 저지른 가장 큰 잘못은" 등

13 극대수행검사, 습관적 수행검사 특징 및 대표검사를 예를 들어 설명하시오.

해설

(1) 극대수행검사(최대수행검사)

　① 심리검사를 분류할 때 능력적인 요소를 측정하는 검사이다. 즉, 피검자가 가지고 있는 지적 · 심동적 능력이 최대한 발휘될 수 있는 최선의 조건에서 측정하는 검사를 말한다.

　② 일정한 시간이 주어지고 그 시간 안에 피검자가 자신이 지닌 최대한의 능력을 발휘하는 것인데, 개인이 특정 분야에서 얼마나 잘하는지 또는 얼마나 많이 알고 있는지에 관련된 능력을 측정한다.

　③ 각 문항마다 정답이 있어서 해당 점수로 피검자의 능력을 결정한다.

　④ 대표검사는 지능검사, 적성검사, 사고능력검사, 인지능력검사, 심리언어검사, 장애진단검사 등이 있다.

(2) 습관적 수행검사(전형적 수행검사)

　① 심리검사 중 일상생활에서 나타나는 개인의 전형적인 또는 습관적인 행동을 측정하는 검사시행방법은 시간제한이 없고 각 문항도 정답 또는 오답의 개념이 아닌 하나의 진술문에 대해 개인이 맞다, 틀리다 또는 동의, 비동의의 형태로 답하는 개인이 평소에 보이는 전형적인 행동을 측정하는 검사다.

　② 성향 검사에는 성격검사, 흥미검사, 적응검사, 동기검사, 인지양식검사, 가족관계검사, 도덕성검사, 태도검사, 학습기술검사 등이 있다.

14 의사교류분석, 형태치료, 현실치료의 치료 목표를 쓰시오.

해설

① **의사교류분석** : 자율성 성취와 통합된 어른 자아를 확립할 수 있도록 하며 개인의 행동과 인생의 방향성에 대하여 새로운 결단을 내리도록 한다.

② **형태치료** : 내담자가 성숙하여 자신의 삶을 책임지고 접촉을 통해 게슈탈트를 완성하도록 조력하는 것이며 내담자가 느끼는 불안을 삶의 부분으로서 수용하고 처리하도록 조력하는 것이다. 또한 내담자가 환경 지지를 버리거나 탈피하고 자신의 삶을 책임지는 자기 지지에 의해서 살아가도록 조력한다.

③ **현실치료** : 다양한 인지행동적 전략을 적용하여 내담자가 자신의 욕구를 자각하고, 보다 나은 삶의 구성요소를 인식하며, 삶의 질을 향상시키기 위한 목표와 과정을 선택하고 구체화할 수 있도록 한다.

15 첫 회 상담 시 다루어야 할 5가지를 쓰시오.

해설

① 도움을 청하는 직접적인 이유의 확인
② 문제의 발생 배경의 탐색
③ 문제해결 동기의 평가
④ 상담 목표 정하기
⑤ 상담의 진행방식 합의

16 심리검사 문항 제작 시 문항분석방법 4가지를 쓰시오.

① 문항 난이도(Item Difficulty)
② 문항 변별도(Item Discrimination)
③ 문항 반응분포(Item Response Distribution)
④ 요인분석(Factor Analysis)

참고

① **문항 난이도** : 문항의 쉽고 어려운 정도
② **문항 변별도** : 어떤 문항에 정답, 또는 오답을 했다는 사실만을 기초로 하여 그 검사에서 높은 점수를 받게 될 것인가 혹은 낮은 점수를 받게 될 것인가를 식별할 수 있는 정도
③ **문항 반응분포** : 선다형 문항에 대한 응답자들의 반응을 답지별로 분석
④ **요인분석** : 하나의 검사가 단일한 구성개념이나 속성을 평가하는지를 분석

17 MMPI-2 검사의 임상 척도 5가지를 쓰시오.

해설

① 척도 1(건강 염려증, Hs)
② 척도 2(우울증, D)
③ 척도 3(히스테리, Hy)
④ 척도 4(반사회성, Pd)
⑤ 척도 6(편집증, Pa)

18 TAT 평가를 통해 알 수 있는 수검자의 특성 4가지를 쓰시오.

`해설`

① 성격의 우세한 추동(Drive)
② 감 정
③ 콤플렉스
④ 갈 등
⑤ 내재된 억압된 경향성

`참고`

TAT 평가에서 이야기를 구성하는 사람은 그 이야기 속의 한 사람과 동일시하게 되며, 그 동일시된 가상적 인물이 가지고 있는 소망, 욕구, 갈등은 이야기하는 사람 자신의 그것을 반영한다. 이야기를 만들어내는 사람의 성향, 욕구, 갈등은 이따금씩 간접적이거나 상징적인 방식으로 표현된다. 충동과 갈등을 진단해 내는 데 있어서 모든 이야기가 다 동등한 중요성을 가지는 것은 아니다. 어떤 결정적인 이야기는 매우 광범위한 진단적 자료를 제공해 주는 반면, 또 다른 이야기는 거의 아무런 정보를 주지 않을 수 있다. 그림 자체의 속성에 의해 직접적으로 도출된 듯한 주제는 그렇지 않은 경우보다 중요성이 덜할 수 있다. 또한 반복되는 주제는 이야기를 만들어 내는 사람 자신의 충동과 갈등을 특히 잘 반영하는 것일 수 있다.

19 실존주의 심리치료에서 인간관에 대한 기본적 전제 3가지를 쓰시오.

`해설`

① 인간은 자기인식 능력(자유, 선택, 책임 능력 등)을 지닌다.
② 인간은 선택의 자유와 책임 능력을 지닌다.
③ 인간은 진정한 자기가 되기 위해 정체성을 창조하고자 하며, 다른 사람과의 유대를 갈망한다.
④ 인간은 삶의 의미와 목적을 위해 투쟁한다.
⑤ 인간은 죽음, 자유, 선택, 고립 등과 같이 실존적인 불안을 지니고 있다.

20 Beck의 인지치료에서 가장 핵심이 되는 개념 3가지를 쓰시오.

해설

① 자동적 사고
② 역기능적 인지도식
③ 인지적 오류

참고

인지치료 이론에 따른 심리적 문제의 발생 과정은 아래와 같다.

> 환경적 스트레스와 부정적 생활사건+역기능적 인지 도식 → 인지적 오류 → 부정적 자동적 사고 → 심리
> 적 문제

① **자동적 사고** : 어떤 사건에 당면하여 자동적으로 떠오르는 생각. 이러한 자동적 사고가 부정적인 내용일 경우 심리적 문제로 이어진다. 전형적으로 우울 증상을 경험하는 사람들의 자동적 사고는 크게 세 가지 내용으로 구성되어 있는데 이를 인지삼제(Cognitive Triad)라 한다.

> 첫째, 자기에 대한 비관적 생각(예 나는 무가치한 사람이다)
> 둘째, 앞날에 대한 염세주의적 생각(예 나의 앞날은 희망이 없다)
> 셋째, 세상에 대한 부정적 생각(예 세상은 살기 힘든 곳이다)

② **역기능적 인지도식** : 현실 적응에 도움이 되지 않는 내담자의 기본적인 생각의 틀과 그 내용을 일컫는 용어이다. 살아오는 과정에서 부정적인 내용들로 인지도식을 구성한다면 심리적 문제에 매우 취약하게 되기 쉽다. 즉, 역기능적 인지도식을 가지고 있는 사람이 일상생활에서 스트레스 사건을 경험하게 될 때 부정적인 내용의 자동적 사고를 자신도 모르게 떠올리게 되며, 그 결과로 심리적 문제가 발생하게 된다.

③ **인지적 오류** : 어떤 경험이나 사건을 해석하고 받아들이는 과정에서 생기는 추론 혹은 판단의 오류이다. 인지적 오류에는 여러 종유가 있는데 대표적인 몇 가지는 아래와 같다.

첫째, 흑백논리 : 사건의 의미를 이분법적인 범주의 둘 중 하나로 해석하는 오류

둘째, 과잉 일반화 : 한두 번의 사건에 근거하여 일반적인 결론을 내리고 무관한 상황에도 그 결론을 적용하는 오류

셋째, 선택적 추상화 : 상황이나 사건의 주된 내용은 무시하고 특정한 일부 정보에만 주의를 기울여 전체의 의미를 해석하는 오류

넷째, 의미 확대 및 의미 축소 : 사건의 중요성이나 의미를 지나치게 과장하거나 축소하는 오류

다섯째, 임의적 추론 : 어떤 결론을 내리기에 충분한 근거가 없는 데도 최종적인 결론을 성급히 내려 버리는 오류

CHAPTER

03 2022년 실기 기출문제

01 로르샤하 검사의 결정인 기호에서 V, VF, FV의 명칭과 채점기준을 쓰시오.

해설

분 류	기 호	명 칭	채점기준
음영-차원	V	순수 차원반응	음영의 특징이 형태를 개입시키지 않고 차원이나 깊이만을 나타내는 것으로 해석되는 경우 채점된다.
	VF	차원 형태반응	일차적으로 음영이 깊이나 차원을 나타내는 것으로 지각되고 이차적으로 형태가 지각되는 경우 채점된다.
	FV	형태 차원반응	형태에 근거하여 일차적으로 반응이 결정되고 음영이 깊이나 차원을 나타내는데 이차적 결정요인으로 개입되는 경우 채점된다.

02 MMPI 검사 수행 시 독해력, 지능, 나이, 정신상태, 일반적인 소요시간에서 각각 고려해야 할 것을 쓰시오.

해설

① 독해력 : 적어도 초등학교 6학년 수준 이상의 독해력이 필요하므로 최소 12세 이후 검사를 실시하는 것이 좋다.

② 지능 : 지적 기능은 다소 낮아도 가능하나 표준화된 지능검사로 측정되는 IQ가 적어도 80 이상은 되어야 적절한 수행이 가능하다.

③ 나이 : MMPI-2는 만 19세 이상, MMPI-A는 만 13~18세의 청소년(중고등학생)을 대상으로 한다.

④ 정신상태 : 정신질환이 심해서 긴 시간 동안 집중력을 유지하지 못하는 환자 혹은 혼란스럽거나 정신증적 증상이 발현된 경우의 경우에는 검사 수행에 제한이 있다.

⑤ 소요시간 : MMPI-2의 경우 지필 60~90분(온라인의 경우 45~60분), MMPI-A의 경우 지필 50~70분이다(온라인의 경우 35~50분).

03 다음 번호에 해당하는 채점 기호와 명칭을 쓰시오.

엑스너 종합체계 방식으로 채점할 경우 반응영역에 관련된 채점 기호는 ①, ②, ③, ④가 있으며 어떤 경우든 ⑤는 단독으로 기호화할 수 없다.

해설

① 전체반응(W ; Whole Response) : 반점 전체를 사용하여 반응한 경우

② 평범부분반응(D ; Common Detail Response) : 흔히 사용하는 반점 영역을 사용한 부분반응

③ 이상부분반응(Dd ; Unusual Detail Response) : 드물게 사용하는 반점 영역을 사용한 부분반응

④ 공간반응(S ; Space Response) : 흰 공간 부분이 사용된 경우(WS, DS 또는 DdS처럼 다른 반응영역 기호와 같이 사용)

⑤ 공간반응(S ; Space Response)

04 다음은 21세 미혼 남성이 입원 시 실시한 심리검사 결과이다. 지능검사에서 사회적 관습과 사물에 대한 현실적 방식에 집착하며 계획능력과 예견능력이 저하됨을 시사하는 소검사는 무엇인지 쓰고 이 환자에게 가능한 진단을 설명하시오.

- 로르샤하 검사 : X-%>0.63
- K-WAIS : 언어성 112, 동작성 90, 전체 104

기본 지식	숫자 외우기	어휘	산수	이해	공통성	빠진 곳 찾기	차례 맞추기	토막 짜기	모양 맞추기	바꿔 쓰기
13	16	14	11	13	13	9	8	14	11	10

- MMPI 검사 결과

L	F	K	Hs	D	Hy	Pd	Mf	Pa	Pt	Sc	Ma	Si
45	78	50	59	69	58	56	42	78	60	75	47	62

해설

(1) 계획 및 예견능력의 저하를 시사하는 소검사 : 차례 맞추기(8)

(2) 진단명 : 조현병, 분열성 혹은 편집성 성격장애

① 로르샤하 검사 : X-%>0.63으로 자극에 대하여 정확한 지각이 어렵겠으며 현실검증력 손상과 더불어 사고 및 지각장애가 시사됨

② K-WAIS : 언어성 112, 동작성 90, 전체 104으로 전체 지능은 양호하나, 언어성 지능이 동작성 지능에 비하여 유의미하게 높음. 전체 소검사에서 개인 내적으로 차례 맞추기(8)와 빠진 곳 찾기(9)에서 낮은 수행을 보임

③ MMPI : 타당도 척도의 삿갓형 형태를 띄고, 6-8 Code Type을 보임

05 MMPI-2에서 성격병리 5요인 척도를 쓰시오.

해설

① AGGR : 공격성(Aggressiveness) 척도
② PSYC : 정신증(Psychoticism) 척도
③ DISC : 통제 결여(Disconstraint) 척도
④ NEGE : 부정적 정서성/신경증(Negative Emotionally/Neuroticism) 척도
⑤ INTR : 내향성/낮은 긍정적 정서성(Introversion/Low Positive Emotionality) 척도

06 지능검사에서 숫자 외우기 소검사 점수에 영향을 미치는 요인 5가지를 기술하시오.

해설

① 주의력 범위
② 불 안
③ 주의 산만
④ 유연성
⑤ 학습장애
⑥ ADHD
⑦ 지시에 따르는 능력
⑧ 청력 문제

07 정신증적 환자를 대상으로 지능검사를 실시하는 과정 혹은 결과에서 나타나는 특징 5가지를 기술하시오.

해설

① 검사 상황과 적절하지 않은 언어 및 비언어적 행동이 관찰되며 주의가 산만한 양상이 나타난다.
② 정신운동속도의 저하 또는 정신증적 불안이 나타나며 정신운동이 요구되는 집중력이 저하된 양상이 나타난다.
③ 학습이나 훈련을 통해 획득된 결정지능은 양호하게 유지되나 실제적인 상황에서의 문제해결 또는 대처능력을 반영하는 유동지능은 저하된 상태로 나타난다.
④ 토막 짜기에서 자폐적인 논리에 근거하여 다소 기이한 해결을 시도하거나, 모양 맞추기에서 전체적인 형태를 거의 고려하지 않고 맞지 않는 조각들을 억지스럽게 끼워 맞추는 등 부적절한 수행을 보인다.
⑤ 빠진 곳 찾기의 수행부진이 나타나면서 현재 상황의 본질과 비본질을 변별할 수 있는 현실 판단력의 손상을 보인다.
⑥ 추상적이고 논리적인 사고가 어려워 앞뒤가 맞지 않는 반응을 보인다.

08 기질적 뇌 손상 환자가 BGT에서 나타낼 수 있는 반응 특성 6가지를 쓰시오.

해설

① 지각의 회전(Rotation)
② 퇴영(Retrogression)
③ 단순화(Simplification)
④ 단편화(Fragmentation)
⑤ 중복곤란(Overlapping)
⑥ 보속성(Perseveration)
⑦ 도형의 재묘사(Redrawing)

09 치료 목표 설정을 위해 탐색해야 할 내담자의 중요정보 4가지를 쓰시오.

해설

① 내담자의 호소 문제의 특성

② 내담자의 강점이나 심리적 자원

③ 내담자의 지지체계에 대한 정보(갈등문제, 친밀도 등)

④ 내담자의 스트레스 대처능력과 방법

10 상담목표 설정 시 유의사항 5가지를 기재하시오.

해설

① 상담자와 내담자가 협력하여 결정한다.

② 상담자의 일반적 목표와 내담자의 개인목표가 일치해야 한다.

③ 상담목표는 구체적이어야 한다.

④ 내담자의 상담에 대한 기대와 목표를 탐색해야 한다.

⑤ 상담목표는 실현 가능해야 한다.

⑥ 상담목표는 내담자의 가치관과 밀접한 연관이 있으므로 세상에 대한 내담자의 틀을 이해해야 한다.

11 벡(Beck)의 우울증 환자의 세 가지 인지모형에 대해 기술하시오.

> 인지삼제란 자기와 세상 그리고 미래에 대한 한 개인의 부정적인 생각과 태도이며 우울의 원인이
> 된다.

해설

① 자기에 대한 비관적 생각(**예** 나는 무가치한 사람이다.)
② 미래에 대한 염세주의적 생각(**예** 나의 앞날은 희망이 없다.)
③ 세상에 대한 부정적 생각(**예** 세상은 살기 매우 힘든 곳이다.)

12 정신장애의 재활 모델 입장에서 '손상, 장애, 핸디캡(Handicap)' 용어를 정의하고 예를 들어 설명하시오.

해설

① 손상(Impairment) : 일시적이거나 영구적인 심리적, 생리적, 신체적인 해부학적 구조나 기능 손실 및 비정상적인 상태를 말한다. 정신장애에서의 손상은 우울, 망상, 환각 등이 있다.
② 장애(Disability) : 손상/결함의 결과로서 정상적인 기능이나 일상생활활동을 수행할 수 있는 능력의 제한이나 결핍이 초래된 상태이다. 일면 사회기술이나 자조능력의 저하 등이 나타날 수 있다.
③ 사회적 장애/핸디캡(Handicap) : 손상이나 불구로 인하여 효과적으로 대처하지 못하거나 인간적인 권리, 역할 등의 불이익을 받는 상태이다. 일면 손상이나 장애로 인하여 취업을 하는 데 있어 방해가 되는 것과 같은 부분을 예로 들 수 있다. 물리적인 환경(주택)이나 자원(경제, 직업, 지지) 등에 의해 핸디캡 상태가 증폭 혹은 감소될 수 있다.

13 약물중독자들에게 집단상담이 필요한 경우를 설명하시오.

해설

① 의사소통능력의 기술이나 사회기술훈련이 필요한 경우
② 상담 과정뿐만 아니라 상담 종결 이후에도 타인의 지지가 도움 된다고 여겨지는 경우
③ 이완훈련이나 자기주장훈련이 필요한 경우
④ 재발예방이나 거절기술훈련과 같은 열린 집단이 효과적인 경우
⑤ 타인과의 소속감이나 유대감 향상이 필요한 경우
⑥ 안전한 환경에서 자신의 감정을 표현하고 이를 통해 감정적 치유가 필요한 경우

14 치료적 면접의 구조에서 치료자가 고려해야 할 구체적인 사항을 5가지 쓰시오.

해설

① 기본적으로 내담자의 인지, 정서, 행동적 특성을 고려해야 한다. 더불어 구조화는 치료자와 내담자가 상호 협력해 나갈 것을 전제로 하는 것이므로 구조화는 타협해야 하는 것이지 강요되어서는 안 된다.
② 구조화는 벌을 주는 형식으로 주어져서는 안 되며 특정 한계를 제시할 경우에는 더욱 조심해야 한다.
③ 구조화를 하는 이유를 내담자에게 설명해야 하며, 내담자의 준비도와 치료 관계의 흐름 등을 고려하여 구조화 시기를 정한다.
④ 지나치게 경직된 구조화는 치료자와 내담자를 제한시켜 오히려 내담자가 좌절하거나 저항할 수 있으며 불필요하고 목적이 없는 규칙은 오히려 내담자의 활동을 억제한다.
⑤ 치료의 초기 단계에서 한 번으로 끝나는 것이 아니라 지속적으로 반복해서 치료 전 과정에서 치료를 재구조화해 나간다.

15 게슈탈트 상담의 목표 5가지를 기술하시오.

① 게슈탈트 상담의 일차적 목표는 내담자가 성숙하여 자신의 삶을 책임지고 접촉을 통해 게슈탈트를 완성하도록 조력하기
② 내담자가 느끼는 불안을 삶의 부분으로써 수용하고 처리하도록 조력하기
③ 에너지의 집중을 통해 하고자 하는 일을 성취할 수 있도록 하기
④ 내담자가 과거에 가졌던 미해결 과제를 현재로 가져와 그것을 충분히 이해하고 해결하도록 하기
⑤ 내담자가 회피하거나 두려워하고 갈등을 겪는 것과 같은 모든 심리적 문제를 접촉을 통한 자각으로 통합을 달성하도록 하기
⑥ 내담자가 환경이나 자신을 알 수 있도록 하며 자신을 수용하고 접촉할 수 있도록 하기
⑦ 자신의 경험에 대한 주체가 바로 자신이라는 태도를 갖도록 하기, 타인의 권리를 침해하지 않으면서도 자신의 욕구를 충족시킬 수 있는 기술을 개발하고 가치관을 형성할 수 있도록 하기
⑧ 행동의 결과를 수용하고 자신의 행동에 대한 책임을 수용하게 하기
⑨ 타인에게 요구하거나 도움을 청할 수 있으며 타인에게 도움을 줄 수 있게 하기

16 저항을 다루는 지침 6가지를 설명하시오.

① 저항에 대한 해석을 하여 저항의 이유를 인식할 수 있도록 한다.
② 내담자는 두려움을 표현하고 저항에 정면으로 맞서서 갈등을 해결할 수 있도록 한다.
③ 저항은 불안에 대한 방어로서 치료 및 상담 과정에서 도움 되지 않음을 인식할 수 있도록 한다.
④ 내담자가 해석을 거부할 가능성을 최소화하기 위해 매우 분명한 저항에 대하여 지적하고 해석한다.
⑤ 내담자가 다루고 싶어 하지 않는 문제를 다른 방향에서 접근할 수 있도록 한다.
⑥ 환자를 압박하지 않고 저항을 최소화할 수 있는 방향으로 진행되어야 한다.

17 행동관찰을 통한 객관적 평가 방법의 장점 3가지를 설명하시오.

① 이 방법은 그 목적이 수검자에게 알려지지 않기 때문에 실제 임상장면에서 적절하게 사용될 수 있다.

② 질문지법에서와 같은 수검자의 반응경향성이 방지될 수 있다.

③ 신체반응 측정과 같은 방법은 성격의 횡문화적 연구에 널리 사용될 수 있다

18 차별강화의 종류 중 3가지를 쓰고 설명하시오.

① **무반응 차별강화**(Differential Reinforcement of Zero Responding) : 어떤 행동이 일정 기간 동안 전혀 일어나지 않는 데에 수반하여 강화가 주어지는 것이다.

② **고율 차별강화**(Differential Reinforcement of High Rate) : 정해진 기간 동안 어떤 행동이 최소한 일정한 횟수만큼 일어나야만 그 행동이 강화를 받는 것이다.

③ **저율 차별강화**(Differential Reinforcement of Low Rate) : 어떤 행동이 일정한 기간 동안 일정한 횟수 이상 일어나지 않을 때에만 강화가 주어지는 것이다.

19 상담의 구조화 과정 중 '고지된 동의'의 주요 내용 6가지를 쓰시오.

해설

① 제공되는 상담의 목적과 과정에서 경험하게 될 활동
② 비밀보장의 한계
③ 상담자의 자격과 관련된 정보의 공개
④ 상담자와 내담자 간 역할과 책임
⑤ 치료비용 및 기간/시간에 대한 안내
⑥ 상담 과정에서 내담자가 기대할 수 있는 서비스

20 내담자 가운데 단기상담이 적합한 특징 5가지를 기술하시오.

해설

① 심각한 정신증, 성격장애, 중독 등과 같은 심각한 장애가 아닌 불안이나 우울과 같은 경우
② 의미 있는 대인관계 경험이 있는 경우
③ 평균 이상의 지능과 심리적 자원이 있는 경우
④ 변화에 대한 동기가 높은 경우
⑤ 문제가 비교적 단순하고 구체적인 경우
⑥ 발달과정상의 문제를 경험하는 경우
⑦ 중요한 인물의 상실로 인하여 정서적, 적응상의 어려움이 있는 경우

21 Big Five 성격 모델에서 NEO의 3가지를 제시하고 각각 설명하시오.

해설

요인	정의	하위요인	높은 점수	낮은 점수
신경증(N)	적응 대 정서적 불안정을 측정. 비현실적 생각, 과도한 열망과 충동, 부적응적인 대처 반응을 얼마나 나타내는지를 측정	불안, 자의식적임, 우울, 상처를 잘 받음, 충동성, 공격성	걱정, 초조, 감정의 변덕, 불안정, 부적절한 감정	침착, 이완, 안정, 강건함, 자기충족
외향성(E)	대인관계에서의 상호작용 정도와 강도를 측정, 즉 활동 수준, 자극에 대한 욕구, 즐거움 능력 등을 측정	사교성, 활동 수준, 흥분 추구, 긍정적 정서, 따뜻함	사교적, 적극적, 말하기를 좋아함, 사람 중심, 낙관적, 즐거움 추구, 상냥함	말수가 적음, 냉정함, 과업 중심, 조용, 활기가 없음
개방성(O)	자신의 경험을 주도적으로 추구하고 평가하는지 측정, 즉 낯선 것에 대한 인내와 탐색 정도를 측정	공상, 미를 추구함, 감정, 아이디어, 행위, 가치	호기심이 많음, 흥미의 영역이 광범위함, 창의적임, 독창적임, 상상력이 풍부함, 관습에 얽매이지 않음	관습적임, 흥미를 갖는 영역이 제한됨, 예술적이지 않음, 분석적이지 않음

CHAPTER 04 2021년 실기 기출문제

01 다음은 로르샤하 검사 시 수검자의 흔한 질문들이다. 질문에 적절한 답을 쓰시오.

> ① "이 검사를 왜 하는 건가요?"
> ② "전체를 봐야 하나요? 혹시 카드를 회전해 봐도 되나요?"
> ③ "보통 다른 사람들은 몇 가지 반응을 하나요?"
> ④ "이 카드를 보고 보통 뭐라고 반응하나요?"
> ⑤ "전에 검사를 받은 적이 있는데 그때와 똑같이 대답해도 되나요?"

해설

① "이것은 당신의 성격 특징을 알려줄 수 있는 검사입니다."와 같은 간단한 설명을 하고 수검자가 평가를 받는 이유와 관련되어 아래와 같은 추가 설명을 덧붙인다.
  ㉠ 치료를 더 잘 계획하기 위하여
  ㉡ 문제를 더 잘 이해하기 위하여
  ㉢ 치료가 어떻게 진전되고 있는지 확인하기 위하여
  ㉣ 앞으로 어떻게 할 것인지에 한 정보를 얻기 위하여 등
② "당신이 하고 싶은 대로 하세요."
③ "아마도 하나 이상의 것을 찾을 수 있을 겁니다."
④ "사람들은 여러 종류의 반응을 합니다."
⑤ "그때 반응했던 내용과 상관없이 현재 생각나는 대로 응답하시면 됩니다."

02 MMPI의 6번 척도가 70T인 경우 나타나는 특징을 6가지 쓰시오.

해설

① 분명한 정신병적 행동을 드러낼 수 있다.

② 사고장애, 피해망상, 과대망상, 관계사고를 지니고 있을 수 있다.

③ 남들에게서 부당한 대우를 받거나 괴롭힘을 당한다고 느낀다.

④ 화를 내며 분개한다.

⑤ 원한을 품고 있다.

⑥ 방어기제로 투사를 사용한다.

⑦ 임상장면에서 흔히 정신분열증이나 편집(망상)장애 진단을 받는다.

03 상식 소검사 수행 시 영향을 미치는 요소 6가지를 쓰시오.

해설

① 환경에 대한 기민성

② 가정에서의 문화적 기회

③ 외국 생활의 경험

④ 지적 호기심과 지식 추구

⑤ 흥 미

⑥ 독 서

⑦ 초기 환경의 풍부함

⑧ 학교 장면에서의 학습

04 신경심리평가에는 배터리법과 개별검사법이 있는데 배터리법의 장단점을 각 2가지로 설명하시오.

해설

(1) 장 점
① 뇌 기능의 다양한 영역을 평가할 수 있도록 포괄적으로 구성되어 있기 때문에 수검자의 약점뿐만 아니라 인지기능상의 강점도 함께 살펴볼 수 있다.
② 규준이 마련되어 있고 관련 선행연구가 축적되어 있기 때문에 연구를 위한 목적으로 사용할 수 있다.
③ 숙련되지 않은 전문가도 일정 기간의 훈련을 통해 비교적 쉽게 시행할 수 있다.
(2) 단 점
① 여러 하위 검사를 모두 수행하다 보니 소모되는 시간이 많고 수검자나 평가자가 검사에 투여하는 에너지 소모가 많다.
② 손상의 정도가 심각한 경우에는 여러 영역의 검사를 수행하기 어렵다.
③ 동일한 장애라고 하더라도 뇌의 어느 반구에 손상을 입었는지에 따라 크게 영향을 받지 않는 인지 영역이 있고 실제 손상되어 있는 영역이 있다. 이러한 경우 배터리법의 경우 실제 손상되어 있는 인지 영역의 평가를 우선으로 하여 검사를 선정하고 실시하는 과정이 비효율적일 수 있다.

05 MMPI-2 검사에서 K교정을 사용하지 않는 것이 유용한 경우를 2가지 쓰시오

해설

① 심각한 정신과적 문제를 지니고 있지 않을 것으로 가정되는 사람들을 평가 시, K교정을 실시하지 않는 점수를 활용하는 것이 수검자의 위치가 규준집단에 비추어볼 때 어느 정도에 해당되는지 파악하는 데 유용하다.
② 비임상 장면에서 주로 혹은 전적으로 K교정 때문에 임상 척도의 점수가 경미하게 상승한 검사자료를 해석할 때는 세심한 주의를 기울여야 한다.

06 로르샤하 검사는 9가지의 유목으로 채점된다. 이 중 6가지를 쓰고 설명하시오.

① 반응영역 : 잉크 반점의 어느 부분에서 반응이 일어났는가? (W, D, Dd, S)
② 발달질 : 반응영역의 구체성 및 질은 어떠한가? (+, o, v/+, v)
③ 결정인 : 반응을 결정하는 데 영향을 준 반점 특징은 무엇인가? (F, M, C, C', T, V 등)
④ 형태질 : 사용된 반점의 영역이 실제로 구체화된 상의 형태요건과 얼마나 일치하는가? (+, o, u, −)
⑤ 반응내용 : 사용된 반응내용은 어떤 범주에 속하는가? (H, A, An, Art, Ay 등)
⑥ 평범반응 : 사용한 반응은 흔히 일어나는 반응인가? (P)
⑦ 조직활동 : 자극을 조직화하는 경향의 정도와 조직화하려는 노력이 효율적인가? (Z)
⑧ 특수점수 : 반응에 부적절한 면이 있는가? (DV, DR, INCOM 등)
⑨ 쌍반응 : 사물을 대칭적으로 지각하였는가? ((2), rF, Fr)

07 심리검사를 실시하기 전에 준비해야 할 사항 3가지를 쓰시오.

① 평가를 하기 전에 내담자로부터 평가 동의를 받아야 한다. 평가 동의를 구할 때에는 평가의 본질과 목적, 비용, 비밀유지의 한계에 대해 알려야 한다.
② 내담자에게 적절한 심리검사를 선택해야 하며 검사의 타당도와 신뢰도, 제한점 등을 고려한다. 그렇지 못한 경우에는 검사 결과 및 해석의 장점과 제한점을 기술해야 한다.
③ 평가 전에 내담자와 간단한 면담을 통하여 검사가 의뢰되는 목적, 배경을 파악하는 것이 중요하다. 덧붙여 다문화 배경을 가진 내담자를 위한 심리검사 선택 시, 그의 사회문화적 맥락을 신중히 고려해야 한다.
④ 실시하고자 하는 검사 도구의 구성 및 해석, 개발과 사용 지침 등에 대해 이해하고 있어야 한다.

08 TAT에서 편집증 환자가 보일 수 있는 반응 상의 특징을 5가지를 쓰시오.

해설

① 검사 목적에 대해 의심하고 경계한다.
② 사회적 관계에 대해 경직되어 있고 방어적이고 불신감을 표현하는 편이다.
③ 개인의 주요 갈등을 탐색하는 과정에서 개인이 갈등에 대해 어떤 방어기제를 사용하는지에 대해서도
   알 수 있는데 투사가 나타나 자신의 문제를 인정하기보다는 타인의 탓으로 돌리는 경향이 있다.
④ 정서와 맞닿는 경우 이야기하려 하지 않으며 합리화를 잘한다.
⑤ 작은 단서에 대해서도 과해석하고 민감하게 반응한다.
⑥ 최종적으로 이야기가 자신의 개인적인 것이 아님을 강조한다.

09 MMPI의 타당도 척도 중 F 척도가 상승하는 이유 5가지를 쓰시오

해설

① 무선적으로 아무렇게나 응답했을 경우
② 심각한 정신병리를 지니고 있을 경우
③ 부정적인 방향으로 왜곡하거나 꾀병으로 과장하려는 시도를 한 경우
④ 자신의 증상을 과장하여 도움을 요청하려는 경우
⑤ 심각한 스트레스 상황인 경우

10 규준참조검사와 준거참조검사의 기본적 차이점을 설명하시오.

해설

① **규준참조검사** : 한 피험자가 받은 점수가 다른 피험자들이 받은 점수에 의해 상대적으로 결정되는 평가방식이다.

　예 웩슬러 아동용 지능검사, 미네소타 다면적 인성검사

② **준거참조검사** : 사전에 결정된 수행준거 또는 목표를 얼마나 성취했는지에 초점을 두는 평가방법이다. 즉, 준거참조평가는 다른 사람들과 비교하는 것이 아니라 한 개인이 무엇을 할 수 있고 무엇을 알고 있는가를 확인하기 위해 사용한다.

　예 학업성취도평가, 자격증시험

11 수검자의 로르샤하 반응을 채점할 때 기본적인 원칙 2가지를 쓰고 설명하시오.

해설

① 로르샤하 채점 부호나 점수는 피검자가 반응을 한 그 시점에서의 인지적 작업을 나타내야 한다. 즉, 반응 단계에서 피검자가 그 반응을 했을 때의 내용과 반응영역과 결정인이 무엇이었는지를 반영하는 채점을 해야 한다.

② 반응에 나타난 모든 요소가 채점에 나타나야 한다. 즉, 채점되지 않은 요소를 남겨두어서는 안 된다. 이렇게 빠뜨리게 되는 것이 검사자들 간의 채점의 불일치보다 훨씬 중요한 결과를 낳는 경우가 많다.

12 합리적정서행동치료(REBT)를 적용하기 어려운 임상군 4가지를 쓰시오.

해설

① 현실 접촉감이 없는 경우
② 심한 조증 상태, 심한 자폐 혹은 뇌 손상상태 및 심한 정신지체의 상태의 경우
③ 단일한 문제라기보다는 복합적인 문제를 지니고 있는 경우
④ 정서적 혼란감이 극심하거나 극적으로 고통을 받는 경우
⑤ 만성 회피자 혹은 기피자로서 마술적 해결을 추구하는 경우

13 우볼딩이 제시한 내담자 자살위협평가 시 치료자가 살펴보아야 할 징후 5가지를 쓰시오.

해설

① 자살계획을 구체적으로 세우고 토의한다.
② 값비싼 물건을 처분한다.
③ 이전에 자살 시도한 이력이 있다.
④ 우울 및 무력감이나 희망 상실을 보인다.
⑤ 자신이나 타인 및 세상에 한 분노를 보인다.
⑥ 우울감을 보인 후 갑작스럽게 긍정적인 정서 및 행동 양상을 보인다.

14 유능한 슈퍼바이저의 조건 5가지를 쓰시오.

해설

① 상담능력이 부족한 전문가를 도와 발전을 촉진해줄 수 있도록 하기 위하여 슈퍼바이저는 상담에 대한 이론적 지식과 상담경험이 풍부해야 한다.

② 슈퍼바이저는 수련생이 치료적 실무의 기술을 배우는 데 도움을 주면서, 내담자들이 제공받는 돌봄의 질이 높게 유지되도록 감독하는 데 노력을 기울여야 한다.

③ 슈퍼바이저는 수련생에게 상담 과정에 대한 체계적인 피드백과 반영(Reflection)을 해주어 상담 과정에서 일어난 부적절한 반응이 무엇인지 파악하여 실수가 일어날 때 피드백으로 수정의 기회를 가짐으로써 상담능력을 향상할 수 있도록 돕는다.

④ 슈퍼바이저는 전략을 세우는 방식, 기술, 상담자/내담자의 내면 및 관계, 문제의 핵심, 문제해결방법, 상담자가 곤란해하는 문제, 상담 전체의 흐름과 같이 전반적으로 검토해야 한다.

⑤ 슈퍼바이저는 수퍼비전을 시작하기 전에, 진행 과정에 대해 충분히 설명한 후 동의를 받음으로써, 수련생의 적극적 참여를 독려한다.

⑥ 슈퍼바이저는 전자 매체를 통하여 전송되는 모든 사례지도 자료의 비밀보장을 위해서 주의하고, 필요한 조치를 취할 수 있어야 한다. 아울러 수련생에게 그들이 준수해야 할 전문가적 · 윤리적 규준과 법적 책임을 숙지시킨다.

15 실존주의적 심리치료와 정신분석적 심리치료의 유사점 2가지를 쓰고 설명하시오.

해설

① **불안과 심리적 방어기제** : 실존주의적 심리치료에서는 사람들은 각기 실존의 궁극적 관심사에 따른 '불안'을 다루는 다른 양식을 발달시키는데 불안을 다루는 양식이 안전을 추구하기 위해 지나친 방어기제를 사용하여 피할 수 없는 불안을 다루려고 하는 것은 다양한 심리적 문제를 야기한다고 본다. 프로이트는 정신의 구조를 원초아, 자아, 초자아로 보고 이 세 가지 자아 간의 마찰이 불안을 야기하는 것으로 본다. 인간은 불안을 원치 않아 자신을 보호하기 위해 다양한 방어기제를 사용하는데 그것이 무분별하고 충동적으로 사용될 때는 병리적으로 된다고 본다.

② **상담의 정의적 접근** : 실존주의적 심리치료와 정신분석적 심리치료는 치료 장면에서 정의적 접근을 하는데, 일면 정서적 측면의 변화에 일차적 관심을 두면서 다른 측면의 변화가 따라오도록 하는 접근을 한다.

16 상담구조화 과정 중 '고지된 동의'의 주요내용 6가지만 쓰시오.

해설

① 제공되는 상담의 목적과 과정에서 경험하게 될 활동
② 비밀보장의 한계
③ 상담자의 자격과 관련된 정보의 공개
④ 상담자와 내담자 간 역할과 책임
⑤ 치료비용 및 기간/시간에 대한 안내
⑥ 상담 과정에서 내담자가 기대할 수 있는 서비스

17 내담자의 저항을 확인할 수 있는 내용 6가지를 쓰시오.

해설

① 상담 약속을 어기는 경우
② 특정한 생각이나 감정, 경험 등을 드러내지 않는 경우
③ 상담 과정에서 아무 의미도 없는 말만 되풀이하는 경우
④ 중요한 내용을 빠트리고 사소한 이야기만 하는 경우
⑤ 갑자기 주제 전환을 하는 경우
⑥ 상담자가 내어준 과제를 해오지 않는 경우
⑦ 소극적인 표현이나 침묵을 보이거나 지나치게 적극적인 경우

18 내담자가 상담을 끝낼 준비가 되어 있는가를 평가하는데 유용한 기준을 6가지 쓰시오.

해설

① 문제 증상의 완화 여부
② 현실 적응력 및 성격 기능성의 증진 여부
③ 상담 초기와 비교하여 현재 스트레스 정도 및 스트레스 처방안의 증진 여부
④ 타인과의 상호작용 과정에서 공감적 능력 증진 여부
⑤ 대인관계에서의 사회기술증진 여부
⑥ 자조능력의 향상 여부

19 다음 예시에서 나타나는 인지오류가 무엇인지 설명하시오.

> 3년째 공무원 시험을 준비하는 A 군은 지속적으로 시험에서 불합격하자 자신감과 기력이 저하되고 우울한 상태가 지속되었다. A 군의 아내 또한 남편의 잦은 불합격에 좌절과 심리적 고통을 경험하고 있었다.
>
> A 군은 계속되는 불합격 소식에 스트레스를 받게 되면서, "과거에도 계속 실패했으니 앞으로도 실패할 거야.", "이번에 합격하지 못했어. 난 실패자야."라는 생각에 사로잡혀있었고 아내에게 "시험을 앞두고 있는 나에게 아내는 더 배려했어야 했어."라는 식으로 강압적인 이야기를 하기도 했다.

해설

① "과거에도 계속 실패했으니 앞으로도 실패할 거야." – 과일반화
   한두 번의 사건에 근거하여 일반적인 결론을 내리고 무관한 상황에도 그 결론을 적용하는 오류
② "이번에 합격하지 못했어. 난 실패자야." – 이분법적 사고(흑백논리)
   모든 사물이나 상황에 대하여 흑이 아니면 백으로 생각하는 것
③ "시험을 앞두고 있는 나에게 아내는 더 배려했어야 했어." – 당위적 사고
   지속적인 당위적 조건이 없음에도 불구하고 그것을 기대하는 사고 또는 요구

20 심리치료, 교육 및 임상 장면에서 지능검사를 활용하는 목적 5가지를 쓰시오.

① 교육장면에서는 지적 능력의 평가를 통하여 낮은 학업적 성취의 원인이 되는 인지적 결함을 찾아내고 미래의 학업성취를 예측하는 데 광범위하게 활용된다.

② 치료 장면에서 매우 우수한 지적 능력을 지녔거나 학습장애 혹은 인지적 결함을 보이는 개인의 치료적 개입에도 중요한 정보를 제공한다.

③ 임상 장면에서는 신경학적 문제와 정신건강의학적 문제를 감별 진단하는 데 사용될 수 있다.

④ 개인의 성격적 및 정서적 특징, 적응에 도움을 주는 강점, 장애를 일으킬 수 있는 약점 등을 파악하고 임상적 진단을 내리고 합리적인 치료 목표를 설정하는 데 사용된다.

⑤ 임상 장면에서 지능검사를 수행하는 동안 수검자의 독특하고 대표적인 행동을 직접 관찰할 수 있는데 이는 성격특성, 적응적 혹은 부적응적인 행동 양상을 이해하는 데 중요한 자료가 된다.

⑥ 인지능력의 평가는 한 개인이 어떻게 중요한 지적 기능을 획득하고 활용하는져에 대한 정보를 제공해 준다. 따라서 임상장면에서는 검사를 활용하여 치료적 개입의 효과가 특정 인지능력에서 어떠한 방식으로 나타나는지 혹은 외상적 두뇌 손상이 인지기능에 미치는 효과 등을 검증해 볼 수 있다.

CHAPTER

05 2020년 실기 기출문제

01 심리검사 문항 작성 시 고려해야 할 사항 5가지를 쓰시오.

① 수검자들이 올바르게 내용을 이해할 수 있도록 명확한 문항을 구성해야 한다.

② 어떤 형태로든 정답이 노출되는 것을 피해야 한다.

③ 문항에 이중적인 의미를 피해야 한다.

④ 가급적 간단하고 이해하기 쉽게 구성해야 한다.

⑤ 긍정/부정을 표현하는 문장의 비율이 비슷하도록 구성한다.

⑥ 특히 성격 및 흥미 검사의 문항은 단순하면서도 명확하게 제시해야 한다.

02 MMPI 검사에서 척도 0이 낮은 경우의 특징을 5가지 기술하시오.

해설

① 기본적으로 사교적이고 외향적인 성향으로 주위에 사람들이 있기를 바라며 잘 어울리는 편이다.

② 활발하고 유쾌하고 친절하고 말이 많은 편이다.

③ 지적이고 표현이 풍부하고 언어적 표현이 유창한 편이다.

④ 능동적이고 에너지가 넘치고 활기가 있는 편이다.

⑤ 권력과 지위와 사회적 인정에 관심이 많으며 경쟁적인 상황을 갖는다.

⑥ 때로 미성숙하고 자기 탐욕적인 경향이 있다.

⑦ 대인관계가 피상적인 경향이 있고 때로 타인을 조정하려 하고 기회주의적이다.

⑧ 충동 조절에 어려움이 있어서 행동의 결과를 생각해보지 않고 행동하는 경향이 있다.

03 지능검사를 실시했을 때 병전지능 추정 방법을 설명하시오.

해설

① 지능검사에서 점수가 가장 안정적이면서 언어성, 동작성 검사의 가장 대표적인 소검사인 상식, 어휘 문제, 토막 짜기는 병전 지능 추정의 기준이 될 수 있다.

② 만약 언어적 소검사에서 요구되는 복잡한 언어적 능력이 제한되어 있는 좌반구 손상 환자에게서 빠진 곳 찾기 소검사는 병전 지능 추정이 가능하다.

③ 수검자의 연령, 학력, 직업, 학교성적 등을 고려하여 추정 가능하다.

④ 웩슬러 지능검사에서 즉시적 기억검사를 제외한 나머지 언어성 검사 점수들의 변량을 이 점수들의 평균과 비교한다. 혹은 웩슬러 검사에서 가장 높은 세 가지 점수를 합하여 하나의 '지능추정점수(Intellectual Altitude Score)'를 산출한다.

04 로르샤하 검사에서 채점된 점수가 다음과 같을 때 소외 지표를 계산하시오.

Bt=1, Cl=0, Ge=0, Ls=1, Na=1, R=16

해설

Isolation Index, Isolate/R=(Bt+2Cl+Ge+Ls+2Na)/R

$[1+(2\times0)+0+1+(2\times1)]/16=0.25$

05 로르샤하 검사의 특수지표 중 우울지표 6가지를 쓰시오.

해설

① FV+VF+V>0이거나 FD>2

② Col-Shd Blends>0이거나 S>2

③ 3r+(2)/R>.44이고 Fr+rF=0 또는 3r+(2)/R<.33

④ Afr<.46이거나 Blends<4

⑤ Sum Shading>FM+m이거나 SumC'>2

⑥ MOR>2이거나 2AB+Art+Ay>3

06 로르샤하 검사 시 연령 및 환경, 특성 등을 고려하여 해석해야 한다. 특히 수검자가 아동인 경우에 해석하는 과정에서 고려해야 할 사항 4가지를 기술하시오.

해설

① 기본적으로 아동의 발달과정을 이해하고 관련한 정신병리에 대한 지식과 더불어 보호자 면담이 필요하다. 이를 바탕으로 검사 결과와 함께 종합적인 결론을 기술하는 것이 중요하다.

② 해석하는 과정에서 연령에 따른 규준이 다르며, 연령에 따라서 특정한 내담자의 문제나 의뢰된 문제를 고려하여 그 해석적 의미를 살펴야 한다.

③ 상이한 연령대의 사람의 경우 로르샤하 반응의 똑같은 심리적 특성은 정상 발달 수준과 적응적 대처 수준의 차이가 나타날 수 있다.

④ 행동을 예측할 수 있게 하는 성격 차원에서의 안정성과 변화에 대한 경향이 연령에 따라 상이하므로 해석 시 이를 고려해야 한다.

07 법원에 제출된 MMPI-2에서 수검자가 모두 '그렇다 또는 아니다'로 반응했을 경우 어떻게 해석해야 하는지 기술하시오.

해설

TRIN 척도는 문항 내용에 관계없이 '예'라고 긍정반응을 하거나 '아니오'에 부정편향되는 고정적인 비일관적 반응을 보이는 수검자들을 판별하기 위해 개발되었다. T>80T인 경우에 내용과 상관없이 'Yes' 방향으로 응답하고 반대로 T>80F인 경우에는 내용과 상관없이 'No' 방향으로 응답하여 타당성이 강하게 의심된다. 이처럼 TRIN 척도가 80T 이상인 프로파일의 경우 MMPI-2 프로파일의 무효를 결정할 수 있다.

08 K-WAIS-IV의 지각추론 소검사 5가지를 쓰시오.

해설

① BD(토막 짜기)
② MR(행렬추론)
③ VP(퍼즐)
④ FW(무게 비교)
⑤ PCm(빠진 곳 찾기)

09 로르샤하 검사에서 반응 응답으로 알 수 없을 때 추가로 확인해야 하는 것 3가지를 쓰시오.

해설

① 반응영역 : 어디에서 그렇게 보았나요?
② 반응내용 : 이것은 무엇처럼 보이나요?
③ 결정인 : 무엇 때문에 그렇게 보였나요?

10 투사적 검사의 장단점을 2가지씩 쓰시오.

(1) 장 점

① **반응의 독특성** : 객관적 검사 반응과는 다르게 매우 독특한 반응을 제시해주며 이러한 반응이 개인을 이해하는 데 매우 유용하다.

② **방어의 어려움** : 객관적 검사와는 다르게 자극의 내용이 불분명하기 때문에 자신의 반응내용을 검토하고 자신의 의도에 맞추어 방어적으로 반응하는 것이 어렵게 된다.

③ **반응의 풍부함** : 검사자극이 모호하고 검사 지시 방법이 제한되어 있지 않기 때문에 개인의 반응이 다양하게 표현되며 이러한 반응의 다양성이 개인의 독특한 심리적 특성을 반영해준다.

④ **무의식적 내용의 반응** : 실제 투사검사는 자극적 성질이 매우 강렬하여 평소에는 의식화되지 않던 사고나 감정이 자극됨으로써 이러한 전의식적이거나 무의식적인 심리적 특성이 반응될 수 있다.

(2) 단 점

① **검사의 신뢰도** : 투사검사는 객관적 검사에 비하여 신뢰도 ─ 검사자 간 신뢰도, 반분신뢰도, 재검사 신뢰도 등 검증에 있어서 전반적으로 신뢰도가 부족한 편이다.

② **검사의 타당도** : 대부분의 투사검사의 경우 타당도 검증이 빈약하고 그 결과 또한 부정적인 편이다. 투사검사를 통하여 내려진 해석의 타당성은 대부분 객관적으로 입증되는 자료가 아닌 임상적인 증거를 근거로 하고 있다.

③ **반응에 대한 상황적 요인의 영향력** : 투사검사는 여러 상황적 요인에 의해 영향을 받는 것으로 나타나고 있다. 예를 들면 검사자의 인종, 성, 검사자의 태도, 선입견 등이 검사 반응에 강한 영향을 미친다는 것이다.

11 문장완성검사를 실시할 때 수검자에게 설명해야 할 핵심적인 내용을 5가지 쓰시오.

해설

① 답에는 정답, 오답이 없으며 생각나는 것을 쓰시오.

② 글씨나 글짓기 시험이 아니므로, 글씨나 문장의 좋고 나쁨을 걱정하지 말고 작성하시오.

③ 주어진 어구를 보고 머릿속에 처음 떠오른 생각나는 것을 쓰시오.

④ 시간에 제한은 없으나 너무 오래 생각지 말고 빨리 쓰시오.

⑤ 펜이나 연필로 쓰되 지울 때는 두 줄로 긋고 옆에 빈 공간에 쓰시오.

12 유동성 지능과 결정성 지능을 측정하는 소검사를 각각 3가지 이상 제시하고 설명하시오.

해설

① **유동성 지능(Fluid Intelligence)** : 유전적이며 선천적으로 주어지는 능력으로 뇌와 중추신경계의 성숙에 비례하여 발달하고 쇠퇴하는 특성을 가지고 있다. 이는 속도, 기계적 암기, 지각능력, 일반적 추론 능력과 같이 새로운 상황에 직면할 때의 문제해결능력에서 잘 나타난다. 이에 해당하는 소검사는 빠진 곳 찾기, 차례 맞추기(모양 맞추기), 토막 짜기이다.

② **결정성 지능(Crystallized Intelligence)** : 환경이나 경험, 문화적 영향에 의해서 발달되는 지능으로 유동적 지능을 기초로 하여 후천적으로 계속 발달하며 언어이해능력, 문제해결능력, 논리적 추리력, 상식 등이 포함된다. 이에 해당하는 소검사는 기본지식, 어휘, 이해이다.

13 비구조화 면담의 단점을 2가지 쓰시오.

해설

① 체계적인 방식을 통해 다양한 정보를 얻고 평가할 수 있는 구조화된 면담에 비하여 다루지 못하는 중요한 영역이 있을 수 있다.

② 수집된 자료를 객관적으로 수량화하는 데 한계가 있다.

③ 임상가의 판단과 능력이 다양하기 때문에 전형적인 비구조적 면담은 심리평가 자료로서의 신뢰도가 낮을 수 있다.

14 다중양식이론은 행동치료나 합리적–정서적 행동치료 및 인지치료 등에서 나왔지만 다른 모든 접근들과는 별개의 독특한 특성을 갖고 있다. MMT의 특징을 5가지 쓰시오.

해설

① 맞춤치료와 같이 개인의 개성에 맞추는 측면이 있어 치료의 형태, 스타일 및 보조는 가능하면 언제나 각 내담자의 지각된 요구 사항에 맞추어진다.

② 중다양식치료는 BASIC-ID 전체에 독특하고 포괄적인 주의를 두며, 이차적인 BASIC-ID 평가를 사용한다.

③ BASIC-ID로 개인이 가지고 있는 일곱 가지 기본적 특성 중 가장 우선적인 문제가 무엇인가를 파악하여 최상의 치료방법을 찾아낸다.

④ 양식 프로파일과 구조적 프로파일을 사용한다.

⑤ 의도적인 다리 놓기 절차와 양식의 점화 순서를 추적한다.

15 행동수정에서 처벌의 사용이 야기할 수 있는 부정적 효과를 5가지 쓰시오.

해설

① 공격성과 같은 부정적인 정서반응을 일으킬 수 있다.

② 처벌을 사용하는 상대에게 부적으로 강화될 수도 있어 처벌이 오용이나 남용될 수 있다.

③ 처벌은 윤리적 문제가 있을 수 있다.

④ 처벌에 대한 반응으로 잠시 행동을 변화시킬지라도 부정적인 결과가 제거되면 바로 재발한다.

⑤ 처벌이 지속되는 경우 둔감화될 수 있다.

⑥ 부정적인 결과를 회피하는 방법을 찾는다. 예를 들면 디설피람(Disulfiram)를 복용하는 사람은 약물 사용은 그만두지만 술은 계속 마시기도 한다.

16 알코올중독 부모의 자녀들을 대상으로 집단상담을 할 경우 포함되어야 할 사항 5가지를 쓰시오.

해설

① 부모의 음주가 자신 때문이라고 생각하는 잘못된 인식 교정하기

② 가정 내 긴장이나 분노가 반복적으로 지속되었을 가능성이 높으므로 집단 내에서 자신의 부적 감정을 표현하면서 정화하는 과정 갖기

③ 집단상담을 통하여 자신에 대한 이해의 폭을 넓히며 자신으로서 수용받기

④ 동일한 문제에 대하여 공감하고 정서적 지지 얻기

⑤ 집단치료를 통하여 희망을 고취하며 타인으로부터 자신의 가치를 인정받기

⑥ 자신의 정서적, 정신적 건강을 돌볼 수 있는 방법을 배울 수 있도록 하며, 스트레스 관리, 문제 해결 능력 등을 향상시키기 위한 훈련하기

17 Locke & Latham(1984)의 이론에서 내담자와 목표가 설정되었을 때 얻을 수 있는 장점 5가지를 쓰시오.

해설

① 목표설정은 행동의 방향성을 제시하여 효율적이다.

② 목표설정은 개인이 어느 정도 노력해야 할지 어떻게 해야 할지를 알려 주어 직접적인 수행 정도를 불러일으킨다.

③ 동기적인 측면에서 명확한 목표설정은 애매한 목표이거나 목표가 없는 경우보다 더 높은 수행이 가능하다.

④ 적절한 목표설정은 개인의 기대, 동기 부여, 도전감을 유발해 주의집중을 잘할 수 있게 된다.

⑤ 적절한 목표설정은 목표를 달성하기 위해 하겠다는 결정과 이를 추구하기 위한 노력을 지속적으로 유지할 수 있도록 한다.

18 REBT 상담에서 논박 유형 4가지를 설명하시오.

① **논리적 논박(Logical Disputes)** : 내담자의 비합리적인 신념이 기반하고 있는 비논리적인 추론에 의문을 제기하는 것인데 이런 비논리성은 내담자의 소망이나 바람에 의해 나타난다. 예를 들어 "이 일이 사실이기를 바란다거나 당신에게 편하다고 해서, 이 일이 반드시 그렇게 되는 것일까요? X 뒤에 Y가 반드시 나오리라는 논리는 어떻게 나온 것이지요?"와 같은 질문을 한다.

② **경험적 논박(Empirical Disputes)** : 신념의 사실적인 근거를 평가한다. 달리 말하면 내담자가 가진 신념이 사회적 현실에 부합하는가를 평가한다. 예를 들어 "그런 생각을 뒷받침할 만한 증거가 있습니까? 그 말이 옳다는 증거가 어디에 있습니까? 어디에 그런 말이 나옵니까?"와 같은 질문을 한다.

③ **기능적 논박(Functional Disputes)** : 내담자에게 그의 신념과 그에 수반하는 정서, 행동의 실제적 유용성에 대해 의문을 갖도록 한다. 즉, 내담자가 지닌 신념, 행동, 정서가 내담자가 추구하는 목표를 성취하는 데 얼마나 도움이 되었는가를 평가한다. 예를 들어 "그것이 당신에게 도움이 됩니까? 이런 방식으로 생각을 지속하는 것이 당신에게 어떤 영향을 줄 것 같습니까?"와 같은 질문을 한다.

④ **철학적 논박(Philosophical Disputes)** : 삶에 대한 만족이라는 주제를 내담자와 함께 다룬다. 내담자는 눈앞의 문제에 너무 몰두해 있어 삶의 다른 부분에 내재한 가능성을 보지 못하는 경우가 많이 있다. 예를 들어 "이 부분에서 당분간 당신이 원하는 대로 되지 않을지라도 다른 부분에서 만족을 느끼고 행복할 수 있지 않을까요?"와 같은 질문을 한다.

19 Beck의 인지치료에서 인지적 왜곡 5가지를 설명하시오.

해설

① 과잉일반화(Overgeneralization) : 한 가지 상황이나 증거를 가지고 모든 상황에 적용되는 일반적인 결론을 내린다.

② 과장/축소(Magnification/Minimization) : 어떤 속성, 사건 또는 느낌 등의 의미가 부정적인 측면은 과장되고 긍정적인 측면은 축소한다.

③ 개인화(Personalization) : 관련이 없는 외부 사건이나 상황을 자신과 관련시킨다. 부정적인 사건에 대해 스스로 과도한 책임을 지거나 자기비난을 한다.

④ 이분법적 사고(Dichotomous Thinking) : 자신 혹은 타인에 대한 판단이 양극단의 두 가지 범주 중 하나로만 이루어져 연속선상에서 생각하지 못한다.

⑤ 감정적 추론(Emotional Reasoning) : 너무나 사실처럼 느껴지기 때문에 그렇지 않다는 증거는 무시한 채 사실이라고 받아들인다.

⑥ 당위진술 혹은 강박적 부담(Should Statement) : '~해야 한다.'라는 진술 형태를 띠며 자신과 다른 사람들이 어떻게 행동하고 살아야 하는지 매우 확고하고 경직된 생각이다.

20 치료 중 내담자가 '죽고 싶다'고 보고하였을 때 치료자의 적절한 반응을 6가지 쓰시오.

해설

① 언제부터 죽고 싶다는 생각을 했니?

② 죽고 싶다는 생각을 할 정도로 그동안 힘들었구나. 내가 도와주고 싶다.

③ 혹시 구체적으로 자살 계획을 세운 것이 있니?

④ 죽고 싶다는 생각이 얼마나 자주 생각나니?

⑤ 죽고 싶다는 생각이 들었을 때 어떤 행동을 했니? 도움을 요청한 적이 있니?

⑥ 죽고 싶다고 하니 걱정이 되는데 더 이야기해줄 수 있겠니?

CHAPTER
06 2019년 실기 기출문제

01 지능검사 수검 중에 질적 분석이 요구되는 경우를 5가지 기술하시오.

해설

① 쉬운 문항에는 실패하나 어려운 문항에 성공하는 경우
② 드물거나 기괴한 내용을 응답하는 경우
③ 한 문항에 대해 강박적으로 여러 가지 응답을 나열하는 경우
④ 잘 모르면서 짐작으로 응답하는 경우
⑤ 지나치게 구체화된 응답을 하는 경우
⑥ 정서적인 응답을 하는 경우
⑦ 반항적인 내용의 응답을 하는 경우

02 로르샤하 검사에서 발달질(Developmental Quality)의 정의와 채점하는 기준을 기술하시오.

해설

발달질(Developmental Quality)이란, 반응영역의 선택과 관련된 자료는 수검자가 반응을 형성하는 데 반영된 조직화나 처리 과정의 특징이나 질을 구분하는 기호이다. 발달질의 유형은 아래와 같다.

기호	정의	채점기준
+	통합반응 (Synthesized Response)	두 가지나 그 이상의 대상이 분리되어 있으나 의미상 충분한 관련성을 가지고 있는 경우다. 또한 반응에 포함된 대상 중 적어도 하나 이상이 구체적인 형태를 이루고 있는 것이어야 한다. 예 풀숲을 걷는 개, 우습게 생긴 모자를 쓴 남자, 구름 사이를 날고 있는 비행기, 작은 소녀의 머리, 여자가 머리 리본을 하고 있다.
o	보편적 반응 (Ordinary Response)	하나의 반점 영역이 자연스러운 형태를 가지고 있는 단일 대상을 나타내거나 대상이 특정한 형태로 묘사된 경우이다. 예 전나무, 고양이, 토템 조각상, 단풍잎, 박쥐, 깃발, 사람의 머리
v/+	모호/통합반응 (Vague/Synthesized Response)	두 가지나 그 이상의 대상이 분리된 것이지만 상호 연관성이 있으나 포함된 어느 대상도 명확한 형태로 묘사되지 못한 경우다. 예 뭉쳐지는 구름, 해변가에 초목이 있고 만 주위에 바위와 모래가 있다.
v	모호한 반응 (Vague Response)	잉크 반점에 대해 보고된 대상이 구체적인 형태를 띠지 못하고 포함된 어느 대상도 명확한 형태로 묘사되지 못한 경우다. 예 구름, 하늘, 노을 색, 얼음

03 정신증적 환자를 대상으로 지능검사를 실시하는 과정 혹은 결과에서 나타나는 특징 5가지를 기술하시오.

해설

① 검사 상황과 적절하지 않은 언어 및 비언어적 행동이 관찰되며 주의가 산만한 양상이 나타난다.
② 정신운동속도의 저하 또는 정신증적 불안이 나타나며 정신운동이 요구되는 집중력이 저하된 양상이 나타난다.
③ 학습이나 훈련을 통해 획득된 결정지능은 양호하게 유지되나 실제적인 상황에서의 문제해결 또는 대처능력을 반영하는 유동지능은 저하된 상태로 나타난다.
④ 토막 짜기에서 자폐적인 논리에 근거하여 다소 기이한 해결을 시도하거나, 모양 맞추기에서 전체적인 형태를 거의 고려하지 않고 맞지 않는 조각들을 억지스럽게 끼워 맞추는 등 부적절한 수행을 보인다.
⑤ 빠진 곳 찾기의 수행부진이 나타나면서 현재 상황의 본질과 비본질을 변별할 수 있는 현실 판단력의 손상을 보인다.
⑥ 추상적이고 논리적인 사고가 어려워 앞뒤가 맞지 않는 반응을 보인다.

04 MMPI에서 8번 척도가 유의미하게 낮은 경우 임상적 특징을 6가지 기술하시오.

해설

① 실용적이고 현실적인 사고가 우선하는 경향으로 문제에 대한 창조적인 해결책을 모색하기 어렵다.
② 관습적이고 구체적으로 생각하는 경향이 있다.
③ 대인관계에서 지나치게 순종적이며 복종적이며 권위에 대하여 지나치게 수용적인 태도를 보인다.
④ 어떤 사변적이거나 이론적 혹은 철학적인 문제에 대해서 별로 흥미가 없는 편이다.
⑤ 여러 가능성에 대하여 상상하는 일이 어려우며 비창조적이고 경직되어 있고 구조화된 생활을 선호하는 편이다.
⑥ 어떤 문제를 이론적이거나 철학적인 방식으로 생각하는 사람을 이해하기 어려워한다.
⑦ 인간관계에서 억제하는 경향이 있고 다른 사람과 깊은 감정적 관계를 피한다.
⑧ 경쟁적인 관계에 뛰어들기를 꺼려한다.

05 투사검사의 특징 3가지를 기술하시오.

해설

① 면담이나 행동관찰, 객관적 검사 반응과 다르게 매우 독특한 반응을 제시해주는데 이러한 반응은 개인을 깊이 이해하는 데 매우 유용하다.

② 자극의 내용이 불분명하기 때문에 수검자가 자신의 반응내용을 검토하고 의도에 맞추어 방어적으로 반응하는 것이 어렵다.

③ 검사자극이 모호하고 검사 지시 방법이 제한되어 있지 않기 때문에 개인의 반응이 다양하게 표현되는데 이러한 반응의 다양성이 개인의 독특한 심리적 특성을 반영해준다.

④ 실제 투사검사는 자극적 성질이 강렬하여 평소에는 의식화되지 않던 사고나 감정이 자극되고 이러한 전의식적 혹은 무의식적인 심리적 특성이 반영될 수 있다.

06 11세 아동의 ADHD 진단하에 평가가 가능한 실행기능 검사 3가지를 기술하시오.

해설

① Wisconsin 카드분류검사(WCST)

② 스트룹검사(Stroop Test)

③ 연속수행검사(CPT)

④ 아동 색선로검사(CCTT)

07 로르샤하 검사에서 1번 Card를 본 내담자의 반응에서 올바른 채점을 기술하시오.

- 내담자 반응
"전체가 날고 있는 박쥐 같고 여기는 얼굴, 여기는 몸통이다. 색은 검고 시커멓다. 박쥐가 날개를 펴고 날아가는 것 같다."
- 조직화점수
  - 전체 : 1.0
  - 인접 부분 : 4.0
  - 비인접 부분 : 6.0
  - 흰 공간 통합 : 3.5

해설

Wo FC'.FMao A P 1.0

08 신경심리평가의 방법에는 개별검사 형태와 배터리검사 형태가 있다. 배터리검사 형태의 장단점 3가지를 기술하시오.

해설

(1) 장 점

　① 뇌 기능의 다양한 영역을 평가할 수 있도록 포괄적으로 구성되어 있기 때문에 수검자의 약점뿐만 아니라 인지기능상의 강점도 함께 살펴볼 수 있다.

　② 규준이 마련되어 있고 관련 선행연구가 축적되어 있기 때문에 연구를 위한 목적으로 사용할 수 있다.

　③ 숙련되지 않은 전문가도 일정 기간의 훈련을 통해 비교적 쉽게 시행할 수 있다.

(2) 단 점

　① 여러 하위 검사를 모두 수행하다 보니 소모되는 시간이 많고 수검자나 평가자가 검사에 투여하는 에너지 소모가 많다.

　② 손상의 정도가 심각한 경우에는 여러 영역의 검사를 수행하기 어렵다.

　③ 동일한 장애라고 하더라도 뇌의 어느 반구에 손상을 입었는지에 따라 크게 영향을 받지 않는 인지 영역이 있고 실제 손상되어 있는 영역이 있다. 이러한 경우 배터리법의 경우 실제 손상되어 있는 인지 영역의 평가를 우선으로 하여 검사를 선정하고 실시하는 과정이 비효율적일 수 있다.

09 지능검사에서 숫자 외우기 소검사 점수에 영향을 미치는 요인 5가지를 기술하시오.

해설

① 주의력 범위　　　　　　　　　② 불 안
③ 주의 산만　　　　　　　　　　④ 유연성
⑤ 학습장애　　　　　　　　　　⑥ ADHD
⑦ 지시에 따르는 능력　　　　　　⑧ 청력 문제

10 로르샤하 검사의 주지화지표(Intellectualization Index) 계산 공식을 기술하시오.

해설

$2AB+(Art+Ay)$

11 신뢰도 계수에 영향을 미치는 요인 5가지를 제시하고 각각에 대해 설명하시오.

해설

① **측정집단의 동질성** : 신뢰도 계수의 크기는 피험자집단의 진점수와 오차점수의 변산의 함수이다. 따라서 피험자집단이 동질적일수록 신뢰도 계수는 낮아진다.

② **검사 시간** : 시간제한이 있는 검사의 경우 검사 시간에 기인한 검사 수행의 일관성 때문에 신뢰도 추정치가 부당하게 증가한다.

③ **검사 길이** : 신뢰도는 검사 길이가 길어짐에 따라 증가하며 증가의 폭은 검사의 길이가 길어짐에 따라 증가의 폭은 감소하는 경향이 있다.

④ **검사 자체의 신뢰도** : 검사 문항이 모호하거나 검사 설계상의 문제로 검사 도구 자체의 신뢰도가 낮은 경우 검사 결과에서도 높은 신뢰도를 확보하기 어렵다.

⑤ **심리적 특성의 불안정성** : 어떤 심리적 특성은 상황이나 생리적 상태에 따라 민감하게 변할 수 있다.

12 Big Five 성격모델에서 NEO의 3가지를 제시하고 각각 설명하시오.

Big Five 요인과 각 특징

요 인	정 의	하위요인	높은 점수	낮은 점수
신경증(N)	적응 대 정서적 불안정을 측정. 비현실적 생각, 과도한 열망과 충동, 부적응적인 대처 반응을 얼마나 나타내는지를 측정	불안, 자의식적임, 우울, 상처를 잘 받음, 충동성, 공격성	걱정, 초조, 감정의 변덕, 불안정, 부적절한 감정	침착, 이완, 안정, 강건함, 자기충족
외향성(E)	대인관계에서의 상호작용 정도와 강도를 측정, 즉 활동 수준, 자극에 대한 욕구, 즐거움 능력 등을 측정	사교성, 활동 수준, 흥분 추구, 긍정적 정서, 따뜻함	사교적, 적극적, 말하기를 좋아함, 사람 중심, 낙관적, 즐거움 추구, 상냥함	말수가 적음, 냉정함, 과업 중심, 조용, 활기가 없음
개방성(O)	자신의 경험을 주도적으로 추구하고 평가하는지 측정, 즉 낯선 것에 대한 인내와 탐색 정도를 측정	공상, 미를 추구함, 감정, 아이디어, 행위, 가치	호기심이 많음, 흥미의 영역이 광범위함, 창의적임, 독창적임, 상상력이 풍부함, 관습에 얽매이지 않음	관습적임, 흥미를 갖는 영역이 제한됨, 예술적이지 않음, 분석적이지 않음

13 가족치료 기법 중 가족 기능 변화를 위한 치료법 4가지를 기술하시오.

해설

① **문제의 재구조화(Reframing)** : 재구조화란 내담자가 특정 사건, 행동 또는 인생 경험에 부여하는 의미를 수정하기 위하여 사용되는 기법이다. 즉, 치료사가 가족이 사실에 대해서 묘사하는 내용이나 부정적인 틀을 듣고 대안적인 긍정적인 틀을 말해주는 것이다.

② **증상처방(Symptom Rrescription)** : 치료자의 처방에 반항함으로써 증상이 변하게 되는 역설적 기법이다. 처방이란 증상을 없애기 위하여 증상을 지속하게 하거나 증상을 과장하게 하고 자의로 증상을 통제할 수 있도록 하는 역설적 개입전략이다.

③ **유머와 농담(Humors and Jokes)** : 의도적으로 재미있는 말이나 행동을 하여 긴장된 분위기를 풀거나 변화를 가져오기 위해 사용하는 기법이다. 치료자와 라포가 형성되어 있고 모두가 유머감각을 가지고 있을 때 활용 가능하다.

④ **원가족 포함하기(Including the Family of Origin)** : 한쪽 배우자가 자신의 원가족과 만나게 하여 진행되는 기법으로 고백을 통해 자신의 원가족으로부터 지금 그리고 현재를 위한 교정에 도움을 받도록 하는 기법이다.

⑤ **가족조각(Family Sculpting)** : 집단세션 내에서 가족성원이나 가족이 가족행동의 중요한 측면을 재연하여 완화하도록 돕는 기법이다.

14 게슈탈트 상담의 목표 5가지를 기술하시오.

① 게슈탈트 상담의 일차적 목표는 내담자가 성숙하여 자신의 삶을 책임지고 접촉을 통해 게슈탈트를 완성하도록 조력하기
② 내담자가 느끼는 불안을 삶의 부분으로써 수용하고 처리하도록 조력하기
③ 에너지의 집중을 통해 하고자 하는 일을 성취할 수 있도록 하기
④ 내담자가 과거에 가졌던 미해결 과제를 현재로 가져와 그것을 충분히 이해하고 해결하도록 하기
⑤ 내담자가 회피하거나 두려워하고 갈등을 겪는 것과 같은 모든 심리적 문제를 접촉을 통한 자각으로 통합을 달성하도록 하기
⑥ 내담자가 환경이나 자신을 알 수 있도록 하며 자신을 수용하고 접촉할 수 있도록 하기
⑦ 자신의 경험에 대한 주체가 바로 자신이라는 태도를 갖도록 하기, 타인의 권리를 침해하지 않으면서도 자신의 욕구를 충족시킬 수 있는 기술을 개발하고 가치관을 형성할 수 있도록 하기
⑧ 행동의 결과를 수용하고 자신의 행동에 대한 책임을 수용하게 하기
⑨ 타인에게 요구하거나 도움을 청할 수 있으며 타인에게 도움을 줄 수 있게 하기

15 상담목표 설정 시 유의사항 5가지를 기재하시오.

① 상담자와 내담자가 협력하여 결정한다.
② 상담자의 일반적 목표와 내담자의 개인목표가 일치해야 한다.
③ 상담목표는 구체적이어야 한다.
④ 내담자의 상담에 대한 기대와 목표를 탐색해야 한다.
⑤ 상담목표는 실현 가능해야 한다.
⑥ 상담목표는 내담자의 가치관과 밀접한 연관이 있으므로 세상에 대한 내담자의 틀을 이해해야 한다.

16 내담자 가운데 단기상담이 적합한 특징 5가지를 기술하시오.

① 심각한 정신증, 성격장애, 중독 등과 같은 심각한 장애가 아닌 불안이나 우울과 같은 경우
② 의미 있는 대인관계 경험이 있는 경우
③ 평균 이상의 지능과 심리적 자원이 있는 경우
④ 변화에 대한 동기가 높은 경우
⑤ 문제가 비교적 단순하고 구체적인 경우
⑥ 발달과정상의 문제를 경험하는 경우
⑦ 중요한 인물의 상실로 인하여 정서적, 적응상의 어려움이 있는 경우

17 사별을 경험한 노인을 대상으로 자조집단 시 운영목표 3가지를 기술하시오.

① 이별한 사람과의 연계나 과거의 면을 자세하게 더듬는 데 에너지를 집중하여 잃어버린 고통을 재경험함으로써 정상적인 비탄의 과정을 거쳐 자율적으로 회복이 일어나도록 돕는다.
② 사별에 대한 슬픔을 충분히 애도하고 용서하는 시간을 갖도록 하며, 배우자를 좀 더 일찍 사망하게 했다는 죄책감과 살아 있을 때 좀 더 잘해 주지 못한 죄책감에서 벗어나도록 도와준다.
③ 사별 후 신체적, 정서적 변화를 관찰하여 변화된 환경에 적응할 수 있도록 생활계획을 구상하고, 주변인과의 관계를 지속할 수 있도록 해 준다.
④ 타인과의 상호작용을 통하여 고립감을 해소하고 새로운 관계를 갖는 과정에서 소속감을 경험하도록 한다.

18 심리상담 및 심리치료에 대한 수퍼비전 시 다루는 핵심 내용 3가지를 기술하시오.

해설

① **내담자 평가와 개념화** : 내담자의 욕구를 이해하기 위해 내담자의 개인적이고 체계적인 특성을 발견하고 포괄적인 사례 개념화가 되었는지 확인한다.

② **치료 계획** : 내담자의 욕구에 대한 철저하고 정확한 이해 후 효과적인 치료 계획을 선택하였는지 확인한다.

③ **개입 기술** : 상담 목표에 도달하도록 적절한 상담 기술을 조합하고 사용하였는지 확인해야 한다.

④ **치료적 관계 발달** : 치료적 관계는 치료 결과에 의미 있는 상당한 차이를 일관되게 설명하고 있기 때문에 라포를 잘 확립하였는지 확인해야 한다.

19 아래 내담자의 인지적 왜곡 종류를 인지치료 관점에서 5가지로 기재하고 설명하시오.

> 직장인 A 씨는 갑작스러운 해고 통지서를 받고 매우 화가 났다. A 씨는 "이것은 세상이 좋지 않음을 의미해. 나에게는 행운도 없을 거야."라고 생각하였다.

해설

① 이분법적 사고(Dichotomous Thinking) : 자신 혹은 타인에 대한 판단이 양극단의 두 가지 범주 중 하나로만 이루어져 연속선상에서 생각하지 못한다.

② 과잉일반화(Overgeneralization) : 한 가지 상황이나 증거를 가지고 모든 상황에 적용되는 일반적인 결론을 내린다.

③ 선택적 초점(Selective Abstraction) : 전체를 보지 않고 부정적인 일부 정보들만으로 결론을 내린다. 자신의 입장과 맞는 특정 자료들만 받아들이고 입장과 맞지 않는 자료들은 무시한다.

④ 임의적 추론(Arbitrary Inference) : 특정 결론을 내릴 만한 증거가 없거나 심지어 반대되는 증거가 있는데도 그러한 결론을 내린다.

⑤ 과장/축소(Magnification/Minimization) : 어떤 속성, 사건 또는 느낌 등의 의미가 부정적인 측면은 과장되고 긍정적인 측면은 축소한다.

01 웩슬러 지능검사에서 언어성 IQ에 비하여 동작성 IQ가 유의하게 높은 경우 고려해야 할 정신장애 4가지를 기술하시오.

해설

① 자폐증
② 학습장애
③ 반사회성 성격장애
④ 지적장애

02 정신상태검사(Mental Status Examination)의 평가되는 항목 5가지와 내용을 기술하시오.

해설

① **전반적 기술** : 외양, 동작, 행동, 말, 태도
② **감정** : 기분, 정서적 표현, 정서의 적절성
③ **지각장애** : 환각과 착각, 이인화(Depersonalization), 이현실화(Derealization)
④ **사고과정** : 사고의 흐름, 사고내용(망상), 강박적 사고, 사고 집착, 추상적 사고
⑤ **지남력** : 시간, 장소, 인물에 대한 지남력
⑥ **기억** : 최근 사건에 대한 기억, 기억장애의 증상 유무
⑦ **충동 통제** : 성적, 공격적 충동의 통제력 정도
⑧ **판단** : 사회적 판단능력
⑨ **통찰력** : 자신이 정신장애를 앓고 있다는 데 대한 통찰력 정도
⑩ **신뢰도** : 환자의 기술이 신뢰로운지에 대한 평가

03 신뢰도 검사방법 중 검사-재검사법의 단점 3가지를 기술하시오.

해설

① 검사-재검사 신뢰도의 기본 가정은 검사에서 측정하고 있는 특성이 시간적 안정성을 갖는다. 따라서 검사-재검사법은 상태불안이나 뇌 손상 정도를 측정하려는 도구에는 적절하지 않다.

② 안정된 특성이라 할지라도 검사에서 측정하려는 특성 이외에 다른 많은 요인이 검사 점수에 영향을 미치기 때문에 완벽한 검사-재검사 신뢰도를 갖는 검사는 없다. 이와 같은 가외변인으로는 피로, 환경 조건, 검사자의 검사 실시 방법 등이 있다.

③ 1차 검사 실시의 경험이 2차 검사 실시에 영향을 미칠 수 있는데 시간 간격이 짧을 때는 기억, 연습, 혹은 기분이 영향을 미치며 시간 간격이 길 때에는 새로운 정보를 획득할 가능성과 기분 변화로 인한 효과가 영향을 미칠 가능성 배제하기 어려우므로 해석할 때 일부 제한점이 있다.

참고

검사-재검사 신뢰도 : 동일한 검사를 동일한 대상에게 일정한 시간 간격을 두고 2번 실시했을 때 그 점수가 일치되는 정도를 의미하며, 흔히 안정성 계수(Coefficient of Stability)라고 부르기도 한다.

04 BGT검사(Bender-Gestalt Test)에서 기질적으로 뇌 손상이 있는 환자가 나타낼 수 있는 반응의 특성을 6가지 기술하시오.

해설

① 지각의 회전(Rotation)
② 퇴영(Retrogression)
③ 단순화(Simplification)
④ 단편화(Fragmentation)
⑤ 중복곤란(Overlapping)
⑥ 보속성(Perseveration)
⑦ 도형의 재묘사(Redrawing)

05 반사회성 성격장애(Antisocial Personality Disorder)를 진단받은 환자를 대상으로 지능검사를 실시한 경우 전형적인 특징 5가지를 기술하시오.

해설

① 언어성지능<동작성지능 : 동작성지능은 '우수' 이상 수준인 반면, 언어성지능은 '평균 상' 수준을 넘는 경우가 드물다.

② 소검사 간 분산이 심한 편이다.

③ 사회적 상황에 대하여 다소 과한 예민성을 보인다.

④ 바꿔쓰기, 차례 맞추기 점수는 높으나 개념 형성 점수는 낮은 편이다.

⑤ 되는 대로 노력 없이 아무렇게나 대답하는 경향이 있다.

⑥ 지나친 관념화, 주지화, 현학적인 경향을 보일 수 있다.

06 로르샤하 검사를 설명할 때 수검자의 연령을 고려해야 하는 이유 2가지를 기술하시오.

해설

① 해석하는 과정에서 연령에 따른 규준이 다르며, 연령에 따라서 특정한 내담자의 문제나 의뢰된 문제를 고려하여 그 해석적 의미를 살펴야 한다.

② 상이한 연령대의 사람의 경우 로르샤하 반응의 똑같은 심리적 특성은 정상 발달 수준과 적응적 대처 수준의 차이가 나타날 수 있다.

③ 행동을 예측할 수 있게 하는 성격 차원에서의 안정성과 변화에 대한 경향이 연령에 따라 상이하므로 해석 시 이를 고려해야 한다.

07 아동 및 청소년들의 정신진단과 분류 시 고려해야 할 사항 2가지를 기술하시오.

해설

① 아동은 발달의 결정적 시기에 놓여 있으므로 아동이 보이는 증상을 발달에 비추어 파악해야 한다.

② 정신진단 분류 시 차원적 접근과 범주적 접근을 함께 고려해야 한다.

③ 성인과 달리 아동의 경우 증상이 신체현상으로 나타나기 쉽다. 따라서 정신진단 분류 시 보호자와의 면담을 함께하여 행동장애와 정서문제를 다뤄야 한다.

08 아래 설명에서 MMPI의 어떤 2 Code Type에 해당하는가?

> 미성숙하고 자기도취적이며 제멋대로 행동하는 방종한 모습을 보인다. 다른 사람들에게 인정이나 관심을 갈망하면서도 타인을 냉소적이고 의심하는 경향이 있다. 또한 거절에 취약하여 비난을 받는 경우 적대감을 드러내거나 수동−공격적인 태도를 보인다. 타인의 동기를 의심하고 깊은 정서적 관계를 맺지 않으려고 한다. 자주 비아냥거리고 쉽게 화를 내며 논쟁적이고 권위자에 대한 반감이 있다.

해설

4−6, 6−4 Code Type

사람들은 화를 잘 내고 원망하며 말다툼을 잘하며 일반적으로 사귀기 힘든 유형이다. 미성숙하고 자기도 취적이며 자기중심적이고 보통 때는 적개심을 어느 정도 통제하다가 가끔 요란하게 터뜨린다. 그들은 근본적으로 수동−의존적인 사람으로 타인에게 지나치게 주의와 동정을 요구하나 다른 사람이 그들에게 어떤 극히 사소한 요구라도 하게 되면 금방 화를 낸다. 그들은 분노의 원인을 항상 외부에 전가하며 타인의 동기를 의심하고 깊은 정서적 관계 형성을 회피한다. 억압된 분노가 이들에게 특징적이며 특히 권위적 대상에 대하여 그러하고 권위에 손상을 입히려 한다. 가끔 모호한 정서적 및 신체적 불편을 호소하고 우울하다거나 불안하다고 한다. 자신의 심각한 심리적 문제를 부인하고 자기행동을 합리화하며 타인을 비난한다. 다소 비현실적이며 자기평가에 있어서 과대망상적인 때가 있으며 편집증적인 경우가 있고 심리학적 치료에는 잘 반응하지 않는다.

09 MMPI에서 4-7 Code Type에 해당하는 경우 임상적 특징 5가지를 기술하시오.

해설

① 자신의 행동이 초래할 결과에 무관심하고 신경을 쓰지 않는 기간과 그 행동이 남들에게 미칠 영향을 지나치게 걱정하는 기간을 번갈아 보일 수 있다.

② 지나친 음주나 성적으로 방종한 행동을 포함하는 과도한 행동의 시기가 지난 다음에는 일시적으로 죄책감을 느끼며 자기를 비난하는 시기가 뒤따르나 후회를 한다고 해서 이후에 그런 과도한 행동을 억제하는 것은 아니다.

③ 두통이나 위장통 등의 모호한 신체적 고통이나 긴장감, 피로감, 소진감 등을 호소한다.

④ 흔히 수동-공격성 성격장애 진단이 내려진다.

⑤ 자신의 가치를 거의 항상 다른 사람들을 통하여 확인하려고 하는 다소 의존적이고 불안정한 특징을 보인다.

⑥ 자신의 감정이나 문제에는 상당히 관심이 있지만 타인의 욕구와 감정에 대해선 현저히 냉담하고 무관심하다.

⑦ 심리치료 장면에서 지지와 위안을 받으면 증상이 완화되는 경향이 있지만 성격의 장기적인 변화를 기대하기는 어렵다.

10 임상심리사는 심리평가를 통하여 심리평가 결과를 해석해주는 과정에서 내담자가 자신의 문제를 해결할 수 있도록 유용한 정보를 제공한다. 이때 심리평가의 결과 해석이 내담자에게 주는 긍정적인 효과 4가지를 기술하시오.

해설

① 내담자가 나타내는 증상과 문제에 대한 심각성을 구체적으로 알 수 있다.
② 내담자가 지니고 있는 자아 강도와 문제 영역을 자각하고 인식할 수 있다.
③ 내담자의 주의력, 기억력, 실행 기능을 비롯한 인지능력 및 기능 수준, 지적 능력을 알 수 있다.
④ 내담자의 성격 구조 및 패턴, 대인관계 양상에 대해 알 수 있다.
⑤ 내담자가 보이는 심리적 증상과 문제에 대한 적절한 치료적 개입의 유형이나 방향성을 알 수 있다.
⑥ 내담자의 삶이라는 맥락을 반영하고 고유한 문제를 깊이 있고 넓은 조망으로 이해할 수 있다.

11 로르샤하 검사에서 주지화지표(Intellectualization Index) 공식에 포함되는 반응내용 3가지를 기술하시오.

해설

① AB
② Art
③ Ay

주지화지표(Intellectualization Index) 공식＝2AB＋(Art＋Ay)

11 스스로 분노조절 어려움이 있어 심리적인 문제를 경험하는 경우 적용할 수 있는 인지행동적 접근의 분노조절 기법 5가지를 기술하시오.

해설

① **사회기술훈련** : 내담자들로 하여금 대인관계의 갈등과 대인 기술 부족으로 인한 어려움을 해소하게 하여 분노 문제를 대처하는 데 유용하게 사용된다.

② **행동적 예행연습** : 내담자가 실제 행동을 하기 전에 상담회기에서 혹은 과제를 통해 미리 연습을 해 보는 방법으로 치료자와 역할연기를 할 수 있다. 치료자는 내담자가 보다 분노를 적절히 조절하고 반응할 수 있도록 피드백을 해 주고 코칭을 한다.

③ **노출치료** : 노출치료 가운데 심상을 통한 상상노출을 통하여 실제 노출을 하기 어려운 경우 단계적인 접근을 전략적으로 고려하여 자신이 정서 조절로 인하여 두려워하는 상황이나 장소에 대한 심상을 떠올리도록 하여 심상 속에 머물면서 정서조절에 대처하는 상상을 하도록 한다.

④ **호흡 및 이완훈련** : 내담자의 부적 정서에 대한 통제감을 회복할 수 있도록 분노가 유발되는 상황에서 복식호흡을 통해 신체가 이완되면서 자연스럽게 부적 정서가 감소될 수 있도록 한다.

⑤ **분노유발모형 파악하기** : 불쾌한 사건이 부정적인 정서를 일으키고 이와 연합되어 있는 분노 관련 정서, 사고, 기억, 신체 반응들이 자동적으로 활성화된다고 가정하고 있다. 이때 불쾌한 사건이라는 지각이 있기 위해서는 분노를 유발시키는 상황이 당사자에게 이로운 것인지 해가 되는 것인지에 대한 평가가 필요하다.

⑥ **자동적 사고 찾기 및 수정하기** : 자동적 사고 기록지를 활용하여 자신의 부적인 정서가 나타났을 때의 구체적인 감정, 인지, 행동 등에 관한 자기 모니터링을 하고 부적 정서가 적절하게 조절될 수 있도록 한다.

⑦ **비합리적인 신념 찾기** : 비합리적인 신념의 수치가 높을수록 분노의 수치도 높아지는 경향이 있으며 비합리적 신념 중에서 분노와 특히 관련이 많은 것은 파국화, 완벽주의, 남 탓하기, 높은 인정 욕구, 좌절에 대한 낮은 인내력, 무력감, 과도한 걱정 등이 있으므로 비합리적 신념을 찾고 논박을 통하여 합리적 사고를 형성하도록 돕는다.

12 REBT 상담에서 논박 유형 4가지를 적절한 예를 들어 기술하시오.

해설

① **논리적 논박(Logical Disputes)** : 내담자의 비합리적인 신념이 기반하고 있는 비논리적인 추론에 의문을 제기하는 것인데 이런 비논리성은 내담자의 소망이나 바람에 의해 나타난다. 예를 들어 "이 일이 사실이기를 바란다거나 당신에게 편하다고 해서, 이 일이 반드시 그렇게 되는 것일까요? X 뒤에 Y가 반드시 나오리라는 논리는 어떻게 나온 것이지요?"와 같은 질문을 한다.

② **경험적 논박(Empirical Disputes)** : 신념의 사실적인 근거를 평가한다. 달리 말하면 내담자가 가진 신념이 사회적 현실에 부합하는가를 평가한다. 예를 들어 "그런 생각을 뒷받침할 만한 증거가 있습니까? 그 말이 옳다는 증거가 어디에 있습니까? 어디에 그런 말이 나옵니까?"와 같은 질문을 한다.

③ **기능적 논박(Functional Disputes)** : 내담자에게 그의 신념과 그에 수반하는 정서, 행동의 실제적 유용성에 대해 의문을 갖도록 한다. 즉, 내담자가 지닌 신념, 행동, 정서가 내담자가 추구하는 목표를 성취하는 데 얼마나 도움이 되었는가를 평가한다. 예를 들어 "그것이 당신에게 도움이 됩니까? 이런 방식으로 생각을 지속하는 것이 당신에게 어떤 영향을 줄 것 같습니까?"와 같은 질문을 한다.

④ **철학적 논박(Philosophical Disputes)** : 삶에 대한 만족이라는 주제를 내담자와 함께 다룬다. 내담자는 눈앞의 문제에 너무 몰두해 있어 삶의 다른 부분에 내재한 가능성을 보지 못하는 경우가 많이 있다. 예를 들어 "이 부분에서 당분간 당신이 원하는 대로 되지 않을지라도 다른 부분에서 만족을 느끼고 행복할 수 있지 않을까요?"와 같은 질문을 한다.

13 자살위기 고위험군 내담자를 대상으로 상담자가 할 수 있는 대처방법 5가지를 기술하시오.

해설

① 우선적으로 내담자를 보호하기 위하여 의료적인 원조를 받도록 한다.

② 외래 혹은 입원 치료 등 적절한 치료적 개입을 구축해야 하는데 내담자가 통제력을 잃거나 자신을 안전하게 지키거나 외래 진료를 받을 수 없다고 판단되는 경우 최선의 선택으로 입원을 고려해 볼 수 있다.

③ 위기 상황에 처한 내담자를 의뢰하기 위하여 야간에도 이들을 보호할 수 있는 안전한 장소를 확보해야 하며 구체적이고 즉각적인 개입 구조를 가질 수 있도록 한다.

④ 자살 행동은 생물학적, 심리적, 사회적 요인 등이 복잡하게 상호작용하여 발생하는 자살 행동을 탐색하고 자살 충동이 나타나는 위기의 순간에 충동 지연하도록 한다.

⑤ 지지체계의 더욱 직접적인 관여와 더불어 접촉빈도를 높인다.

14 현실치료, 의사교류분석, 형태치료의 치료 목표를 기술하시오.

해설

① **현실치료** : 다양한 인지행동적 전략을 적용하여 내담자가 자신의 욕구를 자각하고, 보다 나은 삶의 구성요소를 인식하며, 삶의 질을 향상시키기 위한 목표와 과정을 선택하고 구체화할 수 있도록 한다.

② **의사교류분석** : 자율성 성취와 통합된 어른 자아를 확립할 수 있도록 하며 개인의 행동과 인생의 방향성에 대하여 새로운 결단을 내리도록 한다.

③ **형태치료** : 내담자가 성숙하여 자신의 삶을 책임지고 접촉을 통해 게슈탈트를 완성하도록 조력하는 것이며 내담자가 느끼는 불안을 삶의 부분으로서 수용하고 처리하도록 조력하는 것이다. 또한 내담자가 환경 지지를 버리거나 탈피하고 자신의 삶을 책임지는 자기 지지에 의해서 살아가도록 조력한다.

15 상담의 구조화 중 '고지된 동의'의 주요 내용 6가지를 기술하시오.

해설

① 제공되는 상담의 목적과 과정에서 경험하게 될 활동

② 비밀보장의 한계

③ 상담자의 자격과 관련된 정보의 공개

④ 상담자와 내담자 간 역할과 책임

⑤ 치료비용 및 기간/시간에 대한 안내

⑥ 상담 과정에서 내담자가 기대할 수 있는 서비스

16 인지-행동면담하는 경우 자기관찰을 통해 면담을 시행한다. 이때 인지-행동면담의 심리적 요소 3가지를 기술하고 설명하시오.

해설

① 실제 생활에서 자신에게 발생할 수 있는 관련 행동에 대한 자료를 모으는 평가 절차로 관련 행동의 인과관계를 알 수 있다. 단, 점검 대상 행동이 명확하게 정의되어야 하며 해당 행동의 표본 범위에 대해 익숙해야 한다.

② 특정 행동과 관련되어 나타나는 신체적 반응 혹은 변화를 알 수 있다.

③ 특정 행동의 발생과 빈도 및 맥락에서 관련되어 나타나는 인지 혹은 정서적 영역을 알 수 있다.

17 벡(Beck)의 우울증 환자의 세 가지 인지모형에 대해 기술하시오.

해설

① 자기에 대한 비관적 생각(**예** 나는 무가치한 사람이다.)

② 미래에 대한 염세주의적 생각(**예** 나의 앞날은 희망이 없다.)

③ 세상에 대한 부정적 생각(**예** 세상은 살기 매우 힘든 곳이다.)

참고

인지삼제란 자기와 세상 그리고 미래에 대한 한 개인의 부정적인 생각과 태도이며 우울의 원인이 된다.

18 심리전문가의 전문적인 책임 및 윤리적 고려사항 5가지를 기술하시오.

해설

① **전문가로서의 태도(전문적 능력)** : 심리전문가는 자신의 능력의 한계를 인정하고 교육과 수련, 경험 등에 의해 준비된 역량의 범위 안에서 전문적인 서비스와 교육을 제공해야 한다. 아울러 문화, 신념, 종교, 인종, 성적 지향, 성별 정체성, 신체적 또는 정신적 특성에 대한 자신의 편견을 자각하고, 이를 극복하기 위해 노력해야 한다.

② **전문가로서의 태도(성실성)** : 자신의 신념체계, 가치, 제한점 등이 미칠 영향력을 자각해야 하며 자신이 지도감독 내지 평가하거나 기타의 권위를 행사하는 대상, 즉 내담자, 학생, 수련생, 연구 참여자 및 피고용인을 물질적, 신체적, 업무상으로 착취하지 않아야 한다.

③ **사회적 책임(사회와의 관계)** : 심리전문가는 사회의 윤리와 도덕기준을 존중하고, 사회공익과 상담분야의 발전을 위해 최선을 다해야 하며 상담자 양성에 도움이 되는 다양한 전문적 활동에 참여한다.

④ **내담자의 복지와 권리에 대한 존중(내담자 복지)** : 내담자의 복지를 증진하고 존엄성을 존중하는 것이며 내담자의 잠재력을 개발하여 건강한 삶을 영위하도록 도움을 주며, 어떤 방식으로도 해를 끼치지 않는다.

⑤ **상담관계(다중관계)** : 객관성과 전문적인 판단에 영향을 미칠 수 있는 다중관계는 피해야 한다. 가까운 친구나 친인척, 지인 등 사적인 관계가 있는 사람을 내담자로 받아들이면 다중관계가 되므로, 다른 전문가에게 의뢰하여 도움을 준다. 의도하지 않게 다중관계가 시작된 경우에도 적절한 조치를 취해야 한다.

⑥ **상담관계(성적 관계)** : 내담자 및 내담자의 보호자, 친척 또는 중요한 타인에게 자신의 지위를 이용하여 성희롱 또는 성추행을 포함한 성적 접촉을 해서는 안 된다.

CHAPTER
08 2017년 실기 기출문제

01 정신장애의 재활 모델 입장에서 '손상, 장애, 핸디캡(Handicap)' 용어를 정의하고 예를 들어 설명하시오.

 해설

① 손상(Impairment) : 일시적이거나 영구적인 심리적, 생리적, 신체적인 해부학적 구조나 기능 손실 및 비정상적인 상태를 말한다. 정신장애에서의 손상은 우울, 망상, 환각 등이 있다.

② 장애(Disability) : 손상/결함의 결과로서 정상적인 기능이나 일상생활활동을 수행할 수 있는 능력의 제한이나 결핍이 초래된 상태이다. 일면 사회기술이나 자조능력의 저하 등이 나타날 수 있다.

③ 사회적 장애/핸디캡(Handicap) : 손상이나 불구로 인하여 효과적으로 대처하지 못하거나 인간적인 권리, 역할 등의 불이익을 받는 상태이다. 일면 손상이나 장애로 인하여 취업을 하는 데 있어서 방해가 되는 것과 같은 부분을 예로 들 수 있다. 물리적인 환경(주택)이나 자원(경제, 직업, 지지) 등에 의해 핸디캡 상태가 증폭 혹은 감소될 수 있다.

02 이해 소검사에 영향을 미치는 요인 4가지를 쓰시오.

① 가정에서의 문화적 기회

② 양심과 도덕성의 발달

③ 유연성(**예** 사회적 추론에서 속담 관련 문항으로 전환하여 반응하는 능력, 하나의 반응만이 아니라 또 다른 이유를 제시할 수 있는 능력)

④ 거부적인 태도(**예** "세금은 내지 말아야 해요!")

⑤ 지나치게 구체적인 사고

03 다음은 학습의욕이 없고 일상생활에 흥미가 저하된 11세 남자 아동의 검사 결과이다. 검사 결과를 바탕으로 진단명과 그 근거를 제시하시오.

Rorschach : ZD<−3.5

KPI−C : DEP=66, HPR=72, ERS=32

HABGT : 수행시간 약 1분 10초, 도형 A가 가운데 위치하고 5개 도형의 각도 변화 및 2번가량 도형을 재작성하였음

해설

(1) 진단명 : ADHD(주의력결핍 과잉행동장애)

(2) 근 거

① Rorschach : ZD<−3.5으로 낮은 과소통합자의 특성으로 정보를 너무 적게 받아들이고 이로 인하여 자신의 경험에 대한 탐색도 적절한 수준보다 적을 수 있어 성급하고 부주의한 정보처리 스타일을 보일 수 있다.

② KPI−C : 우울 및 과잉행동척도의 상승과 더불어 자아탄력성의 저하를 보이고 있다.

③ HABGT

㉠ 수행시간 약 1분 10초 : 수행시간이 짧은 편으로 수행에 적절한 노력의 정도가 미흡하고 충동적이거나 집중력이 부족할 수 있다.

㉡ 도형 A의 위치 : 도형 A의 위치가 중앙에 위치하고 있어 자기중심적이고 주장적일 수 있다.

㉢ 5개 도형의 각도 변화 : 감정조절과 충동통제가 원활하지 않은 상태일 수 있다.

㉣ 도형 재작성 2회 : 현재 불안 수준이 상승되어 있을 가능성이 있다.

04 TAT의 요구-압력 분석법 7단계를 쓰고 부가 분석단계를 설명하시오.

해설

(1) 요구-압력 분석법

개인의 욕구(Need)와 환경 압력(Pressure) 사이의 상호작용 결과를 분석함으로써 개인의 심리적 상황을 평가하고자 하는 방식이다. 개략적인 해석 과정은 아래와 같으며, 해석 과정에서 주요 분석과 부가 분석 형태가 있다.

단 계	분석형태	내 용
①	주요 분석	주인공을 찾는다.
②	주요 분석	환경(일반/특수)의 압력을 분석한다.
③	주요 분석	주인공의 반응에서 드러나는 욕구를 분석한다.
④	부가 분석	주인공이 애착을 표현하고 있는 대상을 분석한다.
⑤	주요 분석	주인공의 내적인 심리 상태를 분석한다.
⑥	주요 분석	주인공의 행동이 표현되는 방식을 분석한다.
⑦	주요 분석	일의 결말을 분석한다.

(2) 부가 분석단계

욕구-압력 분석법 7단계 중 ④는 부가 분석단계에 해당한다. 이는 주인공의 마음속에 유쾌함이나 불쾌함의 감정을 일으키는 대상물을 부착대상이라 하며 이러한 대상으로는 사물, 활동, 사람, 관념이 있다. 이러한 대상에 향해지는 에너지의 축적이나 감정과 의미를 동반하는 관념의 대상을 부착이라고 한다. 주인공에게 유쾌한 감정을 일으키는 대상은 긍정적 부착대상이라 하고 부정적 감정을 일으키는 대상은 부정적 부착대상이라 한다. 따라서 반응내용 가운데 주인공에게 긍정적이거나 부정적 감정을 일으키는 사물, 활동, 사람, 관념을 찾아본다.

05 다음은 로르샤하 검사 시 수검자의 흔한 질문들이다. 질문에 적절한 답을 쓰시오.

> "이 검사를 왜 하는 건가요?"
> "전체를 봐야 하나요? 혹시 카드를 회전해 봐도 되나요?"
> "보통 다른 사람들은 몇 가지 반응을 하나요?"
> "이 카드를 보고 보통 뭐라고 반응하나요?"
> "전에 검사를 받은 적이 있는데 그때와 똑같이 대답해도 되나요?"

해설

① "이것은 당신의 성격 특징을 알려줄 수 있는 검사입니다."와 같은 간단한 설명을 하고 수검자가 평가를 받는 이유와 관련되어 아래와 같은 추가 설명을 덧붙인다.
  ㉠ 치료를 더 잘 계획하기 위하여
  ㉡ 문제를 더 잘 이해하기 위하여
  ㉢ 치료가 어떻게 진전되고 있는지 확인하기 위하여
  ㉣ 앞으로 어떻게 할 것인지에 대한 정보를 얻기 위하여 등
② "당신이 하고 싶은 대로 하세요."
③ "아마도 하나 이상의 것을 찾을 수 있을 겁니다."
④ "사람들은 여러 종류의 반응을 합니다."
⑤ "그때 반응했던 내용과 상관없이 현재 생각나는 대로 응답하시면 됩니다."

06 투사적 검사의 장단점을 2가지씩 쓰시오.

(1) 장 점

　① **반응의 독특성** : 객관적 검사 반응과는 다르게 매우 독특한 반응을 제시해주며 이러한 반응이 개인을 이해하는 데 매우 유용하다.

　② **방어의 어려움** : 객관적 검사와는 다르게 자극의 내용이 불분명하기 때문에 자신의 반응내용을 검토하고 자신의 의도에 맞추어 방어적으로 반응하는 것이 어렵게 된다.

　③ **반응의 풍부함** : 검사자극이 모호하고 검사 지시 방법이 제한되어 있지 않기 때문에 개인의 반응이 다양하게 표현되며 이러한 반응의 다양성이 개인의 독특한 심리적 특성을 반영해준다.

　④ **무의식적 내용의 반응** : 실제 투사검사는 자극적 성질이 매우 강렬하여 평소에는 의식화되지 않던 사고나 감정이 자극됨으로써 이러한 전의식적이거나 무의식적인 심리적 특성이 반응될 수 있다.

(2) 단 점

　① **검사의 신뢰도** : 투사검사는 객관적 검사에 비하여 신뢰도－검사자 간 신뢰도, 반분신뢰도, 재검사 신뢰도 등 검증에 있어서 전반적으로 신뢰도가 부족한 편이다.

　② **검사의 타당도** : 대부분의 투사검사의 경우 타당도 검증이 빈약하고 그 결과 또한 부정적인 편이다. 투사검사를 통하여 내려진 해석의 타당성은 대부분 객관적으로 입증되는 자료가 아닌 임상적인 증거를 근거로 하고 있다.

　③ **반응에 대한 상황적 요인의 영향력** : 투사검사는 여러 상황적 요인에 의해 영향을 받는 것으로 나타나고 있다. 예를 들면 검사자의 인종, 성, 검사자의 태도, 선입견 등이 검사 반응에 강한 영향을 미친다는 것이다.

07 사고장애를 가진 조현병 환자에게서 자주 채점되는 로르샤하 검사의 특수점수 3가지를 쓰시오.

해설

① CONTAM(오염반응, Contamination) : 가장 심하게 부적절한 수준에서 합성된 반응이며 두 개 이상의 인상들이 비현실적 방법으로 하나의 반응으로 융합된다(**예** "곤충황소의 얼굴", "여기는 섬이고 여기는 피다. 그러므로 피 흘리는 섬이다.").

② ALOG(부적절한 논리, Inappropriate Logic) : 자발적으로 자신의 반응을 정당화하려는 노력으로 논리적인 설명을 하는데 그 설명이 타당하지 않고 연상의 이완과 지나치게 단순한 사고 형태를 보인다 (**예** "이것은 당근인데 왜냐하면 토끼 옆에 있기 때문이다.", "남자와 여자인데 왜냐하면 함께 있기 때문이다.").

③ FABCOM(우화적 합성, Fabulized Combination) : 둘 이상의 사물이 있을 수 없는 방식으로 관계를 맺고 있는 것으로 지각된다(**예** "두 마리의 닭이 농구공을 잡고 있다.").

08 MMPI 검사의 6번 척도에서 70T 이상인 경우 나타나는 특징을 6가지 쓰시오.

해설

① 분명한 정신병적 행동을 드러낼 수 있다.

② 사고장애, 피해망상, 과대망상, 관계사고를 지니고 있을 수 있다.

③ 남들에게서 부당한 대우를 받거나 괴롭힘을 당한다고 느낀다.

④ 화를 내며 분개한다.

⑤ 원한을 품고 있다.

⑥ 방어기제로 투사를 사용한다.

⑦ 임상장면에서 흔히 정신분열증이나 편집(망상)장애 진단을 받는다.

09 MMPI-2 해석에서 4-6코드의 임상적 특징을 4가지 쓰시오.

해설

① 미성숙하고 자기도취적이고 제멋대로 행동하는 방종한 모습을 보인다.

② 만성적으로 적대적이며 분노하는 경향이 있다.

③ 방어기제는 투사와 행동화이다.

④ 충동통제를 못하거나 하더라도 비효율적이며 지속적인 노력이 요구되는 과제에서 어려움을 보인다.

⑤ 자기애적이고 의존적이며 다른 사람들의 관심과 공감을 요구하면서도 자신은 자기중심적인 경향이 강하고 자신에게 부과된 요구들에 대해서는 분개한다.

⑥ 비난에 극도로 예민하고 타인들의 동기를 의심하며 앙심을 품는 경향이 있고 자신이 합당한 대우를 받지 못하고 있다고 느낀다.

⑦ 자주 화를 내고 무뚝뚝하며 언쟁을 잘한다.

⑧ 과도한 알코올 소비와 약물 남용뿐만 아니라 심각한 성적 부적응 및 결혼생활에서 부적응을 겪는 경향이 있다.

10 행동평가의 기본 전제 3가지를 쓰시오.

해설

① 행동의 결정요인을 환경적 사건이라고 전제한다. 즉, 행동의 발생과 행동 특징의 상당한 부분은 행동과 시간적으로 인접하여 발생하는 환경적 사건에 의해 설명될 수 있다.

② 행동평가에서 관심을 갖는 것은 과거의 환경적 사건이나 상호작용이 아닌 현재의 환경적 사건이나 상호작용적 경험이다.

③ 환경결정론과 밀접하게 관련이 있는 가정은 행동의 발생이나 특성을 설명함에 있어서 행동에 선행되거나 동반되는 상황적 요인이 중요하다.

④ 행동주의자들은 행동의 다요인결정론을 지지한다.

⑤ 평가의 대상이 되는 문제행동이 다양한 요소들로 구성되어 있다는 반응의 단편화를 전제로 한다.

11 로르샤하 검사의 구조적 요약지를 작성하는 3단계를 쓰고 설명하시오.

① **점수계열 기록** : 반응 순서에 따라 반응들을 기록하면서 이들을 부호화하는 것이다.
② **구조적 요약-상단부** : 구조적 요약의 상단에 있는 반응 빈도가 기록되어야 할 항목들이 있으며 그 내용에는 위치, 결정요인, 형태질, 내용, 접근방식, 특수점수가 있다.
③ **구조적 요약-하단부** : 상단부에 구해진 반응빈도를 기초로 하여 비율이나 백분율, 가중점수 등이 구해진다. 이러한 점수들을 기초로 하여 7개 군집이 분석되며 핵심영역, 사고영역, 정서영역, 중재영역, 처리영역, 대인관계영역, 자기지각영역, 특수지표가 있다.

12 로르샤하 검사의 결정인 기호에서 V, VF, FV의 명칭과 채점기준을 쓰시오.

분류	기호	명칭	채점기준
음영-차원	V	순수 차원반응	음영의 특징이 형태를 개입시키지 않고 차원이나 깊이만을 나타내는 것으로 해석되는 경우 채점된다.
	VF	차원-형태반응	일차적으로 음영이 깊이나 차원을 나타내는 것으로 지각되고 이차적으로 형태가 지각되는 경우 채점된다.
	FV	형태-차원반응	형태에 근거하여 일차적으로 반응이 결정되고 음영이 깊이나 차원을 나타내는데 이차적 결정요인으로 개입되는 경우 채점된다.

13 중독자에 대한 동기강화상담의 기본원리 4가지를 쓰고 설명하시오.

해설

① 공감(Empathy) 표현하기 : 상담 과정에서 대단히 중요한 일반요인(Common Factor)이며, 내담자의 입장에서 내담자가 경험하고 있는 것을 경험해 보는 것을 말한다.

② 불일치감(Discrepancy) 만들기 : 내담자가 지니고 있는 신념과 가치가 무엇인지 질문하여 현재 자신의 행동과 상황이 그 신념 및 가치와 얼마나 일치하는지 스스로 깨닫도록 돕는 것을 말한다.

③ 저항과 함께 구르기(Rolling with Resistance) : 내담자로부터 저항 반응이 나타나거나 자신의 행동을 정당화시키려는 주장이 시작되면, 그것을 반박하거나 직면시키지 않고 상담자의 반응을 바꾸라는 것이다.

④ 자기-효능감(Self-efficacy) : 어떤 특정 과제를 성취하고 변화를 성공시킬 수 있다는 자신의 능력에 대한 신념을 '자기-효능감'이라 하며, 자기-효능감은 변화 동기를 구성하는 핵심 요인이자 치료 효과를 예측하는 유용한 잣대가 된다.

14 인지치료의 근본개념 3가지를 설명하시오.

해설

① **협력적 경험주의(Collaborative Empiricism)** : 치료적 관계는 협동적이고 치료 목표를 함께 결정할 것을 요구하며 피드백을 이끌어 내고 제공하며 그렇게 함으로써 어떻게 치료적 변화가 일어나는지를 알리는 것이다.

② **안내된 발견(Guided Discovery)** : 내담자가 갖고 있는 믿음이 얼마나 확실한지 알아보기 위한 것이며 치료자는 내담자에게 자신의 생각에 대해 생각해 보라고 압력을 주지 않는 대신 안내된 발견을 적용하여 아동 스스로 좀 더 적응적이고 기능적인 생각을 하도록 격려한다.

③ **소크라테스식 대화법** : 인지치료에서 중요한 치료적 도구이며 새로운 학습을 증진하는 일련의 질문들을 주의 깊게 구상한다. 질문의 목적은 문제를 명료화하거나 정의를 내리기 위해 혹은 사고 및 심상 규명에 도움을 주기 위하여 혹은 유지되고 있는 부적응적 사고와 활동의 결과를 평가하기 위해 등이 있다.

15 자살위기 고위험군 내담자를 대상으로 상담자가 할 수 있는 대처방법 5가지를 쓰시오.

해설

① 우선적으로 내담자를 보호하기 위하여 의료적인 원조를 받도록 한다.

② 외래 혹은 입원 치료 등 적절한 치료적 개입을 구축해야 하는데 내담자가 통제력을 잃거나 자신을 안전하게 지키거나 외래 진료를 받을 수 없다고 판단되는 경우 최선의 선택으로 입원을 고려해볼 수 있다.

③ 위기 상황에 처한 내담자를 의뢰하기 위하여 야간에도 이들을 보호할 수 있는 안전한 장소를 확보해야 하며 구체적이고 즉각적인 개입 구조를 가질 수 있도록 한다.

④ 자살 행동은 생물학적, 심리적, 사회적 요인 등이 복잡하게 상호작용하여 발생하는 자살 행동을 탐색하고 자살 충동이 나타나는 위기의 순간에 충동 지연하도록 한다.

⑤ 지지체계의 더욱 직접적인 관여와 더불어 접촉빈도를 높인다.

16 아들러의 생활양식 조사 시 필요한 정보 2가지를 쓰시오.

① **초기기억 회상** : 내담자가 생생하게 기억하는 단일 사건이며, 기억에 나는 사건이 일어났을 때의 나이와 사건에 대한 감정이나 반응이다.

② **가족구도** : 내담자의 가족구성이나 가족체계를 탐색한다. 가족 내 분위기나 부모와 자식의 관계, 출생 순위, 가족 가치관, 친척과 문화 등이 포함된다.

17 정신분석적 상담의 치료기법 중 3가지를 쓰고 설명하시오.

① **자유연상** : 내담자에게 고통스럽고 어리석고 비논리적이고 부적절하더라도 마음에 떠오르는 것은 무엇이든지 가능한 한 많이 말하도록 한다.

② **꿈의 분석** : 꿈에는 무의식적 소망과 욕구, 두려움 등이 표현되어 있기 때문에 꿈의 요소를 해석하여 무의식적 자료를 드러내고 내담자가 해결하지 못한 문제를 통찰하도록 한다.

③ **저항의 분석과 해석** : 저항은 현 상태를 유지하고 변화를 막는 모든 생각이나 태도, 감정, 행동을 의미하여 상담 장면에서 저항적인 행동을 분석하고 해석한다.

18 인지적 오류의 종류 5가지를 쓰고 각각 설명하시오.

해설

① 선택적 초점(Selective Abstraction) : 전체를 보지 않고 부정적인 일부 정보들만으로 결론을 내린다. 자신의 입장과 맞는 특정 자료들만 받아들이고 입장과 맞지 않는 자료들은 무시한다.

② 임의적 추론(Arbitrary Inference) : 특정 결론을 내릴 만한 증거가 없거나 심지어 반대되는 증거가 있는데도 그러한 결론을 내린다.

③ 과잉일반화(Overgeneralization) : 한 가지 상황이나 증거를 가지고 모든 상황에 적용되는 일반적인 결론을 내린다.

④ 과장/축소(Magnification/Minimization) : 어떤 속성, 사건 또는 느낌 등의 의미가 부정적인 측면은 과장되고 긍정적인 측면은 축소한다.

⑤ 개인화(Personalization) : 관련이 없는 외부 사건이나 상황을 자신과 관련시킨다. 부정적인 사건에 대해 스스로 과도한 책임을 지거나 자기비난을 한다.

⑥ 이분법적 사고(Dichotomous Thinking) : 자신 혹은 타인에 대한 판단이 양극단의 두 가지 범주 중 하나로만 이루어져 연속선상에서 생각하지 못한다.

⑦ 당위진술 혹은 강박적 부담(Should Statement) : '~해야 한다.'라는 진술 형태를 띠며 자신과 다른 사람들이 어떻게 행동하고 살아야 하는지 매우 확고하고 경직된 생각이다.

⑧ 재앙화(Catastrophizing) : 미래의 결과를 지나치게 부정적으로만 예상하고 현실적으로 가능한 결과를 고려하지 않는다.

⑨ 감정적 추론(Emotional Reasoning) : 너무나 사실처럼 느껴지기 때문에 그렇지 않다는 증거는 무시한 채 사실이라고 받아들인다.

19 약물중독에서 개별상담이 필요한 경우 4가지를 쓰시오.

① 개인의 종합심리평가 혹은 특정심리평가 등에 대한 평가 해석 과정으로 인하여 내적인 개인정보가 유출되는 경우
② 약물중독의 고위험군 혹은 급박한 위기 상황에 처해진 경우나 발병의 원인 혹은 치료 과정이 복잡한 경우
③ 비협조적인 유형으로 집단 규칙을 따를 의지 자체가 없는 경우
④ 긴장되고 모호한 상황을 참지 못하며 다른 사람들에게 관심이 전혀 없어서 집단리더들을 다른 사람들과 함께 공유하지 못하고 독점하려는 경우
⑤ 지나치게 자기중심적이고 편집증적이어서 집단에 잘 조화되지 못하는 경우

01 로르샤하 검사의 특수지표 중 우울 지표 5가지를 쓰시오.

해설

① FV+VF+V>0이거나 FD>2

② Col-Shd Blends>0이거나 S>2

③ 3r+(2)/R>.44이고 Fr+rF=0 또는 3r+(2)/R<.33

④ Afr<.46이거나 Blends<4

⑤ Sum Shading>FM+m이거나 SumC'>2

⑥ MOR>2이거나 2AB+Art+Ay>3

02 로르샤하 검사에서 채점된 점수가 다음과 같을 때, 자아중심성 지표를 계산하시오.

Fr=2, rF=3, (2)=5, R=20

해설

자아중심성 지표(Egocentricity Index, 3r+(2)/R)

=[3×(Fr+rF)+Sum(2)] / R=[3×(2+3)+5] / 20=1

03 로르샤하 검사 시 문화적 차이를 고려해야 하는 이유 3가지를 쓰시오.

해설

① 문화에 따라서 내향성과 외향성에 상이한 가치를 부여할 수 있겠고 더불어 질적 해석과 관련된 상징적 의미는 다양한 문화적 맥락에 특히 민감하며 또한 문화에 따라 특수한 반응(Culture-specific Response)이 가끔 나타날 수 있다.

② 평범반응으로 채점하는 13개 반응 중에서 어떤 반응은 일부 문화권에서는 드물게 볼 수 있는 반응이다. 따라서 평범반응은 특정 문화권에서 표준화된 규준을 근거로 채점했을 경우에 한해서 관습적인 측면에 대한 정확한 측정이 될 수 있다.

③ 종합체계의 준거를 적용할 경우 정확하게 지각한 반응빈도의 문화적 차이는 P뿐만 아니라 F+%, X+%, Xu%와 같은 형태 수준 요약 점수에도 영향을 미치므로 문화적 차이를 고려하지 않으면 잘못된 해석을 야기할 수 있다.

④ 수검자의 언어 사용 방식은 로르샤하 프로토콜을 채점뿐만 아니라 해석 과정에서 중요한 요인이므로 수검자의 언어를 사용하는 방식이 반응의 형성과 전달에 미치는 영향을 주의 깊게 살펴보아야 한다.

⑤ 로르샤하를 사용하는 검사자는 수검자가 자신의 문화적 환경에 적응하는 정도를 밝히기 위해서는 항상 검사자료에 나타나는 성격 특징의 의미를 고려해야 한다. 정상이라는 개념을 넓게 정의할 경우 특정 성격특성의 차이에서 실제적인 적응의 성격과 정확성을 기술하기 위해서는 수검자의 사회적 · 교육적 · 직업적 · 가족적 · 문화적 · 대인관계적 맥락을 신중하게 고려해야 한다.

04 다음 번호에 해당하는 채점 기호와 명칭을 쓰시오.

> 엑스너 종합체계 방식으로 채점할 경우 반응영역에 관련된 채점 기호는 ①, ②, ③, ④가 있으며 어떤 경우든 ⑤는 단독으로 기호화할 수 없다.

① 전체반응(W ; Whole Response) : 반점 전체를 사용하여 반응한 경우
② 평범부분반응(D ; Common Detail Response) : 흔히 사용하는 반점 영역을 사용한 부분반응
③ 이상부분반응(Dd ; Unusual Detail Response) : 드물게 사용하는 반점 영역을 사용한 부분반응
④ 공간반응(S ; Space Response) : 흰 공간 부분이 사용된 경우(WS, DS 또는 DdS처럼 다른 반응영역 기호와 같이 사용)
⑤ 공간반응(S ; Space Response)

05 MMPI에서 수검자가 응답하지 않은 문항이 30개 이상인 경우 가능한 임상적 해석을 6가지만 쓰시오.

① 부주의한 경우
② 혼란스럽거나 정신증적 증상이 발현된 경우
③ 매우 방어적으로 자신에 관한 중요한 정보를 조금도 누설하지 않으려고 하는 경우
④ 검사자 혹은 검사에 대한 반항적이고 비협조적인 경우
⑤ 우울증이 극도로 심한 경우
⑥ 문항 이해가 불가능하거나 읽기능력의 저하의 경우
⑦ 우유부단하여 어느 한 가지의 답으로 결정을 내릴 수가 없는 경우
⑧ 문항에 답할 만한 지식이나 경험이 없는 경우
⑨ 지나친 강박성으로 인하여 문항 내용의 빈도의 정확성에 과도하게 집착하는 경우

06 17세의 우울증 환자에게 MMPI-A를 실시하였다. 타당도 척도와 임상 척도가 모두 상승하였다면 가능한 임상적 해석 5가지를 쓰시오.

해설

① 우선 타당도 척도를 살펴 무효 프로파일 여부를 확인해야 함

② 자신의 정서적 곤란을 인정하고 이와 같은 문제에 대한 도움을 요청하는 경우로 문제를 해결할 수 있는 자신의 능력에 대하여 자신이 없는 상태일 가능성

③ 검사 혹은 검사자에 대해 저항할 가능성

④ 빨리 도움을 얻고자 증상을 과장할 가능성

⑤ 일부러 정신적 장애가 있는 것처럼 위장할 가능성

⑥ 심각한 정신병리 혹은 기능 손상의 가능성

07 다음 사례에서 진단명과 그 근거를 2가지 쓰시오.

> 성격이 활발하고 친구가 많았던 내담자 K 군은 어차피 갈 군대라면 일찍 갔다 와서 남보다 빨리 사회에서 자리 잡고 싶다며 고등학교 졸업 후 곧바로 해군에 입대하였다. 그러나 K 군은 입대 후 18일 만에 허공을 바라보며 손가락질하고 혼자서 웃거나 중얼거리고 밥에 독약이 들었다고 먹지 않았다. K 군은 입대한 지 23일에 병원에 입원하였고 면회를 온 부모를 알아보지 못하였고 심리검사 중에 엉뚱한 말을 하였다.
> * BGT – 심한 중첩
> * MMPI–L, F, K(삿갓형). VRIN과 TRIN 40–50T. F(B)=93T(L, K, F보다 높음), S=35T, 대부분의 임상 척도 70T 이상
> * K–WAIS : FSIQ, VIQ, PIQ 모두 50–70 사이에 해당함

해설

(1) 진단명 : 조현병(Schizophrenia)
(2) 근 거
   ① BGT – 심한 중첩을 보이면서 자아기능의 문제가 시사됨
   ② MMPI
      ㉠ 타당도 척도 : 삿갓형(L, F, K)으로 자신의 신체 및 정서적 곤란을 인정하고 이와 같은 문제에 대한 도움을 요청하며 이 문제들을 해결할 수 있는 자기의 능력에 대하여 자신이 없는 상태이다.
      ㉡ S=35T : 정신병리로 인한 주관적 고통과 행동장해의 정도를 반영한다.
      ㉢ 대부분의 임상 척도가 70T 이상
   ③ 행동관찰 : 망상 및 와해된 행동 양상

08 행동관찰을 통한 객관적 평가 방법의 장점 3가지를 설명하시오.

해설

① 이 방법은 그 목적이 수검자에게 알려지지 않기 때문에 실제 임상장면에서 적절하게 사용될 수 있다.

② 질문지법에서와 같은 수검자의 반응경향성이 방지될 수 있다.

③ 신체반응 측정과 같은 방법은 성격의 횡문화적 연구에 널리 사용될 수 있다.

09 지능검사에서 도펠트(Doppelt) 단축형 소검사 4가지를 쓰시오.

해설

① 어 휘

② 토막 짜기

③ 차례 맞추기

④ 산 수

10 11세의 ADHD 아동에게 평가 가능한 실행기능 검사 3가지를 쓰시오.

① Wisconsin 카드분류검사(WCST)
② 스트룹검사(Stroop Test)
③ 연속수행검사(CPT)
④ 아동 색선로검사(CCTT)

11 편측 무시(우측 뇌 손상 환자) 평가를 위해 사용 가능한 신경심리검사 도구의 개별검사명을 쓰시오.

① Albert Test/Drawing and Copying Test
② 선 나누기(Line Bisection)
③ 선 지우기(Line Cancellation)

12 HTP검사 중 그림에서 다음에 해당하는 것은 무엇인지 쓰시오.

> • 자아강도
> • 가정 내 친밀도
> • 대인관계 및 외부와의 상호작용

해설

① 자아강도 : 벽
② 가정 내 친밀도 : 굴뚝
③ 대인관계 및 외부와의 상호작용 : 창문, 문

13 행동치료 효과성 검증 방법 중 ABAB에 대해 설명하시오.

해설

ABAB 설계란 치료와 비치료조건을 바꾸어 가면서 피험자의 행동에서 나타나는 체계적인 변화를 관찰하는 단일 사례 설계이다. 처음의 기저선 기간 다음 치료 기간, 치료 반전 기간, 그리고 두 번째 치료 기간을 둔다.

14 에릭 번의 교류분석적 상담과 REBT의 유사점 3가지를 쓰시오.

해설

① 증상제거를 목표로 하기보다는 사고능력이나 가치를 검토하고 변화를 지향하며 지시적이고 교육하는 것과 같이 분명한 방안을 제시한다.

② Berne의 '어버이 자아상태(Parent Ego State)'는 부모나 부모 표상으로부터 과거에 무비판적으로 받아들인 행동, 사고, 감정의 방식을 사용하는 것이며 Ellis의 경우 이와 유사한 개념으로는 내담자의 비합리적 신념의 근간인 '당위적 사고(Should Thinking)'가 있는데 일면 지속적인 당위적 조건이 없음에도 불구하고 그것을 기대하는 사고 또는 요구이다. 이 두 개념은 증가될수록 심리적 장애를 더 많이 경험할 수 있으며 치료를 통하여 경감해야 한다.

③ 상담 과정에서 과거에 대해 초점을 두기보다는 지금-여기, 최근 사건에 대한 분석에 중점을 둔다.

15 REBT 상담에서 논박 유형 4가지를 예를 들어 설명하시오.

① 논리적 논박(Logical Disputes) : 내담자의 비합리적인 신념이 기반하고 있는 비논리적인 추론에 의문을 제기하는 것인데 이런 비논리성은 내담자의 소망이나 바람에 의해 나타난다. 예를 들어 "이 일이 사실이기를 바란다거나 당신에게 편하다고 해서, 이 일이 반드시 그렇게 되는 것일까요? X 뒤에 Y가 반드시 나오리라는 논리는 어떻게 나온 것이지요?"와 같은 질문을 한다.

② 경험적 논박(Empirical Disputes) : 신념의 사실적인 근거를 평가한다. 달리 말하면 내담자가 가진 신념이 사회적 현실에 부합하는가를 평가한다. 예를 들어 "그런 생각을 뒷받침할 만한 증거가 있습니까? 그 말이 옳다는 증거가 어디에 있습니까? 어디에 그런 말이 나옵니까?"와 같은 질문을 한다.

③ 기능적 논박(Functional Disputes) : 내담자에게 그의 신념과 그에 수반하는 정서, 행동의 실제적 유용성에 대해 의문을 갖도록 한다. 즉, 내담자가 지닌 신념, 행동, 정서가 내담자가 추구하는 목표를 성취하는 데 얼마나 도움이 되었는가를 평가한다. 예를 들어 "그것이 당신에게 도움이 됩니까? 이런 방식으로 생각을 지속하는 것이 당신에게 어떤 영향을 줄 것 같습니까?"와 같은 질문을 한다.

④ 철학적 논박(Philosophical Disputes) : 삶에 대한 만족이라는 주제를 내담자와 함께 다룬다. 내담자는 눈앞의 문제에 너무 몰두해 있어 삶의 다른 부분에 내재한 가능성을 보지 못하는 경우가 많이 있다. 예를 들어 "이 부분에서 당분간 당신이 원하는 대로 되지 않을지라도 다른 부분에서 만족을 느끼고 행복할 수 있지 않을까요?"와 같은 질문을 한다.

16 인지치료는 다양한 기법을 사용하는데 치료자는 그중에서 환자의 증상, 기능 수준, 상황에 알맞은 기법을 선택해야 한다. 인지치료에서 사용하는 인지적 기법 3가지를 설명하시오.

해설

① **재귀인하기** : 내담자는 자신이 상황이나 사건에 대한 책임이 거의 없는 경우에 그러한 상황이나 사건의 책임을 자신에게 귀인 시킬 수 있다. 상담자는 재귀인하기 기법을 사용하여 내담자가 정확한 인과관계에서 자신의 책임 여부를 파악하도록 조력한다.

② **인지왜곡 명명하기** : 내담자가 사용하는 인지왜곡이 흑백논리, 과일반화, 선택적 추상 등과 같은 여러 가지 인지 왜곡 중 어떤 것에 해당하는지 명명하도록 하는 것이다.

③ **장점과 단점 열거하기** : 내담자로 하여금 자신의 특별한 신념이나 행동에 대한 장점과 단점을 열거하도록 하는 것이다. 이 과정은 내담자로 하여금 흑백논리에서 벗어나도록 하는 데 도움이 된다.

④ **절대성에 도전하기** : 내담자가 어떤 절대성 단어(예 '모든 사람, 언제나, 결코, 항상' 등)를 자주 사용하는가를 파악하여 내담자에게 도전하여 그러한 생각이 잘못됐음을 깨닫게 한다.

17 로저스가 제시한 성격변화의 필요충분조건 6가지를 쓰시오.

해설

① 내담자와 상담자의 심리적 접촉이 이루어져야 한다. 즉 내담자는 상담자와 인간관계를 형성하고 있어야 한다.

② 내담자는 자신의 체험, 즉 자신이 현실에서 체험하고 있는 것과 자기개념, 즉 자신이 생각하는 자신의 상이 어긋나 있기 때문에 현실의 체험을 정확하게 의식할 수 없다.

③ 상담자는 내담자와의 관계 중에서는 현실의 체험과 자신의 상이 일치하여 체험을 정확하게 살려 의식할 수 있어야 한다.

④ 상담자가 내담자의 무슨 감정이든 비판과 평가를 내리지 않고 무조건 기쁘게 그 감정을 수용하려고 하는 기분을 경험해야 한다.

⑤ 상담자의 공감적 이해, 즉 상담자가 내담자의 마음속 감정세계를 마치 자신의 것처럼 느껴야 한다. 단, 내담자의 감정에 휩쓸리지 않고 어디까지나 내담자의 것으로서 그 감정을 경험하고 이해해야 한다.

⑥ 내담자에게 공감적 이해와 무조건적 긍정적 관심이 어느 정도 전달되어야 한다.

18 라자루스의 BASIC ID의 다리 놓기와 추적하기 절차에 대하여 설명하시오.

해설

① 다리 놓기(Bridging) : 더 생산적인 것으로 여겨지는 다른 차원으로 갈라지기 전에 내담자가 선호하는 양식에 치료자가 신중하게 파장을 맞추는 절차를 말한다. 즉, 내담자가 현재 있는 곳에서 시작하고, 그런 다음 더 생산적인 이야기의 영역으로 다리를 놓는다.

② 추적하기(Tracking) : 서로 다른 양식들의 점화 순서를 신중히 조사하는 것을 말한다. 예를 들면, 어떤 내담자는 가장 먼저 감각(S)에 머무름으로써 부정적 정서를 일으키는 경향이 있으며, 그 감각에 부정적 인지(C)를 부여하며, 즉시 혐오적인 상상(I)이 그 뒤를 따르고, 부적응적인 행동(B)으로 절정에 달한다. 다른 사람은 다른 점화 순서를 경험하는 경향이 있다.

19 차별강화의 종류 중 3가지를 쓰고 설명하시오.

해설

① 무반응 차별강화(Differential Reinforcement of Zero Responding) : 어떤 행동이 일정 기간 동안 전혀 일어나지 않는 데에 수반하여 강화가 주어지는 것이다.

② 고율 차별강화(Differential Reinforcement of High Rate) : 정해진 기간 동안 어떤 행동이 최소한 일정한 횟수만큼 일어나야만 그 행동이 강화를 받는 것이다.

③ 저율 차별강화(Differential Reinforcement of Low Rate) : 어떤 행동이 일정한 기간 동안 일정한 횟수 이상 일어나지 않을 때에만 강화가 주어지는 것이다.

CHAPTER 10 2015년 실기 기출문제

01 객관적 검사의 장점과 단점을 3가지씩 쓰시오.

해설

(1) 장 점
　① **검사 실시의 간편성** : 객관적 검사는 시행과 채점 및 해석의 간편성으로 인하여 임상가들에게 선호되는 경향이 있고 검사에 따라서 차이가 있지만 일반적으로 시행 시간이 비교적 짧다는 장점도 있다.
　② **검사의 신뢰도 및 타당도** : 투사적 검사에 비하여 검사 제작과정에서 신뢰도와 타당도 검증이 이루어지고 신뢰도와 타당도가 충분한 검사가 표준화되기 때문에 검사 신뢰도와 타당도가 높다는 장점이 있다.
　③ **객관성의 증대** : 투사적 검사에 비하여 검사자 변인이나 검사 상황변인에 따라 영향을 적게 받기 때문에 그리고 개인 간 비교가 객관적으로 제시될 수 있기 때문에 객관성이 보장될 수 있다.

(2) 단 점
　① **사회적 바람직성** : 문항의 내용이 사회적으로 바람직한 내용인가에 따라 문항에 대한 응답 결과가 영향을 받는다. 수검자들은 문항 내용이 표면적으로 드러나는 객관적 검사에서 바람직한 문항에 대해 긍정적으로 반응하는 경향이 있다.
　② **반응 경향성** : 개인이 응답하는 방식에 있어서 일정한 흐름이 있어서 이러한 방식에 따라 결과가 영향을 받는다. 이러한 경향성은 수검자의 순수한 반응에 오염변인으로 작용한다.
　③ **문항 내용의 제한성** : 객관적 검사문항이 특성 중심적 문항에 머무르기 때문에 특정 상황에서의 특성-상황 상호작용 내용이 밝혀지기 어렵다. 또한 문항 내용으로 행동을 주로 다루는 한편 감정이나 신념을 문항으로 다루지 않는 경향이 있다.

02 상식 소검사 수행 시 영향을 미치는 요소 5가지를 쓰시오.

해설

① 환경에 대한 기민성
② 가정에서의 문화적 기회
③ 외국 생활의 경험
④ 지적 호기심과 지식 추구
⑤ 흥 미
⑥ 독 서
⑦ 초기 환경의 풍부함
⑧ 학교 장면에서의 학습

03 MMPI-2에서 추가된 타당도 척도 6가지를 쓰고 설명하시오.

해설

① VRIN : 무선반응 비일관성(Variable Response Inconsistency) 척도로써 수검자의 비일관적인 반응 경향성을 탐지하기 위한 척도

② TRIN : 고정반응 비일관성(True Response Inconsistency) 척도로써 문항의 내용과 상관없이 하나의 답으로 일관하는 반응 경향성을 살펴보기 위한 척도

③ F(B) : 비전형-후반부(Back Infrequency) 척도로써 F 척도와 마찬가지로 정상집단 중 10% 미만의 사람들이 반응하는 문항으로 구성되어 있으며 검사지 후반부에 배치되어 있는 척도

④ F(P) : 비전형-정신병리(Infrequency Psychopathology) 척도로써 F 척도에서 반영되는 실제적인 심각한 정신병리의 가능성을 보다 명확하게 확인되기 위해 보완된 척도

⑤ FBS : 부정왜곡(Fake-bad) 척도로써 개인적인 상해에 대한 보상을 청구하는 사람들 중에서 정서적 고통을 허위로 만들어 내는 경향(꾀병)을 탐지하기 위한 척도

⑥ S : 과장된 자기-제시(Superlative Self-presentation) 척도로써 자신을 매우 정직하고 책임감 강하고 도덕적이며 심리적 문제가 없고 관계에서 유능한 사람인 것처럼 보이려는 경향을 측정하기 위한 척도

04 MMPI-2에서 성격병리 5요인 척도를 쓰시오.

해설

① AGGR : 공격성(Aggressiveness) 척도

② PSYC : 정신증(Psychoticism) 척도

③ DISC : 통제 결여(Disconstraint) 척도

④ NEGE : 부정적 정서성/신경증(Negative Emotionally/Neuroticism) 척도

⑤ INTR : 내향성/낮은 긍정적 정서성(Introversion/Low Positive Emotionality) 척도

05 MMPI-2 검사 후 매뉴얼에서 타당성 여부 검토 방법 3가지를 쓰시오.

해설

① 타당도 척도들의 점수가 65T 이상인 프로파일

② ?(무응답) 반응이 30개 이상인 프로파일

③ F가 90T 이상이고 F(P)가 75T를 넘는 프로파일

④ K, S 척도가 65T 이상이고 대부분의 임상 척도와 F 척도가 50T 이하인 프로파일

⑤ VRIN, TRIN 척도 중 하나라도 80T 이상인 프로파일

06 로르샤하 검사의 자살 관련 지표 7가지를 쓰시오.

해설

① FV+VF+V+FD>2

② Col-Shd Blends>0

③ 3r+(2)/R<.31이거나 3r+(2)/R>.44

④ MOR>3

⑤ CF+C>FC

⑥ es>EA

⑦ R<17

⑧ S>3

⑨ X+%<.70

⑩ P<3이거나 P>8

07 로르샤하 검사에서 D<0, AdjD＝0의 해석상 의미를 설명하시오.

해설

AdjD는 전형적이거나 평상시의 통제를 위한 능력을 반영하는 지표이고, D 점수는 현재의 조절과 스트레스 내성능력에 대한 지수이다. D<0, AdjD=0의 경우에는 현재 자신의 스트레스 통제능력을 벗어난 어떠한 상황적 스트레스로 인하여 관련한 심리적 혼란이 있는 상태라 여겨지나, 스트레스가 감소되면 원래 상태대로 심리적 안정감을 회복할 수 있는 상태라 여겨진다.

08 로르샤하 검사를 통해 평가되는 성격적 요소 중 심리치료에 방해가 될 수 있는 요인 4가지를 쓰고 각각에 대해 설명하시오.

해설

① 평범반응(P≤4) : 경제적이거나 관습적인 방식으로 지각하지 못함을 나타내는데 이는 심각한 정신병리의 표현이거나 수검자의 독특한 성격특성으로 인한 인지적 특성의 표현을 의미한다.

② 능동 대 수동운동반응(a:p) : 인지적 융통성에 대한 정보를 제공해주고 있으며 한 방향으로 반응이 치우쳐 있으면 사고가 고착되거나 고정되어 있고 편협할 가능성이 높아 자신의 태도나 사고 및 가치관에 있어서 융통성이 결여되어 있음을 의미한다.

③ 형태－차원반응(FD) : 내성적 활동과 연관이 있는 지표며 1~2개 정도의 FD반응은 자아 성장을 촉진하는 내성적 활동을 나타내지만 그 이상의 FD반응은 부적응적일 수 있으며 FD반응의 결여는 자아 자각이나 자아 성찰의 회피를 시사한다.

④ D 점수 : D>0인 경우, 문제해결을 위해 사용할 수 있는 개인의 자원이 보다 풍부하며 이에 따라 스트레스 대응능력이 높고 자원을 효율적으로 조직화하는 능력이 양호하여 대부분의 경우 충분한 적응력을 보인다.

⑤ 재질반응(T) : 높은 재질반응은 강한 애정욕구와 관련되고 재질반응의 결여는 애정욕구나 의존욕구의 메마름으로 인한 대인관계의 거리감이나 경계와 연관되어 있다.

09 로르샤하 검사에서 채점된 점수가 다음과 같을 때 소외 지표를 계산하시오.

Bt=1, Cl=0, Ge=0, Ls=1, Na=1, R=16

해설

Isolation Index, Isolate/R=(Bt+2Cl+Ge+Ls+2Na)/R
=[1+(2×0)+0+1+(2×1)]/16=0.25

10 행동관찰을 통한 객관적 방법의 장점 3가지를 설명하시오.

해설

① 이 방법은 그 목적이 수검자에게 알려지지 않기 때문에 실제 임상장면에서 적절하게 사용될 수 있다.
② 질문지법에서와 같은 수검자의 반응경향성이 방지될 수 있다.
③ 신체반응 측정과 같은 방법은 성격의 횡문화적 연구에 널리 사용될 수 있다.

11 다음 사례를 보고 가장 적합한 진단명 한 가지를 쓰시오.

> 환청과 피해사고가 주 호소 문제이며 MMPI 임상 척도 6, 8 척도가 모두 70T 이상 상승하였고 기분 문제는 없으며 로르샤하 검사 시 CONTAM, ALOG, FABCOM이 많음

해설

조현병(편집형)

참고

사고장애를 가진 조현병 환자에게서 자주 채점되는 로르샤하 검사의 특수점수 3가지는 CONTAM, ALOG, FABCOM이 있다.

12 치료 목표 설정을 위해 탐색해야 할 내담자의 중요정보 4가지를 쓰시오.

해설

① 내담자의 호소 문제의 특성
② 내담자의 강점이나 심리적 자원
③ 내담자의 지지체계에 대한 정보(갈등문제, 친밀도 등)
④ 내담자의 스트레스 대처능력과 방법

13 저항을 다루는 지침 6가지를 설명하시오.

해설

① 저항에 대한 해석을 하여 저항의 이유를 인식할 수 있도록 한다.

② 내담자는 두려움을 표현하고 저항에 정면으로 맞서서 갈등을 해결할 수 있도록 한다.

③ 저항은 불안에 대한 방어로서 치료 및 상담 과정에서 도움 되지 않음을 인식할 수 있도록 한다.

④ 내담자가 해석을 거부할 가능성을 최소화하기 위해 매우 분명한 저항에 대하여 지적하고 해석한다.

⑤ 내담자가 다루고 싶어 하지 않는 문제를 다른 방향에서 접근할 수 있도록 한다.

⑥ 환자를 압박하지 않고 저항을 최소화할 수 있는 방향으로 진행되어야 한다.

14 상담자에게 전이를 경험하는 내담자의 유형 3가지와 개입방법을 설명하시오.

해설

① **이상화 전이** : 내담자가 자신을 치료해 주는 분석가를 전지전능한 사람으로 받아들이는 것을 의미한다. 이에 내담자가 전이를 해결하여 보다 더 성숙한 방식으로 관계를 맺을 수 있도록 도와야 하며 상담자를 긍정적이고 건강한 자기대상으로 바라볼 수 있도록 한다.

② **쌍둥이 전이** : 내담자는 상담자에게 동일시를 느끼면서 대등한 것을 원하는 욕구를 충족시키는 것을 의미한다. 이에 내담자 본연의 자신 모습을 통찰하도록 한다.

③ **융합 전이** : 상담자가 내담자 자신의 몸과 마음을 마음대로 조절할 수 있는 것을 당연하게 여기며, 내담자는 상담자에 대해 완전한 종속을 요구하는 것을 의미한다. 이에 내담자에게 치료 및 상담 장면에서의 주도권을 주는 경험을 할 수 있도록 한다.

15 인지치료 접근에서 자동적 사고를 식별하는 기법으로 사용하는 기본질문을 쓰고 그러한 질문을 하게 되는
상황에 대해 설명하시오.

(1) 기본질문 : "바로 그때 마음속에 무엇이 스쳐지나갔나요?"
(2) 질문을 하게 되는 상황
　　① 부정적 감정이 들었던 순간을 떠올릴 때
　　② 치료시간 중 내담자에게 기분의 변화가 있어 보일 때
　　③ 내담자에게 최근 기분의 변화를 느꼈을 때
　　④ 문제 상황을 구체적인 심상으로 떠올렸을 때
　　⑤ 좀 더 실제적인 상황처럼 연출하는 것이 치료에 필요하다고 판단되면 내담자의 동의를 구한 후 상
　　　 담자와 내담자가 각자 역할을 맡아서 역할연기를 할 때

16 다음 사례를 읽고 인지척도의 역기능적 사고일지(DTR)에 관한 내용을 ①과 ②의 빈칸에 작성하시오.

> A 양이 도서관으로 가던 중 맞은편에서 같은 과 친구들 여러 명이 오는 것을 보고 아는 체를 할까 머
> 뭇거리다 인사도 못 하고 서로 지나쳐 버렸다. 저 멀리서 친구 무리들이 큰 소리로 웃고 떠드는 소리를
> 들으며 자신이 따돌림당하는 것 같아 머릿속이 하얘지면서 도서관에 가다 중간에 기숙사로 되돌아와
> 서 펑펑 울었다. A 양은 이러다가 왕따를 당하는 것이 아닌가라는 생각을 하자 대학생활이 너무 힘들
> 것 같고 앞이 캄캄하여 앞으로 남은 대학생활을 어떻게 할지 고민하기 시작했다.

	상 황	사 고	정서/감정/행동반응	결 과
①				
②				

해설

	상 황	사 고	정서/감정/행동반응	결 과
①	도서관으로 가던 중 맞은편에서 같은 과 친구들 여러 명이 오는 것을 보고 인사도 못 하고 서로 지나쳐 버렸으나 멀리서 친구 무리들이 큰 소리로 웃고 떠드는 소리를 들은 상황	자신이 따돌림당하는 것 같은 생각	• 머릿속이 하얘짐 • 도서관에 가다 중간에 기숙사로 돌아옴 • 펑펑 울었음	• 자신이 따돌림당하는 것 같은 생각을 얼마나 믿고 있습니까?/확률이 얼마인 것 같습니까? (1~100%로 평가) • 지금 당신은 어떤 감정(슬픔, 불안, 분노 등)을 느끼며 그 감정의 정도는 얼마나 심합니까? • 이제 무엇을 하려 합니까?
②	이러다가 왕따를 당하는 것이 아닌가라는 생각하는 상황	대학생활이 너무 힘들 것 같은 생각	• 앞이 캄캄함 • 앞으로 남은 대학생활을 어떻게 해야 할지 고민함	• 앞으로 왕따를 당하여 대학생활이 힘들 것 같다는 생각을 얼마나 믿고 있습니까?/확률이 얼마인 것 같습니까?(1~100%로 평가) • 지금 당신은 어떤 감정(슬픔, 불안, 분노 등)을 느끼며 그 감정의 정도는 얼마나 심합니까? • 이제 무엇을 하려 합니까?

17 REBT를 적용하기 어려운 임상군 4가지를 쓰시오.

① 현실 접촉감이 없는 경우
② 심한 조증 상태, 심한 자폐 혹은 뇌 손상상태 및 심한 정신지체의 상태의 경우
③ 단일한 문제라기보다는 복합적인 문제를 지니고 있는 경우
④ 정서적 혼란감이 극심하거나 극적으로 고통을 받는 경우
⑤ 만성 회피자 혹은 기피자로서 마술적 해결을 추구하는 경우

18 다음 사례를 읽고 내담자의 중간 믿음을 수정하기 위한 방법을 4가지 쓰시오.

H 양은 경제학 수업 시간에 수업내용을 다 이해하지 못했다. 조교에게 물어보러 가고 싶었으나 자신을 얕잡아 볼 것 같아 갈 수가 없었다. 나는 무능하다. 항상 열심히 하고 최선을 다해야 한다. 최선을 다하지 않는다면 실패할 것이다.

① 소크라테스식 질문하기 : 소크라테스식 질문을 통하여 내담자가 자신의 신념에서 모순을 발견할 수 있도록 하며 스키마가 감정과 행동에 미치는 영향을 이해함으로써 변화의 과정을 시작할 수 있다.
② 자기노출 : 치료자에 의한 적절하고 사려 깊은 자기노출은 내담자의 문제나 믿음을 다른 시각에서 볼 수 있도록 도움을 준다.
③ 행동실험 : 내담자가 자신의 믿음의 타당성을 평가해볼 수 있는 행동실험을 고안하도록 돕는다. 치료자는 내담자가 행동실험을 실천에 옮길 확률을 높이기 위하여 상상적 예행연습을 시킬 수도 있다.
④ 인지적 연속성 : 내담자가 절대적인 용어들로 표현할 때 보통 자기 자신을 극단적으로 부정적인 관점에서 보는 경우가 많은데 치료자는 인지적 연속선 기법을 사용하여 내담자가 자신의 신념을 좀 더 넓은 전후 관계에 놓고 봄으로써 자신의 신념이 극단으로 가지 않도록 할 수 있다.

19 우볼딩이 제시한 내담자의 자살위협평가를 할 때 치료자가 중점적으로 살펴보아야 할 징후를 5가지 쓰시오.

해설

① 자살계획을 구체적으로 세우고 토의한다.
② 값비싼 물건을 처분한다.
③ 이전에 자살 시도한 이력이 있다.
④ 우울 및 무력감이나 희망 상실을 보인다.
⑤ 자신이나 타인 및 세상에 대한 분노를 보인다.
⑥ 우울감을 보인 후 갑작스럽게 긍정적인 정서 및 행동 양상을 보인다.

2014년 실기 기출문제

01 정신상태검사 항목 중 6가지를 적고 구체적 내용을 쓰시오.

해설

① **전반적 기술** : 외양, 동작, 행동, 말, 태도

② **감정** : 기분, 정서적 표현, 정서의 적절성

③ **지각장애** : 환각과 착각, 이인화(Depersonalization), 이현실화(Derealization)

④ **사고과정** : 사고의 흐름, 사고내용(망상), 강박적 사고, 사고 집착, 추상적 사고

⑤ **지남력** : 시간, 장소, 인물에 대한 지남력

⑥ **기억** : 최근 사건에 대한 기억, 기억장애의 증상 유무

⑦ **충동 통제** : 성적, 공격적 충동의 통제력 정도

⑧ **판단** : 사회적 판단능력

⑨ **통찰력** : 자신이 정신장애를 앓고 있다는 데 대한 통찰력 정도

⑩ **신뢰도** : 환자의 기술이 신뢰로운지에 대한 평가

02 약물의존 진단 기준 4가지를 쓰고 설명하시오.

해설

① 약물을 반복 사용하였을 때 그 효과가 점점 감소되거나 또는 점점 더 많은 약물을 사용해야 같은 효과를 얻게 된다.

② 약물 사용을 멈추거나 줄였을 때 신체적, 정신적 갈망 때문에 고통스러워 적응상의 어려움이 나타나게 된다.

③ 물질이 자신의 삶을 망치는 것을 알면서도 계속적으로 사용하게 되며 중단하고자 했으나 실패한다.

④ 약물 사용을 멈추고 싶어도 멈출 수가 없고 한번 시작하면 많은 양을 오랫동안 사용하고 약물에 대한 갈망 때문에 강박적으로 계속 약물을 사용하게 되는 등 자제력을 잃는다.

03 심리검사 문항 작성 시 고려해야 할 사항 5가지를 쓰시오.

해설

① 수검자들이 올바르게 내용을 이해할 수 있도록 명확한 문항을 구성해야 한다.

② 어떤 형태로든 정답이 노출되는 것을 피해야 한다.

③ 문항에 이중적인 의미를 피해야 한다.

④ 가급적 간단하고 이해하기 쉽게 구성해야 한다.

⑤ 긍정/부정을 표현하는 문장의 비율이 비슷하도록 구성한다.

⑥ 특히 성격 및 흥미 검사의 문항은 단순하면서도 명확하게 제시해야 한다.

04 행동관찰법의 종류 3가지를 쓰고 설명하시오.

① **자연관찰법(Naturalistic Observation)** : 정상적으로 환경 내 참여자가 아닌 관찰자가 환경 내에서 일어나는 내담자의 행동을 체계적으로 관찰하고 기록하는 방식이다.

② **유사관찰법(Analogue Observation)** : 관찰의 효율성을 높이기 위하여 제한이 가해진 체계적인 환경에서 관찰하는 방법이다. 즉, 면담실이나 놀이실에서 일어나는 가족관계, 아동의 행동, 부부간 행동을 평가한다.

③ **자기관찰법(Self-monitoring)** : 스스로 미리 계획된 시간표에 따라 관찰 행동의 발생이나 기타 특징에 대해 기록한다. 즉, 관찰자가 자기 자신의 행동을 스스로 관찰하고 기록하는 방법이다.

④ **참여관찰법(Participant Observation)** : 관찰하고자 하는 개인의 자연스런 환경에 관여하고 있는 관찰자로 하여금 관찰하도록 하는 방식이다. 즉, 개인의 주변 인물 가운데 관찰자를 선정하여 이 관찰자가 참여하여 행동평가를 하는 것이다.

05 다음 로르샤하 검사의 자료를 보고 EA값을 구하시오.

M:2, C:2, FC:2, CF:1

Experience Actual, EA=Sum M+WSumC
WSumC=$[(0.5 \times FC)+(1.0 \times CF)+(1.5 \times C)]$
$2+[(0.5 \times 2)+(1.0 \times 1)+(1.5 \times 2)]=7$

06 로르샤하 검사에서 발달질(Developmental Quality)을 정의하고 설명하시오.

발달질(Developmental Quality)이란, 반응영역의 선택과 관련된 자료는 수검자가 반응을 형성하는 데 반영된 조직화나 처리 과정의 특징이나 질을 구분하는 기호이다. 발달질의 유형은 아래와 같다.

기 호	정 의	채점기준
+	통합반응 (Synthesized Response)	두 가지나 그 이상의 대상이 분리되어 있으나 의미상 충분한 관련성을 가지고 있는 경우다. 또한 반응에 포함된 대상 중 적어도 하나 이상이 구체적인 형태를 이루고 있는 것이어야 한다. 예 풀숲을 걷는 개, 우습게 생긴 모자를 쓴 남자, 구름 사이를 날고 있는 비행기, 작은 소녀의 머리, 여자가 머리 리본을 하고 있다.
o	보편적 반응 (Ordinary Response)	하나의 반점 영역이 자연스러운 형태를 가지고 있는 단일 대상을 나타내거나 대상이 특정한 형태로 묘사된 경우이다. 예 전나무, 고양이, 토템 조각상, 단풍잎, 박쥐, 깃발, 사람의 머리
v/+	모호/통합반응 (Vague/Synthesized Response)	두 가지나 그 이상의 대상이 분리된 것이지만 상호 연관성이 있으나 포함된 어느 대상도 명확한 형태로 묘사되지 못한 경우다. 예 뭉쳐지는 구름, 해변가에 초목이 있고 만 주위에 바위와 모래가 있다.
v	모호한 반응 (Vague Response)	잉크 반점에 대해 보고된 대상이 구체적인 형태를 띠지 못하고 포함된 어느 대상도 명확한 형태로 묘사되지 못한 경우다. 예 구름, 하늘, 노을 색, 얼음

07 로르샤하 검사에서 형태질의 기호를 쓰고 설명하시오.

기 호	정 의	채점기준
+	우수하고 정교한 (Ordinary-elaborated)	O로 채점할 수 있는 반응에서 형태를 비일상적으로 자세하게 설명한 경우. 형태사용의 적합성이 유지되면서 반응의 질을 풍부하게 하는 방식으로 설명되는 경향이 있음
o	보통의(Ordinary)	대상을 설명하기 위해 일반적인 형태특징을 쉽게 말한 일상적인 반응
u	드문(Unusual)	포함된 기본적인 윤곽이 적절한 낮은 빈도의 반응. 빨리 쉽게 알아볼 수 있는 비일상적인 반응
–	왜곡된(Minus)	반응을 형성하는 데 있어서 형태가 왜곡되고, 임의적이고, 비현실적으로 사용된 경우. 사용한 영역의 윤곽을 전부 또는 거의 전부 무시하고 반점구조에 대해 반응한 경우

08 로르샤하 검사는 9가지의 유목으로 채점된다. 이 중 6가지를 쓰고 설명하시오.

① 반응영역 : 잉크 반점의 어느 부분에서 반응이 일어났는가? (W, D, Dd, S)
② 발달질 : 반응영역의 구체성 및 질은 어떠한가? (+, o, v/+, v)
③ 결정인 : 반응을 결정하는 데 영향을 준 반점 특징은 무엇인가? (F, M, C, C', T, V 등)
④ 형태질 : 사용된 반점의 영역이 실제로 구체화된 상의 형태요건과 얼마나 일치하는가? (+, o, u, −)
⑤ 반응내용 : 사용된 반응내용은 어떤 범주에 속하는가? (H, A, An, Art, Ay 등)
⑥ 평범반응 : 사용한 반응은 흔히 일어나는 반응인가? (P)
⑦ 조직활동 : 자극을 조직화하는 경향의 정도와 조직화하려는 노력이 효율적인가? (Z)
⑧ 특수점수 : 반응에 부적절한 면이 있는가? (DV, DR, INCOM 등)
⑨ 쌍반응 : 사물을 대칭적으로 지각하였는가? ((2), rF, Fr)

09 MMPI의 6번 척도가 70T인 경우 나타나는 특징을 6가지 쓰시오.

해설

① 분명한 정신병적 행동을 드러낼 수 있다.

② 사고장애, 피해망상, 과대망상, 관계사고를 지니고 있을 수 있다.

③ 남들에게서 부당한 대우를 받거나 괴롭힘을 당한다고 느낀다.

④ 화를 내며 분개한다.

⑤ 원한을 품고 있다.

⑥ 방어기제로 투사를 사용한다.

⑦ 임상장면에서 흔히 정신분열증이나 편집(망상)장애 진단을 받는다.

10 MMPI-2 검사에서 K교정을 사용하지 않는 것이 유용한 경우를 2가지 쓰시오.

해설

① 심각한 정신과적 문제를 지니고 있지 않을 것으로 가정되는 사람들을 평가 시, K교정을 실시하지 않는 점수를 활용하는 것이 수검자의 위치가 규준집단에 비추어볼 때 어느 정도에 해당되는지 파악하는 데 유용하다.

② 비임상 장면에서 주로, 혹은 전적으로 K교정 때문에 임상 척도의 점수가 경미하게 상승한 검사자료를 해석할 때는 세심한 주의를 기울여야 한다.

11 숫자 외우기 소검사 점수에 영향을 미치는 요인 5가지를 쓰시오.

해설

① 주의력 범위
② 불 안
③ 주의 산만
④ 유연성
⑤ 학습장애
⑥ ADHD
⑦ 지시에 따르는 능력
⑧ 청력 문제

12 문장완성검사를 실시할 때 수검자에게 설명해야 할 핵심적인 내용을 5가지 쓰시오.

해설

① 답에는 정답, 오답이 없으며 생각나는 것을 쓰시오.
② 글씨나 글짓기 시험이 아니므로, 글씨나 문장의 좋고 나쁨을 걱정하지 말고 작성하시오.
③ 주어진 어구를 보고 머릿속에 처음 떠오른 생각나는 것을 쓰시오.
④ 시간에 제한은 없으나 너무 오래 생각지 말고 빨리 쓰시오.
⑤ 펜이나 연필로 쓰되 지울 때는 두 줄로 긋고 옆에 빈 공간에 쓰시오.

13 Sacks는 문장완성검사가 적응에 있어 중요한 4가지 대표영역으로 이루어져 있다고 하였다. 성인용 문장완성검사의 4가지 영역과 문항의 예를 1개씩 쓰시오.

해설

① **가족 영역** : 어머니, 아버지 및 가족에 대한 태도를 측정한다.

　예 "어머니와 나는", "내가 바라기에 아버지는", "우리 가족이 나에 대해서"

② **성적 영역** : 이성관계에 대한 태도를 포함하고 있다. 이 영역의 문항들은 사회적인 개인으로서의 여성과 남성, 결혼, 성적 관계에 대하여 자신을 나타내도록 한다.

　예 "내 생각에 여자들은", "내가 성교를 했다면"

③ **대인관계 영역** : 친구와 지인, 권위자에 대한 태도를 포함한다. 이 영역의 문항들은 가족 외의 사람들에 대한 감정이나 자신에 대해 타인이 어떻게 느끼는지에 관한 수검자의 생각들을 표현하게 한다.

　예 "내가 없을 때 친구들은", "윗사람이 오는 것을 보면 나는"

④ **자기개념 영역** : 자신의 능력, 과거, 미래, 두려움, 죄책감, 목표 등에 대한 태도를 포함한다.

　예 "무슨 일을 해서라도 잊고 싶은 것은", "내가 저지른 가장 큰 잘못은" 등

14 다음 사례를 진단하고 근거를 설명하시오.

> 현재 우울하고 아무것도 할 수 없어 입원치료 중에 있는 환자는 심리평가를 진행하였고 결과는 아래와
> 같다.
> • MMPI-2 : 2-7 코드 타입
> • 로르샤하 검사 : DEPI=positive
> • HTP : 그림을 작고 여리게 묘사
> History를 살펴보면, 중학교 때에도 성적이 저하되어 우울증으로 입원치료를 진행한 경험이 있으며 고
> 등학교 때에는 원래 혼자 있기를 좋아하는 편이었는데 방과 후 친구들과 전화통화로 수업 이야기 등을
> 하고 이런저런 이야기를 많이 했으며 1등을 하겠다며 밤늦도록 공부하는 모습을 보이기도 했으나 입
> 원이 필요할 정도는 아니었다고 하였다.

해설

(1) 진단 : 우울증

(2) 근 거

　① MMPI-2에서 2-7 Code Type : 우울, 불안하고 긴장되어 있음을 의미한다.

　② 로르샤하 검사에서 DEPI=positive : 우울지표가 양성으로 우울감이 시사된다.

　③ HTP에서 그림을 작고 여리게 묘사한 것 : 낮은 자존감과 열등감 및 위축을 보이며 낮은 에너지 수
　　준과 더불어 우울감이 시사된다.

　④ 현재 우울하고 무기력감을 느끼고 있으며 History상에서 또한 중학교 때 우울증으로 인하여 입원
　　치료 경험이 있었다.

15 치료 중 내담자가 '죽고 싶다'고 보고하였을 때 치료자의 적절한 반응을 6가지 쓰시오.

해설

① 언제부터 죽고 싶다는 생각을 했니?

② 죽고 싶다는 생각을 할 정도로 그동안 힘들었구나. 내가 도와주고 싶다.

③ 혹시 구체적으로 자살 계획을 세운 것이 있니?

④ 죽고 싶다는 생각이 얼마나 자주 생각나니?

⑤ 죽고 싶다는 생각이 들었을 때 어떤 행동을 했니? 도움을 요청한 적이 있니?

⑥ 죽고 싶다고 하니 걱정이 되는데 더 이야기해줄 수 있겠니?

16 아동이 어릴수록 제3자로부터의 부가적인 정보가 유용하다. 치료에 도움이 되는 부가적인 정보를 2가지 쓰고 설명하시오.

해설

① 발달력 : 아동의 기본적인 발달 및 기본 자조능력을 확인한다.

② 임신 및 출산 시 정보 : 보호자의 건강 및 심리상태는 어떠하였는지, 약물 사용이나 흡연 경험, 임신 및 출산의 문제가 있었는지를 확인한다.

③ 양육자와의 애착 : 애착 양상이 안정형, 회피형, 저항형, 혼란형인지 확인해야 한다.

④ 아동의 기질 및 수면상태 : 어릴 때부터 까다로운 아이였는지 아니면 순한 아이였는지, 밤에는 잘 잤는지 혹은 수면장애가 있었는지를 확인해야 한다.

⑤ 아동의 건강 상태 및 병력 확인 : 과거 상해나 사고가 있었는지 질병으로 인한 약 복용 여부나 수술 여부, 시기 및 치료 기간 등을 확인해야 한다.

⑥ 사회적 관계 : 어릴 적부터 또래 및 타인과의 관계를 형성하는 능력이 있었는지 또래와 사회상호적 놀이를 즐겼는지, 형제자매와의 관계는 어떠하였는지 파악해야 한다.

⑦ 가족환경과 부모의 양육 태도 : 부모의 연령, 직업, 경제적 지위, 성격, 양육 태도, 의학적/정신병적 내력, 형제자매와의 관계 등을 확인해야 한다.

17 경계선 성격장애의 변증법적 행동치료의 주요 훈련방법 3가지를 쓰고 설명하시오.

① **마음챙김** : 현재 순간을 있는 그대로 수용적인 태도로 자각하는 것으로 자신의 감정이나 경험을 그대로 수용하기 위한 기술이다.
② **대인관계 효율성** : 인간관계를 맺는 기술로 자신의 바람을 수행하되 타인의 권리 및 만족을 손상시키지 않는 것이나 자신이 원하는 바를 타인과의 관계에서 효과적으로 수행하는 행동적 능력을 향상시키는 것과 관련된 기술이다.
③ **정서조절** : 자신의 감정상태의 강도와 지속기간을 조정하며 필요한 경우에는 자신의 감정표출을 지연하고, 또한 사회적으로 바람직한 방법으로 반응하는 기술이다.
④ **고통 인내 기술** : 고통스럽거나 부적 정서에 대한 부적응적인 행동은 감소시키고 내성은 증가시키는 기술이다.

18 심리치료의 초기 단계에서 중심적으로 다루어야 할 내용을 3가지 쓰시오.

① 내담자의 이해와 문제를 파악한다.
② 구체적이고 실현가능한 치료 목표 및 계획을 수립한다.
③ 치료를 통한 내담자의 바람이나 기대는 무엇인지 탐색한다.
④ 신뢰를 바탕으로 좋은 치료적 관계 형성을 한다.
⑤ 상담 과정의 바람직한 체계와 방향성을 알려주도록 구조화한다.

19 BASIC-ID의 7가지 영역을 쓰시오.

① B(Behavior, 행동) : 얼마나 활동적인가? 얼마나 행동적인가?

② A(Affect, 감정) : 얼마나 정서적인가? 사물들을 얼마나 깊이 느끼는가?

③ S(Sensation, 감각) : 얼마나 감각으로부터 나오는 쾌와 고통에 초점을 맞추는가? 신체적 감각에 얼마나 주의를 기울이는가?

④ I(Image, 심상) : 생생한 상상을 하는가? 환상을 하고 백일몽을 꾸는가?

⑤ C(Cognition, 인지) : 일을 분석하고 계획을 세우는 일이 되는 과정을 추론하기를 좋아하는가?

⑥ I(Interpersonal Relationship, 대인관계) : 얼마나 사교적인가? 타인들이 자신에게 얼마나 중요한 존재인가?

⑦ D(Drug/Biology, 약물/생물학) : 건강한가? 건강한 의식을 가지고 있는가? 몸과 신체를 돌보는가?

20 인지적 오류의 종류 5가지를 쓰고 각각 설명하시오.

① 선택적 초점(Selective Abstraction) : 전체를 보지 않고 부정적인 일부 정보들만으로 결론을 내린다. 자신의 입장과 맞는 특정 자료들만 받아들이고 입장과 맞지 않는 자료들은 무시한다.

② 임의적 추론(Arbitrary Inference) : 특정 결론을 내릴 만한 증거가 없거나 심지어 반대되는 증거가 있는데도 그러한 결론을 내린다.

③ 과잉일반화(Overgeneralization) : 한 가지 상황이나 증거를 가지고 모든 상황에 적용되는 일반적인 결론을 내린다.

④ 과장/축소(Magnification/Minimization) : 어떤 속성, 사건 또는 느낌 등의 의미가 부정적인 측면은 과장되고 긍정적인 측면은 축소한다.

⑤ 개인화(Personalization) : 관련이 없는 외부 사건이나 상황을 자신과 관련시킨다. 부정적인 사건에 대해 스스로 과도한 책임을 지거나 자기비난을 한다.

⑥ 이분법적 사고(Dichotomous Thinking) : 자신 혹은 타인에 대한 판단이 양극단의 두 가지 범주 중 하나로만 이루어져 연속선상에서 생각하지 못한다.

⑦ 당위진술 혹은 강박적 부담(Should Statement) : '~해야 한다.'라는 진술 형태를 띠며 자신과 다른 사람들이 어떻게 행동하고 살아야 하는지 매우 확고하고 경직된 생각이다.

⑧ 재앙화(Catastrophizing) : 미래의 결과를 지나치게 부정적으로만 예상하고 현실적으로 가능한 결과를 고려하지 않는다.

⑨ 감정적 추론(Emotional Reasoning) : 너무나 사실처럼 느껴지기 때문에 그렇지 않다는 증거는 무시한 채 사실이라고 받아들인다.

12 2013년 실기 기출문제

01 베일리 영유아 발달검사의 구성 척도 3가지를 쓰시오.

해설

① 정신 척도
② 운동 척도
③ 행동평정 척도

02 MMPI 6번 척도가 35점 이하로 낮을 경우의 특징 3가지를 쓰시오.

해설

① 명백한 망상적 장애를 지니고 있다.
② 망상, 의심, 관계망상을 지니고 있으며 사회적으로 고립되어 있다.
③ 회피적이고 방어적이며 경계적인 편이다.
④ 수줍어하고 비밀스럽고 위축되어 있다.

03 웩슬러 지능검사 시, PIQ가 VIQ보다 지나치게 높다면 어떤 경우인가? 정신장애 중에서 쓰시오.

해설

① 자폐증
② 학습장애
③ 반사회성 성격장애
④ 지적장애

04 우울증 환자가 지능검사를 실시하는 과정에서 전형적으로 보이는 특징을 5가지만 쓰시오.

해설

① 동작성 IQ에 비하여 언어성 IQ가 유의하게 높은 편이다.
② 전반적인 수행속도가 느린 편이다.
③ 끈기가 부족하고 쉽게 포기하는 경향이 있다.
④ 정신운동속도와 에너지의 저하를 보인다.
⑤ 반응내용의 질이나 정교화 및 유창성이 부족한 편이다.
⑥ 반응내용에서 자기 비판적이거나 절망감이 나타난다.

05 로르샤하 검사에서 반응 응답으로 알 수 없을 때 추가로 확인해야 하는 것 3가지를 쓰시오.

해설

① 반응영역 : 어디에서 그렇게 보았나요?

② 반응내용 : 이것은 무엇처럼 보이나요?

③ 결정인 : 무엇 때문에 그렇게 보였나요?

06 MMPI 검사 결과 D 척도와 Pt 척도에서 동시에 높은 상승을 보인 사람들에게 가능한 진단명을 쓰고 그러한 사람들이 나타내는 특성을 3가지 쓰시오.

해설

(1) **진단명** : 불안장애, 우울장애, 강박장애

(2) **특 성**

① 불안, 긴장, 과민성 등 정서적 불안, 우울 정서, 신체적 증상이 나타난다.

② 일반적으로 비관적인 세계관을 지니고 있으며 자신의 문제 극복에 대해 특히 비관적이다.

③ 성취욕구가 강하며 목표 설정이 너무 높은 편이나 이러한 목표를 달성하지 못했을 때 심한 죄의식을 느낀다.

④ 지나치게 엄격하고 완벽주의적이며 사고와 문제해결에 있어서 융통성이 결여되어 있다.

⑤ 대인관계는 유순하고 수동 – 의존적이며 공격적이어야 할 상황조차도 공격성을 표현하지 못한다.

07 신경심리평가에서 배터리법과 개별검사법이 있는데 배터리법의 장단점을 각 2가지로 설명하시오.

해설

(1) 장 점
  ① 뇌 기능의 다양한 영역을 평가할 수 있도록 포괄적으로 구성되어 있기 때문에 수검자의 약점뿐만 아니라 인지기능상의 강점도 함께 살펴볼 수 있다.
  ② 규준이 마련되어 있고 관련 선행연구가 축적되어 있기 때문에 연구를 위한 목적으로 사용할 수 있다.
  ③ 숙련되지 않은 전문가도 일정 기간의 훈련을 통해 비교적 쉽게 시행할 수 있다.

(2) 단 점
  ① 여러 하위 검사를 모두 수행하다 보니 소모되는 시간이 많고 수검자나 평가자가 검사에 투여하는 에너지 소모가 많다.
  ② 손상의 정도가 심각한 경우에는 여러 영역의 검사를 수행하기 어렵다.
  ③ 동일한 장애라고 하더라도 뇌의 어느 반구에 손상을 입었는지에 따라 크게 영향을 받지 않는 인지 영역이 있고 실제 손상되어 있는 영역이 있다. 이러한 경우 배터리법의 경우 실제 손상되어 있는 인지 영역의 평가를 우선으로 하여 검사를 선정하고 실시하는 과정이 비효율적일 수 있다.

08 로르샤하 검사에서 '두 마리의 닭이 농구공을 들고 있다'라는 반응의 특수 점수 채점은 어떻게 하는가?

해설

FABCOM

09 로르샤하 검사에서 주지화지표에 사용되는 반응내용 3가지를 쓰시오.

① AB

② Art

③ Ay

주지화지표(Intellectualization Index) 공식＝2AB＋(Art＋Ay)

10 17세의 우울증 환자에게 MMPI-A를 실시하였다. 타당도 척도와 임상 척도가 모두 상승하였다면 가능한 임상적 해석 5가지를 쓰시오.

① 우선 타당도 척도를 살펴 무효 프로파일 여부를 확인해야 한다.

② 자신의 정서적 곤란을 인정하고 이와 같은 문제에 대한 도움을 요청하는 경우로 문제를 해결할 수 있는 자신의 능력에 대하여 자신이 없는 상태일 가능성이 있다.

③ 검사 혹은 검사자에 대해 저항할 가능성이 있다.

④ 빨리 도움을 얻고자 증상을 과장할 가능성이 있다.

⑤ 일부러 정신적 장애가 있는 것처럼 위장할 가능성이 있다.

⑥ 심각한 정신병리 혹은 기능 손상의 가능성이 있다.

11 지능검사의 소척도인 '이해문제'를 신경심리평가로 활용할 때 고려할 점 4가지를 쓰시오.

해설

① 좌반구 손상에 가장 민감한 척도이다.
② 우반구 손상, 양측 손상, 확산적 손상 환자에 있어서 병전 지능의 좋은 지표이다.
③ 이전에는 우수했던 수검자가 뇌 손상으로 인한 충동성 때문에 다양한 문항에 매우 다르게 반응할 수 있다.
④ 우반구 손상 환자는 높은 점수를 받지만 실제 행동은 비실질적이고 비이성적이다.

12 신뢰도 계수에 영향을 미치는 요인 5가지를 쓰고 각각에 대해 설명하시오.

해설

① **측정집단의 동질성** : 신뢰도 계수의 크기는 피험자집단의 진점수와 오차점수의 변산의 함수이다. 따라서 피험자집단이 동질적일수록 신뢰도 계수는 낮아진다.
② **검사 시간** : 시간제한이 있는 검사의 경우 검사 시간에 기인한 검사 수행의 일관성 때문에 신뢰도 추정치가 부당하게 증가한다.
③ **검사 길이** : 신뢰도는 검사 길이가 길어짐에 따라 증가하며 증가의 폭은 검사의 길이가 길어짐에 따라 증가의 폭은 감소하는 경향이 있다.
④ **검사 자체의 신뢰도** : 검사 문항이 모호하거나 검사 설계상의 문제로 검사 도구 자체의 신뢰도가 낮은 경우 검사 결과에서도 높은 신뢰도를 확보하기 어렵다.
⑤ **심리적 특성의 불안정성** : 어떤 심리적 특성은 상황이나 생리적 상태에 따라 민감하게 변할 수 있다.

13 자살이 임박한 내담자에게 더 이상 상담자의 개입이 부적절할 시 어떻게 해야 하는지 3가지 방법을 설명하시오.

해설

① 관련 문제를 효과적으로 다룰 수 있는 선배, 동료, 수퍼바이저에게 자문을 구하거나 의뢰한다.

② 자살을 하지 않겠다는 서약서를 받는다.

③ 위험이 높아 보이는 경우 입원을 고려하여 자살 충동을 자극하는 환경에서 벗어날 수 있도록 한다.

14 상담구조화 과정 중 '고지된 동의'의 주요내용 6가지만 쓰시오.

해설

① 제공되는 상담의 목적과 과정에서 경험하게 될 활동

② 비밀보장의 한계

③ 상담자의 자격과 관련된 정보의 공개

④ 상담자와 내담자 간 역할과 책임

⑤ 치료비용 및 기간/시간에 대한 안내

⑥ 상담 과정에서 내담자가 기대할 수 있는 서비스

15 인지치료 관점에서 아래 내담자의 사고 또는 인지적 왜곡의 종류를 5가지 쓰고 각각의 의미를 설명하시오.

> 직장인 A 씨는 갑작스러운 해고 통지서를 받고 매우 화가 났다. A 씨는 "이것은 세상이 좋지 않음을 의미해. 나에게는 행운도 없을 거야."라고 생각하였다.

해설

① 이분법적 사고(Dichotomous Thinking) : 자신 혹은 타인에 대한 판단이 양극단의 두 가지 범주 중 하나로만 이루어져 연속선상에서 생각하지 못한다.
② 과잉일반화(Overgeneralization) : 한 가지 상황이나 증거를 가지고 모든 상황에 적용되는 일반적인 결론을 내린다.
③ 선택적 초점(Selective Abstraction) : 전체를 보지 않고 부정적인 일부 정보들만으로 결론을 내린다. 자신의 입장과 맞는 특정 자료들만 받아들이고 입장과 맞지 않는 자료들은 무시한다.
④ 임의적 추론(Arbitrary Inference) : 특정 결론을 내릴 만한 증거가 없거나 심지어 반대되는 증거가 있는데도 그러한 결론을 내린다.
⑤ 과장/축소(Magnification/Minimization) : 어떤 속성, 사건 또는 느낌 등의 의미가 부정적인 측면은 과장되고 긍정적인 측면은 축소한다.

16 상담목표에 도달하여 종결에 이른 내담자가 얻을 수 있는 성과를 3가지 쓰시오.

해설

① 삶을 살아가는 과정에서 개인의 적응과 기능이 향상된다.
② 대인관계가 촉진된다.
③ 자신의 기질이나 강약점을 알 수 있다.
④ 자신에 대해 보다 통합된 방식으로 이해할 수 있다.
⑤ 현재와 미래의 문제에 대처할 수 있는 능력이 향상된다.

17 약물중독자들에게 집단상담이 필요한 경우를 설명하시오.

해설

① 의사소통능력의 기술이나 사회기술훈련이 필요한 경우

② 상담 과정뿐만 아니라 상담 종결 이후에도 타인의 지지가 도움 된다고 여겨지는 경우

③ 이완훈련이나 자기주장훈련이 필요한 경우

④ 재발예방이나 거절기술훈련과 같은 열린 집단이 효과적인 경우

⑤ 타인과의 소속감이나 유대감 향상이 필요한 경우

⑥ 안전한 환경에서 자신의 감정을 표현하고 이를 통해 감정적 치유가 필요한 경우

18 음주행동이 심한 부모의 자녀들을 대상으로 집단상담을 할 경우 포함되어야 할 사항 5가지를 쓰시오.

해설

① 부모의 음주가 자신 때문이라고 생각하는 잘못된 인식 교정하기

② 가정 내 긴장이나 분노가 반복적으로 지속되었을 가능성이 높으므로 집단 내에서 자신의 부적 감정을 표현하면서 정화하는 과정 갖기

③ 집단상담을 통하여 자신에 대한 이해의 폭을 넓히며 자신으로서 수용받기

④ 동일한 문제에 대하여 공감하고 정서적 지지 얻기

⑤ 집단치료를 통하여 희망을 고취하며 타인으로부터 자신의 가치를 인정받기

19 자동적 사고, 중간신념, 핵심신념을 각각 예를 들어 설명하시오.

① **자동적 사고(Automatic Thoughts)** : 너무나 빨리 자동적으로 스쳐지나가는 생각을 의미하며 언뜻 인식할 수 있으나 스쳐지나가는 순간 정확하게 의식하기 힘든 생각이며 인지의 가장 표면적인 수준에 해당한다.
　예 이해하기 힘든 내용들이 왜 이렇게 많지? 난 머리가 나쁜가 봐.

② **중간신념(Intermediate Belief)** : 자동적 사고보다는 인식되기가 어렵지만 핵심신념보다는 인식되기 쉬운 것이다.
　예 무능력하다는 것은 끔찍한 일이야.

③ **핵심신념(Core Belief)** : 가장 근원적인 수준의 믿음으로 모든 영역에 영향을 미치고 유연성이 없으며 지나치게 일반화되어 있다.
　예 나는 무능해.

20 상담 및 심리치료에서 수퍼비전 과정에서 이루어지는 내용 3가지를 쓰고 설명하시오.

① **내담자 평가와 개념화** : 내담자의 욕구를 이해하기 위해 내담자의 개인적이고 체계적인 특성을 발견하고 포괄적인 사례 개념화가 되었는지 확인한다.

② **치료 계획** : 내담자의 욕구에 대한 철저하고 정확한 이해 후 효과적인 치료 계획을 선택하였는지 확인한다.

③ **개입 기술** : 상담 목표에 도달하도록 적절한 상담 기술을 조합하고 사용하였는지 확인해야 한다.

④ **치료적 관계 발달** : 치료적 관계는 치료 결과에 의미 있는 상당한 차이를 일관되게 설명하고 있기 때문에 라포를 잘 확립하였는지 확인해야 한다.

CHAPTER
13 2012년 실기 기출문제

01 다음 번호에 해당하는 채점 기호와 명칭을 쓰시오.

> 엑스너 종합체계 방식으로 채점할 경우 반응영역에 관련된 채점 기호는 ①, ②, ③, ④가 있으며 어떤 경우든 ⑤는 단독으로 기호화할 수 없다.

해설

① 전체반응(W ; Whole Response) : 반점 전체를 사용하여 반응한 경우
② 평범부분반응(D ; Common Detail Response) : 흔히 사용하는 반점 영역을 사용한 부분반응
③ 이상부분반응(Dd ; Unusual Detail Response) : 드물게 사용하는 반점 영역을 사용한 부분반응
④ 공간반응(S ; Space Response) : 흰 공간 부분이 사용된 경우(WS, DS 또는 DdS처럼 다른 반응영역 기호와 같이 사용)
⑤ 공간반응(S ; Space Response)

02 기질적 뇌 손상 환자가 BGT에서 나타낼 수 있는 반응 특성 6가지를 쓰시오.

해설

① 지각의 회전(Rotation)
② 퇴영(Retrogression)
③ 단순화(Simplification)
④ 단편화(Fragmentation)
⑤ 중복곤란(Overlapping)
⑥ 보속성(Perseveration)
⑦ 도형의 재묘사(Redrawing)

03 MMPI 1-3/3-1 프로파일의 임상적 특징, 증상, 진단, 정신역동, 외현특성, 대인관계 양상, 치료적 고려사항을 설명하시오.

해설

(1) 임상적 특징
  ① 심리적인 문제를 신체적인 증상으로 전환함으로써 문제를 자신의 밖으로 국한하려고 한다.
  ② 자신의 행동에 대한 통찰력이 결여되어 있어 신체적인 증상에 심리적인 요인이 관여할 수도 있다는 해석을 싫어한다.

(2) 증상 : 스트레스가 가중되는 경우 두통, 흉통, 사지마비, 구토, 현기증과 같은 신체증상이 나타날 수 있다.

(3) 진단 : 전환장애, 신체증상장애, 히스테리성 장애

(4) 정신역동 : 부정, 투사, 합리화 방어기제를 사용함으로써 자신의 문제에 대해 타인을 비난하고 자신은 정당하다고 믿는다.

(5) 외현특성 : 내적으로는 관심과 욕구 충족 좌절로 인하여 분노감을 느끼지만 이러한 감정을 지나치게 통제하거나 수동-공격적인 간접적인 방식으로 표현하다가 때로는 갑자기 정서가 폭발하기도 한다.

(6) 대인관계 양상 : 피상적으로는 외향적이고 친밀하지만 감정의 깊이가 결여되어 있고 진정한 인간적 교류가 부족하고 이성에 대한 관심이 결여되어 있다.

(7) 치료적 고려사항
  ① 기본적으로 증상의 기저에 있는 심리적 요인을 인정하지 않으려 하기 때문에 전통적인 정신치료는 기대하기 어렵다.
  ② 이들은 치료과정에서 어려움을 즉각적으로 해결하기를 원하며 그들의 지나친 애정요구에 치료자가 반응하지 않을 때는 조기에 치료를 중단하게 된다.
  ③ 이들은 자기 행동의 본질에 대한 통찰이 부족하고 자신의 신체적인 문제에 대한 심인적 해석에 매우 저항적이다.
  ④ 피암시성이 높아서 치료 관계에 따라서 치료자가 암시하는 행동을 따르려고 시도하기도 한다.

04 K-WAIS 단축형 검사가 실시될 수 있는 상황 3가지를 쓰시오.

해설

① 정신장애를 감별하고 성격의 일부분인 지능에 대한 대략적인 평가가 목적인 경우

② 과거 1년 이내에 수검자에 대한 신경심리평가를 포함한 완전한 심리평가가 완료되었고 임상적으로 특이한 변화가 없는 상태에서 현재의 심리적 상태나 지능에 대한 대략적인 평가가 요구되는 경우

③ 많은 수검자들을 대상으로 하여 철저한 임상적, 신경심리적 평가가 필요한지를 가리기 위해 스크린용 검사를 시행하는 경우

④ 현실적 조건에 따라 제한된 시간만이 허용될 수 있고 지능평가가 일차적인 목적이 아니고 다른 심리평가의 일부인 경우

⑤ 임상 평가의 목적이 수검자의 지능 수준의 판단이고 특정한 능력이나 인지적 손상에 대한 평가가 아닌 경우

05 로르샤하 검사를 통해 평가되는 성격적 요소 중 심리치료에 방해가 될 수 있는 요인 4가지를 쓰고 각각에 대해 설명하시오.

해설

① **평범반응(P≤4)** : 경제적이거나 관습적인 방식으로 지각하지 못함을 나타내는데 이는 심각한 정신병리의 표현이거나 수검자의 독특한 성격특성으로 인한 인지적 특성의 표현을 의미한다.

② **능동 대 수동운동반응(a:p)** : 인지적 융통성에 대한 정보를 제공해주고 있으며 한 방향으로 반응이 치우쳐 있으면 사고가 고착되거나 고정되어 있고 편협할 가능성이 높아 자신의 태도나 사고 및 가치관에 있어서 융통성이 결여되어 있음을 의미한다.

③ **형태-차원반응(FD)** : 내성적 활동과 연관이 있는 지표며 1-2개 정도의 FD반응은 자아 성장을 촉진하는 내성적 활동을 나타내지만 그 이상의 FD반응은 부적응적일 수 있으며 FD반응의 결여는 자아 자각이나 자아 성찰의 회피를 시사한다.

④ **D 점수** : D>0인 경우, 문제해결을 위해 사용할 수 있는 개인의 자원이 보다 풍부하며 이에 따라 스트레스 대응능력이 높고 자원을 효율적으로 조직화하는 능력이 양호하여 대부분의 경우 충분한 적응력을 보인다.

⑤ **재질반응(T)** : 높은 재질반응은 강한 애정욕구와 관련되고 재질반응의 결여는 애정욕구나 의존욕구의 메마름으로 인한 대인관계의 거리감이나 경계와 연관되어 있다.

06 편측 무시(우측 뇌 손상 환자) 평가를 위해 사용 가능한 신경심리검사 도구의 개별검사명을 쓰시오.

해설

① Albert Test/Drawing and Copying Test
② 선 나누기(Line Bisection)
③ 선 지우기(Line Cancellation)

07 정신증적 상태의 환자가 지능검사 실시 또는 검사 결과에서 나타나는 전형적인 특징 5가지를 쓰시오.

해설

① 검사 상황과 적절하지 않은 언어 및 비언어적 행동이 관찰되며 주의가 산만한 양상이 나타난다.

② 정신운동속도의 저하 또는 정신증적 불안이 나타나며 정신운동이 요구되는 집중력이 저하된 양상이 나타난다.

③ 학습이나 훈련을 통해 획득된 결정지능은 양호하게 유지되나 실제적인 상황에서의 문제해결 또는 대처능력을 반영하는 유동지능은 저하된 상태로 나타난다.

④ 토막 짜기에서 자폐적인 논리에 근거하여 다소 기이한 해결을 시도하거나, 모양 맞추기에서 전체적인 형태를 거의 고려하지 않고 맞지 않는 조각들을 억지스럽게 끼워 맞추는 등 부적절한 수행을 보인다.

⑤ 빠진 곳 찾기의 수행부진이 나타나면서 현재 상황의 본질과 비본질을 변별할 수 있는 현실 판단력의 손상을 보인다.

⑥ 추상적이고 논리적인 사고가 어려워 앞뒤가 맞지 않는 반응을 보인다.

08 병전 지능 수준 추정 방법 3가지를 설명하시오.

해설

① 지능검사에서 점수가 가장 안정적이고 언어성, 동작성 검사의 가장 대표적인 소검사로 상식, 어휘문제, 토막 짜기는 병전 지능 추정의 기준이 될 수 있다.

② 만약 언어적 소검사에서 요구되는 복잡한 언어적 능력이 제한되어 있는 좌반구 손상 환자에게서 빠진 곳 찾기 소검사는 병전 지능 추정이 가능하다. 손상환자가 아닌 경우에는 치매진단평가도구나 성인 읽기 검사와 같은 평가를 진행하여 추정한다.

③ 수검자의 연령, 학력, 직업, 학교성적 등을 고려하여 추정이 가능하다.

④ 웩슬러 지능검사에서 즉시적 기억검사를 제외한 나머지 언어성 검사 점수들의 변량을 이 점수들의 평균과 비교한다. 혹은 웩슬러 검사에서 가장 높은 세 가지 점수를 합하여 하나의 '지능추정점수(Intellectual Altitude Score)'를 산출한다.

09 MMPI 4-7 척도가 높은 경우의 임상적 특징 4가지를 쓰시오.

해설

① 사회적 관습이나 다른 사람들의 욕구나 소원을 무시하고 충동적으로 행동하다가 후회하고 죄책감을 느끼며 자기비하에 빠진다.

② 다른 사람들이 부과한 규칙이나 규제가 아주 성가시고 불안을 유발한다.

③ 자신의 감정이나 문제에는 상당히 관심이 있지만 타인의 욕구와 감정에 대해선 현저히 냉담하고 무관심하다.

④ 심리치료는 초기에 환자들이 죄책감을 호소하며 도움을 구하기 때문에 효과적인 것처럼 보이지만 장기적인 예후는 제한적이다.

10 로르샤하 검사의 특수지표 중 우울 지표 5가지를 쓰시오.

해설

① FV+VF+V>0이거나 FD>2

② Col-Shd Blends>0이거나 S>2

③ 3r+(2)/R>.44이고 Fr+rF=0 또는 3r+(2)/R<.33

④ Afr<.46이거나 Blends<4

⑤ Sum Shading>FM+m이거나 SumC'>2

⑥ MOR>2이거나 2AB+Art+Ay>3

11 웩슬러 지능검사에서 바꿔쓰기 점수에 영향을 미칠 수 있는 요인 5가지를 쓰시오.

해설

① 불 안

② 주의산만

③ 학습장애/ADHD

④ 동기 수준

⑤ 정확성과 세밀함에 대한 강박적 염려

⑥ 시각-운동협응 및 시지각적 문제

⑦ 시간 압력하에서의 작업

12 상담구조화 과정 중 '고지된 동의'의 주요내용 6가지만 쓰시오.

해설

① 제공되는 상담의 목적과 과정에서 경험하게 될 활동

② 비밀보장의 한계

③ 상담자의 자격과 관련된 정보의 공개

④ 상담자와 내담자 간 역할과 책임

⑤ 치료비용 및 기간/시간에 대한 안내

⑥ 상담 과정에서 내담자가 기대할 수 있는 서비스

13 사별한 노인을 대상으로 하는 자조집단의 운영목표 4가지를 쓰시오.

해설

① 이별한 사람과의 연계나 과거의 면을 자세하게 더듬는 데 에너지를 집중하여 잃어버린 고통을 재경험함으로써 정상적인 비탄의 과정을 거쳐 자율적으로 회복이 일어나도록 돕는다.

② 사별에 대한 슬픔을 충분히 애도하고 용서하는 시간을 갖도록 하며, 배우자를 좀 더 일찍 사망하게 했다는 죄책감과 살아 있을 때 좀 더 잘해 주지 못한 죄책감에서 벗어나도록 도와준다.

③ 사별 후 신체적, 정서적 변화를 관찰하여 변화된 환경에 적응할 수 있도록 생활계획을 구상하고, 주변인과의 관계를 지속할 수 있도록 해 준다.

④ 타인과의 상호작용을 통하여 고립감을 해소하고 새로운 관계를 갖는 과정에서 소속감을 경험하도록 한다.

14 자신의 분노반응을 조절하지 못해 심리적 문제를 겪는 경우 적용할 수 있는 인지행동적 접근의 분노조절 기법 5가지를 쓰시오.

해설

① **사회기술훈련** : 내담자들로 하여금 대인관계의 갈등과 대인 기술 부족으로 인한 어려움을 해소하게 하여 분노 문제를 대처하는 데 유용하게 사용된다.

② **행동적 예행연습** : 내담자가 실제 행동을 하기 전에 상담회기에서 혹은 과제를 통해 미리 연습을 해 보는 방법으로 치료자와 역할연기를 할 수 있다. 치료자는 내담자가 보다 분노를 적절히 조절하고 반응할 수 있도록 피드백을 해 주고 코칭을 한다.

③ **노출치료** : 노출치료 가운데 심상을 통한 상상노출을 통하여 실제 노출을 하기 어려운 경우 단계적인 접근을 전략적으로 고려하여 자신이 정서 조절로 인하여 두려워하는 상황이나 장소에 대한 심상을 떠올리도록 하여 심상 속에 머물면서 정서조절에 대처하는 상상을 하도록 한다.

④ **호흡 및 이완훈련** : 내담자의 부적 정서에 대한 통제감을 회복할 수 있도록 분노가 유발되는 상황에서 복식호흡을 통해 신체가 이완되면서 자연스럽게 부적 정서가 감소될 수 있도록 한다.

⑤ **분노유발모형 파악하기** : 불쾌한 사건이 부정적인 정서를 일으키고 이와 연합되어 있는 분노 관련 정서, 사고, 기억, 신체 반응들이 자동적으로 활성화된다고 가정하고 있다. 이때 불쾌한 사건이라는 지각이 있기 위해서는 분노를 유발하는 상황이 당사자에게 이로운 것인지 해가 되는 것인지에 대한 평가가 필요하다.

⑥ **자동적 사고 찾기 및 수정하기** : 자동적 사고 기록지를 활용하여 자신의 부적인 정서가 나타났을 때의 구체적인 감정, 인지, 행동 등에 관한 자기 모니터링을 하고 부적 정서가 적절하게 조절될 수 있도록 한다.

⑦ **비합리적인 신념 찾기** : 비합리적인 신념의 수치가 높을수록 분노의 수치도 높아지는 경향이 있으며 비합리적 신념 중에서 분노와 특히 관련이 많은 것은 파국화, 완벽주의, 남 탓하기, 높은 인정 욕구, 좌절에 대한 낮은 인내력, 무력감, 과도한 걱정 등이 있으므로 비합리적 신념을 찾고 논박을 통하여 합리적 사고를 형성하도록 돕는다.

15 의사교류분석, 형태치료, 현실치료의 치료 목표를 쓰시오.

① **의사교류분석** : 자율성 성취와 통합된 어른 자아를 확립할 수 있도록 하며 개인의 행동과 인생의 방향성에 대하여 새로운 결단을 내리도록 한다.
② **형태치료** : 내담자가 성숙하여 자신의 삶을 책임지고 접촉을 통해 게슈탈트를 완성하도록 조력하는 것이며 내담자가 느끼는 불안을 삶의 부분으로서 수용하고 처리하도록 조력하는 것이다. 또한 내담자가 환경 지지를 버리거나 탈피하고 자신의 삶을 책임지는 자기 지지에 의해서 살아가도록 조력한다.
③ **현실치료** : 다양한 인지행동적 전략을 적용하여 내담자가 자신의 욕구를 자각하고, 보다 나은 삶의 구성요소를 인식하며, 삶의 질을 향상하기 위한 목표와 과정을 선택하고 구체화할 수 있도록 한다.

16 심리치료의 초기 단계에서 중심적으로 다루어야 할 내용을 3가지 쓰시오.

① 상담자는 내담자에게 인간적인 관심으로 보이고 신뢰를 주면서 긍정적인 치료적 관계를 형성한다.
② 내담자의 주 호소 문제를 파악하여 구체적인 문제를 정확하게 이해하고 상담에 대한 기대 및 동기를 파악한다.
③ 상담자와 내담자의 역할 및 규범 등 상담을 진행하는 과정에 필요한 조건에 대하여 설명하는 상담구조화를 한다.
④ 내담자와 상담 목표 설정, 종결 시점 등을 협의한다.

17 내담자의 저항을 확인할 수 있는 내용 6가지를 쓰시오.

해설

① 상담약속을 어기는 경우

② 특정한 생각이나 감정, 경험 등을 드러내지 않는 경우

③ 상담 과정에서 아무 의미도 없는 말만 되풀이하는 경우

④ 중요한 내용을 빠트리고 사소한 이야기만 하는 경우

⑤ 갑자기 주제 전환을 하는 경우

⑥ 상담자가 내어준 과제를 해오지 않는 경우

⑦ 소극적인 표현이나 침묵을 보이거나 지나치게 적극적인 경우

18 허리를 펴고 일해야 하는 사람이 허리를 2초 이상 굽히면 '삐' 하는 소리가 나는 장치를 착용하고 일을 한다. 이 장치로 허리를 펴고 일을 하도록 자세를 수정한다면 어떤 훈련을 사용한 것인지 쓰고 설명하시오. 아울러 혐오조건형성은 유기체의 행동에 뒤따라 혐오자극이 제시되어 유기체가 특정한 행동을 나타내는 빈도가 낮아지는 것을 의미하는데 위 훈련 과정에서 특정한 행동(A)은 무엇인지 쓰고 혐오조건형성은 어떤 유형(B)인지 쓰시오.

해설

① 바이오피드백 훈련 : 바이오피드백은 근육 긴장도, 뇌파, 심박수, 피부저항도, 체온 등 자율신경계의 반응을 컴퓨터 화면으로 직접 보고 느끼면서 자기조절법을 익히는 훈련이다. 즉, 허리를 2초 이상 굽히는 경우 기계에서 신호를 주고 이를 감지하면서 허리를 펴게 되고 바른 자세를 유지하게 된다. 이러한 과정이 반복되면서 신호 없이도 좋은 자세를 유지하는 빈도가 늘어날 수 있도록 한다.

② 특정한 행동(A) : 허리를 2초 이상 굽히는 자세(올바르지 않은 자세)

③ 혐오조건형성의 유형(B) : 처벌

19 다음 사례를 읽고 인지척도의 역기능적 사고일지(DTR)에 관한 내용을 ①과 ②의 빈칸에 작성하시오.

A 양이 도서관으로 가던 중 맞은편에서 같은 과 친구들 여러 명이 오는 것을 보고 아는 체를 할까 머뭇거리다 인사도 못 하고 서로 지나쳐 버렸다. 저 멀리서 친구 무리들이 큰 소리로 웃고 떠드는 소리를 들으며 자신이 따돌림당하는 것 같아 머릿속이 하얘지면서 도서관에 가다 중간에 기숙사로 되돌아와서 펑펑 울었다. A 양은 이러다가 왕따를 당하는 것이 아닌가라는 생각을 하자 대학생활이 너무 힘들 것 같고 앞이 캄캄하여 앞으로 남은 대학생활을 어떻게 할지 고민하기 시작했다.

	상 황	사 고	정서/감정/행동반응	결 과
①				
②				

해설

	상 황	사 고	정서/감정/행동반응	결 과
①	도서관으로 가던 중 맞은편에서 같은 과 친구들 여러 명이 오는 것을 보고 인사도 못 하고 서로 지나쳐 버렸으나 멀리서 친구 무리들이 큰 소리로 웃고 떠드는 소리를 들은 상황	자신이 따돌림당하는 것 같은 생각	• 머릿속이 하얘짐 • 도서관에 가다 중간에 기숙사로 돌아옴 • 펑펑 울었음	• 자신이 따돌림당하는 것 같은 생각을 얼마나 믿고 있습니까?/확률이 얼마인 것 같습니까? (1~100%로 평가) • 지금 당신은 어떤 감정(슬픔, 불안, 분노 등)을 느끼며 그 감정의 정도는 얼마나 심합니까? • 이제 무엇을 하려 합니까?
②	이러다가 왕따를 당하는 것이 아닌가라는 생각하는 상황	대학생활이 너무 힘들 것 같은 생각	• 앞이 캄캄함 • 앞으로 남은 대학생활을 어떻게 해야 할지 고민함	• 앞으로 왕따를 당하여 대학생활이 힘들 것 같다는 생각을 얼마나 믿고 있습니까?/확률이 얼마인 것 같습니까?(1~100%로 평가) • 지금 당신은 어떤 감정(슬픔, 불안, 분노 등)을 느끼며 그 감정의 정도는 얼마나 심합니까? • 이제 무엇을 하려 합니까?

01 MMPI에서 정상 K+ 프로파일의 세부 특징과 이를 보이는 환자의 임상적 특징을 3가지씩 쓰시오.

해설

(1) 정상 K+ 프로파일의 세부적 특징

① 여섯 개 이상의 임상 척도들이 60T 이하인 경우

② 모든 임상 척도들이 70T 이하인 경우

③ 척도 L과 K는 F보다 높고 F 척도는 60T 이하인 경우

④ K 척도는 F 척도보다 5T 이상 높은 경우

(2) 환자의 임상적 특징

① 수줍음이 많고 불안하며 감정표현이 억제되고 그들의 문제가 심리적인 것임을 인정하는 데 방어적이다.

② 친밀한 대인관계를 회피하고 수동적으로 저항하며 성격구조는 분열성(Schizoid)을 내포하고 있다.

③ 사고의 흐름에 조리가 없고 공상이나 백일몽에 빠지는 시간이 많은가 하면, 편집성 경향을 나타내기도 하여 의심이 많고 겁이 많으며 감정표현이 어색하다.

④ 이 같은 프로파일을 보이는 환자의 거의 절반가량은 정신병적이라는 진단을 받는다.

⑤ 전체적으로 볼 때 이들의 지능은 보통보다 훨씬 높으며 60% 이상은 고등학교 수준 이상의 교육을 받았다.

02 로르샤하 검사에서 발달질(Developmental Quality)의 정의와 평가기준을 설명하시오.

해설

발달질(Developmental Quality)이란, 반응영역의 선택과 관련된 자료는 수검자가 반응을 형성하는 데 반영된 조직화나 처리 과정의 특징이나 질을 구분하는 기호이다. 발달질의 유형은 아래와 같다.

기 호	정 의	채점기준
+	통합반응 (Synthesized Response)	두 가지나 그 이상의 대상이 분리되어 있으나 의미상 충분한 관련성을 가지고 있는 경우다. 또한 반응에 포함된 대상 중 적어도 하나 이상이 구체적인 형태를 이루고 있는 것이어야 한다. 예 풀숲을 걷는 개, 우습게 생긴 모자를 쓴 남자, 구름 사이를 날고 있는 비행기, 작은 소녀의 머리, 여자가 머리 리본을 하고 있다.
o	보편적 반응 (Ordinary Response)	하나의 반점 영역이 자연스러운 형태를 가지고 있는 단일 대상을 나타내거나 대상이 특정한 형태로 묘사된 경우이다. 예 전나무, 고양이, 토템 조각상, 단풍잎, 박쥐, 깃발, 사람의 머리
v/+	모호/통합반응 (Vague/Synthesized Response)	두 가지나 그 이상의 대상이 분리된 것이지만 상호 연관성이 있으나 포함된 어느 대상도 명확한 형태로 묘사되지 못한 경우다. 예 뭉쳐지는 구름, 해변가에 초목이 있고 만 주위에 바위와 모래가 있다.
v	모호한 반응 (Vague Response)	잉크 반점에 대해 보고된 대상이 구체적인 형태를 띠지 못하고 포함된 어느 대상도 명확한 형태로 묘사되지 못한 경우다. 예 구름, 하늘, 노을 색, 얼음

03 다음은 21세 미혼 남성이 입원 시 실시한 심리검사 결과이다. 지능검사에서 사회적 관습과 사물에 대한 현실적 방식에 집착하며 계획능력과 예견능력이 저하됨을 시사하는 소검사는 무엇인지 쓰고 이 환자에게 가능한 진단을 설명하시오.

로르샤하 검사 : X-%>0.63
K-WAIS : 언어성 112, 동작성 90, 전체 104

기본 지식	숫자 외우기	어휘 문제	산수 문제	이해 문제	공통성 문제	빠진 곳 찾기	차례 맞추기	토막 짜기	모양 맞추기	바꿔 쓰기
13	16	14	11	13	13	9	8	14	11	10

MMPI 검사 결과

L	F	K	Hs	D	Hy	Pd	Mf	Pa	Pt	Sc	Ma	Si
45	78	50	59	69	58	56	42	78	60	75	47	62

해설

(1) 계획 및 예견능력의 저하를 시사하는 소검사 : 차례 맞추기(8)
(2) 진단명 : 조현병, 분열성 혹은 편집성 성격장애
 ① 로르샤하 검사 : X-%>0.63으로 자극에 대하여 정확한 지각이 어렵겠으며 현실검증력 손상과 더불어 사고 및 지각장애가 시사됨
 ② K-WAIS : 언어성 112, 동작성 90, 전체 104으로 전체 지능은 양호하나, 언어성 지능이 동작성 지능에 비하여 유의미하게 높음. 전체 소검사에서 개인 내적으로 차례 맞추기(8)와 빠진 곳 찾기(9)에서 낮은 수행을 보임
 ③ MMPI : 타당도 척도의 삿갓형 형태를 띄고, 6-8 Code Type을 보임

04 로르샤하 검사에서 순수형태반응(F) 빈도가 평균 이하일 때 L(Lambda)가 낮아지는 상황을 설명하시오.

해설

① 내적으로 지나친 갈등이나 감정에 휩싸여서 외부자극에 지나치게 과민하게 개입하게 되고 적절하게 통제된 상태로 대응하는 데 실패하게 됨으로써 그 개인의 내적 자원을 충분히 활용할 수 없는 경우이다.

② 성취지향적인 개인이 검사를 일종의 도전으로 받아들임으로써 F반응이 감소되는 경우가 있는데 X+%와 평범반응은 정상범위에 있으며 Zf, W, DQ+ 빈도는 증가되고 Zd는 정상범위에 머무르게 되면서 융통성이 있는 상황적 반응을 보일 수 있다.

③ 지적 성취 야심이 높은 개인이 실패를 피하려는 동기에서 F감소를 보이는 경우가 있는데 보통 Zd가 +3.0 이상으로 상승한다. 즉, 과도하게 조직하려는 인지적 특징이 동반되면서 고정적이고 비효율적인 인지활동을 보인다.

05 다음은 로르샤하 검사의 종합체계 탐색 전략에서 핵심변인과 군집계열순서이다. ①, ②, ③의 괄호를 채우시오.

DEPI > 5 & CDI > 3

대인지각 > (　①　) > 통제 > (　②　) > 정보처리 > (　③　) > 관념

해설

① 자기지각
② 정　서
③ 중　재

06 문장완성검사를 실시할 때 수검자에게 설명해야 할 핵심적인 내용을 5가지 쓰시오.

해설

① 답에는 정답, 오답이 없으며 생각나는 것을 쓰시오.

② 글씨나 글짓기 시험이 아니므로, 글씨나 문장의 좋고 나쁨을 걱정하지 말고 작성하시오.

③ 주어진 어구를 보고 머릿속에 처음 떠오른 생각을 쓰시오.

④ 시간에 제한은 없으나 너무 오래 생각지 말고 빨리 쓰시오.

⑤ 펜이나 연필로 쓰되 지울 때는 두 줄로 긋고 옆에 빈 공간에 쓰시오.

07 신경심리평가의 방법에는 배터리법과 개별검사법이 있다. 배터리법의 장점과 단점 3가지를 쓰고 설명하시오.

해설

(1) 장 점

① 뇌 기능의 다양한 영역을 평가할 수 있도록 포괄적으로 구성되어 있기 때문에 수검자의 약점뿐만 아니라 인지기능상의 강점도 함께 살펴볼 수 있다.

② 규준이 마련되어 있고 관련 선행연구가 축적되어 있기 때문에 연구를 위한 목적으로 사용할 수 있다.

③ 숙련되지 않은 전문가도 일정 기간의 훈련을 통해 비교적 쉽게 시행할 수 있다.

(2) 단 점

① 여러 하위 검사를 모두 수행하다 보니 소모되는 시간이 많고 수검자나 평가자가 검사에 투여하는 에너지 소모가 많다.

② 손상의 정도가 심각한 경우에는 여러 영역의 검사를 수행하기 어렵다.

③ 동일한 장애라고 하더라도 뇌의 어느 반구에 손상을 입었는지에 따라 크게 영향을 받지 않는 인지 영역이 있고 실제 손상되어 있는 영역이 있다. 이러한 경우 배터리법의 경우 실제 손상되어 있는 인지 영역의 평가를 우선으로 하여 검사를 선정하고 실시하는 과정이 비효율적일 수 있다.

08 웩슬러 지능검사 반응 중에 질적분석이 요구되는 상황 3가지를 쓰시오.

해설

① 쉬운 문항에는 실패하나 어려운 문항에 성공하는 경우
② 드물거나 기괴한 내용을 응답하는 경우
③ 한 문항에 대해 강박적으로 여러 가지 응답을 나열하는 경우
④ 잘 모르면서 짐작으로 응답하는 경우
⑤ 지나치게 구체화된 응답을 하는 경우
⑥ 정서적인 응답을 하는 경우
⑦ 반항적인 내용의 응답을 하는 경우

09 35세 미혼 여성이 요통이나 소화기 장애를 주 호소 문제로 병원을 내원하였다. 심리검사의 결과가 다음과 같을 때 진단명을 쓰고 근거를 제시하시오.

로르샤하 검사 : L=1.5

MMPI 검사 결과

L	F	K	Hs	D	Hy	Pd	Mf	Pa	Pt	Sc	Ma	Si
76	42	71	74	52	72	35	41	36	50	48	47	51

해설

(1) 진단명 : 전환장애

(2) 근 거

    ① 로르샤하 검사 L=1.5 : 복잡한 자극을 회피하고 가능한 단순하게 반응하는 경향을 보이며 기본적으로 방어 혹은 저항 및 회피적인 경향이 나타남

    ② MMPI : L, K 척도는 높고 F 척도는 낮은 형태로 자신의 문제를 부인하려는 경향이 나타남. 특히 임상 척도에서 전환 V 형태로(D=52T, Hs, Hy=70T 이상) 자신의 심리적인 문제를 우회적으로 신체적 증상으로·전환하는 등 자신의 심리적 어려움을 방어하는 경향이 나타남

10 MMPI 검사에서 10개 임상 척도를 전체적으로 해석할 때 고려사항 4가지를 쓰시오.

해설

① 타당도 척도를 검토하여 일관성 여부를 확인해야 한다.

② 척도의 상승 정도가 정상범위에 해당하는지 비정상범위에 속하는 것인지 검토해야 한다.

③ 척도 간의 응집 혹은 분산을 찾아보고 그에 따르는 해석적 가설을 형성해야 한다.

④ 매우 낮은 임상 척도에 대한 검토를 해야 하며 전체프로파일과 관련하여 해석해야 한다.

⑤ 그 외 임상 소척도나 내용 척도 및 내용 소척도를 확인해야 한다.

11 극대수행검사, 습관적 수행검사 특징 및 대표검사를 예를 들어 설명하시오.

해설

(1) 극대수행검사(최대수행검사)

① 심리검사를 분류할 때 능력적인 요소를 측정하는 검사이다. 즉, 피검자가 가지고 있는 지적·심동적 능력이 최대한 발휘될 수 있는 최선의 조건에서 측정하는 검사를 말한다.

② 일정한 시간이 주어지고 그 시간 안에 피검자가 자신이 지닌 최대한의 능력을 발휘하는 것인데, 개인이 특정 분야에서 얼마나 잘하는지 또는 얼마나 많이 알고 있는지에 관련된 능력을 측정한다.

③ 각 문항마다 정답이 있어서 해당 점수로 피검자의 능력을 결정한다.

④ 대표검사는 지능검사, 적성검사, 사고능력검사, 인지능력검사, 심리언어검사, 장애진단검사 등이 있다.

(2) 습관적 수행검사(전형적 수행검사)

① 심리검사 중 일상생활에서 나타나는 개인의 전형적인 또는 습관적인 행동을 측정하는 검사시행방법은 시간제한이 없고 각 문항도 정답 또는 오답의 개념이 아닌 하나의 진술문에 대해 개인이 맞다, 틀리다 또는 동의, 비동의의 형태로 답하는 개인이 평소에 보이는 전형적인 행동을 측정하는 검사다.

② 성향 검사에는 성격검사, 흥미검사, 적응검사, 동기검사, 인지양식검사, 가족관계검사, 도덕성검사, 태도검사, 학습기술검사 등이 있다.

12 단기상담이 적합한 내담자의 특징 6가지를 쓰고 설명하시오.

해설

① 심각한 정신병, 성격장애, 중독 등과 같은 심각한 장애가 아닌 불안이나 우울과 같은 경우

② 의미 있는 대인관계 경험이 있는 경우

③ 평균 이상의 지능과 심리적 자원이 있는 경우

④ 변화에 대한 높은 동기가 있는 경우

⑤ 비교적 문제가 단순하고 구체적인 경우

⑥ 발달과정상의 문제를 경험하는 경우

⑦ 중요한 인물의 상실로 인하여 정서적, 적응상의 어려움이 있는 경우

13 인지치료 접근에서 자동적 사고를 식별하는 기법으로 사용하는 기본질문을 쓰고 그러한 질문을 하게 되는 상황에 대해 설명하시오.

해설

(1) 기본질문 : "바로 그때 마음속에 무엇이 스쳐지나갔나요?"

(2) 질문을 하게 되는 상황

① 부정적 감정이 들었던 순간을 떠올릴 때

② 치료시간 중 내담자에게 기분의 변화가 있어 보일 때

③ 내담자에게 최근 기분의 변화를 느꼈을 때

④ 문제 상황을 구체적인 심상으로 떠올렸을 때

⑤ 좀 더 실제적인 상황처럼 연출하는 것이 치료에 필요하다고 판단되면 내담자의 동의를 구한 후 상담자
   와 내담자가 각자 역할을 맡아서 역할연기를 할 때

14 에릭 번의 교류분석적 상담과 REBT의 유사점 3가지를 쓰시오.

해설

① 증상제거를 목표로 하기보다는 사고능력이나 가치를 검토하고 변화를 지향하며 지시적이고 교육하는 것과 같이 분명한 방안을 제시한다.

② Berne의 '어버이 자아상태(Parent Ego State)'는 부모나 부모 표상으로부터 과거에 무비판적으로 받아들인 행동, 사고, 감정의 방식을 사용하는 것이며 Ellis의 경우 이와 유사한 개념으로는 내담자의 비합리적 신념의 근간인 '당위적 사고(Should Thinking)'가 있는데 일면 지속적인 당위적 조건이 없음에도 불구하고 그것을 기대하는 사고 또는 요구이다. 이 두 개념은 증가될수록 심리적 장애를 더 많이 경험할 수 있으며 치료를 통하여 경감해야 한다.

③ 상담 과정에서 과거에 대해 초점을 두기보다는 지금-여기, 최근 사건에 대한 분석에 중점을 둔다.

15 로저스가 제시한 성격변화의 필요충분조건 6가지를 쓰시오.

해설

① 내담자와 상담자의 심리적 접촉이 이루어져야 한다. 즉 내담자는 상담자와 인간관계를 형성하고 있어야 한다.

② 내담자는 자신의 체험, 즉 자신이 현실에서 체험하고 있는 것과 자기개념, 즉 자신이 생각하는 자신의 상이 어긋나 있기 때문에 현실의 체험을 정확하게 의식할 수 없다.

③ 상담자는 내담자와의 관계 중에서는 현실의 체험과 자신의 상이 일치하여 체험을 정확하게 살려 의식할 수 있어야 한다.

④ 상담자가 내담자의 무슨 감정이든 비판과 평가를 내리지 않고 무조건 기쁘게 그 감정을 수용하려고 하는 기분을 경험해야 한다.

⑤ 상담자의 공감적 이해, 즉 상담자가 내담자의 마음속 감정세계를 마치 자신의 것처럼 느껴야 한다. 단, 내담자의 감정에 휩쓸리지 않고 어디까지나 내담자의 것으로서 그 감정을 경험하고 이해해야 한다.

⑥ 내담자에게 공감적 이해와 무조건적 긍정적 관심이 어느 정도 전달되어야 한다.

16 우울증 환자를 치료할 때 행동기법으로 활동계획표를 사용한다. 활동계획표는 우울증 환자에게 어떤 효과를 주는지 3가지를 적으시오.

① 기존의 활동들을 평가하는 것뿐만 아니라 앞으로의 특정 활동들을 수행하기 위한 계획을 세우는 과정으로써 일과를 구조화할 수 있다.

② 한 주 동안 활동계획표에 따라 수행한 후 각 활동에 대해 성취감과 즐거움의 정도를 평가하여 보람을 느낄 수 있다.

③ 활동 계획에서 수정할 부분이 있는지 살펴보고 이에 따라 다시 활동계획을 세우는 등 전반적인 삶의 생산성을 향상할 수 있다.

④ 내담자의 부정적 사고를 비롯하여 실제 내담자의 수행을 방해할 수 있는 가족요인, 물리적 요인, 재정적 요인 등을 살펴보고 이를 극복할 수 있는 방법을 미리 모색할 수 있다.

17 상담 회기 중 내담자가 자살을 언급하는 이유 3가지를 쓰시오.

① 자신의 괴로움을 극단적인 방법으로 표현하려는 의도가 있을 때

② 실제 자살 계획이 있으며 상담자에게 도움을 요청하고자 할 때

③ 상담을 진행하고 있음에도 불구하고 현재 겪고 있는 고통이 과거의 부정적 경험에서 시작하여 미래에도 영원히 계속되고 변하지 않을 것이라는 믿음이 강해질 때

18 병적도박자가 배우자와의 관계에서 가지게 되는 정서행동적 경험 2가지를 쓰시오.

해설

① 병적도박자와 배우자는 유사한 수준의 정서적 고통을 보이는데 일면 낮은 독립성, 지적－문화적 지향성 그리고 낮은 능동적 재생산 지향성 등을 보인다.

② 병적도박자의 배우자는 반복된 도박행동으로 인하여 신뢰를 잃어 만성적인 불안과 근심하며 방어를 목적으로 의심의 수위를 높이게 된다.

③ 세상이 더 이상 자신에게 호의적이지 않으며 진실하지도 않다고 생각하며 배신감으로 인하여 상대에 대한 분노가 밀려왔다 사라지기를 반복한다.

④ 반복되는 병적도박에 대하여 외상(Trauma)으로 경험하면서 자기 가치에 손상을 가지게 되면서 비난하는 경향이 있다.

19 행동수정에서 처벌의 사용이 야기할 수 있는 해로운 효과를 5가지 쓰시오.

해설

① 공격성과 같은 부정적인 정서반응을 일으킬 수 있다.

② 처벌을 사용하는 상대에게 부적으로 강화될 수도 있어 처벌이 오용이나 남용될 수 있다.

③ 처벌은 윤리적 문제가 있을 수 있다.

④ 처벌에 대한 반응으로 잠시 행동을 변화시킬지라도 부정적인 결과가 제거되면 바로 재발한다.

⑤ 처벌이 지속되는 경우 둔감화될 수 있다.

⑥ 부정적인 결과를 회피하는 방법을 찾는다. 예를 들면 디설피람(Disulfiram)를 복용하는 사람은 약물 사용은 그만두지만 술은 계속 마시기도 한다.

CHAPTER 15 2010년 실기 기출문제

01 다음 로르샤하 검사의 자료를 보고 EA값을 구하시오.

M : 2, C : 2, FC : 2, CF : 1

해설

Experience Actual, EA＝Sum M＋WSumC
WSumC＝[(0.5×FC)＋(1.0×CF)＋(1.5×C)]
2＋[(0.5×2)＋(1.0×1)＋(1.5×2)]＝7

02 지능검사 중 숫자 외우기 소검사 점수에 영향을 미치는 요인을 6가지 쓰시오.

해설

① 주의력 범위
② 불 안
③ 주의 산만
④ 유연성
⑤ 학습장애
⑥ ADHD
⑦ 지시에 따르는 능력
⑧ 청력 문제

03 MMPI검사 결과 D 척도와 Pt 척도에서 동시에 높은 상승을 보인 사람들에게 가능한 진단명을 쓰고 그러한 사람들이 나타내는 특성을 3가지 쓰시오.

해설

(1) **진단명** : 불안장애, 우울장애, 강박장애
(2) **특 성**

① 불안, 긴장, 과민성 등 정서적 불안, 우울 정서, 신체적 증상이 나타난다.
② 일반적으로 비관적인 세계관을 지니고 있으며 자신의 문제 극복에 대해 특히 비관적이다.
③ 성취욕구가 강하며 목표 설정이 너무 높은 편이나 이러한 목표를 달성하지 못했을 때 심한 죄의식을 느낀다.
④ 지나치게 엄격하고 완벽주의적이며 사고와 문제해결에 있어서 융통성이 결여되어 있다.
⑤ 대인관계는 유순하고 수동-의존적이며 공격적이어야 할 상황조차도 공격성을 표현하지 못한다.

04 TAT에서 편집증 환자가 보일 수 있는 반응 상의 특징을 5가지를 쓰시오.

해설

① 검사 목적에 대해 의심하고 경계한다.

② 사회적 관계에 대해 경직되어 있고 방어적이고 불신감을 표현하는 편이다.

③ 개인의 주요 갈등에 대해 탐색되는 과정에서 개인이 갈등에 대해 어떤 방어기제를 사용하는지에 대해 서도 알 수 있는데 대체로 투사가 나타나 자신의 문제를 인정하기보다는 타인의 탓으로 돌리는 경향이 있다.

④ 정서와 맞닿는 경우 이야기하려 하지 않으며 합리화를 잘한다.

⑤ 작은 단서에 대해서도 과해석하고 민감하게 반응한다.

⑥ 최종적으로 이야기가 자신의 개인적인 것이 아님을 강조한다.

05 우울증 환자가 지능검사를 실시하는 과정에서 전형적으로 보이는 특징을 5가지만 쓰시오.

해설

① 동작성 IQ에 비하여 언어성 IQ가 유의하게 높은 편이다.

② 전반적인 수행속도가 느린 편이다.

③ 끈기가 부족하고 쉽게 포기하는 경향이 있다.

④ 정신운동속도와 에너지의 저하를 보인다.

⑤ 반응내용의 질이나 정교화 및 유창성이 부족한 편이다.

⑥ 반응내용에서 자기 비판적이거나 절망감이 나타난다.

06 MMPI에서 수검자가 응답하지 않은 문항이 30개 이상인 경우 가능한 임상적 해석을 6가지 쓰시오.

해설

① 부주의한 경우
② 혼란스럽거나 정신증적 증상이 발현된 경우
③ 매우 방어적으로 자신에 관한 중요한 정보를 조금도 누설하지 않으려고 하는 경우
④ 검사자 혹은 검사에 대한 반항적이고 비협조적인 경우
⑤ 우울증이 극도로 심한 경우
⑥ 문항 이해가 불가능하거나 읽기능력의 저하의 경우
⑦ 우유부단하여 어느 한 가지의 답으로 결정을 내릴 수가 없는 경우
⑧ 문항에 답할 만한 지식이나 경험이 없는 경우
⑨ 지나친 강박성으로 인하여 문항 내용의 빈도의 정확성에 과도하게 집착하는 경우

07 MMPI의 타당도 척도 중 F 척도가 상승하는 이유 5가지를 쓰시오.

해설

① 무선적으로 아무렇게나 응답했을 경우
② 심각한 정신병리를 지니고 있을 경우
③ 부정적인 방향으로 왜곡하거나 꾀병으로 과장하려는 시도를 한 경우
④ 자신의 증상을 과장하여 도움을 요청하려는 경우
⑤ 심각한 스트레스 상황인 경우

08 집단상담에서 지도자가 저지르는 실수의 유형을 5가지만 쓰시오.

해설

① 전체 집단의 문제보다는 좁은 대인관계 문제를 우선적으로 다루는 경우
② 비생산적이고 신경증적인 행동의 묵인 혹은 거부하는 경우
③ 집단이 뚜렷한 목적이나 결론도 없이 지나치게 피상적인 대화의 수렁에 빠져 헤어날 수 없을 때 지도적 기능을 행하지 못하는 경우
④ 억압, 저항, 정서적 피로 혹은 흥미의 상실 등으로 말미암아 집단이 무감각 상태에 빠지거나 활기를 상실했을 때 자극기능을 행사하지 못하는 경우
⑤ 집단의 의사소통이나 상호작용이 한 영역에 고착되어 있을 때 이를 확장하지 못하는 경우
⑥ 집단구성원의 마음속에 숨은 무의식을 의식화하는 데 어려움이 있는 경우
⑦ 과한 감정 표현을 강조 혹은 요구하는 경우

09 다음 사례의 A 씨에게 적용될 수 있는 경험적으로 타당화된 치료방안에 대해 설명하시오.

> 35세 남성인 A 씨는 확인 예식을 보이면서 자기 집의 문단속을 반복하고 화재예방을 위한 확인, 융자금 상황의 반복확인, 직장 일에 실수가 없어야 한다는 확인 및 점검 등의 행동을 통해 "제대로 해야만 한다."는 태도로 하루에 강박 행동을 4시간 정도 반복하고 있다.

해설

① 강박장애 환자에서 나타나는 비합리적 신념과 인지적 오류를 보다 융통성 있고 현실적인 생각으로 변화시키도록 한다. 환자가 두려워하는 자극과 사고를 강박행동 없이 견뎌낼 수 있을 뿐만 아니라 강박행동을 하지 않아도 두려워하는 결과가 일어나지 않는다는 것을 학습하도록 한다.
② 강박 증상을 유발하는 자극에 노출하고 강박 행동을 하지 못하게 하여 궁극적으로 불안과 강박 증상을 감소시키는 노출 및 반응 방지(Exposure and Response Prevention ; ERP) 기법이 있다.

10 중독자에 대한 동기강화상담의 기본원리 4가지를 쓰고 설명하시오.

① **공감(Empathy) 표현하기** : 상담 과정에서 대단히 중요한 일반요인(Common Factor)이며, 내담자의 입장에서 내담자가 경험하고 있는 것을 경험해 보는 것을 말한다.

② **불일치감(Discrepancy) 만들기** : 내담자가 지니고 있는 신념과 가치가 무엇인지 질문하여 현재 자신의 행동과 상황이 그 신념 및 가치와 얼마나 일치하는지 스스로 깨닫도록 돕는 것을 말한다.

③ **저항과 함께 구르기(Rolling with Resistance)** : 내담자로부터 저항 반응이 나타나거나 자신의 행동을 정당화시키려는 주장이 시작되면, 그것을 반박하거나 직면시키지 않고 상담자의 반응을 바꾸라는 것이다.

④ **자기-효능감(Self-efficacy)** : 어떤 특정 과제를 성취하고 변화를 성공시킬 수 있다는 자신의 능력에 대한 신념을 '자기-효능감'이라 하며, 자기-효능감은 변화 동기를 구성하는 핵심 요인이자 치료 효과를 예측하는 유용한 잣대가 된다.

11 REBT 상담에서 논박의 유형 4가지를 예를 들어 설명하시오.

해설

① **논리적 논박**(Logical Disputes) : 내담자의 비합리적인 신념이 기반하고 있는 비논리적인 추론에 의문을 제기하는 것인데 이런 비논리성은 내담자의 소망이나 바람에 의해 나타난다. 예를 들어 "이 일이 사실이기를 바란다거나 당신에게 편하다고 해서, 이 일이 반드시 그렇게 되는 것일까요? X 뒤에 Y가 반드시 나오리라는 논리는 어떻게 나온 것이지요?"와 같은 질문을 한다.

② **경험적 논박**(Empirical Disputes) : 신념의 사실적인 근거를 평가한다. 달리 말하면 내담자가 가진 신념이 사회적 현실에 부합하는가를 평가한다. 예를 들어 "그런 생각을 뒷받침할 만한 증거가 있습니까? 그 말이 옳다는 증거가 어디에 있습니까? 어디에 그런 말이 나옵니까?"와 같은 질문을 한다.

③ **기능적 논박**(Functional Disputes) : 내담자에게 그의 신념과 그에 수반하는 정서, 행동의 실제적 유용성에 대해 의문을 갖도록 한다. 즉, 내담자가 지닌 신념, 행동, 정서가 내담자가 추구하는 목표를 성취하는 데 얼마나 도움이 되었는가를 평가한다. 예를 들어 "그것이 당신에게 도움이 됩니까? 이런 방식으로 생각을 지속하는 것이 당신에게 어떤 영향을 줄 것 같습니까?"와 같은 질문을 한다.

④ **철학적 논박**(Philosophical Disputes) : 삶에 대한 만족이라는 주제를 내담자와 함께 다룬다. 내담자는 눈앞의 문제에 너무 몰두해 있어 삶의 다른 부분에 내재한 가능성을 보지 못하는 경우가 많이 있다. 예를 들어 "이 부분에서 당분간 당신이 원하는 대로 되지 않을지라도 다른 부분에서 만족을 느끼고 행복할 수 있지 않을까요?"와 같은 질문을 한다.

12 다중양식이론은 행동치료나 합리적-정서적 행동치료 및 인지치료 등에서 나왔지만 다른 접근들과는 별개의 독특한 특성을 갖고 있다. MMT의 특성을 5가지 쓰시오.

해설

① 맞춤치료와 같이 개인의 개성에 맞추는 측면이 있어 치료의 형태, 스타일 및 보조는 가능하면 언제나 각 내담자의 지각된 요구 사항에 맞추어진다.

② 중다양식치료는 BASIC-ID 전체에 독특하고 포괄적인 주의를 두며, 이차적인 BASIC-ID 평가를 사용한다.

③ BASIC-ID으로 개인이 가지고 있는 일곱 가지 기본적 특성 중 가장 우선적인 문제가 무엇인가를 파악하여 최상의 치료방법을 찾아낸다.

④ 양식 프로파일과 구조적 프로파일을 사용한다.

⑤ 의도적인 다리 놓기 절차와 양식의 점화 순서를 추적한다.

13 수퍼비전 과정을 방해하는 수퍼바이저와 수퍼바이지의 특성을 설명하시오.

(1) 수퍼바이저 특성

    ① 전문성이나 임상적 기술 및 경험이 저하된 경우

    ② 대인관계 기술이 부족한 경우

    ③ 수퍼비전을 하기 전 충분한 탐색이 부족한 경우

    ④ 수정 및 방향 제시를 하지 못하는 경우

    ⑤ 과도하게 비판하거나 자기중심적인 경우

(2) 수퍼바이지 특성

    ① 학습의욕의 저하를 보이는 경우

    ② 개방적이지 않고 방어적인 경우

    ③ 정서적으로 미성숙한 경우

    ④ 수퍼비전에 대한 전반적인 준비가 부족한 경우

    ⑤ 공감능력이나 의사소통능력이 부족한 경우

14 인지치료 관점에서 아래 내담자의 사고 또는 인지적 왜곡의 종류를 5가지 쓰고 각각의 의미를 설명하시오.

> 직장인 A 씨는 갑작스러운 해고 통지서를 받고 매우 화가 났다. A 씨는 "이것은 세상이 좋지 않음을 의미해. 나에게는 행운도 없을 거야."라고 생각하였다.

해설

① 이분법적 사고(Dichotomous Thinking) : 자신 혹은 타인에 대한 판단이 양극단의 두 가지 범주 중 하나로만 이루어져 연속선상에서 생각하지 못한다.

② 과잉일반화(Overgeneralization) : 한 가지 상황이나 증거를 가지고 모든 상황에 적용되는 일반적인 결론을 내린다.

③ 선택적 초점(Selective Abstraction) : 전체를 보지 않고 부정적인 일부 정보들만으로 결론을 내린다. 자신의 입장과 맞는 특정 자료들만 받아들이고 입장과 맞지 않는 자료들은 무시한다.

④ 임의적 추론(Arbitrary Inference) : 특정 결론을 내릴 만한 증거가 없거나 심지어 반대되는 증거가 있는데도 그러한 결론을 내린다.

⑤ 과장/축소(Magnification/Minimization) : 어떤 속성, 사건 또는 느낌 등의 의미가 부정적인 측면은 과장되고 긍정적인 측면은 축소한다.

15 인지행동치료의 사례 개념화에 필요한 정보에 대해 설명하시오.

해설

① 내담자의 문제 및 진단과 증상
② 발달력 및 아동기 경험
③ 문제목록 작성 및 문제 유발기제
④ 문제행동의 촉진요인
⑤ 자동적 사고, 중재적 신념, 스키마
⑥ 생물학적, 유전학적, 의학적 요인들
⑦ 인지, 정서, 행동의 패턴

16 심리치료의 종결 시점에 논의하는 주제에 대해 설명하시오.

해설

① 지난 상담의 점검 및 성과 다지기
② 상담자에 대한 의존성 정도를 다루기
③ 추수상담에 대한 안내하기
④ 가능한 증상 재발에 대해 준비하기
⑤ 이별 및 분리와 관련 정서에 대해 다루기

17 가족치료자들이 가족의 기능을 변화시키기 위해 사용하는 치료법의 3가지를 쓰고 설명하시오.

> **해설**

① **문제의 재구조화(Reframing)** : 재구조화란 내담자가 특정 사건, 행동 또는 인생 경험에 부여하는 의미를 수정하기 위하여 사용되는 기법이다. 즉, 치료사가 가족이 사실에 대해서 묘사하는 내용이나 부정적인 틀을 듣고 대안적인 긍정적인 틀을 말해주는 것이다.

② **증상처방(Symptom Rrescription)** : 치료자의 처방에 반항함으로써 증상이 변하게 되는 역설적 기법이다. 처방이란 증상을 없애기 위하여 증상을 지속하게 하거나 증상을 과장하게 하고 자의로 증상을 통제할 수 있도록 하는 역설적 개입전략이다.

③ **유머와 농담(Humors and Jokes)** : 의도적으로 재미있는 말이나 행동을 하여 긴장된 분위기를 풀거나 변화를 가져오기 위해 사용하는 기법이다. 치료자와 라포가 형성되어 있고 모두가 유머감각을 가지고 있을 때 활용 가능하다.

④ **원가족 포함하기(Including the Family of Origin)** : 한쪽 배우자가 자신의 원가족과 만나게 하여 진행되는 기법으로 고백을 통해 자신의 원가족으로부터 지금 그리고 현재를 위한 교정에 도움을 받도록 하는 기법이다.

⑤ **가족조각(Family Sculpting)** : 집단세션 내에서 가족성원이나 가족이 가족행동의 중요한 측면을 재연하여 완화하도록 돕는 기법이다.

18 내담자가 상담을 끝낼 준비가 되어 있는가를 평가하는데 유용한 기준을 4가지 쓰시오.

① 문제 증상의 완화 여부
② 현실 적응력 및 성격 기능성의 증진 여부
③ 상담 초기와 비교하여 현재 스트레스 정도 및 스트레스 대처방안의 증진 여부
④ 타인과의 상호작용 과정에서 공감적 능력 증진 여부
⑤ 대인관계에서의 사회기술증진 여부
⑥ 자조능력의 향상 여부

CHAPTER

16 2009년 실기 기출문제

01 우볼딩이 제시한 내담자 자살위협평가 시 치료자가 살펴보아야 할 징후 5가지를 쓰시오.

해설

① 자살계획을 구체적으로 세우고 토의한다.

② 값비싼 물건을 처분한다.

③ 이전에 자살 시도한 이력이 있다.

④ 우울 및 무력감이나 희망 상실을 보인다.

⑤ 자신이나 타인 및 세상에 대한 분노를 보인다.

⑥ 우울감을 보인 후 갑작스럽게 긍정적인 정서 및 행동 양상을 보인다.

02 심리검사 문항 작성 시 고려해야 할 사항 5가지를 쓰시오.

해설

① 수검자들이 올바르게 내용을 이해할 수 있도록 명확한 문항을 구성해야 한다.

② 어떤 형태로든 정답이 노출되는 것을 피해야 한다.

③ 문항에 이중적인 의미를 피해야 한다.

④ 가급적 간단하고 이해하기 쉽게 구성해야 한다.

⑤ 긍정/부정을 표현하는 문장의 비율이 비슷하도록 구성한다.

⑥ 특히 성격 및 흥미 검사의 문항은 단순하면서도 명확하게 제시해야 한다.

03 로르샤하 검사의 특수지표 중 우울 지표 5가지를 쓰시오.

해설

① FV+VF+V>0이거나 FD>2

② Col-Shd Blends>0이거나 S>2

③ 3r+(2)/R>.44이고 Fr+rF=0 또는 3r+(2)/R<.33

④ Afr<.46이거나 Blends<4

⑤ Sum Shading>FM+m이거나 SumC'>2

⑥ MOR>2이거나 2AB+Art+Ay>3

04 유동성 지능과 결정성 지능을 측정하는 소검사를 각각 3가지 이상 제시하고 설명하시오.

① 유동성 지능(Fluid Intelligence) : 유전적이며 선천적으로 주어지는 능력으로 뇌와 중추신경계의 성숙에 비례하여 발달하고 쇠퇴하는 특성을 가지고 있다. 이는 속도, 기계적 암기, 지각능력, 일반적 추론능력과 같이 새로운 상황에 직면할 때의 문제해결능력에서 잘 나타난다. 이에 해당하는 소검사는 빠진 곳 찾기, 차례 맞추기(모양 맞추기), 토막 짜기이다.

② 결정성 지능(Crystallized Intelligence) : 환경이나 경험, 문화적 영향에 의해서 발달되는 지능으로 유동적 지능을 기초로 하여 후천적으로 계속 발달하며 언어이해능력, 문제해결능력, 논리적 추리력, 상식 등이 포함된다. 이에 해당하는 소검사는 기본지식, 어휘, 이해이다.

05 웩슬러 편차 지능지수가 가지는 장점 3가지를 쓰시오.

① 각 연령 집단 내에서의 상대적인 위치를 알 수 있어 어떤 연령 집단에서든지 똑같이 해석이 가능하다.

② 전체 인구와의 상대적 비교가 가능하기 때문에 비율지능보다 더 정확하며 지능 수준을 표준편차 단위에 따라 정의하여 보다 명백히 정의할 수 있다.

③ 일반 지능 수준에 대한 평가뿐만 아니라 영역별 검사 해석 및 프로파일 등의 해석을 통해 임상장면에서 정신병리를 평가하고 개인의 성격적인 측면과 내적인 갈등을 이해할 수 있다.

④ 아동기 이후의 성인 지능지수는 연령에 관계없이 동등하게 해석이 가능하다.

06 Exner 종합체계에 기초한 로르샤하 검사의 채점 항목 중 반응 결정인 항목 7가지를 쓰시오.

해설

① 형태 : F
② 운동 : M, FM, m
③ 유채색 : C, CF, FC, Cn
④ 무채색 : C', C'F, FC'
⑤ 음영 : T, TF, FT, V, VF, FV, Y, YF, FY
⑥ 형태차원 : FD
⑦ 쌍반응과 반사반응 : (2), rF, Fr

07 MMPI-2 중 K교정 척도가 사용하는 임상 척도 5가지를 쓰시오.

해설

① Hs(척도 1)
② Pd(척도 4)
③ Pt(척도 7)
④ Sc(척도 8)
⑤ Ma(척도 9)

08 웩슬러 지능검사에서 모양 맞추기 소검사의 점수가 낮은 경우 가능한 해석 3가지를 쓰시오.

해설

① 부분 간의 관계를 예측하는 능력이 미흡한 경우
② 융통성이 미흡한 경우
③ 시각-운동 협응능력이 부족한 경우
④ 시각적 정보를 행동화 시 동시처리능력이 부족한 경우

09 MMPI 검사 후 프로파일의 무효를 결정하는 데 적용할 수 있는 기준 2가지를 쓰시오.

해설

① ?(무응답) 반응이 30개 이상인 프로파일
② VRIN 척도가 80T 이상인 프로파일
③ TRIN 척도가 80T 이상인 프로파일

10 규준참조검사와 준거참조검사의 기본적 차이점을 설명하시오.

해설

① **규준참조검사** : 한 피험자가 받은 점수가 다른 피험자들이 받은 점수에 의해 상대적으로 결정되는 평가방식이다.

  예 웩슬러 아동용 지능검사, 미네소타 다면적 인성검사

② **준거참조검사** : 사전에 결정된 수행준거 또는 목표를 얼마나 성취했는지에 초점을 두는 평가방법이다. 즉, 준거참조평가는 다른 사람들과 비교하는 것이 아니라 한 개인이 무엇을 할 수 있고 무엇을 알고 있는가를 확인하기 위해 사용한다.

  예 학업성취도평가, 자격증시험

11 신뢰도 계수에 영향을 미치는 요인 3가지를 제시하고 각각에 대해 설명하시오.

해설

① **측정집단의 동질성** : 신뢰도 계수의 크기는 피험자집단의 진점수와 오차점수의 변산의 함수이다. 따라서 피험자 집단이 동질적일수록 신뢰도 계수는 낮아진다.

② **검사 시간** : 시간제한이 있는 검사의 경우 검사시간에 기인한 검사 수행의 일관성 때문에 신뢰도 추정치가 부당하게 증가된다.

③ **검사 길이** : 신뢰도는 검사 길이가 길어짐에 따라 증가하며 증가의 폭은 검사의 길이가 길어짐에 따라 증가의 폭은 감소하는 경향이 있다.

④ **검사 자체의 신뢰도** : 검사 문항이 모호하거나 검사 설계상의 문제로 검사 도구 자체의 신뢰도가 낮은 경우 검사 결과에서도 높은 신뢰도를 확보하기 어렵다.

⑤ **심리적 특성의 불안정성** : 어떤 심리적 특성은 상황이나 생리적 상태에 따라 민감하게 변할 수 있다.

12 분석심리학의 심리치료 단계를 설명하시오.

해설

① **고백단계** : 내담자의 강렬한 정서의 방출과 치료적 동맹 형성 단계이다. 내담자는 자신의 개인사를 고백함으로써 정화를 경험하며 의식적 및 무의식적 비밀을 치료자와 공유한다.

② **명료화단계** : 내담자가 정서적이거나 지적으로 자신의 문제에 대한 통찰을 얻게 하는 단계이다. 내담자가 갖는 증상의 의미, 아니마와 아니무스, 그림자, 현재 생활상황과 고통 등이 명료화된다.

③ **교육단계** : 내담자가 사회적 존재로서 부적응이나 불균형적 삶을 초래한 발달과정의 문제에 초점이 맞춰지는 단계이다. 즉, 고백과 명료화 단계에선 초점이 개인무의식에 맞춰지지만 교육단계에서는 내담자의 페르소나와 자아에 초점을 맞춰서 슬기롭게 현실적인 사회 적응을 할 수 있도록 한다.

④ **변형단계** : 내담자와 치료자 간의 역동적인 상호작용을 통해 단순히 사회에 대한 적응을 넘어서 자기실현에로의 변화가 도모되는 단계이다. 융은 변형단계를 자기실현 기간으로 기술하였다.

13 REBT 상담에서 논박의 유형 4가지를 예를 들어 설명하시오.

해설

① 논리적 논박(Logical Disputes) : 내담자의 비합리적인 신념이 기반하고 있는 비논리적인 추론에 의문을 제기하는 것인데 이런 비논리성은 내담자의 소망이나 바람에 의해 나타난다. 예를 들어 "이 일이 사실이기를 바란다거나 당신에게 편하다고 해서, 이 일이 반드시 그렇게 되는 것일까요? X 뒤에 Y가 반드시 나오리라는 논리는 어떻게 나온 것이지요?"와 같은 질문을 한다.

② 경험적 논박(Empirical Disputes) : 신념의 사실적인 근거를 평가한다. 달리 말하면 내담자가 가진 신념이 사회적 현실에 부합하는가를 평가한다. 예를 들어 "그런 생각을 뒷받침할 만한 증거가 있습니까? 그 말이 옳다는 증거가 어디에 있습니까? 어디에 그런 말이 나옵니까?"와 같은 질문을 한다.

③ 기능적 논박(Functional Disputes) : 내담자에게 그의 신념과 그에 수반하는 정서, 행동의 실제적 유용성에 대해 의문을 갖도록 한다. 즉, 내담자가 지닌 신념, 행동, 정서가 내담자가 추구하는 목표를 성취하는 데 얼마나 도움이 되었는가를 평가한다. 예를 들어 "그것이 당신에게 도움이 됩니까? 이런 방식으로 생각을 지속하는 것이 당신에게 어떤 영향을 줄 것 같습니까?"와 같은 질문을 한다.

④ 철학적 논박(Philosophical Disputes) : 삶에 대한 만족이라는 주제를 내담자와 함께 다룬다. 내담자는 눈앞의 문제에 너무 몰두해 있어 삶의 다른 부분에 내재한 가능성을 보지 못하는 경우가 많이 있다. 예를 들어 "이 부분에서 당분간 당신이 원하는 대로 되지 않을지라도 다른 부분에서 만족을 느끼고 행복할 수 있지 않을까요?"와 같은 질문을 한다.

14 더 이상 치료효과가 나타나지 않는 내담자의 치료 종결 시 유의점 3가지를 쓰시오.

해설

① 내담자에게 치료를 지속하는 것에 대한 한계를 솔직하고 자세히 알려야 한다.

② 치료 종결에 대하여 내담자와 상호 합의하에 치료 종결 여부를 결정해야 한다.

③ 내담자가 다른 전문가를 필요로 할 경우에는 적절한 과정을 거쳐 의뢰하거나 관련 정보를 제공한다.

15 상담의 구조화 과정 중 '고지된 동의'의 주요 내용 6가지를 쓰시오.

① 제공되는 상담의 목적과 과정에서 경험하게 될 활동
② 비밀보장의 한계
③ 상담자의 자격과 관련된 정보의 공개
④ 상담자와 내담자 간 역할과 책임
⑤ 치료비용 및 기간/시간에 대한 안내
⑥ 상담 과정에서 내담자가 기대할 수 있는 서비스

16 비구조화 면담의 단점 3가지를 쓰시오.

① 체계적인 방식을 통해 다양한 정보를 얻고 평가할 수 있는 구조화된 면담에 비하여 다루지 못하는 중요한 영역이 있을 수 있다.
② 수집된 자료를 객관적으로 수량화하는 데 한계가 있다.
③ 임상가의 판단과 능력이 다양하기 때문에 전형적인 비구조적 면담은 심리평가 자료로서의 신뢰도가 낮을 수 있다.

17 면접의 과정에서 신뢰도와 타당도를 올리는 방법 5가지를 쓰시오.

해설

① 구조적 면담을 진행한다.
② 면접에 대한 느낌이나 기대 및 동기수준에 대해 파악한다.
③ 면접에 대한 Feedback을 받고 참고한다.
④ 전문가로서 면접에 필요한 의사소통능력, 라포형성, 관찰력 등과 같은 기술을 습득한다.
⑤ 전문가로서 면접을 진행하는 동안 자신의 가치나 기대 및 편견을 인식한다.

18 에릭 번의 교류분석적 상담과 REBT의 유사점 3가지를 쓰시오.

해설

① 증상제거를 목표로 하기보다는 사고능력이나 가치를 검토하고 변화를 지향하며 지시적이고 교육하는 것과 같이 분명한 방안을 제시한다.
② Berne의 '어버이 자아상태(Parent Ego State)'는 부모나 부모 표상으로부터 과거에 무비판적으로 받아들인 행동, 사고, 감정의 방식을 사용하는 것이며 Ellis의 경우 이와 유사한 개념으로는 내담자의 비합리적 신념의 근간인 '당위적 사고(Should Thinking)'가 있는데 일면 지속적인 당위적 조건이 없음에도 불구하고 그것을 기대하는 사고 또는 요구이다. 이 두 개념은 증가될수록 심리적 장애를 더 많이 경험할 수 있으며 치료를 통하여 경감해야 한다.
③ 상담 과정에서 과거에 대해 초점을 두기보다는 지금-여기, 최근 사건에 대한 분석에 중점을 둔다.

19 라자루스의 BASIC ID의 다리 놓기와 추적하기 절차에 대하여 설명하시오.

해설

① 다리 놓기(Bridging) : 더 생산적인 것으로 여겨지는 다른 차원으로 갈라지기 전에 내담자가 선호하는 양식에 치료자가 신중하게 파장을 맞추는 절차를 말한다. 즉, 내담자가 현재 있는 곳에서 시작하고, 그런 다음 더 생산적인 이야기의 영역으로 다리를 놓는다.

② 추적하기(Tracking) : 서로 다른 양식들의 점화 순서를 신중히 조사하는 것을 말한다. 예를 들면, 어떤 내담자는 가장 먼저 감각(S)에 머무름으로써 부정적 정서를 일으키는 경향이 있으며, 그 감각에 부정적 인지(C)를 부여하며, 즉시 혐오적인 상상(I)이 그 뒤를 따르고, 부적응적인 행동(B)으로 절정에 달한다. 다른 사람은 다른 점화 순서를 경험하는 경향이 있다.

20 로저스가 제시한 성격변화의 필요충분조건 6가지를 쓰시오.

해설

① 내담자와 상담자의 심리적 접촉이 이루어져야 한다. 즉 내담자는 상담자와 인간관계를 형성하고 있어야 한다.

② 내담자는 자신의 체험, 즉 자신이 현실에서 체험하고 있는 것과 자기개념, 즉 자신이 생각하는 자신의 상이 어긋나 있기 때문에 현실의 체험을 정확하게 의식할 수 없다.

③ 상담자는 내담자와의 관계 중에서는 현실의 체험과 자신의 상이 일치하여 체험을 정확하게 살려 의식할 수 있어야 한다.

④ 상담자가 내담자의 무슨 감정이든 비판과 평가를 내리지 않고 무조건 기쁘게 그 감정을 수용하려고 하는 기분을 경험해야 한다.

⑤ 상담자의 공감적 이해, 즉 상담자가 내담자의 마음속 감정세계를 마치 자신의 것처럼 느껴야 한다. 단, 내담자의 감정에 휩쓸리지 않고 어디까지나 내담자의 것으로서 그 감정을 경험하고 이해해야 한다.

⑥ 내담자에게 공감적 이해와 무조건적 긍정적 관심이 어느 정도 전달되어야 한다.

기출이 답이다
임상심리사 1급(필기+실기)
PART

3

실기 출제예상 핵심문제

홀륭한 가정만한 학교가 없고, 덕이 있는 부모만한 스승은 없다.

– 마하트마 간디 –

CHAPTER 01 임상심리/평가

01 다음은 로르샤하 검사 시 수검자의 흔한 질문들이다. 질문에 적절한 답을 쓰시오.   기출 2회

> ① "이 검사를 왜 하는 건가요?"
> ② "전체를 봐야 하나요? 혹시 카드를 회전해 봐도 되나요?"
> ③ "보통 다른 사람들은 몇 가지 반응을 하나요?"
> ④ "이 카드를 보고 보통 뭐라고 반응하나요?"
> ⑤ "전에 검사를 받은 적이 있는데 그때와 똑같이 대답해도 되나요?"

해설

① "이것은 당신의 성격 특징을 알려줄 수 있는 검사입니다."와 같은 간단한 설명을 하고 수검자가 평가를 받는 이유와 관련되어 아래와 같은 추가 설명을 덧붙인다.
  ㉠ 치료를 더 잘 계획하기 위하여
  ㉡ 문제를 더 잘 이해하기 위하여
  ㉢ 치료가 어떻게 진전되고 있는지 확인하기 위하여
  ㉣ 앞으로 어떻게 할 것인지에 한 정보를 얻기 위하여 등
② "당신이 하고 싶은 대로 하세요."
③ "아마도 하나 이상의 것을 찾을 수 있을 겁니다."
④ "사람들은 여러 종류의 반응을 합니다."
⑤ "그때 반응했던 내용과 상관없이 현재 생각나는 대로 응답하시면 됩니다."

02 상식 소검사 수행 시 영향을 미치는 요소 6가지를 쓰시오. 기출 2회

해설

① 환경에 대한 기민성
② 가정에서의 문화적 기회
③ 외국 생활의 경험
④ 지적 호기심과 지식 추구
⑤ 흥 미
⑥ 독 서
⑦ 초기 환경의 풍부함
⑧ 학교 장면에서의 학습

03 MMPI-2 검사에서 K교정을 사용하지 않는 것이 유용한 경우를 2가지 쓰시오. 기출 2회

해설

① 심각한 정신과적 문제를 지니고 있지 않을 것으로 가정되는 사람들을 평가 시, K교정을 실시하지 않는 점수를 활용하는 것이 수검자의 위치가 규준집단에 비추어볼 때 어느 정도에 해당되는지 파악하는 데 유용하다.
② 비임상 장면에서 주로 혹은 전적으로 K교정 때문에 임상 척도의 점수가 경미하게 상승한 검사자료를 해석할 때는 세심한 주의를 기울여야 한다.

04 로르샤하 검사는 9가지의 유목으로 채점된다. 이 중 6가지를 쓰고 설명하시오. 기출 2회

해설

① 반응영역 : 잉크 반점의 어느 부분에서 반응이 일어났는가? (W, D, Dd, S)

② 발달질 : 반응영역의 구체성 및 질은 어떠한가? (+, o, v/+, v)

③ 결정인 : 반응을 결정하는 데 영향을 준 반점 특징은 무엇인가? (F, M, C, C', T, V 등)

④ 형태질 : 사용된 반점의 영역이 실제로 구체화된 상의 형태요건과 얼마나 일치하는가? (+, o, u, −)

⑤ 반응내용 : 사용된 반응내용은 어떤 범주에 속하는가? (H, A, An, Art, Ay 등)

⑥ 평범반응 : 사용한 반응은 흔히 일어나는 반응인가? (P)

⑦ 조직활동 : 자극을 조직화하는 경향의 정도와 조직화하려는 노력이 효율적인가? (Z)

⑧ 특수점수 : 반응에 부적절한 면이 있는가? (DV, DR, INCOM 등)

⑨ 쌍반응 : 사물을 대칭적으로 지각하였는가? ((2), rF, Fr)

05 TAT에서 편집증 환자가 보일 수 있는 반응 상의 특징을 5가지를 쓰시오. 기출 2회

해설

① 검사 목적에 대해 의심하고 경계한다.

② 사회적 관계에 대해 경직되어 있고 방어적이고 불신감을 표현하는 편이다.

③ 개인의 주요 갈등을 탐색하는 과정에서 개인이 갈등에 대해 어떤 방어기제를 사용하는지에 대해서도
   알 수 있는데 대체로 투사가 나타나 자신의 문제를 인정하기보다는 타인의 탓으로 돌리는 경향이 있다.

④ 정서와 맞닿는 경우 이야기하려 하지 않으며 합리화를 잘한다.

⑤ 작은 단서에 대해서도 과해석하고 민감하게 반응한다.

⑥ 최종적으로 이야기가 자신의 개인적인 것이 아님을 강조한다.

06 MMPI의 타당도 척도 중 F 척도가 상승하는 이유 5가지를 쓰시오. 기출 2회

해설

① 무선적으로 아무렇게나 응답했을 경우
② 심각한 정신병리를 지니고 있을 경우
③ 부정적인 방향으로 왜곡하거나 꾀병으로 과장하려는 시도를 한 경우
④ 자신의 증상을 과장하여 도움을 요청하려는 경우
⑤ 심각한 스트레스 상황인 경우

07 규준참조검사와 준거참조검사의 기본적 차이점을 설명하시오. 기출 3회

해설

① **규준참조검사** : 한 피험자가 받은 점수가 다른 피험자들이 받은 점수에 의해 상대적으로 결정되는 평가방식이다.
   예 웩슬러 아동용 지능검사, 미네소타 다면적 인성검사
② **준거참조검사** : 사전에 결정된 수행준거 또는 목표를 얼마나 성취했는지에 초점을 두는 평가방법이다. 즉, 준거참조평가는 다른 사람들과 비교하는 것이 아니라 한 개인이 무엇을 할 수 있고 무엇을 알고 있는가를 확인하기 위해 사용한다.
   예 학업성취도평가, 자격증시험

08 지능검사 수검 중에 질적 분석이 요구되는 경우를 5가지 기술하시오.

해설

① 쉬운 문항에는 실패하나 어려운 문항에 성공하는 경우
② 드물거나 기괴한 내용을 응답하는 경우
③ 한 문항에 대해 강박적으로 여러 가지 응답을 나열하는 경우
④ 잘 모르면서 짐작으로 응답하는 경우
⑤ 지나치게 구체화된 응답을 하는 경우
⑥ 정서적인 응답을 하는 경우
⑦ 반항적인 내용의 응답을 하는 경우

해설

발달질(Developmental Quality)이란, 반응영역의 선택과 관련된 자료는 수검자가 반응을 형성하는 데 반영된 조직화나 처리 과정의 특징이나 질을 구분하는 기호이다. 발달질의 유형은 아래와 같다.

기 호	정 의	채점기준
+	통합반응 (Synthesized Response)	두 가지나 그 이상의 대상이 분리되어 있으나 의미상 충분한 관련성을 가지고 있는 경우다. 또한 반응에 포함된 대상 중 적어도 하나 이상이 구체적인 형태를 이루고 있는 것이어야 한다. 예 풀숲을 걷는 개, 우습게 생긴 모자를 쓴 남자, 구름 사이를 날고 있는 비행기, 작은 소녀의 머리, 여자가 머리 리본을 하고 있다.
o	보편적 반응 (Ordinary Response)	하나의 반점 영역이 자연스러운 형태를 가지고 있는 단일 대상을 나타내거나 대상이 특정한 형태로 묘사된 경우이다. 예 전나무, 고양이, 토템 조각상, 단풍잎, 박쥐, 깃발, 사람의 머리
v/+	모호/통합반응 (Vague/Synthesized Response)	두 가지나 그 이상의 대상이 분리된 것이지만 상호 연관성이 있으나 포함된 어느 대상도 명확한 형태로 묘사되지 못한 경우다. 예 뭉쳐지는 구름, 해변가에 초목이 있고 만 주위에 바위와 모래가 있다.
v	모호한 반응 (Vague Response)	잉크 반점에 대해 보고된 대상이 구체적인 형태를 띠지 못하고 포함된 어느 대상도 명확한 형태로 묘사되지 못한 경우다. 예 구름, 하늘, 노을 색, 얼음

10 정신증적 환자를 대상으로 지능검사를 실시하는 과정 혹은 결과에서 나타나는 특징 5가지를 기술하시오.

기출 2회

해설

① 검사 상황과 적절하지 않은 언어 및 비언어적 행동이 관찰되며 주의가 산만한 양상이 나타난다.

② 정신운동속도의 저하 또는 정신증적 불안이 나타나며 정신운동이 요구되는 집중력이 저하된 양상이 나타난다.

③ 학습이나 훈련을 통해 획득된 결정지능은 양호하게 유지되나 실제적인 상황에서의 문제해결 또는 대처능력을 반영하는 유동지능은 저하된 상태로 나타난다.

④ 토막 짜기에서 자폐적인 논리에 근거하여 다소 기이한 해결을 시도하거나, 모양 맞추기에서 전체적인 형태를 거의 고려하지 않고 맞지 않는 조각들을 억지스럽게 끼워 맞추는 등 부적절한 수행을 보인다.

⑤ 빠진 곳 찾기의 수행부진이 나타나면서 현재 상황의 본질과 비본질을 변별할 수 있는 현실 판단력의 손상을 보인다.

⑥ 추상적이고 논리적인 사고가 어려워 앞뒤가 맞지 않는 반응을 보인다.

해설

(1) 장 점

① **반응의 독특성** : 객관적 검사 반응과는 다르게 매우 독특한 반응을 제시해주며 이러한 반응이 개인을 이해하는 데 매우 유용하다.

② **방어의 어려움** : 객관적 검사와는 다르게 자극의 내용이 불분명하기 때문에 자신의 반응내용을 검토하고 자신의 의도에 맞추어 방어적으로 반응하는 것이 어렵게 된다.

③ **반응의 풍부함** : 검사자극이 모호하고 검사 지시 방법이 제한되어 있지 않기 때문에 개인의 반응이 다양하게 표현되며 이러한 반응의 다양성이 개인의 독특한 심리적 특성을 반영해준다.

④ **무의식적 내용의 반응** : 실제 투사검사는 자극적 성질이 매우 강렬하여 평소에는 의식화되지 않던 사고나 감정이 자극됨으로써 이러한 전의식적이거나 무의식적인 심리적 특성이 반응될 수 있다.

(2) 단 점

① **검사의 신뢰도** : 투사검사는 객관적 검사에 비하여 신뢰도 − 검사자 간 신뢰도, 반분신뢰도, 재검사 신뢰도 등 검증에 있어서 전반적으로 신뢰도가 부족한 편이다.

② **검사의 타당도** : 대부분의 투사검사의 경우 타당도 검증이 빈약하고 그 결과 또한 부정적인 편이다. 투사검사를 통하여 내려진 해석의 타당성은 대부분 객관적으로 입증되는 자료가 아닌 임상적인 증거를 근거로 하고 있다.

③ **반응에 대한 상황적 요인의 영향력** : 투사검사는 여러 상황적 요인에 의해 영향을 받는 것으로 나타나고 있다. 예를 들면 검사자의 인종, 성, 검사자의 태도, 선입견 등이 검사 반응에 강한 영향을 미친다는 것이다.

12 객관적 검사의 장점과 단점을 3가지씩 쓰시오.

(1) 장 점
  ① **검사 실시의 간편성** : 객관적 검사는 시행과 채점 및 해석의 간편성으로 인하여 임상가들에게 선호되는 경향이 있고 검사에 따라서 차이가 있지만 일반적으로 시행 시간이 비교적 짧다는 장점도 있다.
  ② **검사의 신뢰도 및 타당도** : 투사적 검사에 비하여 검사 제작과정에서 신뢰도와 타당도 검증이 이루어지고 신뢰도와 타당도가 충분한 검사가 표준화되기 때문에 검사 신뢰도와 타당도가 높다는 장점이 있다.
  ③ **객관성의 증대** : 투사적 검사에 비하여 검사자 변인이나 검사 상황변인에 따라 영향을 적게 받기 때문에 그리고 개인 간 비교가 객관적으로 제시될 수 있기 때문에 객관성이 보장될 수 있다.
(2) 단 점
  ① **사회적 바람직성** : 문항의 내용이 사회적으로 바람직한 내용인가에 따라 문항에 대한 응답 결과가 영향을 받는다. 수검자들은 문항 내용이 표면적으로 드러나는 객관적 검사에서 바람직한 문항에 대해 긍정적으로 반응하는 경향이 있다.
  ② **반응 경향성** : 개인이 응답하는 방식에 있어서 일정한 흐름이 있어서 이러한 방식에 따라 결과가 영향을 받는다. 이러한 경향성은 수검자의 순수한 반응에 오염변인으로 작용한다.
  ③ **문항 내용의 제한성** : 객관적 검사문항이 특성 중심적 문항에 머무르기 때문에 특정 상황에서의 특성−상황 상호작용 내용이 밝혀지기 어렵다. 또한 문항 내용으로 행동을 주로 다루는 한편 감정이나 신념을 문항으로 다루지 않는 경향이 있다.

13 11세 아동의 ADHD 진단 하에 평가가 가능한 실행기능 검사 3가지를 기술하시오.

해설

① Wisconsin 카드분류검사(WCST)
② 스트룹검사(Stroop Test)
③ 연속수행검사(CPT)
④ 아동 색선로검사(CCTT)

14 편측 무시(우측 뇌 손상 환자) 평가를 위해 사용 가능한 신경심리검사 도구의 개별검사명을 쓰시오. 기출 2회

해설

① Albert Test/Drawing and Copying Test
② 선 나누기(Line Bisection)
③ 선 지우기(Line Cancellation)

15 신경심리평가의 방법에는 개별검사 형태와 배터리검사 형태가 있다. 배터리검사 형태의 장단점 3가지를 기술하시오.

해설

(1) 장 점

① 뇌 기능의 다양한 영역을 평가할 수 있도록 포괄적으로 구성되어 있기 때문에 수검자의 약점뿐만 아니라 인지기능상의 강점도 함께 살펴볼 수 있다.

② 규준이 마련되어 있고 관련 선행연구가 축적되어 있기 때문에 연구를 위한 목적으로 사용할 수 있다.

③ 숙련되지 않은 전문가도 일정 기간의 훈련을 통해 비교적 쉽게 시행할 수 있다.

(2) 단 점

① 여러 하위 검사를 모두 수행하다 보니 소모되는 시간이 많고 수검자나 평가자가 검사에 투여하는 에너지 소모가 많다.

② 손상의 정도가 심각한 경우에는 여러 영역의 검사를 수행하기 어렵다.

③ 동일한 장애라고 하더라도 뇌의 어느 반구에 손상을 입었는지에 따라 크게 영향을 받지 않는 인지 영역이 있고 실제 손상되어 있는 영역이 있다. 이러한 경우 배터리법의 경우 실제 손상되어 있는 인지 영역의 평가를 우선으로 하여 검사를 선정하고 실시하는 과정이 비효율적일 수 있다.

16 지능검사에서 숫자 외우기 소검사 점수에 영향을 미치는 요인 5가지를 기술하시오.

해설

① 주의력 범위

② 불 안

③ 주의 산만

④ 유연성

⑤ 학습장애

⑥ ADHD

⑦ 지시에 따르는 능력

⑧ 청력 문제

17 MMPI검사 결과 D 척도와 Pt 척도에서 동시에 높은 상승을 보인 사람들에게 가능한 진단명을 쓰고 그러한 사람들이 나타내는 특성을 3가지 쓰시오.

해설

(1) 진단명 : 불안장애, 우울장애, 강박장애

(2) 특 성

① 불안, 긴장, 과민성 등 정서적 불안, 우울 정서, 신체적 증상이 나타난다.

② 일반적으로 비관적인 세계관을 지니고 있으며 자신의 문제 극복에 대해 특히 비관적이다.

③ 성취욕구가 강하며 목표 설정이 너무 높은 편이나 이러한 목표를 달성하지 못했을 때 심한 죄의식을 느낀다.

④ 지나치게 엄격하고 완벽주의적이며 사고와 문제해결에 있어서 융통성이 결여되어 있다.

⑤ 대인관계는 유순하고 수동−의존적이며 공격적이어야 할 상황조차도 공격성을 표현하지 못한다.

18 문장완성검사를 실시할 때 수검자에게 설명해야 할 핵심적인 내용을 5가지 쓰시오. 기출 4회

해설

① 답에는 정답, 오답이 없으며 생각나는 것을 쓰시오.

② 글씨나 글짓기 시험이 아니므로, 글씨나 문장의 좋고 나쁨을 걱정하지 말고 작성하시오.

③ 주어진 어구를 보고 머릿속에 처음 떠오른 생각을 쓰시오.

④ 시간에 제한은 없으나 너무 오래 생각지 말고 빨리 쓰시오.

⑤ 펜이나 연필로 쓰되 지울 때는 두 줄로 긋고 옆에 빈 공간에 쓰시오.

19 로르샤하 검사에서 주지화지표(Intellectualization Index) 공식에 포함되는 반응내용 3가지를 기술하시오. 기출 2회

해설

① AB

② Art

③ Ay

주지화지표(Intellectualization Index) 공식＝2AB＋(Art＋Ay)

20 신뢰도 계수에 영향을 미치는 요인 5가지를 제시하고 각각에 대해 설명하시오. 기출 3회

해설

① 측정집단의 동질성 : 신뢰도 계수의 크기는 피험자집단의 진점수와 오차점수의 변산의 함수이다. 따라서 피험자집단이 동질적일수록 신뢰도 계수는 낮아진다.

② 검사 시간 : 시간제한이 있는 검사의 경우 검사 시간에 기인한 검사 수행의 일관성 때문에 신뢰도 추정치가 부당하게 증가한다.

③ 검사 길이 : 신뢰도는 검사 길이가 길어짐에 따라 증가하며 증가의 폭은 검사의 길이가 길어짐에 따라 증가의 폭은 감소하는 경향이 있다.

④ 검사 자체의 신뢰도 : 검사 문항이 모호하거나 검사 설계상의 문제로 검사 도구 자체의 신뢰도가 낮은 경우 검사 결과에서도 높은 신뢰도를 확보하기 어렵다.

⑤ 심리적 특성의 불안정성 : 어떤 심리적 특성은 상황이나 생리적 상태에 따라 민감하게 변할 수 있다.

21 웩슬러 지능검사에서 언어성 IQ에 비하여 동작성 IQ가 유의하게 높은 경우 고려해야 할 의학적 장애 4가지를 기술하시오.

해설

① 자폐증
② 학습장애
③ 반사회성 성격장애
④ 지적장애

22 우울증 환자가 지능검사를 실시하는 과정에서 전형적으로 보이는 특징을 5가지만 쓰시오. 기출 2회

해설

① 동작성 IQ에 비하여 언어성 IQ가 유의하게 높은 편이다.

② 전반적인 수행속도가 느린 편이다.

③ 끈기가 부족하고 쉽게 포기하는 경향이 있다.

④ 정신운동속도와 에너지의 저하를 보인다.

⑤ 반응내용의 질이나 정교화 및 유창성이 부족한 편이다.

⑥ 반응내용에서 자기 비판적이거나 절망감이 나타난다.

23 MMPI에서 4-7 Code Type에 해당하는 경우 임상적 특징 5가지를 기술하시오.

해설

① 자신의 행동이 초래할 결과에 무관심하고 신경을 쓰지 않는 기간과 그 행동이 남들에게 미칠 영향을 지나치게 걱정하는 기간을 번갈아 보일 수 있다.

② 지나친 음주나 성적으로 방종한 행동을 포함하는 과도한 행동의 시기가 지난 다음에는 일시적으로 죄책감을 느끼며 자기를 비난하는 시기가 뒤따르나 후회를 한다고 해서 이후에 그런 과도한 행동을 억제하는 것은 아니다.

③ 두통이나 위장통 등의 모호한 신체적 고통이나 긴장감, 피로감, 소진감 등을 호소한다.

④ 흔히 수동-공격성 성격장애 진단이 내려진다.

⑤ 자신의 가치를 거의 항상 다른 사람들을 통하여 확인하려고 하는 다소 의존적이고 불안정한 특징을 보인다.

⑥ 자신의 감정이나 문제에는 상당히 관심이 있지만 타인의 욕구와 감정에 대해선 현저히 냉담하고 무관심하다.

⑦ 심리치료 장면에서 지지와 위안을 받으면 증상이 완화되는 경향이 있지만 성격의 장기적인 변화를 기대하기는 어렵다.

24 정신상태검사(Mental Status Examination)의 평가되는 항목 5가지와 내용을 기술하시오. 기출 2회

해설

① **전반적 기술** : 외양, 동작, 행동, 말, 태도
② **감정** : 기분, 정서적 표현, 정서의 적절성
③ **지각장애** : 환각과 착각, 이인화(Depersonalization), 이현실화(Derealization)
④ **사고과정** : 사고의 흐름, 사고내용(망상), 강박적 사고, 사고 집착, 추상적 사고
⑤ **지남력** : 시간, 장소, 인물에 대한 지남력
⑥ **기억** : 최근 사건에 대한 기억, 기억장애의 증상 유무
⑦ **충동 통제** : 성적, 공격적 충동의 통제력 정도
⑧ **판단** : 사회적 판단능력
⑨ **통찰력** : 자신이 정신장애를 앓고 있다는 데 대한 통찰력 정도
⑩ **신뢰도** : 환자의 기술이 신뢰로운지에 대한 평가

25 기질적 뇌 손상 환자가 BGT에서 나타낼 수 있는 반응 특성 6가지를 쓰시오. 기출 3회

해설

① 지각의 회전(Rotation)
② 퇴영(Retrogression)
③ 단순화(Simplification)
④ 단편화(Fragmentation)
⑤ 중복곤란(Overlapping)
⑥ 보속성(Perseveration)
⑦ 도형의 재묘사(Redrawing)

26 MMPI 검사의 6번 척도에서 70T 이상인 경우 나타나는 특징을 6가지 쓰시오.

해설

① 명백한 망상적 장애를 지니고 있다.

② 망상, 의심, 관계망상을 지니고 있다.

③ 회피적이고 방어적이며 경계적이다.

④ 수줍어하고 비밀스럽고 위축되어 있다.

27 MMPI 검사의 6번 척도에서 70T 이상인 경우 나타나는 특징을 6가지 쓰시오.　　　　기출 3회

해설

① 분명한 정신병적 행동을 드러낼 수 있다.

② 사고장애, 피해망상, 과대망상, 관계사고를 지니고 있을 수 있다.

③ 남들에게서 부당한 대우를 받거나 괴롭힘을 당한다고 느낀다.

④ 화를 내며 분개한다.

⑤ 원한을 품고 있다.

⑥ 방어기제로 투사를 사용한다.

⑦ 임상장면에서 흔히 정신분열증이나 편집(망상)장애 진단을 받는다.

28 MMPI-2 해석에서 4-6코드의 임상적 특징을 4가지 쓰시오.

해설

① 미성숙하고 자기도취적이고 제멋대로 행동하는 방종한 모습을 보인다.

② 만성적으로 적대적이며 분노하는 경향이 있다.

③ 방어기제는 투사와 행동화이다.

④ 충동통제를 못 하거나 하더라도 비효율적이며 지속적인 노력이 요구되는 과제에서 어려움을 보인다.

⑤ 자기애적이고 의존적이며 다른 사람들의 관심과 공감을 요구하면서도 자신은 자기중심적인 경향이 강하고 자신에게 부과된 요구들에 대해서는 분개한다.

⑥ 비난에 극도로 예민하고 타인들의 동기를 의심하며 앙심을 품는 경향이 있고 자신이 합당한 대우를 받지 못하고 있다고 느낀다.

⑦ 자주 화를 내고 무뚝뚝하며 언쟁을 잘한다.

⑧ 과도한 알코올 소비와 약물 남용뿐만 아니라 심각한 성적 부적응 및 결혼생활에서 부적응을 겪는 경향이 있다.

미성숙하고 자기도취적이며 제멋대로 행동하는 방종한 모습을 보인다. 다른 사람들에게 인정이나 관심을 갈망하면서도 타인을 냉소적이고 의심하는 경향이 있다. 또한 거절에 취약하여 비난을 받는 경우 적대감을 드러내거나 수동-공격적인 태도를 보인다. 타인의 동기를 의심하고 깊은 정서적 관계를 맺지 않으려고 한다. 자주 비아냥거리고 쉽게 화를 내며 논쟁적이고 권위자에 대한 반감이 있다.

해설

4-6, 6-4 Code Type

사람들은 화를 잘 내고 원망하며 말다툼을 잘하며 일반적으로 사귀기 힘든 유형이다. 미성숙하고 자기도취적이며 자기중심적이고 보통 때는 적개심을 어느 정도 통제하다가 가끔 요란하게 터뜨린다. 그들은 근본적으로 수동-의존적인 사람으로 타인에게 지나치게 주의와 동정을 요구하나 다른 사람이 그들에게 어떤 극히 사소한 요구라도 하게 되면 금방 화를 낸다. 그들은 분노의 원인을 항상 외부에 전가하며 타인의 동기를 의심하고 깊은 정서적 관계 형성을 회피한다. 억압된 분노가 이들에게 특징적이며 특히 권위적 대상에 대하여 그러하고 권위에 손상을 입히려 한다. 가끔 모호한 정서적 및 신체적 불편을 호소하고 우울하다거나 불안하다고 한다. 자신의 심각한 심리적 문제를 부인하고 자기행동을 합리화하며 타인을 비난한다. 다소 비현실적이며 자기평가에 있어서 과대망상적인 때가 있으며 편집증적인 경우가 있고 심리학적 치료에는 잘 반응하지 않는다.

30 로르샤하 검사의 특수지표 중 우울 지표 5가지를 쓰시오.

해설

① FV+VF+V>0이거나 FD>2

② Col−Shd Blends>0이거나 S>2

③ 3r+(2)/R>.44이고 Fr+rF=0 또는 3r+(2)/R<.33

④ Afr<.46이거나 Blends<4

⑤ Sum Shading>FM+m 이거나 SumC'>2

⑥ MOR>2이거나 2AB+Art+Ay>3

31 다음 번호에 해당하는 채점 기호와 명칭을 쓰시오.

엑스너 종합체계 방식으로 채점할 경우 반응영역에 관련된 채점 기호는 ①, ②, ③, ④가 있으며 어떤 경우든 ⑤는 단독으로 기호화할 수 없다.

해설

① 전체반응(W ; Whole Response) : 반점 전체를 사용하여 반응한 경우

② 평범부분반응(D ; Common Detail Response) : 흔히 사용하는 반점 영역을 사용한 부분반응

③ 이상부분반응(Dd ; Unusual Detail Response) : 드물게 사용하는 반점 영역을 사용한 부분반응

④ 공간반응(S ; Space Response) : 흰 공간 부분이 사용된 경우(WS, DS 또는 DdS처럼 다른 반응영역 기호와 같이 사용)

⑤ 공간반응(S ; Space Response)

32 MMPI에서 수검자가 응답하지 않은 문항이 30개 이상인 경우 가능한 임상적 해석을 6가지만 쓰시오.

기출 2회

해설

① 부주의한 경우

② 혼란스럽거나 정신증적 증상이 발현된 경우

③ 매우 방어적으로 자신에 관한 중요한 정보를 조금도 누설하지 않으려고 하는 경우

④ 검사자 혹은 검사에 대한 반항적이고 비협조적인 경우

⑤ 우울증이 극도로 심한 경우

⑥ 문항 이해가 불가능하거나 읽기능력의 저하의 경우

⑦ 우유부단하여 어느 한 가지의 답으로 결정을 내릴 수가 없는 경우

⑧ 문항에 답할 만한 지식이나 경험이 없는 경우

⑨ 지나친 강박성으로 인하여 문항 내용의 빈도의 정확성에 과도하게 집착하는 경우

33 심리검사 문항 작성 시 고려해야 할 사항 5가지를 쓰시오.

기출 3회

해설

① 수검자들이 올바르게 내용을 이해할 수 있도록 명확한 문항을 구성해야 한다.

② 어떤 형태로든 정답이 노출되는 것을 피해야 한다.

③ 문항에 이중적인 의미를 피해야 한다.

④ 가급적 간단하고 이해하기 쉽게 구성해야 한다.

⑤ 긍정/부정을 표현하는 문장의 비율이 비슷하도록 구성한다.

⑥ 특히 성격 및 흥미 검사의 문항은 단순하면서도 명확하게 제시해야 한다.

34 다음 로르샤하 검사의 자료를 보고 EA값을 구하시오.

M : 2, C : 2, FC : 2, CF : 1

해설

Experience Actual, EA＝Sum M＋WSumC
WSumC＝[(0.5×FC)＋(1.0×CF)＋(1.5×C)]
2＋[(0.5×2)＋(1.0×1)＋(1.5×2)]＝7

35 17세의 우울증 환자에게 MMPI-A를 실시하였다. 타당도 척도와 임상 척도가 모두 상승하였다면 가능한 임상적 해석 5가지를 쓰시오.

해설

① 우선 타당도 척도를 살펴 무효 프로파일 여부를 확인해야 함
② 자신의 정서적 곤란을 인정하고 이와 같은 문제에 대한 도움을 요청하는 경우로 문제를 해결할 수 있는 자신의 능력에 대하여 자신이 없는 상태일 가능성
③ 검사 혹은 검사자에 대해 저항할 가능성
④ 빨리 도움을 얻고자 증상을 과장할 가능성
⑤ 일부러 정신적 장애가 있는 것처럼 위장할 가능성
⑥ 심각한 정신병리 혹은 기능 손상의 가능성

36 행동관찰을 통한 객관적 평가 방법의 장점 3가지를 설명하시오. 기출 3회

해설

① 이 방법은 그 목적이 수검자에게 알려지지 않기 때문에 실제 임상장면에서 적절하게 사용될 수 있다.

② 질문지법에서와 같은 수검자의 반응경향성이 방지될 수 있다.

③ 신체반응 측정과 같은 방법은 성격의 횡문화적 연구에 널리 사용될 수 있다.

37 로르샤하 검사를 통해 평가되는 성격적 요소 중 심리치료에 방해가 될 수 있는 요인 4가지를 쓰고 각각에 대해 설명하시오. 기출 2회

해설

① 평범반응(P≤4) : 경제적이거나 관습적인 방식으로 지각하지 못함을 나타내는데 이는 심각한 정신병리의 표현이거나 수검자의 독특한 성격특성으로 인한 인지적 특성의 표현을 의미한다.

② 능동 대 수동운동반응(a:p) : 인지적 융통성에 대한 정보를 제공해주고 있으며 한 방향으로 반응이 치우쳐 있으면 사고가 고착되거나 고정되어 있고 편협할 가능성이 높아 자신의 태도나 사고 및 가치관에 있어서 융통성이 결여되어 있음을 의미한다.

③ 형태-차원반응(FD) : 내성적 활동과 연관이 있는 지표며 1-2개 정도의 FD반응은 자아 성장을 촉진하는 내성적 활동을 나타내지만, 그 이상의 FD반응은 부적응적일 수 있으며 FD반응의 결여는 자아 자각이나 자아 성찰의 회피를 시사한다.

④ D 점수 : D>0인 경우, 문제해결을 위해 사용할 수 있는 개인의 자원이 보다 풍부하며 이에 따라 스트레스 대응능력이 높고 자원을 효율적으로 조직화하는 능력이 양호하여 대부분의 경우 충분한 적응력을 보인다.

⑤ 재질반응(T) : 높은 재질반응은 강한 애정욕구와 관련되고 재질반응의 결여는 애정욕구나 의존욕구의 메마름으로 인한 대인관계의 거리감이나 경계와 연관되어 있다.

38 로르샤하 검사에서 채점된 점수가 다음과 같을 때 소외 지표를 계산하시오.

Bt=1, Cl=0, Ge=0, Ls=1, Na=1, R=16

해설

Isolation Index, Isolate/R=(Bt+2Cl+Ge+Ls+2Na)/R

[1+(2×0)+0+1+(2×1)]/16=0.25

39 로르샤하 검사에서 반응 응답으로 알 수 없을 때 추가로 확인해야 하는 것 3가지를 쓰시오.

해설

① 반응영역 : 어디에서 그렇게 보았나요?

② 반응내용 : 이것은 무엇처럼 보이나요?

③ 결정인 : 무엇 때문에 그렇게 보였나요?

40 유동성 지능과 결정성 지능을 측정하는 소검사를 각각 3가지 이상 제시하고 설명하시오. 기출 2회

해설

① 유동성 지능(Fluid Intelligence) : 유전적이며 선천적으로 주어지는 능력으로 뇌와 중추신경계의 성숙에 비례하여 발달하고 쇠퇴하는 특성을 가지고 있다. 이는 속도, 기계적 암기, 지각능력, 일반적 추론능력과 같이 새로운 상황에 직면할 때의 문제해결능력에서 잘 나타난다. 이에 해당하는 소검사는 빠진 곳 찾기, 차례 맞추기(모양 맞추기), 토막 짜기이다.

② 결정성 지능(Crystallized Intelligence) : 환경이나 경험, 문화적 영향에 의해서 발달되는 지능으로 유동적 지능을 기초로 하여 후천적으로 계속 발달하며 언어이해능력, 문제해결능력, 논리적 추리력, 상식 등이 포함된다. 이에 해당하는 소검사는 기본지식, 어휘, 이해이다.

41 이해 소검사에 영향을 미치는 요인 4가지를 쓰시오. 기출 2회

해설

① 가정에서의 문화적 기회
② 양심과 도덕성의 발달
③ 유연성(예 사회적 추론에서 속담 관련 문항으로 전환하여 반응하는 능력, 하나의 반응만이 아니라 또 다른 이유를 제시할 수 있는 능력)
④ 거부적인 태도(예 "세금은 내지 말아야 해요!")
⑤ 지나치게 구체적인 사고

42 로르샤하 검사의 자살 관련 지표 7가지를 쓰시오.

해설

① FV+VF+V+FD>2

② Col-Shd Blends>0

③ 3r+(2)/R<.31이거나 3r+(2)/R>.44

④ MOR>3

⑤ CF+C>FC

⑥ es>EA

⑦ R<17

⑧ S>3

⑨ X+%<.70

⑩ P<3이거나 P>8

43 저항을 다루는 지침 6가지를 설명하시오.

해설

① 저항에 대한 해석을 하여 저항의 이유를 인식할 수 있도록 한다.

② 내담자는 두려움을 표현하고 저항에 정면으로 맞서서 갈등을 해결할 수 있도록 한다.

③ 저항은 불안에 대한 방어로서 치료 및 상담 과정에서 도움 되지 않음을 인식할 수 있도록 한다.

④ 내담자가 해석을 거부할 가능성을 최소화하기 위해 매우 분명한 저항에 대하여 지적하고 해석한다.

⑤ 내담자가 다루고 싶어 하지 않는 문제를 다른 방향에서 접근할 수 있도록 한다.

⑥ 환자를 압박하지 않고 저항을 최소화할 수 있는 방향으로 진행되어야 한다.

44 행동관찰법의 종류 3가지를 쓰고 설명하시오. 기출 2회

① **자연관찰법(Naturalistic Observation)** : 정상적으로 환경 내 참여자가 아닌 관찰자가 환경 내에서 일어나는 내담자의 행동을 체계적으로 관찰하고 기록하는 방식이다.

② **유사관찰법(Analogue Observation)** : 관찰의 효율성을 높이기 위하여 제한이 가해진 체계적인 환경에서 관찰하는 방법이다. 즉, 면담실이나 놀이실에서 일어나는 가족관계, 아동의 행동, 부부간 행동을 평가한다.

③ **자기관찰법(Self-monitoring)** : 스스로 미리 계획된 시간표에 따라 관찰 행동의 발생이나 기타 특징에 대해 기록한다. 즉, 관찰자가 자기 자신의 행동을 스스로 관찰하고 기록하는 방법이다.

④ **참여관찰법(Participant Observation)** : 관찰하고자 하는 개인의 자연스런 환경에 관여하고 있는 관찰자로 하여금 관찰하도록 하는 방식이다. 즉, 개인의 주변 인물 가운데 관찰자를 선정하여 이 관찰자가 참여하여 행동평가를 하는 것이다.

CHAPTER 01 임상심리/평가 **411**

45 수퍼비전 과정을 방해하는 수퍼바이저와 수퍼바이지의 특성을 설명하시오. 기출 2회

해설

(1) 수퍼바이저 특성
　① 전문성이나 임상적 기술 및 경험이 저하된 경우
　② 대인관계 기술이 부족한 경우
　③ 수퍼비전을 하기 전 충분한 탐색이 부족한 경우
　④ 수정 및 방향 제시를 하지 못하는 경우
　⑤ 과도하게 비판하거나 자기중심적인 경우

(2) 수퍼바이지 특성
　① 학습의욕의 저하를 보이는 경우
　② 개방적이지 않고 방어적인 경우
　③ 정서적으로 미성숙한 경우
　④ 수퍼비전에 대한 전반적인 준비가 부족한 경우
　⑤ 공감능력이나 의사소통능력이 부족한 경우

46 Sacks는 문장완성검사가 적응에 있어 중요한 4가지 대표영역으로 이루어져 있다고 하였다. 성인용 문장완성검사의 4가지 영역과 문항의 예를 1개씩 쓰시오. 기출 2회

해설

① **가족 영역** : 어머니, 아버지 및 가족에 대한 태도를 측정한다.

   예 "어머니와 나는", "내가 바라기에 아버지는", "우리 가족이 나에 대해서"

② **성적 영역** : 이성관계에 대한 태도를 포함하고 있다. 이 영역의 문항들은 사회적인 개인으로서의 여성과 남성, 결혼, 성적 관계에 대하여 자신을 나타내도록 한다.

   예 "내 생각에 여자들은", "내가 성교를 했다면"

③ **대인관계 영역** : 친구와 지인, 권위자에 대한 태도를 포함한다. 이 영역의 문항들은 가족 외의 사람들에 대한 감정이나 자신에 대해 타인이 어떻게 느끼는지에 관한 수검자의 생각들을 표현하게 한다.

   예 "내가 없을 때 친구들은", "윗사람이 오는 것을 보면 나는"

④ **자기개념 영역** : 자신의 능력, 과거, 미래, 두려움, 죄책감, 목표 등에 대한 태도를 포함한다.

   예 "무슨 일을 해서라도 잊고 싶은 것은", "내가 저지른 가장 큰 잘못은" 등

해설

(1) 극대수행검사(최대수행검사)

① 심리검사를 분류할 때 능력적인 요소를 측정하는 검사이다. 즉, 피검자가 가지고 있는 지적·심동적 능력이 최대한 발휘될 수 있는 최선의 조건에서 측정하는 검사를 말한다.

② 일정한 시간이 주어지고 그 시간 안에 피검자가 자신이 지닌 최대한의 능력을 발휘하는 것인데, 개인이 특정 분야에서 얼마나 잘하는지 또는 얼마나 많이 알고 있는지에 관련된 능력을 측정한다.

③ 각 문항마다 정답이 있어서 해당 점수로 피검자의 능력을 결정한다.

④ 대표검사는 지능검사, 적성검사, 사고능력검사, 인지능력검사, 심리언어검사, 장애진단검사 등이 있다.

(2) 습관적 수행검사(전형적 수행검사)

① 심리검사 중 일상생활에서 나타나는 개인의 전형적인 또는 습관적인 행동을 측정하는 검사시행방법은 시간제한이 없고 각 문항도 정답 또는 오답의 개념이 아닌 하나의 진술문에 대해 개인이 맞다, 틀리다 또는 동의, 비동의의 형태로 답하는 개인이 평소에 보이는 전형적인 행동을 측정하는 검사다.

② 성향 검사에는 성격검사, 흥미검사, 적응검사, 동기검사, 인지양식검사, 가족관계검사, 도덕성검사, 태도검사, 학습기술검사 등이 있다.

CHAPTER
02 상담 및 심리치료

01 합리적정서행동치료(REBT)를 적용하기 어려운 임상군 4가지를 쓰시오. 기출 3회

해설

① 현실 접촉감이 없는 경우
② 심한 조증 상태, 심한 자폐 혹은 뇌 손상상태 및 심한 정신지체의 상태의 경우
③ 단일한 문제라기보다는 복합적인 문제를 지니고 있는 경우
④ 정서적 혼란감이 극심하거나 극적으로 고통을 받는 경우
⑤ 만성 회피자 혹은 기피자로서 마술적 해결을 추구하는 경우

02 내담자의 저항을 확인할 수 있는 내용 6가지를 쓰시오.

해설

① 상담약속을 어기는 경우
② 특정한 생각이나 감정, 경험 등을 드러내지 않는 경우
③ 상담 과정에서 아무 의미도 없는 말만 되풀이하는 경우
④ 중요한 내용을 빠트리고 사소한 이야기만 하는 경우
⑤ 갑자기 주제 전환을 하는 경우
⑥ 상담자가 내어준 과제를 해오지 않는 경우
⑦ 소극적인 표현이나 침묵을 보이거나 지나치게 적극적인 경우

03 내담자가 상담을 끝낼 준비가 되어 있는가를 평가하는데 유용한 기준을 6가지 쓰시오.   기출 2회

해설

① 문제 증상의 완화 여부
② 현실 적응력 및 성격 기능성의 증진 여부
③ 상담 초기와 비교하여 현재 스트레스 정도 및 스트레스 처방안의 증진 여부
④ 타인과의 상호작용 과정에서 공감적 능력 증진 여부
⑤ 대인관계에서의 사회기술증진 여부
⑥ 자조능력의 향상 여부

04 가족치료 기법 중 가족 기능 변화를 위한 치료법 4가지를 기술하시오.

해설

① 문제의 재구조화(Reframing) : 재구조화란 내담자가 특정 사건, 행동 또는 인생 경험에 부여하는 의미를 수정하기 위하여 사용되는 기법이다. 즉, 치료사가 가족이 사실에 대해서 묘사하는 내용이나 부정적인 틀을 듣고 대안적인 긍정적인 틀을 말해주는 것이다.

② 증상처방(Symptom Rrescription) : 치료자의 처방에 반항함으로써 증상이 변하게 되는 역설적 기법이다. 처방이란 증상을 없애기 위하여 증상을 지속하게 하거나 증상을 과장하게 하고 자의로 증상을 통제할 수 있도록 하는 역설적 개입전략이다.

③ 유머와 농담(Humors and Jokes) : 의도적으로 재미있는 말이나 행동을 하여 긴장된 분위기를 풀거나 변화를 가져오기 위해 사용하는 기법이다. 치료자와 라포가 형성되어 있고 모두가 유머감각을 가지고 있을 때 활용 가능하다.

④ 원가족 포함하기(Including the Family of Origin) : 한쪽 배우자가 자신의 원가족과 만나게 하여 진행되는 기법으로 고백을 통해 자신의 원가족으로부터 지금 그리고 현재를 위한 교정에 도움을 받도록 하는 기법이다.

⑤ 가족조각(Family Sculpting) : 집단세션 내에서 가족성원이나 가족이 가족행동의 중요한 측면을 재연하여 완화하도록 돕는 기법이다.

05 상담 및 심리치료에서 수퍼비전 과정에서 이루어지는 내용 3가지를 쓰고 설명하시오. 기출 2회

해설

① **내담자 평가와 개념화** : 내담자의 욕구를 이해하기 위해 내담자의 개인적이고 체계적인 특성을 발견하고 포괄적인 사례 개념화가 되었는지 확인한다.

② **치료 계획** : 내담자의 욕구에 대한 철저하고 정확한 이해 후 효과적인 치료 계획을 선택하였는지 확인한다.

③ **개입 기술** : 상담 목표에 도달하도록 적절한 상담 기술을 조합하고 사용하였는지 확인해야 한다.

④ **치료적 관계 발달** : 치료적 관계는 치료 결과에 의미 있는 상당한 차이를 일관되게 설명하고 있기 때문에 라포를 잘 확립하였는지 확인해야 한다.

06 아래 내담자의 인지적 왜곡 종류를 인지치료 관점에서 5가지로 기재하고 설명하시오. 기출 3회

> 직장인 A 씨는 갑작스러운 해고 통지서를 받고 매우 화가 났다. A 씨는 "이것은 세상이 좋지 않음을 의미해. 나에게는 행운도 없을 거야."라고 생각하였다.

해설

① 이분법적 사고(Dichotomous Thinking) : 자신 혹은 타인에 대한 판단이 양극단의 두 가지 범주 중 하나로만 이루어져 연속선상에서 생각하지 못한다.

② 과잉일반화(Overgeneralization) : 한 가지 상황이나 증거를 가지고 모든 상황에 적용되는 일반적인 결론을 내린다.

③ 선택적 초점(Selective Abstraction) : 전체를 보지 않고 부정적인 일부 정보들만으로 결론을 내린다. 자신의 입장과 맞는 특정 자료들만 받아들이고 입장과 맞지 않는 자료들은 무시한다.

④ 임의적 추론(Arbitrary Inference) : 특정 결론을 내릴 만한 증거가 없거나 심지어 반대되는 증거가 있는데도 그러한 결론을 내린다.

⑤ 과장/축소(Magnification/Minimization) : 어떤 속성, 사건 또는 느낌 등의 의미가 부정적인 측면은 과장되고 긍정적인 측면은 축소한다.

해설

① **선택적 초점**(Selective Abstraction) : 전체를 보지 않고 부정적인 일부 정보들만으로 결론을 내린다. 자신의 입장과 맞는 특정 자료들만 받아들이고 입장과 맞지 않는 자료들은 무시한다.

② **임의적 추론**(Arbitrary Inference) : 특정 결론을 내릴 만한 증거가 없거나 심지어 반대되는 증거가 있는데도 그러한 결론을 내린다.

③ **과잉일반화**(Overgeneralization) : 한 가지 상황이나 증거를 가지고 모든 상황에 적용되는 일반적인 결론을 내린다.

④ **과장/축소**(Magnification/Minimization) : 어떤 속성, 사건 또는 느낌 등의 의미가 부정적인 측면은 과장되고 긍정적인 측면은 축소한다.

⑤ **개인화**(Personalization) : 관련이 없는 외부 사건이나 상황을 자신과 관련시킨다. 부정적인 사건에 대해 스스로 과도한 책임을 지거나 자기비난을 한다.

⑥ **이분법적 사고**(Dichotomous Thinking) : 자신 혹은 타인에 대한 판단이 양극단의 두 가지 범주 중 하나로만 이루어져 연속선상에서 생각하지 못한다.

⑦ **당위진술 혹은 강박적 부담**(Should Statement) : '~해야 한다.'라는 진술 형태를 띠며 자신과 다른 사람들이 어떻게 행동하고 살아야 하는지 매우 확고하고 경직된 생각이다.

⑧ **재앙화**(Catastrophizing) : 미래의 결과를 지나치게 부정적으로만 예상하고 현실적으로 가능한 결과를 고려하지 않는다.

⑨ **감정적 추론**(Emotional Reasoning) : 너무나 사실처럼 느껴지기 때문에 그렇지 않다는 증거는 무시한 채 사실이라고 받아들인다.

08 스스로 분노조절 어려움이 있어 심리적인 문제를 경험하는 경우 적용할 수 있는 인지행동적 접근의 분노조절 기법 5가지를 기술하시오.

기출 3회

해설

① **사회기술훈련** : 내담자들로 하여금 대인관계의 갈등과 대인 기술 부족으로 인한 어려움을 해소하게 하여 분노 문제를 대처하는 데 유용하게 사용된다.

② **행동적 예행연습** : 내담자가 실제 행동을 하기 전에 상담회기에서 혹은 과제를 통해 미리 연습을 해 보는 방법으로 치료자와 역할연기를 할 수 있다. 치료자는 내담자가 보다 분노를 적절히 조절하고 반응할 수 있도록 피드백을 해 주고 코칭을 한다.

③ **노출치료** : 노출치료 가운데 심상을 통한 상상노출을 통하여 실제 노출을 하기 어려운 경우 단계적인 접근을 전략적으로 고려하여 자신이 정서 조절로 인하여 두려워하는 상황이나 장소에 대한 심상을 떠올리도록 하여 심상 속에 머물면서 정서조절에 대처하는 상상을 하도록 한다.

④ **호흡 및 이완훈련** : 내담자의 부적 정서에 대한 통제감을 회복할 수 있도록 분노가 유발되는 상황에서 복식호흡을 통해 신체가 이완되면서 자연스럽게 부적 정서가 감소될 수 있도록 한다.

⑤ **분노유발모형 파악하기** : 불쾌한 사건이 부정적인 정서를 일으키고 이와 연합되어 있는 분노 관련 정서, 사고, 기억, 신체 반응들이 자동적으로 활성화된다고 가정하고 있다. 이때 불쾌한 사건이라는 지각이 있기 위해서는 분노를 유발하는 상황이 당사자에게 이로운 것인지 해가 되는 것인지에 대한 평가가 필요하다.

⑥ **자동적 사고 찾기 및 수정하기** : 자동적 사고 기록지를 활용하여 자신의 부적인 정서가 나타났을 때의 구체적인 감정, 인지, 행동 등에 관한 자기 모니터링을 하고 부적 정서가 적절하게 조절될 수 있도록 한다.

⑦ **비합리적인 신념 찾기** : 비합리적인 신념의 수치가 높을수록 분노의 수치도 높아지는 경향이 있으며 비합리적 신념 중에서 분노와 특히 관련이 많은 것은 파국화, 완벽주의, 남 탓하기, 높은 인정 욕구, 좌절에 대한 낮은 인내력, 무력감, 과도한 걱정 등이 있으므로 비합리적 신념을 찾고 논박을 통하여 합리적 사고를 형성하도록 돕는다.

해설

① **논리적 논박(Logical Disputes)** : 내담자의 비합리적인 신념이 기반하고 있는 비논리적인 추론에 의문을 제기하는 것인데 이런 비논리성은 내담자의 소망이나 바람에 의해 나타난다. 예를 들어 "이 일이 사실이기를 바란다거나 당신에게 편하다고 해서, 이 일이 반드시 그렇게 되는 것일까요? X 뒤에 Y가 반드시 나오리라는 논리는 어떻게 나온 것이지요?"와 같은 질문을 한다.

② **경험적 논박(Empirical Disputes)** : 신념의 사실적인 근거를 평가한다. 달리 말하면 내담자가 가진 신념이 사회적 현실에 부합하는가를 평가한다. 예를 들어 "그런 생각을 뒷받침할 만한 증거가 있습니까? 그 말이 옳다는 증거가 어디에 있습니까? 어디에 그런 말이 나옵니까?"와 같은 질문을 한다.

③ **기능적 논박(Functional Disputes)** : 내담자에게 그의 신념과 그에 수반하는 정서, 행동의 실제적 유용성에 대해 의문을 갖도록 한다. 즉, 내담자가 지닌 신념, 행동, 정서가 내담자가 추구하는 목표를 성취하는 데 얼마나 도움이 되었는가를 평가한다. 예를 들어 "그것이 당신에게 도움이 됩니까? 이런 방식으로 생각을 지속하는 것이 당신에게 어떤 영향을 줄 것 같습니까?"와 같은 질문을 한다.

④ **철학적 논박(Philosophical Disputes)** : 삶에 대한 만족이라는 주제를 내담자와 함께 다룬다. 내담자는 눈앞의 문제에 너무 몰두해 있어 삶의 다른 부분에 내재한 가능성을 보지 못하는 경우가 많이 있다. 예를 들어 "이 부분에서 당분간 당신이 원하는 대로 되지 않을지라도 다른 부분에서 만족을 느끼고 행복할 수 있지 않을까요?"와 같은 질문을 한다.

10 자살위기 고위험군 내담자를 대상으로 상담자가 할 수 있는 대처방법 5가지를 기술하시오. 기출 3회

해설

① 우선적으로 내담자를 보호하기 위하여 의료적인 원조를 받도록 한다.

② 외래 혹은 입원 치료 등 적절한 치료적 개입을 구축해야 하는데 내담자가 통제력을 잃거나 자신을 안전하게 지키거나 외래 진료를 받을 수 없다고 판단되는 경우 최선의 선택으로 입원을 고려해볼 수 있다.

③ 위기 상황에 처한 내담자를 의뢰하기 위하여 야간에도 이들을 보호할 수 있는 안전한 장소를 확보해야 하며 구체적이고 즉각적인 개입 구조를 가질 수 있도록 한다.

④ 자살 행동은 생물학적, 심리적, 사회적 요인 등이 복잡하게 상호작용하여 발생하는 자살 행동을 탐색하고 자살 충동이 나타나는 위기의 순간에 충동 지연하도록 한다.

⑤ 지지체계의 더욱 직접적인 관여와 더불어 접촉빈도를 높인다.

11 현실치료, 의사교류분석, 형태치료의 치료 목표를 기술하시오. 기출 3회

해설

① 현실치료 : 다양한 인지행동적 전략을 적용하여 내담자가 자신의 욕구를 자각하고, 보다 나은 삶의 구성요소를 인식하며, 삶의 질을 향상하기 위한 목표와 과정을 선택하고 구체화할 수 있도록 한다.

② 의사교류분석 : 자율성 성취와 통합된 어른 자아를 확립할 수 있도록 하며 개인의 행동과 인생의 방향성에 대하여 새로운 결단을 내리도록 한다.

③ 형태치료 : 내담자가 성숙하여 자신의 삶을 책임지고 접촉을 통해 게슈탈트를 완성하도록 조력하는 것이며 내담자가 느끼는 불안을 삶의 부분으로서 수용하고 처리하도록 조력하는 것이다. 또한 내담자가 환경 지지를 버리거나 탈피하고 자신의 삶을 책임지는 자기 지지에 의해서 살아가도록 조력한다.

12 상담의 구조화 중 '고지된 동의'의 주요 내용 6가지를 기술하시오. 기출 7회

해설

① 제공되는 상담의 목적과 과정에서 경험하게 될 활동
② 비밀보장의 한계
③ 상담자의 자격과 관련된 정보의 공개
④ 상담자와 내담자 간 역할과 책임
⑤ 치료비용 및 기간/시간에 대한 안내
⑥ 상담 과정에서 내담자가 기대할 수 있는 서비스

13 중독자에 대한 동기강화상담의 기본원리 4가지를 쓰고 설명하시오. 기출 2회

해설

① 공감(Empathy) 표현하기 : 상담 과정에서 대단히 중요한 일반요인(Common Factor)이며, 내담자의 입장에서 내담자가 경험하고 있는 것을 경험해 보는 것을 말한다.
② 불일치감(Discrepancy) 만들기 : 내담자가 지니고 있는 신념과 가치가 무엇인지 질문하여 현재 자신의 행동과 상황이 그 신념 및 가치와 얼마나 일치하는지 스스로 깨닫도록 돕는 것을 말한다.
③ 저항과 함께 구르기(Rolling with Resistance) : 내담자로부터 저항 반응이 나타나거나 자신의 행동을 정당화시키려는 주장이 시작되면, 그것을 반박하거나 직면시키지 않고 상담자의 반응을 바꾸라는 것이다.
④ 자기-효능감(Self-efficacy) : 어떤 특정 과제를 성취하고 변화를 성공시킬 수 있다는 자신의 능력에 대한 신념을 '자기 효능감'이라 하며, 자기 효능감은 변화 동기를 구성하는 핵심 요인이자 치료 효과를 예측하는 유용한 잣대가 된다.

14 에릭 번의 교류분석적 상담과 REBT의 유사점 3가지를 쓰시오. 기출 4회

해설

① 증상제거를 목표로 하기보다는 사고능력이나 가치를 검토하고 변화를 지향하며 지시적이고 교육하는 것과 같이 분명한 방안을 제시한다.

② Berne의 '어버이 자아상태(Parent Ego State)'는 부모나 부모 표상으로부터 과거에 무비판적으로 받아들인 행동, 사고, 감정의 방식을 사용하는 것이며 Ellis의 경우 이와 유사한 개념으로는 내담자의 비합리적 신념의 근간인 '당위적 사고(Should Thinking)'가 있는데 일면 지속적인 당위적 조건이 없음에도 불구하고 그것을 기대하는 사고 또는 요구이다. 이 두 개념은 증가될수록 심리적 장애를 더 많이 경험할 수 있으며 치료를 통하여 경감시켜야 한다.

③ 상담 과정에서 과거에 대해 초점을 두기보다는 지금-여기, 최근 사건에 대한 분석에 중점을 둔다.

15 로저스가 제시한 성격변화의 필요충분조건 6가지를 쓰시오. 기출 3회

해설

① 내담자와 상담자의 심리적 접촉이 이루어져야 한다. 즉 내담자는 상담자와 인간관계를 형성하고 있어야 한다.

② 내담자는 자신의 체험, 즉 자신이 현실에서 체험하고 있는 것과 자기개념, 즉 자신이 생각하는 자신의 상이 어긋나 있기 때문에 현실의 체험을 정확하게 의식할 수 없다.

③ 상담자는 내담자와의 관계 중에서는 현실의 체험과 자신의 상이 일치하여 체험을 정확하게 살려 의식할 수 있어야 한다.

④ 상담자가 내담자의 무슨 감정이든 비판과 평가를 내리지 않고 무조건 기쁘게 그 감정을 수용하려고 하는 기분을 경험해야 한다.

⑤ 상담자의 공감적 이해, 즉 상담자가 내담자의 마음속 감정세계를 마치 자신의 것처럼 느껴야 한다. 단, 내담자의 감정에 휩쓸리지 않고 어디까지나 내담자의 것으로서 그 감정을 경험하고 이해해야 한다.

⑥ 내담자에게 공감적 이해와 무조건적 긍정적 관심이 어느 정도 전달되어야 한다.

16 라자루스의 BASIC ID의 다리 놓기와 추적하기 절차에 대하여 설명하시오. 기출 2회

해설

① 다리 놓기(Bridging) : 더 생산적인 것으로 여겨지는 다른 차원으로 갈라지기 전에 내담자가 선호하는 양식에 치료자가 신중하게 파장을 맞추는 절차를 말한다. 즉, 내담자가 현재 있는 곳에서 시작하고, 그런 다음 더 생산적인 이야기의 영역으로 다리를 놓는다.

② 추적하기(Tracking) : 서로 다른 양식들의 점화 순서를 신중히 조사하는 것을 말한다. 예를 들면, 어떤 내담자는 가장 먼저 감각(S)에 머무름으로써 부정적 정서를 일으키는 경향이 있으며, 그 감각에 부정적 인지(C)를 부여하며, 즉시 혐오적인 상상(I)이 그 뒤를 따르고, 부적응적인 행동(B)으로 절정에 달한다. 다른 사람은 다른 점화 순서를 경험하는 경향이 있다.

17 인지치료 접근에서 자동적 사고를 식별하는 기법으로 사용하는 기본질문을 쓰고 그러한 질문을 하게 되는 상황에 대해 설명하시오. 기출 2회

해설

(1) 기본질문 : "바로 그때 마음속에 무엇이 스쳐지나갔나요?"

(2) 질문을 하게 되는 상황

　　① 부정적 감정이 들었던 순간을 떠올릴 때

　　② 치료시간 중 내담자에게 기분의 변화가 있어 보일 때

　　③ 내담자에게 최근 기분의 변화를 느꼈을 때

　　④ 문제 상황을 구체적인 심상으로 떠올렸을 때

　　⑤ 좀 더 실제적인 상황처럼 연출하는 것이 치료에 필요하다고 판단되면 내담자의 동의를 구한 후 상담자와 내담자가 각자 역할을 맡아서 역할연기를 할 때

18 다음 사례를 읽고 인지척도의 역기능적 사고일지(DTR)에 관한 내용을 ①과 ②의 빈칸에 작성하시오.

기출 2회

> A 양이 도서관으로 가던 중 맞은편에서 같은 과 친구들 여러 명이 오는 것을 보고 아는 체를 할까 머뭇거리다 인사도 못 하고 서로 지나쳐 버렸다. 저 멀리서 친구 무리들이 큰 소리로 웃고 떠드는 소리를 들으며 자신이 따돌림당하는 것 같아 머릿속이 하얘지면서 도서관에 가다 중간에 기숙사로 되돌아와서 펑펑 울었다. A 양은 이러다가 왕따를 당하는 것이 아닌가라는 생각을 하자 대학생활이 너무 힘들 것 같고 앞이 캄캄하여 앞으로 남은 대학생활을 어떻게 할지 고민하기 시작했다.

	상 황	사 고	정서/감정/행동반응	결 과
①				
②				

해설

	상 황	사 고	정서/감정/행동반응	결 과
①	도서관으로 가던 중 맞은편에서 같은 과 친구들 여러 명이 오는 것을 보고 인사도 못 하고 서로 지나쳐 버렸으나 멀리서 친구 무리들이 큰 소리로 웃고 떠드는 소리를 들은 상황	자신이 따돌림당하는 것 같은 생각	• 머릿속이 하얘짐 • 도서관에 가다 중간에 기숙사로 돌아옴 • 펑펑 울었음	• 자신이 따돌림당하는 것 같은 생각을 얼마나 믿고 있습니까?/확률이 얼마인 것 같습니까?(1~100%로 평가) • 지금 당신은 어떤 감정(슬픔, 불안, 분노 등)을 느끼며 그 감정의 정도는 얼마나 심합니까? • 이제 무엇을 하려 합니까?
②	이러다가 왕따를 당하는 것이 아닌가라는 생각하는 상황	대학생활이 너무 힘들 것 같은 생각	• 앞이 캄캄함 • 앞으로 남은 대학생활을 어떻게 해야 할지 고민함	• 앞으로 왕따를 당하여 대학생활이 힘들 것 같다는 생각을 얼마나 믿고 있습니까?/확률이 얼마인 것 같습니까?(1~100%로 평가) • 지금 당신은 어떤 감정(슬픔, 불안, 분노 등)을 느끼며 그 감정의 정도는 얼마나 심합니까? • 이제 무엇을 하려 합니까?

19 우볼딩이 제시한 내담자의 자살위협평가를 할 때 치료자가 중점적으로 살펴보아야 할 징후를 5가지 쓰시오.

기출 4회

해설

① 자살계획을 구체적으로 세우고 토의한다.
② 값비싼 물건을 처분한다.
③ 이전에 자살 시도한 이력이 있다.
④ 우울 및 무력감이나 희망 상실을 보인다.
⑤ 자신이나 타인 및 세상에 대한 분노를 보인다.
⑥ 우울감을 보인 후 갑작스럽게 긍정적인 정서 및 행동 양상을 보인다.

20 사별한 노인을 대상으로 하는 자조집단의 운영목표 4가지를 쓰시오.

기출 2회

해설

① 이별한 사람과의 연계나 과거의 면을 자세하게 더듬는 데 에너지를 집중하여 잃어버린 고통을 재경험함으로써 정상적인 비탄의 과정을 거쳐 자율적으로 회복이 일어나도록 돕는다.
② 사별에 대한 슬픔을 충분히 애도하고 용서하는 시간을 갖도록 하며, 배우자를 좀 더 일찍 사망하게 했다는 죄책감과 살아 있을 때 좀 더 잘해 주지 못한 죄책감에서 벗어나도록 도와준다.
③ 사별 후 신체적, 정서적 변화를 관찰하여 변화된 환경에 적응할 수 있도록 생활계획을 구상하고, 주변인과의 관계를 지속할 수 있도록 해 준다.
④ 타인과의 상호작용을 통하여 고립감을 해소하고 새로운 관계를 갖는 과정에서 소속감을 경험하도록 한다.

21 단기상담이 적합한 내담자의 특징 6가지를 쓰고 설명하시오.

해설

① 심각한 정신병, 성격장애, 중독 등과 같은 심각한 장애가 아닌 불안이나 우울과 같은 경우

② 의미 있는 대인관계 경험이 있는 경우

③ 평균 이상의 지능과 심리적 자원이 있는 경우

④ 변화에 대한 높은 동기가 있는 경우

⑤ 비교적 문제가 단순하고 구체적인 경우

⑥ 발달과정상의 문제를 경험하는 경우

⑦ 중요한 인물의 상실로 인하여 정서적, 적응상의 어려움이 있는 경우

22 다중양식이론은 행동치료나 합리적-정서적 행동치료 및 인지치료 등에서 나왔지만 다른 모든 접근들과는 별개의 독특한 특성을 갖고 있다. MMT의 특징을 5가지 쓰시오. **기출 3회**

해설

① 맞춤치료와 같이 개인의 개성에 맞추는 측면이 있어 치료의 형태, 스타일 및 보조는 가능하면 언제나 각 내담자의 지각된 요구 사항에 맞추어진다.

② 중다양식치료는 BASIC-ID 전체에 독특하고 포괄적인 주의를 두며, 이차적인 BASIC-ID 평가를 사용한다.

③ BASIC-ID으로 개인이 가지고 있는 일곱 가지 기본적 특성 중 가장 우선적인 문제가 무엇인가를 파악하여 최상의 치료방법을 찾아낸다.

④ 양식 프로파일과 구조적 프로파일을 사용한다.

⑤ 의도적인 다리 놓기 절차와 양식의 점화 순서를 추적한다.

23 행동수정에서 처벌의 사용이 야기할 수 있는 부정적 효과를 5가지 쓰시오. 기출 2회

해설

① 공격성과 같은 부정적인 정서반응을 일으킬 수 있다.

② 처벌을 사용하는 상대에게 부적으로 강화될 수도 있어 처벌이 오용이나 남용될 수 있다.

③ 처벌은 윤리적 문제가 있을 수 있다.

④ 처벌에 대한 반응으로 잠시 행동을 변화시킬지라도 부정적인 결과가 제거되면 바로 재발한다.

⑤ 처벌이 지속되는 경우 둔감화될 수 있다.

⑥ 부정적인 결과를 회피하는 방법을 찾는다. 예를 들면 디설피람(Disulfiram)를 복용하는 사람은 약물 사용은 그만두지만 술은 계속 마시기도 한다.

24 알코올중독 부모의 자녀들을 대상으로 집단상담을 할 경우 포함되어야 할 사항 5가지를 쓰시오. 기출 3회

해설

① 부모의 음주가 자신 때문이라고 생각하는 잘못된 인식 교정하기

② 가정 내 긴장이나 분노가 반복적으로 지속되었을 가능성이 높으므로 집단 내에서 자신의 부적 감정을 표현하면서 정화하는 과정 갖기

③ 집단상담을 통하여 자신에 대한 이해의 폭을 넓히며 자신으로서 수용받기

④ 동일한 문제에 대하여 공감하고 정서적 지지 얻기

⑤ 집단치료를 통하여 희망을 고취하며 타인으로부터 자신의 가치를 인정받기

⑥ 자신의 정서적, 정신적 건강을 돌볼 수 있는 방법을 배울 수 있도록 하며, 스트레스 관리, 문제 해결 능력 등을 향상시키기 위한 훈련하기

25 치료 중 내담자가 '죽고 싶다'고 보고하였을 때 치료자의 적절한 반응을 6가지 쓰시오. 기출 2회

해설

① 언제부터 죽고 싶다는 생각을 했니?

② 죽고 싶다는 생각을 할 정도로 그동안 힘들었구나. 내가 도와주고 싶다.

③ 혹시 구체적으로 자살 계획을 세운 것이 있니?

④ 죽고 싶다는 생각이 얼마나 자주 생각나니?

⑤ 죽고 싶다는 생각이 들었을 때 어떤 행동을 했니? 도움을 요청한 적이 있니?

⑥ 죽고 싶다고 하니 걱정이 되는데 더 이야기해줄 수 있겠니?

참고문헌

강윤주(2015). 심리측정 및 평가. 강현출판사.
강진령 역(2017). 상담심리치료 수퍼비전. 학지사.
국립특수교육원(2018). 특수교육학 용어사전. 하우.
권석만(2012년). 현대 이상심리학. 학지사.
권정혜 역(2008). 임상심리학. Cengage Learning.
김교헌 역(2012년). 성격심리학. 학지사.
김동민 역(2019). 상담의 실제 : 시작부터 종결까지. 시그마프레스.
김영애 역(2017). 가족치료. 시그마프레스.
김영환 외 2명 역. 로르샤하 종합체계 워크북. 학지사.
김정희 역(2017). 현대 심리치료. 박학사.
김중술(2010). 다면적 인성검사 : MMPI의 임상적 해석. 서울대학교출판문화원.
김창대 역(2006). 상담 및 조력전문가를 위한 수퍼비전의 실제. 시그마프레스.
김춘경(2016). 상담학 사전 세트. 학지사.
김형준, 윤희준, 조은문(2020). 임상심리사 1급 최신 실기 기출문제집. 나눔Book.
남종호 역(2016). 심리학 연구방법. Cengage Learning.
노안영(2018). 상담심리학의 이론과 실제. 학지사.
박경, 김혜은(2017). 심리평가의 이해와 활용. 학지사.
박기환(2020). 인지행동치료. 학지사.
박영숙(1994). 심리평가의 실제. 하나의학사.
박영숙(2004). 전문가를 위한 투사적 검사와 치료적 활용. 하나의학사.
방기연(2007). 상담 수퍼비전의 주요사건. 시그마프레스.
서석연 역(1998). 정신분석학 입문. 한신문화사.
서울대학교 교육연구소(2011). 교육학용어사전. 하우동설.
손정락 역(2006). 성격심리학. 시그마프레스.
신민섭(2005). 아동 정신병리의 진단평가. 학지사.
신민섭, 권석만, 민병배, 이용승, 박중규(2019). 최신 임상심리학. 사회평론아카데미.
유성경 역(2009). 상담 및 임상 실무자를 위한 정신역동이론. 학지사.
유영권 외 2명 역(2013). 상담 수퍼비전. 학지사.
윤치연(2016). 아동심리평가. 학지사.
윤화영 역(2011). 로르샤하 종합체계. 학지사.
이동귀(2016). 너 이런 심리법칙 알아?. 21세기북스.
이무석(2006). 정신분석에로의 초대. 이유.
이정태 역(2016). 역동정신의학. 하나의학사.
이현수(1997). 건강과학개론. 중앙대학교 출판부.
이희세, 백선아, 임은희(2017). 가족치료 및 상담. 공동체.
임향빈(2018). 단기상담의 이해와 실제. 북랩.
장현갑, 강성군(2003). 스트레스와 정신건강. 학지사.
정영숙 외 2명 역(2005). 성격심리학. 박학사.
조현춘 역(2013). 심리상담과 치료의 이론과 실제. Cengage Learning.
최영주, 정혜정(2017). 심리재활현장에서의 심리진단 및 평가. 시그마프레스.
최영희(2017). 인지행동치료 이론과 실제. 하나의학사.
최정윤(2016). 심리검사의 이해. 시그마프레스.
한국교육심리학회(2000). 교육심리학용어사전. 학지사.
한국성인교육학회(1998). 교육평가 용어사전. 학지사.
한인영 역(2008). 위기개입. 나눔의집.

Michael W. Parsons and Thomas A. Hammeke. Clinical neuropsychology(A pocket handbook for assessment, Third Edition). American Psychological Association.

우리 인생의 가장 큰 영광은
결코 넘어지지 않는 데 있는 것이 아니라
넘어질 때마다 일어서는 데 있다

-넬슨 만델라-

교육이란 사람이 학교에서 배운 것을
잊어버린 후에 남은 것을 말한다.

-알버트 아인슈타인-

좋은 책을 만드는 길, 독자님과 함께하겠습니다.

2025 시대에듀 기출이 답이다 임상심리사 1급(필기+실기) 한권으로 끝내기

초 판 발 행	2025년 03월 05일 (인쇄 2025년 01월 23일)
발 행 인	박영일
책 임 편 집	이해욱
저 자	민지
편 집 진 행	박종옥 · 김희현
표지디자인	박종우
본문디자인	윤아영 · 채현주
발 행 처	(주)시대고시기획
출 판 등 록	제10-1521호
주 소	서울시 마포구 큰우물로 75 [도화동 538 성지 B/D] 9F
전 화	1600-3600
팩 스	02-701-8823
홈 페 이 지	www.sdedu.co.kr
I S B N	979-11-383-8601-2 (13180)
정 가	30,000원

시대에듀 **대표브랜드**

청소년상담사 시리즈

청소년상담사 1급 한권으로 끝내기

▶ [분권 구성] 필수 3과목
  + 선택 4과목(비행상담, 성상담, 약물상담, 위기상담) 구성
▶ 상담현장전문가인 서울대학교 심리학과 출신 저자 집필
▶ 출제경향을 반영한 핵심이론 + 과목별 적중예상문제
▶ 부록 - 최근 기출문제(2024년 23회) 수록
▶ 최신 개정법령, 청소년백서 완벽 반영

청소년상담사 2급 · 3급 한권으로 끝내기

▶ [분권 구성] 필수과목 + 선택과목, 전과목 모두 수록
▶ 2급 8과목, 3급 7과목의 방대한 이론을 한권으로 압축
▶ 출제경향을 반영한 핵심이론 + 과목별 적중예상문제
▶ 부록 - 최근 기출문제(2024년 23회) 수록
▶ 유료 동영상 강의교재

기출이 답이다 청소년상담사 2급 · 3급

▶ 2020년 19회~2024년 23회 5개년 기출문제 + 해설 수록
▶ 문제풀이와 이론복습을 동시에 해결 가능한 명쾌한 해설
▶ 최근 1회분 기출해설(2024년 23회) 강의 무료제공
▶ 자격상세정보를 친절하게 제공하는 시험가이드 수록

※ 도서의 이미지와 구성은 변경될 수 있습니다.

12년간 15만 독자의 선택!
합격을 향한 로드맵,
시대에듀 임상심리사!

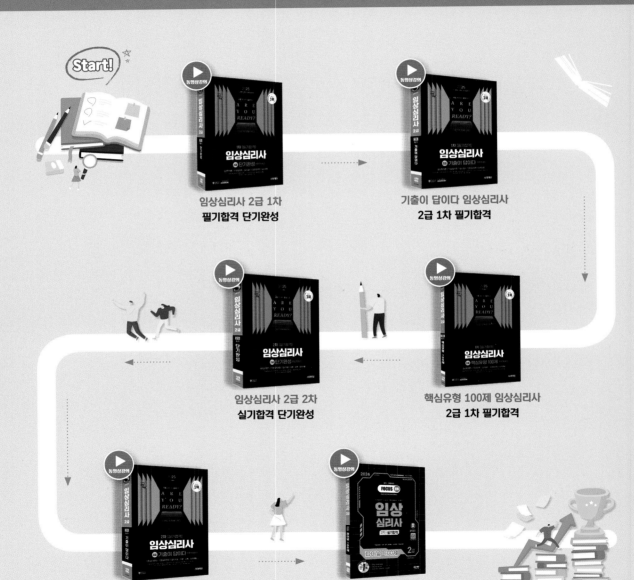

임상심리사 2급 1차
필기합격 단기완성

기출이 답이다 임상심리사
2급 1차 필기합격

임상심리사 2급 2차
실기합격 단기완성

핵심유형 100제 임상심리사
2급 1차 필기합격

기출이 답이다 임상심리사
2급 2차 실기합격

핵심유형 100제 임상심리사
2급 2차 실기합격

※ 도서의 이미지와 구성은 변경될 수 있습니다.
※ 개정판 준비 중입니다.

모든 자격증·공무원·취업의 합격정보

시대
에듀

▶ YouTube 합격 구독 과 👍 좋아요! 정보 🔔 알림설정까지!